江苏籍桐城派作家及其撰述丛考

王思豪 著

江苏文库

研究编

江苏文化史专题

江苏文脉整理与研究工程

江苏人民出版社

图书在版编目(CIP)数据

江苏籍桐城派作家及其撰述丛考/王思豪著.--南
京:江苏人民出版社,2022.12
(江苏文库.研究编)
ISBN 978-7-214-26865-5

Ⅰ.①江… Ⅱ.①王… Ⅲ.①桐城派-作家评论②桐
城派-文学研究 Ⅳ.①K825.6②I207.62

中国版本图书馆 CIP 数据核字(2021)第 262143 号

书　　　名	江苏籍桐城派作家及其撰述丛考	
著　　　者	王思豪	
出 版 统 筹	张　凉	
责 任 编 辑	石　路	
责 任 监 制	王　娟	
装 帧 设 计	姜　嵩	
出 版 发 行	江苏人民出版社	
地　　　址	南京市湖南路 1 号 A 楼,邮编:210009	
照　　　排	江苏凤凰制版有限公司	
印　　　刷	苏州市越洋印刷有限公司	
开　　　本	718 毫米×1 000 毫米　1/16	
印　　　张	26.5　插页 4	
字　　　数	400 千字	
版　　　次	2022 年 12 月第 1 版	
印　　　次	2022 年 12 月第 1 次印刷	
标 准 书 号	ISBN 978-7-214-26865-5	
定　　　价	90.00 元	

(江苏人民出版社图书凡印装错误可向承印厂调换)

江苏文脉整理与研究工程

总主编

吴政隆　　许昆林

学术指导委员会

主　任　周勋初

委　员（按姓氏笔画排序）

冯其庸　邬书林　张岂之　郁贤皓　周勋初

茅家琦　袁行霈　程毅中　蒋赞初　戴　逸

编纂出版委员会

出版说明

　　江苏文化源远流长、历久弥新,文化经典与历史文献层出不穷,典藏丰富;文化巨匠代有人出、彪炳史册,在中华民族乃至整个人类文明的发展史上有着相当重要的地位。为科学把握江苏文化的内涵与特征,在新时代彰显江苏文化对中华文化的贡献,江苏省委、省政府决定组织实施"江苏文脉整理与研究工程",以梳理江苏文脉资源,总结江苏文化发展的历史规律,再现江苏历史上的文化高地,为当代江苏构筑新的文化高地把准脉动、探明趋势、勾画蓝图。

　　组织编纂大型江苏历史文献总集《江苏文库》,是"江苏文脉整理与研究工程"的重要工作。《文库》以"编纂整理古今文献,梳理再现名人名作,探究追溯文化脉络,打造江苏文化名片"为宗旨,分六编集中呈现:

　　(一)书目编。完整著录历史上江苏籍学人的著述及其历史记录,全面反映江苏图书馆的图书典藏情况。

　　(二)文献编。收录历代江苏籍学人的代表性著作,集中呈现自历史开端至一九一一年的江苏文化文本,呈现江苏文化的整体景观。

　　(三)精华编。选取历代江苏籍学人著述中对中外文化产生重要影响、在文化学术史上具有经典性代表性的作品进行整理,并从中选取十余种,组织海外汉学家翻译成各国文字,作为江苏对外文化交流的标志性文化成果。

　　(四)方志编。从江苏现存各级各类旧志中选择价值较高、保存较好的志书,以充分发挥地方志资治、存史、教化等作用,保存江苏的地方文献与历史文化记忆。

（五）史料编。收录有关江苏地方史料类文献，反映江苏各地历史地理、政治经济、文化教育、宗教艺术、社会生活、风土民情等。

（六）研究编。组织、编纂当代学者研究、撰写的江苏文化研究著作。

文献、史料、方志三编属于基础文献，以影印方式出版，旨在提供原始文献，以满足学术研究需要；书目、精华、研究三编，以排印方式出版，既能满足学术研究的基本需求，又能满足全民阅读的基本需求。

"江苏文脉整理与研究工程"工作委员会

江苏文库·研究编编纂人员

主　编

王月清　张新科

副主编

徐之顺　姜　建　王卫星　胡发贵　胡传胜　刘西忠

一脉千古成江河

——江苏文库·研究编序言

樊和平

　　"江苏文脉整理与研究工程"是江苏文化史上继往开来的一个浩大工程。与当下方兴未艾的全国性"文库热"相比,江苏文脉工程有三个基本特点:一是全面系统的整理;二是"整理"与"研究"同步;三是以"文脉"为主题。在"书目编—文献编—精华编—史料编—方志编—研究编"的体系结构中,"研究编"是十分独特的板块,因为它是试图超越"修典"而推进文化传承创新的一种学术努力。

　　"盛世修典"之说不知起源于何时,不过语词结构已经表明"盛世"与"修典"之间的某种互释甚至共谋,以及由此而衍生的复杂文化心态。历史已经表明,"修典"在建构巨大历史功勋的同时,也包含内在的巨大文化风险,最基本的是"入典"的选择风险。《四库全书》的文化贡献不言自明,但最终其收书的数量竟与禁书、毁书、改书的数量大致相当,还有高出近一倍的书目被宣判为无价值。"入典"可能将一个时代的局限甚至选择者个人的局限放大为历史的文化局限,也可能由此扼杀文化多样性而产生文化专断。另一个更为潜在和深刻的风险,是对待传统的文化态度。文献整理,尤其是地域典籍的整理,在理念和战略上面临的最大考验,是以何种心态对待文化传统。当今之世,无论对个体还是社会,传统已经不仅是文化根源,而且是文化和经济发展的资源甚至资本。然而一旦传统成为资源和资本,邂逅市场逻辑的推波助澜,就面临沦为消费和运作对象的风险,从而以一种消费主义和工具主义的文化态度对待文化传统和文献整理。当传统成为消费和运作的对象,其文化价值不仅可能被误读误用,而且也可能在对传统的消费中使文化坐吃山空,造就出文化上的纨绔子弟,更可能在市场运作中使文化不断被糟蹋。"江苏文脉整理与研究工程"的"整理工程"以全面系统的整理的战略应对可能存在的第一种风险,即入典选择的风险;以"研究工程"应对第二种可能的风险,即消费主义与工具主义的风险。我们不仅是既往传统的继承者,更应当是未来传统的创造者;现代人的使命,不仅是继承优秀传统,更应当创造新的优秀传统,这便是传统的创造性转化与创新性发展的真义。诚然,创造传统任重道远,需要经过坚忍不拔的卓越努力和大浪淘沙般的历史积淀,但对"江苏文脉整理与研究工程"而言,无论如何必须在"整理"的同时开启"研究"的千里之行,在研究中继承和发展传统。这便是"研究编"的价值和使命所在,也是"江苏文脉整理与研究工程"在"文库热"中于顶层设计层面的拔群之处。

一　倾听来自历史深处的文化脉动

20世纪是文化大发现的世纪,20世纪以来西方世界最重要的战略,就是文化战略。20世纪20年代,德国社会学家马克斯·韦伯的《新教伦理与资本主义精神》,揭示了西方资本主义文明的文化密码,这就是"新教伦理"及其所造就的"资本主义精神",由此建构"新教伦理＋资本主义"的所谓"理想类型",为西方资本主义进行了文化论证尤其是伦理论证,奠定了20世纪以后西方中心论的文化基础。20世纪70年代,哈佛大学教授丹尼尔·贝尔的《资本主义文化矛盾》,揭示了当代资本主义最深刻的矛盾不是经济矛盾,也不是政治矛盾,而是"文化矛盾",其集中表现是宗教释放的伦理冲动与市场释放的经济冲动分离与背离,进而对现代西方文明发出文化预警。20世纪70年代之后,亨廷顿的《文明的冲突与世界秩序的重建》将当今世界的一切冲突归结为文明冲突、文化冲突,将文化上升为西方世界尤其是美国国家战略的高度。以上三部曲构成西方世界尤其是美国文化帝国主义的国家文化战略,正如一些西方学者所发现的那样,时至今日,文化帝国主义被另一个概念代替——"全球化",显而易见,全球化不仅是一种浪潮,更是一种思潮,是西方世界的国家文化战略。文化虽然受经济发展制约甚至被经济发展水平所决定,但回顾从传统到现代的中国文明史,文化问题不仅逻辑地而且历史地成为文明发展的最高最难的问题,正因为如此,文化自信才成为比理论自信、道路自信、制度自信更具基础意义的最重要的自信。

在全球化背景下,文脉整理与研究具有重大的国家文化战略意义,不仅必要,而且急迫。文化遵循与经济社会不同的规律,全球化在造就广泛的全球市场并使全球成为一个"地球村"的同时,内在的最大文明风险和文化风险便是同质性。全球化催生的是一个文化上的独生子女,其可能的镜像是:一种文化风险将是整个世界的风险,一次文化失败将是整个人类的文化失败。文化的本质是什么?梁漱溟先生说,文化就是人的生活的根本样法,文化就是"人化"。丹尼尔·贝尔指出,文化是为人的生命过程提供解释系统,以对付生存困境的一种努力。据此,文化的同质化,最终导致的将是人的同质化,将是民族文化或西方学者所说地方性知识的消解和消失;同时,由于文化是人类应对生存困境的大智慧,或治疗生活世界痼疾的抗体,它所建构的是与自然世界相对应的精神世界和意义世界,文化的同质性将导致人类在面临重大生存困境时智慧资源的贫乏和生命力的苍白,从而将整个人类文明推向空前的高风险。应对全球化的挑战和西方文化帝国主义的国家战略,"江苏文脉整理与研究工程"是整个中华民族浩大文化工程的一部分和具体落实,其战略意义决不止于保存文化记忆的自持和自赏,在这个全球化的高风险正日益逼近的时代,完整地保存地方文化物种,认同文化血脉,畅通文化命脉,不仅可以让我们在遭遇全球化的滔滔洪水之时可以于故乡文化的山脉之巅"一览众山小"地建设自己的精神家园和文化根据地,而且可以在患上全球化的文化感冒甚至某种文化瘟疫之后,不致乞求"西方药"来治"中国病",而是根据自己的文化基因和文化命理,寻找强化自身的文化抗体和文化免疫力之道,其深远意义,犹如在今天这个独生子女时代穿越时光隧道,回首当年我们的"兄弟姐妹那么多"

一脉千古成江河

和父辈们儿孙满堂的那种天伦风光,不只是因为寂寞,而且是为了中华民族大家庭的文化安全和对未来文化风险的抗击能力。

"江苏文脉整理与研究工程"是以江苏这一特殊地域文化为对象的一次集体文化自觉和文化自信,与其他同类文化工程相比,其最具标识意义的是"文脉"理念。"文脉"是什么?它与"文献"和文化传统的关系到底如何?这是"文脉工程"必须解决的基本问题。

庞朴先生曾对"文化传统"与"传统文化"两个概念进行了审慎而严格的区分,认为"传统文化"可能是历史上曾经存在过的一切文化现象,而"文化传统"则是一以贯之的文化道统。在逻辑和历史两个维度,文化成为传统都必须同时具备三个条件:历史上发生的,一以贯之的,在现实生活中依然发挥作用的。传统当然发生于历史,但历史上发生的一切,从《道德经》《论语》到女人裹小脚,并不都成为传统,即便当今被考古或历史研究所不断发现的现象,也只能说是"文化遗存",文化成为传统必须在历史长河中一以贯之而成为道统或法统,孔子提供的儒家学说,老子提供的道家智慧,之所以成为传统,就是因为它们始终与中国人的生活世界和精神世界相伴随,并成为人的生命和生活的文化指引。然而,文化并不只存在于文献典籍之中,否则它只是精英们的特权,作为"人的生活的根本样法"和"对付生存困境"的解释系统,它必定存在于芸芸众生的生命和生活之中,由此才可能,也才真正成为传统。《论语》与《道德经》之所以成为传统,不只是因为它们作为经典至今还为人们所学习和研究,而且因为在中国人精神的深层结构中,即便在未读过它们的田夫村妇身上,也存在同样的文化基因。中国人在得意时是儒家,"明知不可为而偏为之";在失意时是道家,"后退一步天地宽";在绝望时是佛家,"四大皆空",从而建立了与自给自足的自然经济结构相匹合的自给自足的文化精神结构,在任何境遇下都不会丧失安身立命的精神基地,这就是传统。文化传统必须也必定是"活"的,是在现实中依然发挥作用的,是构成现代人的文化基因的生命因子。这种与人的生活和生命同在的文化传统就是"脉",就是"文脉"。

文脉以文献、典籍为载体,但又不止于文献和典籍,而是与负载它的生命及其现实生活息息相关。"文脉"是什么?"文脉"对历史而言是

"血脉"，对未来而言是"命脉"，对当下而言是"山脉"。"江苏文脉"就是江苏人的文化血脉、文化命脉、文化山脉，是历史、现在、未来江苏人特殊的文化生命、文化标识、文化家园，以及生生不息的文化记忆和文化动力。虽然它们可能以诸种文化典籍和文化传统的方式呈现和延续，但"文脉工程"致力探寻和发现的则是跃动于这些典籍和传统，也跃动于江苏人生命之中的那种文化脉动。"江苏文脉整理与研究工程"的最大特点就在于它是"文脉工程"而不是一般的"文化工程"，更不是"文库工程"。"文化工程""文库工程"可能只是一般的文化挖掘与整理，而"文脉工程"则是与地域的文化生命深切相通，贯穿地域的历史、现在与未来的生命工程。

　　"江苏文脉整理与研究工程"是"整理"与"研究"的璧合，在"研究工程"中能否、如何倾听到来自历史深处的文化脉动，关键是处理好"文献"与"文脉"的关系。"整理工程"是对文脉的客观呈现，而"研究工程"则是对文脉的自觉揭示，若想取得成功，必须学会在"文献"中倾听和发现"文脉"。"文献"如何呈现"文脉"？文献是人类文明尤其是人类文化记忆的特殊形态，也是人类信息交换和信息传播的特殊方式。回首人类文明史，到目前为止，大致经历了三种信息方式。最基本也是最原初的是口口交流的信息方式，在这种信息方式中，信息发布者和信息传播者都同时在场，它是人的生命直接和整体在场并对话的信息传播方式，是从语言到身体、情感的全息参与，是生命与生命之间的直接沟通，但具有很大的时空局限。印刷术的产生大大扩展了人类信息交换的广度和深度，不仅可以以文字的方式与不在场的对象交换信息，而且可以以文献的方式与不同时代、不同时空的人们交换信息，这便是第二种信息方式，即以印刷为媒介的信息方式或印刷信息方式。第三种信息方式便是现代社会以电子网络技术为媒介的信息方式，即电子信息方式。文献与典籍是印刷信息方式的特殊形态，它将人类文化史和文明史上具有特殊价值的信息以印刷媒介的方式保存下来，供后人学习和研究，从而积淀为传统。文字本质上是人的生命的表达符号，所谓"诗言志"便是指向生命本身。然而由于它以文字为中介，一旦成为文献，便离开原有的时空背景，并与创作它的生命个体相分离，于是便需要解读，在解读中便可能发生误读,但无论如何,解读的对象并不只是文字本身,而是文字背后的生命现象。

文献尤其是典籍是不同时代人们对于文化精华的集体记忆,它们不仅经受过不同时代人们的共同选择,而且经受过大浪淘沙的历史洗礼,因而其中不仅有创造它的那个个体或文化英雄如老子、孔子的生命表达,而且有传播和接受它的那个民族的文化脉动,是负载它的那个民族的文化生命,这种文化生命一言以蔽之便是文化传统。正因为如此,作为集体记忆的精华,文献和典籍是个体和集体的文化脉动的客观形态,关键在于,必须学会倾听和揭示来自远方的生命旋律。由于它们巨大的时空跨度,往往不能直接把脉,而需要具有一种"悬丝诊脉"的卓越倾听能力。同时,为了把握真实的文化脉动,不仅需要对文献和典籍即"文本"进行研究,而且需要对创造它们的主体包括创作的个体和传播接受的集体的生命即"人物"进行研究。正如席勒所说,每个人都是时代的产儿,那些卓越的哲学家和有抱负的文学家却可能成为一切时代的同代人。文字一旦成为文献或典籍,便意味着创作它的个体成为一切时代的同代人,但无论如何,文献和它们的创造者首先是某个时代的产儿,因而要在浩如烟海的文献和典籍中倾听到来自传统深处的文化脉动,还需要将它们还原到民族的文化生命之中,形成文化发展的"精神的历史"。由此,文本研究、人物研究、学派流派研究、历史研究,便成为"文脉研究工程"的学术构造和逻辑结构。

二 中国文化传统中的江苏文脉

江苏文脉是中国文化传统的一部分,二者之间的关系并不只是部分与整体的关系,借助宋明理学的话语,是"理一"与"分殊"的关系。文脉与文化传统是民族生命的文化表达和自觉体现,如果只将它们理解为部分与整体的关系,那么江苏文脉只是中国文化传统或整个中华文化脉统中的一个构造,只是中华文化生命体中的一个器官。朱熹曾以佛家的"月映万川"诠释"理一分殊"。朗月高照,江河湖泊中水月熠熠,此番景象的哲学本真便是"一月普现一切水，一切水月一月摄"。天空中的"一月"与江河中的"一切水月"之间的关系是"分享"关系，不是分享了"一月"的某一部分，而是全部。江苏文脉与中国文化传统之间的关系便是"理一分殊"，中国文化传统是"理一"，江苏文脉是"分殊"，正因为如此，关于江苏文脉的研究必须在与整个中国文化传统的关系中整体性地把握和展开。其中，文化与地域的关系、江苏文化在中华文化发展中的贡献和地位，是两个基本课题。

到目前为止的一切人类文明的大格局基本上都是由以山河为标志的地理环境造就的，从轴心文明时代的四大文明古国，到"五大洲四大洋"的地理区隔，再到中国山东—山西、广东—广西、河南—河北，江苏的苏南—苏北的文化与经济差异，山河在其中具有基础性意义。在这个意义上，可以将在此以前的一切文明称为"山河文明"。如今，科技经济发展迎来一个"高"时代：高铁、高速公路、电子高速公路……正在并将继续推倒由山河造就的一切文明界碑，即将造就甚至正在造就一个"后山河时代"。"后山河时代"的最后一道屏障，"山河时代"遗赠给"后山河时代"的最宝贵的文明资源，便是地域文化。在这个意义上，江苏文脉的整理与研究，不仅可以为经过全球化席卷之后的同质化世界留下弥足珍贵的"文化大熊猫"，而且可以在未来的芸芸众生饱尝"独上高楼，望尽天涯路"的孤独之后，缔造一个"蓦然回首"的文化故乡，从中可以鸟瞰文化与世界关系的真谛。江苏独特的地域环境与江苏文化、江苏文脉之间的关系，已经不是所谓"一方水土一方人"所能表达，可以说，地脉、水脉、山脉与江苏文脉之间的关系，已经是一脉相承。

我们通过考察和反思发现，水系，地势，山势，大海，是对江苏文脉尤其是文化性格产生重大影响的地理因素。露水不显山，大江大河入大海，低平而辽阔，黄河改道，这一切的一切与其说是自然画卷和自然事件，不如说是江苏文脉的大地摇篮和文化宿命的历史必然，它们孕生和哺育了江苏文明，延绵了江苏文脉。历史学家发现，江苏是中国唯一同时拥有大海、大江、大湖、大平原的省份，有全国第一大河长江，第二大河黄河（故道），第三大河淮河，世界第一大人工河大运河，全国第三大淡水湖太湖，全国第四大淡水湖洪泽湖。江苏也是全国地势最低平的一个省区,绝大部分地区在海拔 50 米以下,少量低山丘陵大多分布于省际边缘,最高峰即连云港云台山的玉女峰也只有 625 米。丰沛而开放的水系和低平而辽阔的地势馈赠给江苏的不只是得天独厚的宜居,更沉潜、更深刻的是独特的文化性格和文脉传统,它们是对江苏地域文化产生重大影响的两个基本自然元素。

不少学者指证江苏文化具有水文化特性,而在众多水系中又具长江文化的特性。"水"的文化特性是什么?"老聃贵柔",老子尚水,以水演绎世界真谛和人生大智慧。"天下莫柔弱于水,而攻坚强者莫之能胜。"柔弱胜刚强,是水的品质和力量。西方文明史上第一个哲学家和科学家泰勒斯向全世界宣告的第一个大智慧便是:水是万物的始基。辽阔的平原在中国也许还有很多,却没有像江苏这样"处下"。老子也曾以大海揭示"处下"的智慧:"江海所以能为百谷王者,以其善下之,故能为百谷王。"历史上江苏的文化作品、江苏人的文化性格,相当程度上演绎了这种"水性"与"处下"的气质与智慧。历史上相当时期黄河曾经从江苏入海,然而黄河改道、黄河夺淮,几番自然力量或人力所为,最终黄河在江苏留下的只是一个"故道"的背影。黄河在江苏的改道当然是一个自然事件或历史事件,但我们也可能甚至毋宁将它当作一个文化事件,数次改道,偶然之中有必然,从中可以发现和佐证江苏文脉的"长江"守望和江南气质。不仅江苏的地脉"露水不显山",而且江苏的文化作品,江苏人的文化性格,一句话,江苏文脉,也是"露水不显山",虽不是"壁立千仞",却是"有容乃大"。一般说来,充沛的水系,广阔的平原,往往造就自给自足的自我封闭,然而,江苏东临大海,无论长江、淮河,还是历史上的黄河,都从这里入大海,归大海,不只昭示江苏的开放,而且演绎江苏文化、江苏文脉、江苏人海纳百川的博大和静水深流的仁厚。

黄河与长江好似中华文脉的动脉与静脉,也好似人的身体中的任督二脉,以长江文化为基色的江苏文化在中华文脉的缔造和绵延中作出了杰出贡献。有学者指出,在中国文明史上,长江文化每每在黄河文化衰弱之后承担起"救亡图存"的重任。人们常说南京古都不少为小朝廷,其实这正是"救亡图存"的反证,"天下兴亡,匹夫有责"的口号首先由江苏人顾炎武喊出,偶然之中有必然。学界关于江苏文化有三次高峰或三次大贡献,与两次大贡献之说。第一次高峰是开启于秦汉之际的汉文化,第二次高峰是六朝文化,第三次高峰是明清文化。人们已对六朝文化与明清文化两大高峰对中国文化的贡献基本达成共识,但江苏的汉文化高峰及其贡献也应当得到承认,而且三次文化高峰都发生于中国社会的大转折时期,对中国文化的承续作出了重大贡献。在秦汉之际的大变革和大一统国家的建构中,不仅在江苏大地上曾经演绎了波澜壮阔的对后来中国文明产生深远影响的历史史诗,而且演绎这些历史史诗的主角刘邦、项羽、韩信等都是江苏人,他们虽然自身不是文化人,但无疑对中国文化产生了深远影响。董仲舒提出"罢黜百家,独尊儒术"的主张,奠定了大一统的思想和文化基础,他本人虽不是江苏人,却在江苏留下印迹十多年。江苏的汉文化高峰对中国文化的最大贡献,一言概之即"大一统",包括政治上的大一统和思想文化上的大一统。六朝被公认为中国文化发展的高峰,不少学者将它与古罗马文明相提并论,而六朝文化的中心在江苏、在南京。以南京为核心的六朝文化发生于三国之后的大动乱,它接纳大量流入南方的北方士族,使南北方文化合流,为保存和发展中国文化作出了杰出贡献。明朝是中国历史上第一次在南京,也是第一次在江苏建立统一的帝国都城,江苏的经济文化在全国处于举足轻重的地位,扬州学派、泰州学派、常州学派,形成明清时代中国文化的江苏气象,形成江苏文化对中国文化的第三次重大贡献。三大高峰是江苏的文化贡献,在重大历史转折关头或者民族国家危难之际挺身而出,海纳百川,则是江苏文化的精神和品质,这就是江苏文脉。也正因为如此,江苏文化和江苏文脉在"匹夫有责"的担当精神中总是透逸出某种深沉的忧患意识。

江苏文脉对中国文化的独特贡献及其特殊精神气质在文化经典中得到充分体现。中国四大文学名著,其中三大名著的作者都来自江苏,这就是《西游记》《红楼梦》《水浒》,其实《三国演义》也与江苏深切相关,虽然罗贯中不是江苏人,但却以江苏为重要的时空背景之一。四大名著中不仅有明显的江苏文化的元素,甚至有深刻的江苏地域文化的基因。《西游记》到底是悲剧还是喜剧?仔细反思便会发现,《西游记》就是文学版的《清明上河图》。《清明上河图》表面呈现一幅盛世生活画卷,实际却是一幅"盛世危情图",空虚的城防,懈怠的守城士兵……被繁华遗忘的是正在悄悄到来的深刻危机。《西游记》以唐僧西天取经渲染大唐的繁盛和开放,然而在经济的极盛之巅,中国人的精神世界却空前贫乏,贫乏得需要派一个和尚不远万里,请来印度的佛教,坐上中国意识形态的宝座,入主中国人的精神世界。口袋富了,脑袋空了,这是不折不扣的悲剧。然而,《西游记》的智慧,江苏文化的智慧,是将悲剧当作喜剧写,在喜剧的形式中潜隐悲剧的主题,就像《清明上河图》将空虚的城防和懈怠的士兵淹没于繁华的海洋一样。《西游记》喜剧与悲剧的二重性,隐喻了江苏文脉的忧患意识,而在对大唐盛世,对唐僧取经的一片颂歌中,深藏悲剧的潜主题,正是江苏文脉"匹夫有责"的担当精神和文化智慧的体现。鲁迅说,悲剧将人生的有价值的东西毁灭给人看。《西游记》是在喜剧形式的背后撕碎了大唐时代人的精神世界的深刻悲剧。把悲剧当作喜剧写,喜剧当作悲剧读,正是江苏文化、江苏文脉的大智慧和特殊气质所在,也是当今江苏文脉转化发展的重要创新点所在。正因为如此,"江苏文脉研究"必须以深刻的哲学洞察力和深厚的文化功力,倾听来自历史深处的江苏文化的脉动,读懂江苏,触摸江苏文脉。

三 通血脉,知命脉,仰望山脉

江苏文化的巨大魅力和强大生命力,是在数千年发展中已经形成一种传统、一种脉动,不仅是一种客观呈现的文化,而且是一种深植个体生命和集体记忆的生生不息的文脉。这种文化和文脉不仅成为共同的价值认同,而且已经成为一种地域文化胎记。在精神领域,在文化领域,江苏不仅有灿若星河的文学家,而且有彪炳史册的思想家、学问家,更有数不尽的才子骚客。长江在这片土地上流连,黄河在这片土地上改道,淮河在这片土地上滋润,太湖在这片土地上一展胸怀。一代代中国人,一代代江苏人,在这里缔造了文化长江、文化黄河、文化淮河、文化太湖,演绎了波澜壮阔的历史诗篇,这便是江苏文脉。

为了在全球化时代完整地保存江苏文脉这一独特地域文化的集体记忆,以在"后山河时代"为人类缔造精神家园提供根源与资源,为了继承弘扬并创造性转化、创新性发展中国优秀传统文化,2016年江苏启动了"江苏文脉整理与研究工程"。根据"文脉"的理念,我们将研究工程或"研究编"的顶层设计以一句话表达:"通血脉,知命脉,仰望山脉。"由此将整个工程分为五个结构:江苏文化通史,江苏历代文化名人传,江苏文化专门史,江苏地方文化史,江苏文化史专题。

"江苏文化通史"的要义是"通血脉",关键词是"通"。"通"的要义,首先是江苏文化与中国文明的息息相通,与人类文明的息息相通,由此才能有民族感或"中国感",也才有世界眼光,因而必须进行关于"中国文化传统中的江苏文脉"的整体性研究;其次是江苏文脉中诸文化结构之间的"通",由此才是"江苏",才有"江苏味";再次是历史上各个重要历史时期文化发展之间的"通",由此才能构成"史",才有历史感;最后是与江苏人的生命与生活的"通",由此"江苏文脉"才能真正成为江苏人的文化血脉、文化命脉和文化山脉。达到以上"四通","江苏文化通史"才是真正的"通"史。

"江苏文化专门史"和"江苏文化史专题"的要义是"知命脉",关键词是"专",即"专门"与"专题"。"江苏文化专门史"在框架上分为物质文化史、精神文化史、制度文化史、特色文化史等,深入研究各类专门史,总体思路是系统研究和特色研究相结合,系统研究整体性地呈现江苏历史上的重要文化史,如哲学史、文学史、艺术史等,为了保证基本的完整性,我们根据国务院学科分类目录进行选择;特色研究着力研究历史上具有江苏特色的历史,如民间工艺史、昆曲史等。"江苏文化史专题"着力研究江苏历史上具有全国性影响的各种学派、流派,如扬州学派、泰州学派、常州学派等。

"江苏地方文化史"的要义是"血脉延伸和勾连",关键词是"地方"。"江苏地方文化史"以现省辖市区域划分为界,13市各市一卷。每卷上编为地方文化通史,讲述地方整体历史脉络中的文化历史分期演化和内在结构流变,注重把握文化运动规律和发展脉络,定位于地方文化总体性研究;下编为地方文化专题史,按照科学技术、教育科举、文学语言、宗教文化等专题划分,以一定逻辑结构聚焦对地方文化板块加以具体呈现,定位于凸显文化专题特色。每卷都是对一个地方文化的总结和梳理,这是江苏文化血脉的伸展和渗入,是江苏文化多样性、丰富性的生动呈现和重要载体。

"江苏历代文化名人传"的要义是"仰望山脉",关键词是"文化"。它不是一般性地为江苏历朝历代的"名人"作传,而只是为文化意义上的名人作传。为此,传主或者自身就是文化人并为中国文化的发展、为江苏文脉的积累积淀作出了重要贡献;或者虽然自身主要不是文化人而是政治家、社会活动家等,但对中国文化发展具有重大影响。如何对历史人物进行文化倾听、文化诠释、文化理解,是"文化名人传"的最大难点,也是其最有意义的方面。江苏历史上的文化名人汗牛充栋,"文化名人传"计划为 100 位江苏文化名人作传,为呈现江苏文化名人的整体画卷,同时编辑出版一部"江苏文化名人辞典",集中介绍历史上的江苏文化名人 1000 位左右。

一脉千古成江河,"茫茫九派流中国"。江苏文脉研究的千里之行已经迈出第一步,历史馈赠我们一次千载难逢的宝贵机遇,让我们巡天遥看,一览江苏数千年文化银河的无限风光,对创造江苏文化、缔造江苏文脉的先行者们献上心灵的鞠躬。面对奔涌如黄河、悠远如长江的江苏文脉,我们惟有以跋涉探索之心,怵惕敬畏之情,且行且进,循着爱因斯坦的"引力波",不断走近并播放来自江苏文脉深处的或澎湃,或激越,或温婉静穆的天籁之音。

我们一直在努力;

我们将一直努力!

目　录

绪　论

第一节　地理与学理："小桐城"和"大桐城"之辨

桐城派之所以卓然成"派"，一在于"统"的不断承续与扩容，一在于"派"的逐渐自立与衍播。"统"有道统与文统之别，方苞所谓"学行继程、朱之后，文章在韩、欧之间"是也。"派"有中心与支派之分，桐城与阳湖、闽南、岭西、湘乡、莲池等关系是也。学术流派的播衍，大致遵循两个维度：历史维度与地理维度。历史维度一般是指学术思潮所处的时代及学术环境，以及成"派"的特性与传承流变。而地理维度主要涉及文化思潮的地理分层与衍布状况，尤其是地域文化，即家族地域迁徙、学术阵地变迁与学术传承统绪的关系问题：细化层面就是代表性学者的祖籍地、出生地、宦游地、施教地、归隐地等；宏观层面则表现为有较为集中的学术群体活动地、学术传承有序的学术派别，如宋代江西诗派、明代竟陵派、清代桐城派等。"统"与"派"的形成，是历史维度与地理维度相互交织的成果。由学者的人生经历与宗族的迁移，以及因服膺共同的学术理念而形成的学术群体与学术宗派来看，桐城派在学术与地理层面，都存在着"小桐城"与"大桐城"的学理特性。

一　迁徙：江西、徽郡与"大桐城"

《桐城耆旧传·刘评事传》谓："刘公讳允昌……先世从豫章迁桐城，是时县人尚无有以科第世家者。刘氏六传曰刘莹，登永乐二年进士。"马其昶评曰:"吾邑文士见于传记者,《一统志》:唐有曹松……宋李公麟……《宋史》公麟列《文苑传》……其他无传焉。……明时,士大夫皆崇风节、娴吟咏……至我朝方、姚之徒出,桐城之文遂极盛矣。"①由唐宋到明清,桐城人文有了一个巨大转折,刘氏由江西豫章迁桐,仅是学术迁徙带来人文兴起的个案。方东树在《潜桐左氏分谱序》中谓:"桐城在江北号为望县,然自宋以前故无人物,稽之史传,寥寥如也。及明以来,乃有世家大族数十百氏蕃衍迭兴,而就中尤以方、左两族为之冠。"②宋前桐城人文寥落,明清以降桐城人文异军突起,其中转捩的重要原因之一是诸家大族的迁入。桐城方氏,包括桂林方、鲁谼方及会宫方三族。据许浩克《桐城桂林方氏家谱序》载:"方氏其先由广信迁鄱阳,由鄱阳迁徽之休宁。宋季讳德益者迁池之池口,元初又迁安庆桐城之凤仪坊。今为桐城人。"③方氏的祖先为江西上饶人,后迁居今之鄱阳,宋时迁至皖南休宁,宋末迁至今贵池之池口镇,元初涉江迁至安庆府桐城县凤仪坊。桐城方氏在元时即为显族,曾繁衍桂林方、会宫方、鲁谼方三系,其中桂林方氏人文最为鼎盛。马其昶在《方植之先生传》中云:"方先生讳东树,字植之。先世迁桐城,居鲁谼,为鲁谼方氏。桐城之方最著者,曰桂林,曰会宫,曰鲁谼,皆自徽州来迁,然皆各自为族。"④桐城鲁谼方氏一族的始祖方芒于明初自婺源播迁于桐城鲁谼山中,遂为鲁谼方氏。而桐城左氏,亦由大徽州文化圈中迁入,《左太公传》谓:"左太公讳出颖,字韬甫,号碧衢,少保忠毅公父也。其先泾县人,祖匡正佐唐有功,庙食于泾。后徙潜山。明洪武初有曰代一者,复迁居桐城横埠河。"⑤桐城方、左两大家族由江西、徽州迁桐,是学术迁桐之典型。

桐城派在源头上具有"大桐城"的特性,桐城的诸多望族皆从外地迁徙而来,尤其是宋末至元代的江西、徽郡。张英在《紫阳朱氏谱序》中云:"吾桐世族,其由他地迁来,或由江右,或由新安。"⑥朱书在《告同郡

---

① 马其昶:《桐城耆旧传》,黄山书社 1990 年版,第 148、149 页。

② 方东树:《考槃集文录》卷四,光绪二十年(1894)刻本。

③ 方传理:《桐城桂林方氏家谱》卷首,安徽省图书馆藏光绪六年(1880)刻本。

④ 马其昶:《桐城耆旧传》,第 396 页。

⑤ 同上注,第 106 页。

⑥ 张英:《张英全书》,安徽大学出版社 2013 年版,下册,第 318 页。

徽纂皖江文献书》中就说:"吾安庆,古皖国也。……然元以后至今,皖人非古皖人也,强半徙自江西,其徙自他省会者错焉,土著亡虑才十一二耳。"①皖江西南部之人,大半多是从江西迁徙而来,桐城尤其明显。桐城的很多著姓望族都是来自江西以及徽州,名家大族如:

桐城著姓望族自江西以及徽州迁桐表

家族	原住地	迁桐时间	依据资料	代表人物
宕山钱氏	淳安	宋末	钱澄之《谱系考》②	钱澄之
陈洲刘氏	青阳	南宋末	刘大櫆《桐城陈洲刘氏家谱序》③	刘大櫆
桂林方氏	鄱阳	元初	《桐城桂林方氏家谱序》	方以智、方苞
白苓姚氏	婺源	元季	姚鼐《姚休那先生墓表》等④	姚康
青山何氏	新安	元季	《桐城耆旧传·何松坡公传》⑤	何如宠
麻山刘氏	婺源	元季	刘开《刘氏支谱后序》⑥	刘莹、刘开
鲁谼方氏	婺源	明初	《桐城耆旧传·方植之先生传》	方宗诚、方东树
高甸吴氏	婺源	明初	《桐城耆旧传·吴布政、通判传》等⑦	吴直、吴汝纶
木山潘氏	瓦屑坝	明初	《木山潘氏宗谱序》⑧	潘江、潘赞化

① 朱书:《杜溪文稿》卷六,乾隆元年(1736)梨云阁刻本。

② 钱澄之《谱系考》:"吾家自淳安迁桐城,所传有《流光谱》……于宋末由浙水泛宅浮大江而上,止于桐城之东乡漕里,遂定居。"见钱澄之:《田间文集》,黄山书社1998年版,第531页。宕山钱氏是吴越钱氏新安支派的一支。

③ 刘大櫆《桐城陈洲刘氏家谱序》谓:"池州之慕善,世居之五代,黄龙之离,刘伯二公始渡江,徙居于桐城之陈洲。"见刘楷模等修:《桐城陈洲刘氏暄公支谱》卷首,民国七年(1918)木活字本。

④ 姚鼐《姚休那先生墓表》:"休那先生之先世,自婺源迁桐城白苓里,是为白苓姚氏。"见姚鼐:《惜抱轩诗文集》,上海古籍出版社1992年版,第325页。《姚休那传》谓:"姚先生讳康,字休那,原名士晋。先世自婺源迁居桐城白苓涧——桐城之姚族有三,曰麻溪,曰苓涧,曰官庄,先生苓涧姚氏也。"见马其昶:《桐城耆旧传》,第220页。

⑤《何松坡公传》:"何公讳山,字静之,号松坡。上世居新安,元季徙居桐城青山之麓。"见马其昶:《桐城耆旧传》,第63页。

⑥ 刘开《刘氏支谱后序》:"夫重三公生于歙州,官于安庆,徙于桐城。……唯小子之生,上距重三公之迁桐几五百年,历世十八。"见刘开:《刘开集》,安徽教育出版社2014年版,第105—110页。

⑦《吴布政、通判传》:"通判公讳承恩,字公赐,号平川。明初,始祖泰自婺源来迁,为高甸吴氏。"见马其昶:《桐城耆旧传》,第88页。《吴生甫先生传》:"吴先生讳直,字生甫,一字景良,号井迁。世居南乡,为高甸吴氏。……刘海峰师事之。"见马其昶:《桐城耆旧传》,第322页。

⑧ 潘江《木山潘氏宗谱序》云:"有明之初,自鄱阳湖瓦屑坝来,止桐之木头山,爱其土风淳朴,始家焉者,则荣一公昆弟也。"见潘承勋等修:《桐城木山潘氏宗谱》,民国十七年(1928)德经堂木刻活字印本。

家族	原住地	迁桐时间	依据资料	代表人物
横埠左氏	泾县	明洪武初	《桐城耆旧传·左太公传》	左光斗
仓前戴氏	婺源	明洪武初	戴名世《先君序略》《戴氏宗谱序》等①	戴名世
黄华许方氏	鄱阳	明洪武初	张英《许氏宗谱原序》②	许奉恩
云田坂张氏	瓦屑坝	明洪武、永乐间	张英《先君行述》《紫阳朱氏谱序》等③	张英、张廷玉
项河叶氏	婺源	明永乐	《桐城耆旧传·叶尚书传》等④	叶灿、叶酉

其他如桐城江氏，张英《重修江氏宗谱序》谓"其先世豫章都昌人也，洪武初迁皖江，由正观门卜桐之土铜而居焉"⑤。胡氏，《胡泽庵先生传》谓"胡先生讳孝才，字用甫。先世有曰会者，自徽州徙桐城，是为东门胡氏"⑥。徐氏，《徐阳城传》谓"徐公讳璓，字六襄。其先元至正中由婺源迁桐城"⑦。项氏，姚莹《桐城桂溪项氏三修谱序》谓"桐城项氏有二族：其一曰鄱阳项氏，自江西鄱阳迁桐城；……其一曰桂溪项氏，明洪武间自歙之桂溪迁桐……自是以文学著者十数世，族丁颇蕃"⑧；又《刘评事传》谓"项先生讳琳，字平野，为诸生，颇有声。……其曾祖洪武间自歙

① 戴名世《先君序略》："先世洪武初自徽之婺源徙居桐。"见戴名世：《戴名世集》，中华书局 1986 年版，第 173 页。又《戴氏宗谱序》："吾戴氏系出微子，为神明之胄，支裔最为蕃昌，蔓延于天下而莫盛于新安。吾桐之戴迁自新安，已三百余年于今。"见《戴名世集》，第 47 页。戴氏于新安时就是一望族。戴梦沧（戴名世嗣子）《仓前墓记》云："戴氏始迁居东郭之仓前，遂相沿曰仓前戴。"见戴氏家族修纂：《桐城戴氏宗谱》，民国十一年（1922）敬胜堂重修本，第 9 页。是为仓前戴氏。
② 张英《许氏宗谱原序》："传至宋末，徙自荣成许昌，后逮豫章。洪武初，讳文己五公者，由鄱阳转迁于桐。盖桐邑许氏之始祖也。"见《张英全书》，下册，第 315 页。
③ 张英《先君行述》称张氏"先世自豫章徙于桐"见《张英全书》，上册，第 341 页。《张参政传》谓："张公讳淳，字希古，号怀琴。其先洪永间自鄱阳来迁，五传至公。"见《桐城耆旧传》，第 96 页。
④ 《叶尚书传》："叶公讳灿，字以冲，号曾城。其先永乐时自婺源来迁，营宅兆项家河。桐城之叶，有峡山、陶冲、枞镇、叶家河之别，而人文独推项河。"见《桐城耆旧传》，第 168 页。《叶庶子传》："叶先生讳酉……为再从兄叶灿所赏爱。"见《桐城耆旧传》，第 343 页。
⑤ 张英：《张英全书》，下册，第 311 页。
⑥ 马其昶：《桐城耆旧传》，第 91 页。
⑦ 同上注，第 384 页。
⑧ 姚莹：《姚莹集》，安徽教育出版社 2014 年版，第 292 页。

之桂溪迁桐城,为桂溪项氏"①。黄氏,吴汝纶《黄氏族谱叙》谓"黄氏其先江西人,元顺帝时有讳图者,生三子:回甫、懿甫、胜甫。徐寿辉之乱,图死鄱阳,回甫与诸弟载其母避寇至桐城,家焉"②。朱氏,张英《紫阳朱氏谱序》谓"吾桐世族,其由他地迁来,或由江右,或由新安,数传后,率辑有谱牒。……其先世由新安迁桐,始祖成一公为徽国文公之六世孙,迄志堂历十三世矣"③;又吴汝纶《会里朱氏族谱序》谓"会里之朱,迁自新安……当宋元之际始迁桐城"④。元末明初,迁桐的移民大都来自江西、徽州地区,据曹树基《中国移民史》统计:"在概率把握度95%的条件下,推知安庆府同期移民占总人口的75%~80%……其中,江西移民占87%。"⑤这个比重相当大。

宋、元之前的桐城,是个文化相对略显贫瘠之地;这之后,诸多著姓望族从江西、徽州迁徙到桐城,给桐城带来丰富的学术文化资源,诚如葛剑雄先生所谓:"有些移民只是普通百姓,但因迁自较先进的地区,迁出地有读书的风气,也会对迁入地产生潜移默化的影响……如明初迁入安庆地区的来自文化水准更高的徽州和江西籍移民。"⑥宋、元时期的江西、徽州一带,是中国学术上的一个高地。元末明初的徽州学者赵汸《商山书院学田记》即称:"新安自南迁后,人物之多,文学之盛,称于天下。当其时,自井邑田野以至于远山深谷,民居之处莫不有学,有师,有书史之藏。其学所本,则一以郡先师朱子为归……是以朱子之学虽行天下,而讲之熟,说之详,守之固,则惟新安之士为然。"⑦宋、辽、金时期的江西、新安一带是理学家、诗人、散文家的策源地:其地书院教育最为发达,著名者有白鹿洞书院、鹅湖书院、象山书院、盱江书院等,讲学者有朱熹、陆九渊、周敦颐、吕祖谦等,旨在研究、传播理学。其地是文章

① 马其昶:《桐城耆旧传》,第149页。
② 吴汝纶:《吴汝纶全集》,黄山书社2014年版,第一册,第18页。
③ 张英:《张英全书》,下册,第318页。
④ 吴汝纶:《吴汝纶全集》,第一册,第153页。
⑤ 曹树基:《中国移民史》(第五卷),福建人民出版社1997年版,第68页。又汪孔丰先生在《麻溪姚氏与桐城派的演进》(安徽大学出版社2017年版)一书中亦有精彩论述,可参见。
⑥ 葛剑雄:《中国移民史》(第一卷),福建人民出版社1997年版,第108页。
⑦ 赵汸:《东山存稿》卷四,景印文渊阁《四库全书》本,台湾"商务印书馆"1986年影印本,第1221册,第287页。

学重镇,唐宋八大家中欧阳修、王安石、曾巩皆是江西人,至元代,危素古文卓著,刘咸炘先生谓:"江西自欧阳、曾、王以降,直至近代,多以古文名,故有'古文家乡'之称。……而后来桐城家于王慎思、唐顺之皆不道及,独推有光,然则桐城一派之繁盛于近世者,其远祖乃素也,安可数典而忘之耶?"①即将桐城派古文之祖由归有光推溯到江西危素。

江西产生引领宋代诗坛的"江西诗派",对桐城派的形成有范式意义。"桐城派"得名之由来自姚鼐《刘海峰先生八十寿序》:"曩者鼐在京师,歙程吏部、历城周编修语曰:'为文章者,有所法而后能,有所变而后大。维盛清治迈逾前古千百,独士能为古文者未广。昔有方侍郎,今有刘先生,天下文章,其出于桐城乎!'"②程晋芳是歙县人,周永年是山东人。有趣的是,"江西诗派"之得名,源于山东人"东莱先生"吕本中《江西诗社宗派图》,至宋末歙县人方回在《瀛奎律髓》中提出"一祖三宗"之说,其间因缘也不全是巧合。曾国藩在《欧阳生文集序》中同引用"天下之文章,其在桐城乎"之语后谓:"由是学者多归向桐城,号'桐城派',犹前世所称'江西诗派'者也。"③吴敏树《与筱岑论文派书》亦谓:"江西诗派,始称山谷、后山,而为之图,列号传嗣者,则吕居仁。……姚氏特吕居仁之比尔。"④由"江西诗派"到"桐城派"的宗派自觉意识,于此可鉴。

吴汝纶在给《黄氏族谱》作序的时候专门提到:"桐城诸族,大抵元季所迁,其迁多自江西或徽郡,而莫详其移徙之由。《黄氏谱》谓避徐寿辉之乱,其言益信。"⑤宋、元时期是江西、徽郡人迁居到桐城的一个高峰期。江西、徽州境内郡邑无不通水,向东南、东北方向,可由洮江、泸水、修水诸河流入赣江,再经鄱阳湖入长江,再顺江东下历江洲、彭泽,到达池州、安庆、桐城,水上交通发达。滋养于理学、文章学氛围中的江西、徽郡人,遭遇战乱困扰,来到桐城小邑避难,被此地的淳朴人文和优美山水所吸引,择地定居,传承学理,由"大桐城"入"小桐城"。

① 刘咸炘著,黄曙辉编校:《刘咸炘学术论集(文学讲义编)》,广西师范大学出版社 2007 年版,第 42—43 页。
② 姚鼐:《惜抱轩诗文集》,上海古籍出版社 1992 年版,第 114 页。
③ 曾国藩:《欧阳生文集序》,见《曾国藩全集》,中华书局 2018 年版,第七册,第 4783 页。
④ 王先谦编:《续古文辞类纂》,世界书局 1937 年第 2 版,上册,第 375 页。
⑤ 吴汝纶:《吴汝纶全集》,第一册,第 19 页。

二 "小桐城":融汇学理与偏安地理

马其昶《桐城耆旧传》谓:"宸濠反,自南昌犯安庆,所在搜间谍,得江西人辄杀之。而江西挟艺术在吾邑者尤众。"[①]从江西、徽州迁入桐城的移民,带来的是理学与辞章学的深厚艺术传统。以苏惇元家族为例,马其昶在《苏先生传》中谓:"苏征君讳惇元,字厚子,号钦斋。上世明初自鄱阳来迁,十传至唐岑先生讳绍眉,好学,宗朱子,国初隐居不仕。又五传至征君,则益笃好朱子。……于同邑,则师事方仪卫,而私淑望溪侍郎,以为文之足以载道行远者,朱子后惟望溪。"[②]由鄱阳迁来的苏家,世代笃守朱子。姚永概《童氏宗谱五修序》云:"盖吾邑盛自前明,仕于朝者立气节,官于外则多循吏,居家则重理学,一时风尚然也。国初,钱田间、方密之二先生始于文章诏后进……笃守宋儒遗说,则又往者诸先生所留贻也,遗泽岂不长哉。"[③]宋儒理学由江西传至桐城,并世代"留贻"。又桐城孙氏有一支谓"龙眠刘孙氏",刘孙氏在迁桐之初原属刘姓,因迁桐二世贯之公入赘孙家,从孙氏姓。刘孙氏迁桐始祖为以忠公(刘姓):"(以忠)公姓刘氏,旧谱云:我刘氏出于紫溪,乃刘汾公之苗裔也。汾公登唐咸通壬辰进士……有子十四人,皆才名濯濯,因分守于豫章、饶州、江左新安以及舒州之怀、桐、潜、望……查新安刘氏为汾公第九子,寄居婺源,自唐及宋元,皆系望族,其中人文叠出。至元末分迁桐邑,居南山冈……仍以以忠公为桐一世祖。"[④]刘孙氏一支坚守程朱理学,传至明末清初孙学颜(麻山先生),《孙麻山先生传》:"孙先生讳学颜……其先有曰以忠者,明初迁桐城为始祖。……先生坚苦立学,宗守程、朱。同时有宿儒曰方闲阿,闲阿之友胡莫斋……兢兢守朱子之遗法。"[⑤]桐城有宗老方日新(闲阿先生)及耆儒胡国钺(莫斋先生)等宿学,创尊闻精舍,讲朱子学,祀朱子而以《吕氏乡约》教化乡里。这批谨

---

① 马其昶:《桐城耆旧传》,第55页。
② 同上注,第419页。
③ 姚永概:《慎宜轩文》卷三,民国五年(1916)铅字本。
④ 《龙眠刘孙氏六修宗谱》卷一"以忠公世系表",2018年宗会堂六修本。
⑤ 马其昶:《桐城耆旧传》,第311页。

守朱子理学的婺源遗老,直接启发桐城鲁谼方氏,鲁谼方十世方泽即师事诸遗老①。方泽即方东树曾祖,方东树曾对三从弟方宗诚说:"吾家世守朱子学不变,其原出自方闲阿先生。"②而方宗诚《桐城文录义例》谓:"康熙间,桐城文学大兴。望溪长于经,潜虚长于史。而其时,潜德隐行确宗朱子之学,以期至于古立言者,则有孙麻山先生。"③婺源遗老苏、刘孙氏族人潜滋笃守朱子之学,彰显桐城诸大望族的文脉统绪。

鲁谼方氏诗学亦与江西诗派有渊源承传。方绩《论诗》一首有云:"深怜历下多惊艳,欲讶新城少性情。莫谩儿孙效初祖,西江社里有莼羹。"又《书〈律髓〉后》:"吾家虚谷解唐音,《律髓》深从坠绪寻。摘取一编丛箭的,几人能听伯牙心。"虚谷,方回字,方回编《瀛奎律髓》,起衰救弊"江西诗派",方绩尊歙县方回为"吾家虚谷",取道江西诗派的意图明显。光聪谐称方绩诗"其体导源于韩,其创意清而惬,其造语坚而从,其隶事敏而给,有后山之沉炼,而去其拙钝,有诚斋之警健,而去其粗厉,使读者如游芳林,玩琪花,有爱赏而无厌憎,殆半山、山谷之亚也。"④方绩之子方东树诗亦承家学,苏惇元《仪卫方先生传》谓方东树诗"尤近少陵、昌黎、山谷"⑤。方东树论山谷诗曰:"涪翁以惊创为奇,意格境句选字隶事音节着意与人远,此即恪守韩公'去陈言''词必己出'之教也。故不惟凡近浅俗气骨轻浮不涉毫端句下,凡前人胜境,世所程式效慕者,尤不许一毫近似之,所以避陈言,羞雷同也。而于音节,尤别创一种兀傲奇崛之响,其神气即随此以见。杜、韩后,真用功深造,而自成一家,遂开古今一大法门,亦百世之师也。"⑥此评来自清人姚范《援鹑堂笔记》评黄庭坚诗词:"涪翁以惊创为奇,其神兀傲,其气崛奇,玄思瑰句,

---

① 按:桐城桂林方之方学渐受学于泰州学派耿定理,著《心学宗》,但亦以朱学补阳明心学之空幻,折中程朱陆王之说,至方苞则笃守程朱,其间也有统绪相承。参见王思豪:《方苞传》,凤凰出版社 2018 年版。

② 方宗诚:《三隐君子传》,见严云绶、施立业、江小角主编:《方宗诚集》,安徽教育出版社 2014 年版,第 166 页。

③ 方宗诚:《方宗诚集》,第 116 页。

④ 参见方东树《考槃集文录》卷十一《先集后述》,又卷十一《族谱后述》:方东树称其父方绩"诗学退之、山谷,创意造句,必出于常人之境"。徐璈《桐旧集》卷四《方绩传》谓其"诗格出入少陵、山谷间",见《桐旧集》,安徽大学出版社 2016 年版,第 410 页。

⑤ 苏惇元:《仪卫方先生传》,见方东树:《考槃集文录》,卷首。

⑥ 方东树:《昭昧詹言》,人民文学出版社 1984 年版,第 225 页。

排斥冥签,自得意表。"①方绩、姚范推崇黄庭坚,姚鼐、方东树更以家学相承②,而桐城诗学以古文法论诗,认为"诗与古文为一",又是对宋人"以文为诗"论的继承。

桐城一地本自亦重"理学",《(康熙)桐城县志》《(道光)桐城续修县志》在"人物志"中皆首列"理学",以示"崇其本"之义,谓"桐人知学自唐始"③,理学人物自明代何唐始。何唐,马其昶《何省斋先生传》谓:"何先生讳唐,字宗尧,世居县北洪涛山。……正德十六年进士。……先生勇毅任道,不顾众嘲,风声流播,竟亦克变俗习。吾乡讲学之绪由此起,至方明善先生益昌大矣。明善与先生不相及,盖尝及钧州而私淑云。"④钧州,即赵锐,何唐高弟子;方明善,即方学渐,清人朱彝尊称颂:"方氏门才之盛,甲于皖口,明善先生实浚其源。东南学者推为帜志焉。"⑤赵锐为方学渐岳父。如此,桐城自有之"理学"与自婺源东迁之"理学"汇流⑥。刘师培《南北学派不同论》谓:"北人重经术而略文辞(徽州学派无一工文之人,江北学者亦然,与江南殊。),南人饰文词以辅经术,此则南北学派之不同者。"⑦桐城派源自江西、徽州,重经术,尊程朱;亦重皖南考据学派;但也修饰文词,词章亦受到唐宋古文与江西诗派诗学浸润,此是其不同之处。正是因地理上的播迁,而形成了学理上的大桐城。前引刘师培旨在论述南北学术"不同论",而东西向学术的播迁未及详考。元末明初自江西、徽州入桐学者群,在桐城或稍后的江苏孕育发展出新的文学与学术思潮,这种思潮又不时地向江西或桐城回溯,因此形成一种"学术反哺"态势,此乃是中国东西向学术交融的一个典型案例。

敷展古桐城的舆图,桐城位居长江之北,东南滨江,山廓水襟,西北

① 姚范:《援鹑堂笔记》卷四十,道光十五年(1835)刊本。
② 马厚文有诗谓:"惜抱高吟自正宗,诗为文掩见谁同? 若征家学推山谷,更有援鹑是首功。"见安徽省社会科学院文学研究所编:《桐城派研究论文选》,黄山书社1986年版,第285页。
③ 胡必选修、王凝命增修:《(康熙)桐城县志》卷四《人物志》,《中国地方志集成》,第113页。
④ 马其昶:《桐城耆旧传》,第52—54页。
⑤ 朱彝尊:《静志居诗话》,人民文学出版社1990年版,第425页。
⑥ 桐城本地本身亦有一定的文化积淀。方宗诚《桐城文录序》谓:"桐城文学之兴,自唐曹孟徵。宋李伯时兄弟,以诗词、翰墨,名播千载。及明三百年,科第、仕宦、名臣、循吏、忠节、儒林,彪炳史志者,不可胜数。"唐代诗人曹松、南宋书法家兼画家李公麟,其实应该是邻县的舒城人,但桐城人也以他们为先祖,本身就是"大桐城"观念使然。桐城本身也有一些著姓望族,如桐城马氏,世居桐城县城。
⑦ 刘师培:《国学发微》(外五种),广陵书社2013年版,第245页。

环山,群山连亘,戴名世《孑遗录》谓:"桐城居深山之中,地方百余里,一面滨江,而群山环之,山连亘千余里……四封之内,田土沃,民殷富,家崇礼让,人习诗书,风俗醇厚,号为礼仪之邦。"①来自江西、徽州等东迁望族,"囚"在偏安地理的桐城小邑,延续诗礼相承、耕读持家的理学传统,邑"中世族列居,惟东西两街有市廛,子弟无贫富皆教之读,通衢曲巷书声夜半不绝。士重衣冠,无以小帽马褂行于市者……士人晨夕以文字往来相攻错,明以来,多讲性理之学"②,东迁而来的"理学"思潮遇到桐城秀美山水,孕育出独特的桐城文脉:

汪德钺《横山张氏谱序》谓横山张氏迁居桐城是:"爱其负山面湖,山水秀丽,足以谋斡止长子孙,遂卜居焉。"③。

姚鼐《刘海峰先生八十寿序》:"夫黄、舒之间,天下奇山水也……岂山川奇杰之气有蕴而属之邪?"④

吴汝纶《二许集序》:"余尝爱黄华山水,往往喜从许氏诸老人游,相与访求里鄹遗事,因以遍览奇胜。盖吾县山水名天下,其维首自潜之天柱,及龙眠、骈枝、东鬐,岐出傍骛;其南折也,蜿蜒迤逦拗怒而堕乎江;未抵江廿里,为黄华,瞻顾依韦,如不欲去。余尝凭高而望大江,旋抱如玦,右顾天柱,卓立云外,意山川盘郁之气,盖未艾也。"⑤

马其昶《桐城耆旧传自序》:"吾尝暇日陟峥峣、投子之巅,望西北曾峦巨岭隐然出云表,而湖水迤逦荡潏于其前,因念姚先生所称,黄、舒之间,山川奇杰之气蕴蓄且千年,宜其遏极而大昌。"⑥

方宗诚在《桐城文录序》谓:"夫学问之道,非可囿于一乡也。然而流风余韵,足以兴起后人,则惟乡先生之言行为最易入。"⑦潜移默化的

---

① 戴名世:《戴名世集》,第 310 页。
② 廖大闻等修:《(道光)续修桐城县志》,江苏古籍出版社 1998 年版,第 51 页。
③ 张轩:《横峰张氏重修宗谱》,道光十八年(1838)木活字本。
④ 姚鼐:《惜抱轩诗文集》,第 114 页。
⑤ 吴汝纶:《吴汝纶全集》,第 1 册,第 299、300 页。
⑥ 马其昶:《桐城耆旧传》,第 1 页。
⑦ 方宗诚:《方宗诚集》,第 115 页。

理学基因融入桐城"山水奇秀,甲于他县"①的秀美自然环境,造就出独特文韵与尚礼民风,马其昶《桐城耆旧传》云:"吾乡俗乾嘉前至纯美矣:凡世族多列居县城中,荐绅告归皆徒行,无乘舆者;通衢曲巷,夜半诵书声不绝;士人出行于市皆冠服,客至亦然;遭长者于途必侧立,待长者过乃行;子弟群出必究其所往,不问其姓名谁何也;或非义,辄面呵之,即异姓子皆奉教惟谨。盖至道光之末,蜗山先生殁,而其时故家遗俗犹有存者。"②纵情于桐城山水间,文人雅士的士气文心得以陶冶,将来自江西、徽郡的东迁族群孕育成为桐城望族。

"小桐城"的文化开放中寓封闭,封闭中亦寓开放。"桐邑地当孔道,北通直豫,南达江广,而且泛分水陆,为皖郡门户,四达之区也"③,桐城形胜封闭在于三面环山,开放在与滨湖通江。时值有明,朱元璋金陵称帝,以直隶京师之地为直隶。后来,成祖朱棣迁都北京,直隶南京的地区为南直隶,其地商品经济发达,文化教育事业繁盛,人文环境优越,成为士林之渊薮,号称"东南胜会"之地。明清时期的桐城文人,包括戴名世、钱澄之、方文、方苞、刘大櫆、王灼、姚鼐等人,走出"小桐城",沿江而下,一路向东,播衍出一个"大桐城"。无论是从历史维度还是地理维度来看,桐城都恰好处在文化中心从江西到江苏的时间过渡段和地理分界域上,对学术的发展起到承接与孕育的作用。

三 "派"的衍播:地理上的大、小"桐城"

1933 年胡适在《致胡近仁》(胡近仁为《绩溪县志》总纂)的信中说:

> 县志应注重邑人移徙经商的分布与历史。县志不可但见小绩溪,而不看见那更重要的"大绩溪"。若无那"大绩溪",小绩溪早已饿死,早已不成个局面。新志应列"大绩溪"一门,由各都画出路线,可看各都移殖的方向及其经营之种类。如金华、兰溪为一路,

① 戴名世:《戴名世集》,第 105 页。
② 马其昶:《桐城耆旧传》,第 400 页。
③ 胡必选主修、赵君访编纂:《(康熙)桐城县志》卷一"形胜",江苏古籍出版社 1998 年版,第 19 页。

孝丰、湖州为一路，杭州为一路，上海为一路，自绩溪至长江为一路。[1]

胡氏的"大绩溪"与"小绩溪"之说启示我们：桐城派亦是由江西、徽郡移民的"大桐城"到偏安一隅的"小桐城"，再到沿江东向江苏继而扩展全国的"大桐城"；由多元文化中心融汇到一元文化中心，再向多元文化中心发展的历程。

学界一般认为桐城派是中国文学史上历时最长、影响最巨、规模最大的学术流派，这其中，江苏作家的贡献不可抹灭。据胡阿祥先生据刘声木《桐城文学渊源考》所录统计[2]，桐城派作家有 1211 人，其成员遍布全国 19 个省、市、自治区和境外日本等国，其分布图如下（见第 13 页）：

其中以江苏（包括原上海县）籍作家最多，达到 309 人，然后依次为安徽 198 人，河北 119 人，福建 103 人，浙江 103 人，湖南 75 人，江西 73 人，山东 43 人，河南 24 人，湖北 17 人，广西 13 人，山西 9 人，四川 7 人，广东 6 人，贵州 4 人，辽宁 3 人，云南 2 人，台湾、陕西各 1 人，日本 6 人，籍贯无考者 94 人。在桐城派作家区域分布中，江苏籍"桐城派"作家共有 309 人，远多于排名第二的安徽（198 人），约占全国桐城派作家总数的四分之一，且呈现出宗师林立、文人辈出、著作丰硕、理论深湛的特征[3]。江苏是桐城派的一个最为重要的学术高地，在桐城派的发展与传播过程中起到了关键枢纽的作用，在桐城派的发展与传播的时间维度和空间维度上都扮演了一个极其重要的角色。

桐城派是"望溪开之，海峰继之，至惜抱而其传始大"[4]。方苞生于金陵、长于金陵、长眠于金陵，并在金陵将其古文统绪传承给刘大櫆。自刘大櫆至姚鼐，桐城派流衍壮大，而学术理念传播的主阵地是书院。孟森先生在论清代书院的重要性时曾说："清一代学人之成就，多在书

---

① 绩溪县地方志编纂委员会编：《绩溪县志》，黄山书社 1998 年版，第 1073 页。

② 胡阿祥：《魏晋本土文学地理研究》附录三《桐城文派作家的地理分布与区域分析》，南京大学出版社 2001 年版，第 219 页。

③ 以上统计数据，参见王思豪：《江苏历代名人传记丛书·方苞》，江苏人民出版社 2016 年版。

④ 陈康祺：《郎潜纪闻二笔》，中华书局 1984 年版，第 398 页。

桐城派作家区域分布表

卷次	宗师	江苏	安徽	河北	福建	浙江	湖南	江西	山东	河南	湖北	广西	山西	四川	广东	贵州	辽宁	云南	台湾	陕西	小计	日本	无考	合计
1	昆山归有光	75	5	1	5	20	16	7	11		1		1								142		10	152
2	桐城方苞	24	22	7	19	10	7	5	19	2	2	2			2					1	122		10	132
3	桐城刘大櫆	3	51	2			2			4	2							1			65		9	74
4	桐城姚鼐	30	46	1		19	4	9	2	12		4	3	2	1	1	1				135	8		143
5	武进张惠言 恽敬	30	5		6	10		2			2		1		1				1		57		4	61
6	宜兴吴德旋 娄县姚椿	50	2			16		1			2	7	1			1					78		4	82
7	上元梅曾亮	10	4	3		9	17	8	2		2	4	3	1		1					63		12	75
8	桐城方东树	1	33																		34		1	35
9	阳湖李兆洛	28	2						1												31		4	35
10	武昌张裕钊	12	22	103	2	4		1	6	6	2			4		1					163	4	17	184
11	桐城吴汝纶	38	1	2	1	15	28	6	3		3				1		2	1			101	2	10	113
12	建宁朱仕琇	1		1	69			6							1						77		3	80
13	新城鲁九皋				1			27													28	6	3	31
		302	193	119	103	103	74	73	43	24	16	13	9	7	6	4	3	2	1	1	1096	6	94	1211

资料表源：胡阿祥：《桐城文派作家的地理分布与区域分析》，南京大学出版社2001年版，第219页。

院中得之,此固发展文教之一事也。"①方苞虽未执掌书院,但他曾为王子师,并在翰林院任教,且其弟子已经开始以书院为阵地,来传播他的古文理论与学术观念:刘大櫆主讲山西百泉书院、歙县问政书院、安庆敬敷书院;叶酉主讲钟山书院;沈廷芳主讲福州鳌峰书院、肇庆端溪书院、仪征乐仪书院;孙廷镐主讲蛟川书院;官献瑶主讲鳌峰书院等。姚鼐更是以书院讲习来传播桐城派之功绩最为卓著者,其主讲的书院有:乾隆四十一年(1776)至四十四年,主讲扬州梅花书院,编纂《古文辞类纂》等授学教材;乾隆四十五年至五十二年,主讲安庆敬敷书院;乾隆五十三年至五十四年,主讲歙县紫阳书院;乾隆五十五年至嘉庆五年(1800),主讲江宁钟山书院;嘉庆六年至九年,又主讲敬敷书院;嘉庆十年至二十年,又主讲钟山书院。姚鼐书院讲学经历四十余年,其中主讲钟山书院更是二十二年之久,充分利用了南京"天下文枢"地利条件和浓郁学术氛围,扩容作家队伍,丰富桐城的学理内涵。书院教学注重理论统绪传承,让桐城派从"小桐城"走向了更大的"大桐城"。

桐城派的中兴人物曾国藩在《欧阳生文集序》中,总结桐城派的传播流衍过程:"乾隆之末,桐城姚姬传先生鼐,善为古文辞。慕效其乡先辈方望溪侍郎之所为,而受法于刘君大櫆及其世父编修君范。三子既通儒硕望,姚先生治其术益精。"曾《序》首先追踪姚鼐的学问之源:方苞、刘大櫆、姚范,再详细阐述姚鼐的学术播衍:

> 姚先生晚而主钟山书院讲席。门下著籍者,上元有管同异之、梅曾亮伯言,桐城有方东树植之、姚莹石甫。四人者,称为高第弟子。各以所得,传授徒友,往往不绝。在桐城者,有戴钧衡存庄,事植之久,尤精力过绝人。自以为守其邑先正之法,禔之后进,义无所让也。其不列弟子籍,同时服膺,有新城鲁仕骥絜非、宜兴吴德旋仲伦。絜非之甥为陈用光硕士。硕士既师其舅,又亲受业姚先生之门。乡人化之,多好文章。硕士之群从,有陈学受艺叔、陈溥广敷,而南丰又有吴嘉宾子序,皆承絜非之风,私

---

① 孟森:《明清史讲义》,中华书局1981年版,第553页。

淑于姚先生。由是江西建昌有桐城之学。仲伦与永福吕璜、月沧交友，月沧之乡人有临桂朱琦伯韩、龙启瑞翰臣、马平王锡振定甫，皆步趋吴氏、吕氏，而益求广其术于梅伯言。由是桐城宗派，流衍于广西矣。昔者，国藩尝怪姚先生典试湖南，而吾乡出其门者，未闻相从以学文为事。既而得巴陵吴敏树南屏，称述其术，笃好而不厌。而武陵杨彝珍性农、善化孙鼎臣芝房、湘阴郭嵩焘伯琛、溆浦舒焘伯鲁，亦以姚氏文家正轨，违此则又何求？最后得湘潭欧阳生。生，吾友欧阳兆熊小岑之子，而受法于巴陵吴君、湘阴郭君，亦师事新城二陈。其渐染者多，其志趣嗜好，举天下之美，无以易乎桐城姚氏者也。①

姚鼐执掌多地书院讲席，经梅曾亮、陈用光等承传其学术理念而将桐城之学"派"衍至全国：东流江浙——梅曾亮、管同、吴德旋、邵懿辰、孙衣言、余坤；反哺桐城——姚莹、方东树、戴钧衡；回溯江西——陈用光、鲁仕骥、陈学受、陈溥、吴嘉宾；南播广西——吕璜、龙启瑞、朱琦、彭昱尧、王拯；西传湖南——吴敏树、邓显鹤、杨彝珍、郭嵩焘、孙鼎臣、舒焘、曾国藩。至同治间，曾国藩总督直隶，以弟子张裕钊、吴汝纶主莲池书院，桐城之文又北上而渐兴于河北，吴闿生《吴门弟子集序》谓："自廉卿先生来莲池，士始知有学问。先公继之，日以高文典册摩厉多士，一时才俊之士奋起云兴，标英声而腾茂实者先后相望不绝也。己丑以后，风会大开，士既相竞以文词，而尤重中外大势、东西国政法有用之学，畿辅人才之盛甲于天下，取巍科，登显仕，大率莲池高第。"②莲池高第有贺涛、阎志廉、李刚己、刘春霖等一时俊杰。

曾氏视野囿于域内，桐城派的地理衍播更是远及朝鲜、日本。姚鼐弟子陈用光与朝鲜学者金正喜（1786—1856）交往密切，书信往还频繁，陈用光将《古文辞类纂》《姚先生尺牍》《姚先生行状》等赠予金正喜③；梅曾亮和朝鲜学者金迈淳（1776—1840）交流频繁，且交流的范围扩大

① 曾国藩：《曾国藩全集》，中华书局 2018 年版，第七册，第 4783—4784 页。
② 吴闿生：《吴门弟子集序》，见《吴门弟子集》，中国书店重印民国十九年（1930）莲池书社刻本。
③ 参见〔日〕藤塚邻著，尹哲圭、李忠九、金奎璇译：《秋史金正喜研究——清朝文化东传研究》，果川文化院 2009 年版，第 521—527 页。

到梅曾亮和金迈淳的门人以及门人的朋友①。刘声木《桐城文学渊源考》卷十收录宫岛彦,谓其"师事张裕钊七年",《补遗》谓其"师事张裕钊、黎庶昌,受古文法,夙慕中国文法"②;中岛裁之、中岛成章,刘声木称他们"师事吴汝纶,受古文法"③;宫岛诚一郎,刘声木谓其"师事张裕钊,受古文法,称高第弟子"④。《桐城文学渊源考》卷十一收录藤野正启,刘声木谓其"与黎庶昌友善,以古文相切摩。其为文醇实有法度,趣向桐城,亦取姚鼐、曾国藩阴阳刚柔之说以自辅"⑤;馆森鸿,刘声木称其文"深得桐城家法"⑥。又据佐藤一郎考证,自江户时代"言志派"的赖山阳即熟知方苞,访求《方望溪全书》拜读,"入明治时代,一时竟变成若不谈桐城即无论古文资格,人人争学姚姬传的地步",尤其是明治十四年三月,黎庶昌出任驻日公使,日本朝野对桐城派的关注空前高涨,"桐城派古文被当作一个体系在日本被理解和接受",除刘声木列举的几位日本籍桐城派作家外,佐藤一郎还考证出本城问亭、重野安绎、龟谷省轩等人也属于日本籍桐城派作家⑦。

结合曾氏之论并扩展言之,桐城派地理形成了一个以桐城为核心,以江苏为关键枢纽,沿运河而南北,顺长江以东西,形成以赣、湘、桂、冀、浙、闽等为中间层,以朝鲜、日本为外围层,由"小桐城"到"大桐城"的桐城派地理环境。由《龙眠古文》《龙眠风雅》《桐旧集》等地方诗文总集到《古文辞类纂》《经史百家杂钞》等全国性的大型诗文总集的编纂;由《乡贤实录》《乡贤续录》《桐城耆旧传》等一地的作家史传记载到《桐城文学渊源撰述考》集全国桐城派作家撰述资料为一体的宏大叙录,其中也体现出地理上的"小、大桐城"变迁,更在文统与道统层面昭示学理上的"小、大桐城"之扩容。

① 参见〔韩〕金镐:《19世纪朝、清古文家的交流初探——以金迈淳与梅曾亮的交流为讨论的范围》,《国际汉学研究通讯》2014年第9期。
② 刘声木:《桐城文学渊源考》,第307页。
③ 同上注,第318页。
④ 同上注,第318页。
⑤ 同上注,第334—335页。
⑥ 同上注,第347页。
⑦ 参见〔日〕佐藤一郎,蒯大申译:《江户、明治时代的桐城派》,《江淮论坛》1995年第1期。

四 "统"的扩容:学理上的大、小"桐城"

马其昶《姚惜抱先生传》谓:"宗派之说,达者所嗤。然经学贵家法,文章有承传,湘乡之论不忘本始,可云至厚。善哉!先生之言曰:'有所法而后能,有所变而后大。'"①结合前引陈康祺、曾国藩之论,他们都不约而同地提到桐城派至姚鼐而"大"。《清史稿·姚鼐传》谓:"鼐独抉其微,发其蕴,论者以为辞迈于方,理深于刘。三人皆籍桐城,世传以为桐城派。"②姚鼐之"大"桐城派在于"迈"辞、"深"理,直接系乎"文统"与"道统"。

方苞特别强调"义法"之"精",一篇《古文约选序》提到 10 个"精"字,如"得其支流,而义法最精者,莫如《左传》《史记》""其次《公羊》《穀梁传》……而后可取精焉""惟两汉书、疏及唐宋八家之文,篇各一事,可择其尤,而所取必至约,然后义法之精可见"③等等。方苞精于求理而轻于辞章,编《古文约选》重理轻辞,最突出的表现莫过于不录汉、魏古赋,且与弟子论古文作法谓:"古文中不可入语录中语、魏晋六朝人藻丽俳语、汉赋中板重字法、诗歌中隽语、南北史佻巧语。"④方苞认为"古文之传,与诗赋异道"⑤,称唐宋之学者"逐于诗赋论策之末"⑥。其再传门人王昶也认为"古之取士,或以诗赋,或以经义,体制格调,本去古文甚远"⑦。方苞及其门人求古文之"精",将辞赋排除其列。而至姚鼐论文,不再排除辞赋,"姬传先生尝语学者为文,不可有注疏、语录及尺牍气。盖尺牍之体,固有别于文矣"⑧,其弟子吴德旋亦谓:"古之文体,忌小说,忌语录,忌诗话、忌时文、忌尺牍。此五者不去,非古文也。……诗

---

① 马其昶:《桐城耆旧传》,第 364 页。
② 赵尔巽等撰:《清史稿》,中华书局 1998 年版,第 44 册,第 13396 页。
③ 方苞:《方苞集》,上海古籍出版社 1983 年版,第 612—616 页。
④ 沈廷芳:《书望溪先生传后》引方苞言,见徐斐然:《国朝二十四家文钞》卷二十三,道光十年(1830)文光堂刻本。
⑤ 方苞:《方苞集》,第 164 页。
⑥ 同上注,第 190 页。
⑦ 王昶:《春融堂集》卷三十《与彭晋函论文书》,嘉庆十三年(1808)青浦王氏塾南书舍刻本。
⑧ 梅曾亮:《姚惜抱先生尺牍序》,见姚鼐撰,陈用光编:《姚惜抱先生尺牍》,宣统元年(1909)小万柳堂据海源阁重印本。

赋虽不可有,但当分别言之,如汉赋字句何尝不可用,惟六朝绮靡乃不可也……此等处辨之须细须审。"①方氏以为汉赋"板重字法",不可入于古文;姚鼐、吴德旋谓古文"汉赋字句何尝不可用",力求变通文法。姚鼐在《与陈硕士》书中指出"望溪所得,在本朝诸贤为最深,而较之古人则浅。其阅《太史公书》,似精神不能包括其大处、远处、疏淡处及华丽非常处。止以义法论文,则得其一端而已"②,于是在编《古文辞类纂》中采入大量古赋,以为"汉世校书有《辞赋略》,其所刻者甚当。昭明太子《文选》,分体碎杂,其立名多可笑者"③,《古文辞类纂》列文为十三类,将楚辞纳入"辞赋类",并增入《对楚王问》等战国策文、七体及司马相如《难蜀父老》、扬雄《解嘲》、韩愈《进学解》等类赋之文。姚鼐弟子姚椿编《国朝文录》,专列赋类,选录古体赋,明确表示"是录依桐城姚先生《古文辞类纂》例"④。梅曾亮编《古文词略》,《凡例》称:"姚姬传先生定《古文词类纂》,盖古今之佳文尽于是矣。今复约选之得三百余篇……"⑤姚椿、梅曾亮均在实践层面与其师同尊古赋体。至姚鼐,桐城派古文选本选古赋,且将类赋之文也囊括在古赋体之中,可谓以广纳众体的姿态扩大桐城"文统"堂庑。

桐城派至曾国藩而又一"大"。吴闿生《明清八大家文钞序》:"姚姬传荟萃古今之作,以为《古文辞类纂》,上下百代二千余载铢两不失,可谓集斯文之大成。……曾氏《经史百家杂钞》颇采魏晋六朝之作,盖欲于《类纂》外有以扩而充之。……要之,清代文学至姚而后醇,至曾而后大。"⑥曾国藩自称"最好扬、马、班、张之赋"⑦,评张惠言《七十家赋钞》"评量殿最,不失铢黍"⑧,自编《经史百家杂钞》立"词赋"类,《序例》云:"姚姬传氏纂《古文辞》,分为十三类。余稍更易为十一类:曰论著,曰词赋……余与姚氏同焉者也……曰颂赞,曰箴铭,姚氏所有,余以附入词

① 吴德旋:《初月楼古文绪论》,人民文学出版社1959年版,第19页。
② 姚鼐:《惜抱轩尺牍》,北京师范大学出版社2014年版,第75页。
③ 姚鼐著,高步瀛笺:《古文辞类纂笺》,吉林大学出版社1997年版,第1498页。
④ 姚椿编:《国朝文录》卷首,上海扫叶山房光绪庚子年刊本。
⑤ 梅曾亮编:《古文词略》之《凡例》,同治六年(1867)合肥李氏刊本。
⑥ 王文濡编:《明清八大家文钞》卷首,上海进步书局1915年本。
⑦ 曾国藩:《同治六年二月初六日日记》,见《曾国藩全集·日记》,岳麓书社1989年版,第1348页。
⑧ 曾国藩:《茗柯文序》,见张惠言:《茗柯文编》,上海古籍出版社1984年版,第263页。

赋之下编。"①将颂赞、箴铭诸体纳入到辞赋类中,赋体内涵进一步扩容。又编《评注古文四象》,将古文分为"太阳气势""少阳趣味""太阴识度""少阴情韵"四象,其中第一、二、四象皆收录、评注古赋②,可见曾氏对古体赋极其推重。其弟子吴汝纶"托始周末,讫乎近世曾(国藩)、张(裕钊)"③,成《古文读本》一书,一依姚《纂》、曾《钞》,录秦汉古体赋作。黎庶昌《续古文辞类纂》摒弃王先谦同名之作不选"辞赋"体例,承《古文辞类纂》《经史百家杂钞》例立"辞赋类",其《叙》谓:"本朝文章,其体实正自望溪方氏,至姚先生,而辞始雅洁。至于曾文正公,始变化而臻于大。桐城之言,乃天下之至言也。"④桐城之言成为天下之言,桐城之文成为天下之文,这个"大"是由曾国藩完成的。

就文统之"体"而言,由方苞《古文约选》到姚鼐《古文辞类纂》、梅曾亮《古文词略》、曾国藩《经史百家杂钞》《评注古文四象》、黎庶昌《续古文辞类纂》、吴汝纶《古文读本》,对古赋的选择经历由舍弃到择取,由择取到扩容的过程,这是姚鼐古文"迈"辞的突出征象。由此也与张惠言《七十家赋钞》所提倡的崇尚古赋的"文格"达成一致,与吴德旋主张汉赋可用的旨意一致,囊括"阳湖"一支于桐城派"文统"之中⑤,故刘声木在《桐城文学渊源考》中称张惠言"取法韩欧两家,变大櫆之清宕为渊雅,文格与姚鼐为近,首倡桐城文学于常州"⑥。而就文统之"人"而言,则在于作家阵容的扩大。方苞为文之"义法",直接取法《史》《汉》;姚鼐编选《古文辞类纂》,以归有光赓续唐宋八大家;至吴闿生"今录归、方以下至于贺氏,为《明清八大家文钞》",又以归有光衍及方苞、姚鼐、梅曾亮、曾国藩、张裕钊、吴汝纶、贺涛。诚如刘开在《与阮芸台宫保论文书》所谓:"由是明道修辞,以汉人之气体运八家之成法,本之以六经,参之

① 曾国藩编:《经史百家杂钞》卷首,中华书局 2013 年版,第 1 页。
② 曾国藩编:《评注古文四象》,民国十三年(1924)有正书局铅印本。
③ 胡景桂:《古文读本序》,作于光绪二十九年十月,见吴汝纶编:《古文读本》,清铅印本。
④ 黎庶昌编:《续古文辞类纂》,上海世界书局 1936 年版,第 1 页。
⑤ 王思豪:《手稿本〈七十家赋钞〉的学术价值》,《中国典籍与文化》2010 年第 4 期;《论桐城派古文选本中的古赋思想——以〈古文辞类纂〉等主要古文选本为例》,《安徽大学学报》2011 年第 6 期有详论,可参见。
⑥ 刘声木:《桐城文学渊源考》,第 201 页。

以周末诸子,则所谓争美古人者庶几其有在焉。"①桐城派"文统"的大、小桐城如此建构。

修辞以明道,桐城派的"道统"堂庑如何承续?《国朝先正事略·方望溪侍郎事略》载:"姜西溟宸英、王崑绳源尝与公论行身祈向,公曰:'学行继程、朱之后,文章在韩、欧之间,其庶几乎?'"②方苞的理想是将"韩、欧之间"的文统与"程、朱之后"道统相统一。方苞初到京城,李光地称赏他是"韩、欧复出";数十年后,刘大櫆入京初见方苞,方苞称赏他是"昌黎复出"③,姚鼐在《刘海峰先生传》中称方苞"见海峰,大奇之,语人曰:'如苞何足言邪!吾同里刘大櫆乃今世韩、欧才也。'"④方苞期以刘大櫆继之接续文统之意甚明。方东树则称方、刘、姚一起接续文统,谓:"愚尝论方、刘、姚三家,各得才、学、识之一,望溪之学,海峰之才,惜翁之识,使能合之,则直与韩、欧并辔矣。"⑤应该说,桐城派在文统承续上做到了"韩、欧之间",而道统上的"程、朱之后"却有争议。

方苞卒后,刘大櫆《祭望溪先生文》有云:"一言之立,百世可孚。从祀阙里,亦其宜与?"⑥刘大櫆认为方苞可接续《六经》之"道统",提出方苞是否该"从祀"的问题。从祀制度是在文庙祭祀中,以孔子为主祭对象,以孔门弟子及历代大儒作为配祭对象,据此以形成的道统秩序,如宋元之际儒者熊钰谓:"尊道有祠,为道统设也。古者建学立师教学为先,而其所学则以道德功言为重,而道其总名也。"⑦潘祖荫《遵议先儒黄宗羲顾炎武从祀疏》:"议准从祀先儒,应以阐明圣学传受道统为断。"⑧顾炎武《日知录》"配享"条谓:"周、程、张、朱五子之从祀。定于理宗淳祐元年。颜、曾、思、孟四子之配享,定于度宗咸淳三年。自此之后,国无异论,士无异习。历胡元至我朝,先王之统亡,而先王之道存,理宗之

---

① 刘开:《刘开集》,第55页。
② 李元度纂:《国朝先正事略》卷十四,岳麓书社2008年版,第449页。
③ 吴定《海峰先生墓志铭》载:"(刘大櫆)年二十九应举入京师,巨公贵人皆惊骇其文,而尤见赏方侍郎暨吴荆山阁学,以为昌黎复出。"见《刘大櫆集》,上海古籍出版社1990年版,第623页。
④ 姚鼐:《惜抱轩诗文集》,第308页。
⑤ 方东树:《昭昧詹言》,第47页。
⑥ 刘大櫆:《刘大櫆集》,第337页。
⑦ 熊钰:《熊勿轩先生文集》第四卷,《丛书集成初编本》,第2407册,第48页。
⑧ 葛士濬编:《皇朝经世文续编》卷五十二礼政三,清光绪石印本。

功大矣。"又"嘉靖更定从祀"条云："嘉靖之从祀进欧阳修者,为大礼也,出于在上之私意也。进陆九渊者,为王守仁也,出于在下之私意也。"①至清朝,昭梿论"本朝从祀"云："自明嘉靖间增祀孔庙,两唐诸儒及宋、元、明三代无不具列。本朝罕有继者,惟乾隆初增祀陆稼书阁学一人而已。按国家右文之代,名儒辈出,如名臣汤文正公、李文贞公、孙文定公、杨文定公、朱文端公之崇尚儒道,下者之如李绂、方苞之于理学,顾炎武、胡渭、毛奇龄朱彝尊、惠栋、任启运、江永、顾栋高等之于穷经,极一时之盛。乃有言职者从未议及,何也?"②昭梿也提出了包括方苞在内的清儒为什么没有进入"从祀"之列。

　　曾国藩九弟曾国荃曾有疏请方苞从祀孔庙之举。曾国藩评论方苞《请矫除积习兴起人才札子》一文曰："望溪先生古文辞为国家二百余年之冠,学者久无异辞,即其经术之湛深,八股文之雄厚,亦不愧为一代大儒。……沅甫生平笃慕望溪,尝欲疏请从祀孔庙,盖将奉为依归。昔望溪于乾隆初请以汤文正从祀圣庙,未蒙俞允。厥后道光三年,汤公果祔祀圣庙。而望溪之志行几与汤公相伯仲,跻之两庑,殆无愧色。沅甫知取法乎上,或亦既然睎古而恩(思)齐欤?"③那为什么方苞没有成功"从祀"呢? 曾国藩《致沅浦弟书》(咸丰十一年六月二十九日)解释道："望溪两次获罪:一为戴名世《南山集序》入刑部狱;一为其族人方某挂名逆案,将方氏通族编入旗籍,雍正间始准赦宥,免隶旗籍,望溪文中所云'因臣而宥及合族'者也。今欲请从祀孔庙,须将两案历奉谕旨一一查出,尤须将国史本传查出。恐有严旨碍眼者,易干驳诘。从前入祀两庑之案,数十年而不一见,近年层见迭出,几于无岁无之。去年大学士九卿等议复陆秀夫从祀之案,声明以后外间不得率请从祀。兹甫及一年,若遽违新例而入奏,必驳无疑。……国藩于本朝大儒,学问则宗顾亭林、王怀祖两先生;经济则宗陈文恭公。若奏请从祀,须自三公始。李厚庵与望溪,不得不置之后图。"④孔庙从祀是一件非常严肃的大事,明

① 顾炎武:《日知录集释》,上海古籍出版社 2014 年版,第 334 页、第 335—337 页。
② 昭梿:《啸亭杂录 续录》,上海古籍出版社 2012 年版,第 231 页。
③ 曾国藩:《鸣原堂论文》卷二,见《曾国藩全集》,中华书局 2018 年版,第七册,第 4591 页。
④ 曾国藩:《曾国藩全集》,第八册,第 7691 页。

成化四年讨论熊禾入祀时有云："举祀典以崇有德、报有功，实治化之所关，人心风俗之所系，古今皆慎之。若孔庙从祀，必其人修行足以继性圣，明理足以启后人，著书立言足以羽翼群经，传之万世而无弊，然后得与于斯，非止于一德一功之可称者比伦，此尤不可不慎也。"①曾国藩称颂方苞是"一代大儒"，但因"两次获罪"，"从祀"之议只能后图。

《论语·先进》载孔子以德行、言语、政事、文学四科评定弟子："德行，颜渊、闵子骞、冉伯牛、仲弓；言语，宰我、子贡；政事，冉有、季路；文学，子游、子夏。"唐开元八年（720），唐玄宗诏令祭祀孔子，"十哲"从祀夫子，树立道统。清咸丰九年正月，曾国藩《圣哲画像记》谓：

> 姚姬传氏言学问之途有三：曰义理，曰词章，曰考据。戴东原氏亦以为言。如文、周、孔、孟之圣，左、庄、马、班之才，诚不可以一方体论矣。至若葛、陆、范、马，在圣门则以德行而兼政事也。周、程、张、朱，在圣门则德行之科也，皆义理也。韩、柳、欧、曾、李、杜、苏、黄，在圣门则言语之科也，所谓词章者也。许、郑、杜、马、顾、秦、姚、王，在圣门则文学之科也。顾、秦于杜、马为近，姚、王于许、郑为近、皆考据也。②

疏请朝廷增列方苞的"从祀"之举行不通，但桐城派的道统不可不续，曾国藩便"择古今圣哲三十余人，命儿子纪泽图其遗像，都为一卷，藏之家塾"，并作《圣哲画像记》，将孔子的德行、政事科归入姚鼐的"义理"；将言语科归入"词章"；将文学科归入"考据"，姚鼐自然可以接续孔孟之传，曾氏谓："自朱子表章周子、二程子、张子，以为上接孔孟之传，后世君相师儒，笃守其说，莫之或易。……我朝学者，以顾亭林为宗。……厥后张蒿庵作《中庸论》，及江慎修、戴东原辈，尤以礼为先务。而秦尚书蕙田，遂纂《五礼通考》，举天下古今幽明万事，而一经之以礼，可谓体大而思精矣。吾图画国朝先正遗像，首顾先生，次秦文恭公，亦岂无微旨哉！桐城姚鼐姬传，高邮王念孙怀祖，其学皆不纯于礼。然姚先生持论闳通，国藩之粗解文章，由姚先生启之也。王氏父子，集小学

---

① 柯潜：《竹岩集》卷五《议先贤熊禾复内阁先生》，雍正十一年（1733）柯潮刻本。
② 曾国藩：《曾国藩全集》，第七册，第4787页。

训诂之大成,复乎不可几已。故以殿焉。"于是形成了曾氏家族的"道统"从祀名录:"文周孔孟,班马左庄,葛陆范马,周程朱张,韩柳欧曾,李杜苏黄,许郑杜马,顾秦姚王。三十二人,俎豆馨香。临之在上,质之在旁。"曾氏所谓的"微旨"或即有以一己的三十二人名单挑战朝廷从祀三十四人名单之意图。

曾国藩在《圣哲画像记》中称赞姚鼐"持论闳通",此有别于方苞笃守程朱。方苞《与李刚主书》谓:"孔孟以后,心与天地相似,而足称斯言者,舍程、朱而谁与? 若毁其道,是谓戕天地之心,其为天之所不祐决矣。故自阳明以来,凡极诋朱子者,多绝世不祀。"①而姚鼐不同,他在《复曹云路书》中云:"苟欲达贤圣之意于后世,虽或舍程、朱可也。"②在汉、宋之争的学术环境中,姚鼐胜在"会通",苏舆《虚受堂文集序》:"国朝桐城姚惜抱氏,为义理、考据、词章合一之说,借以融洽汉、宋门户,定文章之趣向。……然姚氏之文,沉潜古籍,于义理、考据为能兼综其全,故虽取法唐宋,而能拔出一代。"③曾国藩认识到了姚鼐的高明之处,且适时提出更高明的主张,将"葛、陆、范、马"归于"经济",发展姚"三说"为"四说",以便更好地接续孔门"四科"之说。黎庶昌在《续古文辞类纂自序》称赞曾氏能"扩姚氏而大之,并功、德、言为一涂,挈览众长,轹归掩方,跨越百氏,将遂席两汉而还之三代,使司马迁、班固、欧阳修之文,绝而复续"④,曾氏在将姚鼐纳入家族"道统论"的同时,也将自己纳入道统之中。

曾氏之举,得到了学术界的回应。梁启超《清代学术概论》谓:"咸、同间,曾国藩善为文而极尊'桐城',尝为《圣哲画像赞》,至跻姚鼐与周公、孔子并列。"⑤从方苞"从祀"失败,原因一在于"两次获罪";二在于其"笃守程朱"而过于迂腐,吴汝纶《答姚叔节》谓:"通白与执事皆讲宋儒之学,此吾县前辈家法,吾岂敢不心折气夺。但必欲以义理之说施之文

① 方苞:《方苞集》,上册,第140页。
② 姚鼐:《惜抱轩诗文集》,第88页。
③ 王先谦:《王先谦诗文集》,岳麓书社2008年版,第5页。
④ 黎庶昌:《拙尊园丛稿》卷二内编,光绪二十一年(1895)金陵状元阁刻本。
⑤ 梁启超著,夏晓虹点校:《清代学术概论》,中国人民大学出版社2004年版,第191页。

章,则其事至难,不善为之,但堕理障。程朱之文,尚不能尽餍众心,况余人乎?方侍郎学行程朱,文章韩欧,此两事也,欲并入文章之一途,志虽高而力不易赴。"①姚鼐以"义理、考据、辞章"融会孔门"四科"的"闳通"之举,可"与周公、孔子并列"。《清儒学案·惜抱学案》谓:"桐城学派始于望溪,至惜抱标义理、考据、辞章三者并重为宗旨,当乾嘉汉学极盛之际,断断以争,为程、朱干城,久之信从始众。湘乡继起,表章尤力,其说益昌。汉、宋门户之见虽难尽化,持平之论终犁然有当于人心焉。"②曾氏增姚氏之说以"经济",更完善地与孔门"四科"接应,桐城派的"道统"赓续任务得以完成。

刘师培《文章原始》云:"近代文学之士,谓天下文章,莫大于桐城。"③桐城派孕育在桐城沃土,这是"小桐城"的地理视角;桐城派不仅仅是桐城的,这是"大桐城"的学理视角。桐城派研究应注重人物的地理迁徙的分布和学理上的师徒传衍的历史,不可但见"小桐城",而不看见那更重要的"大桐城",若无那"大桐城",小桐城不会成个局面。"桐城派"研究应有大桐城的视野观,以桐城为核心层,以江苏为枢纽,向四周扩展,东向江浙地区,成"阳湖"一路;东南向福建地区,成"闽南"一路;西南向广西,成"岭西"一路;西向两湖地区,成"湘乡"一路;北向京冀地区,成"莲池"一路;更有远播朝鲜、日本一路。各支派虽各走一路,亦有偏重,然"小桐城"自是桐城人所创,他乡无之。章炳麟《原学》谓:"视天之郁苍苍,立学术者无所因。各因地齐、政俗、材性发舒,而名一家。"④将地理之"桐城"归入学理之"桐城",一个学派便得以形成,而其重要之处在于"文统"与"道统"的树立与张扬。桐城派文统与道统的树立,其先在于"专""精",以明特色卓荦,有所遵循,此谓之"小桐城";其次在于"会通""闳通",以明包容之心,有所广纳,此之谓"大桐城";其最后在于追祖溯源,与古圣之道接续,由学理上的多元之"大"到地理上一邑之"小",再到统绪上的会通之"大"。桐城派之所以成"派",关键在于

---

① 吴汝纶:《吴汝纶全集》,第三册,第138—139页。

② 徐世昌等编:《清儒学案》,中华书局2008年版,第3451页。

③ 刘师培:《文章原始》,《国粹学报》1907年第1期。

④ 章炳麟:《訄书·原学第一》(重订本),见《章太炎全集》(三),上海人民出版社1984年版,第133页。

地理上的"地方感"①和学理上的"统意识"得以很好地协作运通,而江苏在这个协作运通的过程中,发挥了至关重要的作用。

第二节　本课题的国内外研究现状

　　桐城派与区域学术的关系已经引起学界的关注,如王列生先生《桐城地域文化爬疏》②、曾光光先生《传统学派的发展与区域文化因素——以桐城派为研究个案》③、许结先生《区域与辐射:桐城古文小议》④。各个省市地方与桐城派的关系也开始逐渐讨论得多起来,如赵盛德先生《桐城学派在广西》⑤、胡永翔先生《吕璜与粤西桐城派古文》⑥、张维先生《岭西五大家研究》⑦和《清代广西古文研究》⑧等对桐城派的广西籍作家进行了系统研究。吴永甫先生《桐城派在上海》⑨以及拙文《沪籍桐城派作家及其诗文集考述》⑩对桐城派的上海籍作家进行了一番梳理。其他如周颂喜先生《篡统乎? 继统乎? ——论湘乡派与桐城派之关系》⑪、陈春华先生《论莲池书院与桐城文派在河北的兴起》⑫、孙爱霞先生《论桐城派对天津文学的影响——以王又朴为例》⑬、李阳阳与徐国华

① 有关"地方感"的讨论,参见〔美〕段义孚:《人文主义地理学之我见》,《地理科学进展》2006 年第 2 期;〔美〕包弼德:《论地方史在中国史研究中的地位——以欧美近十多年的研究为例》,复旦大学历史地理研究中心等编:《国家视野下的地方》,上海人民出版社 2014 年版,第 7—24 页。

② 王列生:《桐城地域文化爬疏》,《东南文化》1991 年第 2 期。

③ 曾光光:《传统学派的发展与区域文化因素——以桐城派为研究个案》,《贵州社会科学》2007 年第 2 期。

④ 许结:《区域与辐射:桐城古文小议》,《古典文学知识》2011 年第 3 期。

⑤ 赵盛德:《桐城学派在广西》,《学术论坛》1982 年第 5 期。

⑥ 胡永翔:《吕璜与粤西桐城派古文》,《广西大学学报》2000 年第 1 期。

⑦ 张维:《岭西五大家研究》,江苏古籍出版社 2003 年版。

⑧ 张维:《清代广西古文研究》,广西师范大学出版社 2008 年版。

⑨ 吴永甫:《桐城派在上海》,《上海农村经济》2005 年第 4 期。

⑩ 王思豪:《沪籍桐城派作家及其诗文集考述》,《社会科学》2009 年第 9 期。

⑪ 周颂喜:《篡统乎? 继统乎? ——论湘乡派与桐城派之关系》,《求索》1987 年第 4 期。

⑫ 陈春华:《论莲池书院与桐城文派在河北的兴起》,《江苏教育学院学报》2010 年第 9 期。

⑬ 孙爱霞:《论桐城派对天津文学的影响——以王又朴为例》,《社会科学战线》2010 年第 8 期。

先生《江西桐城派传衍考述》①、〔日〕佐藤一郎《江户、明治时代的桐城派》②等分别对湖南籍、河北籍、天津籍、江西籍以及日本的桐城派作家进行了探讨。

江苏与桐城派渊源颇深,从整体上来考察桐城派与江苏之关系的研究,有赵杏根先生《桐城派与江苏》③和石钟扬先生《桐城派与江苏之一例》④二文。赵先生文提纲挈领,将江苏在桐城派发展史上的重要性加以明晰化;石先生文对江苏籍桐城派作家吴德旋和范当世的文学创作主张与古文思想渊源做了详尽探讨。就个案而言,讨论比较多的主要集中在桐城派与阳湖派关系上,这方面的研究成果以曹虹师《阳湖派研究》⑤最为突出。其他研究也仅是关注于一些主要作家,如梅曾亮、管同等,多是一些散论,尤缺乏必要的、整体上的、基础性的文学文献综论性著述。

鉴于此,学术界对江苏籍桐城派作家及其撰述做一个全面调查与考叙就显得尤为必要。笔者依据师承、私淑关系纽带,以是否宗桐城"义法"为准则,查检史书、方志以及刘声木的《桐城文学渊源考》等相关文献,确定江苏籍桐城派作家有名可考者249人,撰述1500余种,并尽己所能略作考述,谨具芹献。

第三节 研究的基本思路和主要构想

一 研究的基本思路

桐城派从其创始人到末代传人,不仅有着共通并发展着的学术主张和文章风格,而且代代之间有着明晰的师承或私淑关系,《丛考》以刘

---

① 李阳阳、徐国华:《江西桐城派传衍考述》,《南昌航空大学学报》2015年第2期。
② 〔日〕佐藤一郎:《江户、明治时代的桐城派》,《江淮论坛》1995年第1期。
③ 赵杏根:《桐城派与江苏》,《文教资料》1998年第5期。
④ 石钟扬:《桐城派与江苏之一例》,见徐成志、江小角主编《桐城派研究》,新华出版社2010年版。
⑤ 曹虹:《阳湖派研究》,中华书局1996年版。

声木《桐城文学渊源考》为线索，并在此基础上丰富之、扩大之①，成员主要包括师传和私淑于桐城派的作家。

《丛考》取《汉书·艺文志·诗赋略》"屈原之属""陆贾之属""荀卿之属"名义，依刘声木《桐城文学渊源考》十三卷所确定桐城派"宗师级"人物，列出方苞之门属、刘大櫆之门属、姚鼐之门属，入"桐城派三祖之苏籍弟子"章；张惠言之门属、恽敬之门属、吴德旋之门属、姚椿之门属、梅曾亮之门属、李兆洛之门属，入"苏籍宗师之苏籍弟子"章；张裕钊与吴汝纶之门属、方东树之门属、朱仕琇之门属，入"非苏籍宗师之苏籍弟子"章；其他私淑弟子之属，入"私淑桐城文学之苏籍弟子"章。

《丛考》仿《学案》体撰述体例，首先条其渊源流派，都若干人为专门门属，门属中首及门弟子，再私淑弟子、再续传弟子。每一门属之末必有一承传谱系表，以明其渊源出入，瓜蔓系联。以桐城派三祖居前，仅略叙其与江苏之关系，重在考察其江苏之教授生徒情况。归有光与桐城派的渊源关系尚存争议，一般认为"桐城学派始于望溪"②，故归有光及其门属弟子，《丛考》从略。

今"江苏"区域在清初属江南省，康熙六年(1667年)，分江南省为江苏(含上海)、安徽二省，至民国16年(1927)析置江宁县设立南京特别市，析置上海县、宝山县设立上海特别市，分出江苏省，直隶于国民政府行政院，称院辖市。故今上海籍的桐城派作家也纳入《丛考》范围。

籍贯、地名表述原则为：江苏建省(1667年)后，直接表述为"江苏××人"，精确到县或市，但不加"县""市"字样；建省前，则表述为历史地名加"(今江苏××)"，如"润州延陵(今江苏丹阳)人""吴江(今属江苏)人"。原为市县，后区划调整改为区，则需调整到市，如"江苏江都(今扬州)人""江苏武进(今常州)人""江苏六合(今南京)人"等。

作家排序，基本以作者生年为据，生年相同的再参考卒年；生卒年不详者，则根据诗文集的序跋资料以及同时代交往人士，大致确定生活年代。诸家传略取材于《清史稿》《清史列传》《桐城文学渊源考》以及相

---

① 按：刘声木《桐城文学渊源考》对桐城派弟子的收录亦有疏漏，如方苞弟子和风翔、严采凤、严长明、范当世长子范罕等未予收录。

②《清儒学案》第4册，卷八十八，第3451页，《惜抱学案上》。

关地方志撰述。

家学濡染亦是桐城派承传的一个重要机制,故形成了诸多"家族式"桐城派作家群,如"吴江柳氏家族桐城派弟子""无锡秦氏家族桐城派弟子""阳湖张氏族属桐城派弟子""宜兴吴氏族属桐城派弟子""通州范氏族属桐城派弟子"等。

甄录"撰述"主要为江苏籍桐城派作家的撰述,包含经解、史志、文集、诗(词)集、诗文集,兼及尺牍、笔记、杂著、全集等。采纂撰述,略依经、史、子、集、丛书排比考述。

凡所著录的作家及其撰述,均应有可靠的材料根据:"现存撰述"为可查考到的存世著作,依据原书叙录;"存目著作"为已佚或存佚情况不详著作,须注明出自何书著录,并尽可能以多种著录加以参校核实。

在每一门属之后,附录编制江苏籍"桐城派"弟子承传谱系表,考镜源流。

二 研究的主要构想

本研究首次系统、全面地对江苏籍桐城派作家及其撰述做一个研查、考析,探寻清代江苏古文的创作情况和文学主张,明晰江苏的区域文学与清代文坛桐城派的渊源关系,编制江苏籍桐城派弟子承传谱系表,为后来的研究做必要的基础性文献工作。

江苏籍桐城派作家有着较为严格的师承关系,薪火相传,伴随桐城派始终,发掘占据桐城派作家总人数近四分之一的江苏作家群的学术主张与内涵关联,力图将江苏的桐城学术独具个性的文化景观展现在世人面前。

"桐城派"在地理与学理层面葆有"小桐城"与"大桐城"属性①。"小桐城"的诸多望姓大族从宋元时期的学术高地江西、徽州迁徙而来,携

---

① 按:2013—2014 年,笔者在美国哈佛大学东亚系访学,期间有幸参加了汉学家伊维德(Wilt L. Idema)教授的荣休会。在会议休息间歇,我与来自美国、英国、荷兰等地的汉学家聊天,有位汉学家问我来自中国什么地方,我说我是来自中国中东部的一个省份"安徽",那个汉学家听后有点茫然,和我同行的一位老师告诉他,说:"他是来自'桐城派'的故乡——桐城。"此时,这位汉学家表情陡变,由最初的茫然变成那种难以抑制的惊喜,竖起大拇指,啧啧称道! 不知有安徽,而知有桐城,此桐城乃葆有"小桐城"与"大桐城"属性。

来理学与辞章学的深厚艺术传统,并继续向东播迁至江苏,构成学理上的"大桐城",此为中国东西向学术交融的一个典型案例,通过展现这一案例的文献基础和深厚底蕴,力图彰显江苏在"南学"一脉中的突出地位。

第一章　桐城派三祖之苏籍弟子及其撰述考

桐城派作为一个成功的学术流派,自有其渊源流衍、一脉相承的学术谱系,方宗诚在《桐城文录序》中谓:"盖自方望溪侍郎、刘海峰学博、姚惜抱郎中三先生相继挺出,论者以为侍郎以学胜,学博以才胜,侍郎以识胜,如太华三峰,矗立云表,虽造就面目各自不同,而皆足继唐宋八家文章之正轨,与明归熙甫相伯仲。"①桐城派秉承程、朱道统,尊崇秦汉及唐宋八家散文,接续归有光而别立门户,自成体系,由方苞创始于康熙年间,后经刘大櫆、姚鼐三代创始人的不断努力,理论逐渐成熟,终在姚鼐时期形成"天下文章,其出于桐城乎"的格局。天下文章出桐城,但桐城文章也离不开江苏籍作家的书写与传承。

第一节　方苞之门属

桐城派"初祖"方苞,虽籍贯江南省桐城,但终其一生都与江苏息息相关。据苏惇元《方苞年谱》记载,方苞自曾祖父方象乾即移家秣陵(今江苏南京),世居于此。康熙七年(1668)方苞生于六合留稼村,至康熙三十年秋,方苞二十四岁随恩师高裔至京师,方苞在南京生活二十四年,期间仅归安庆试数次。又自康熙三十二年秋,方苞二十六岁,应顺

---

① 方宗诚:《方宗诚集》,安徽教育出版社 2014 年版,第 114 页。

天乡试,落第南归,十月下旬抵上元家中,至康熙五十年,《南山集》案发,方苞被捕,解至京师,期间仅数次外游,方苞在南京生活又十五年左右。大赦后蒙养皇恩,不允归里,仅雍正二年(1724),方苞才得请假归南京葬亲,给假一年。乾隆七年(1742)春,方苞以年近八旬,时患疾痛,乞解书局,终获归里,直至乾隆十四年卒,葬于江宁县建业三图沙场村龙塘,其又在南京著述授徒七年之久。粗略计算,方苞享年八十有二,有约四十七年是在南京度过。世皆知其为桐城人,实则他是生于金陵,长于金陵,著书授徒于金陵,长眠于金陵,其人生踪迹与文化事功大半都镌烙在江苏这片土地上。

据初步统计,方苞的江苏籍及门弟子 7 人、私淑弟子 12 人、续传弟子 10 人,另外由吴江柳树芳开始私淑方苞古文"义法",并在家族内部传承,形成吴江柳氏家族桐城派弟子群,有 11 人。因此方苞之门属合计有 40 人。

一 及门弟子

(一)徐流芳

1. 生平与师承

生卒年不详。芳,亦作方,字玉川,号杉泉,江南无锡(今江苏无锡)人。生于康熙间。少习举业,于书无所不窥。稍长,学古文于顾栋高。尝从王澍、蒋衡学书法。后又转而习诗,有魏晋风格。因客漕督长白顾琮所,从而得以师事方苞,受其古文"义法"以归。归而闭门著书以终。[①]

2. 存目著作

据《梁溪诗钞》卷三十八"徐流芳小传"著录:徐流芳撰有《有自弃斋诗稿》,且谓其师金坛蒋衡欲刻之而未果[②],《诗稿》收其诗四十五首。又光绪《无锡金匮县志》(清裴大中等修,秦缃业等纂,光绪七年刻本)卷三

---

① 生平事迹参见秦缃业纂:《(光绪)无锡金匮县志》卷三十九,光绪七年(1881)刻本;顾光旭编:《梁溪诗钞》卷三十八"徐流芳小传",1911 年重印本;刘声木:《桐城文学渊源考》卷二小传等。又,本书作家生平与著述查检,多参考赵国璋:《江苏艺文志》,江苏人民出版社 1994—1996 年版,钱仲联主编:《中国文学家大辞典·清代卷》,中华书局 1996 年版,李灵年与杨忠等主编:《清人别集总目》,安徽教育出版社 2000 年版等前辈撰述,不再赘注。

② 顾光旭编:《梁溪诗钞》卷三十八"徐流芳小传",1911 年重印本。

十九著录：徐流芳撰有《沙邨书屋诗文稿》，四卷。又刘声木《桐城文学撰述考》卷一著录：徐流芳撰有《咫闻》十八卷①、《明季遗闻》四卷②、《沙村偶笔》若干卷③。

（二）孙廷镐

1. 生平与师承

生卒年不详，字庚炎，一字庚尧，号莲峰，江南无锡（今江苏无锡）人。诸生。喜谈兵。师事方苞，受古文法。工古诗文辞，为文不作理学空言，务兼体用。于书无所不窥，主蛟川书院。④

2. 存目著作

据《剡源乡志》卷十五载：孙廷镐撰有《白纻集》，又名《古文诗赋杂著稿》，四十三卷，是集"藏剡源张凤竹家"。又刘声木《桐城文学撰述考》卷一著录其撰有《周易集义》、《易学管窥》、《金刚得一录》、《笔赘》五十七卷、《杂说》二十卷。

（三）沈淑

1. 生平与师承

1698—1730，字季和，一字立夫，号颐斋，常熟福山（今属江苏苏州市）人。室名"孝德堂"。沈万育之孙。笃学，精熟诸经注疏。雍正元年（1723）进士，授翰林院编修。与方苞同给事武英殿书馆，得备闻古文义法及《周官》之说。后以峭直寡合告归，杜门著述，手不释卷。⑤

2. 现存撰述

沈淑经学著作二种：一是《周官翼疏》三十卷，成于雍正五年（1727），书前有自作《条例》十二则。此书汇集汉、唐、宋、明以来及清朝李光地、顾炎武、方苞等人之说，分为五部，凡疏解经义者曰"正义"；于

---

① 按：诸洛《类谷居近稿》载《咫闻序》一文，谓："流方游展所至，习闻前辈绪言及读书有得，乃辑此书。"见诸洛《类谷居近稿》，乾隆十七年（1752）精刻本。

② 按：清初邹漪撰有《明季遗闻》一书，四卷，不知是否系同一书？存疑。

③ 按：秦瀛《乙未词科录丛话》中节录有《沙村偶笔》一段文字，署名徐流芳作。

④ 生平事迹参见赵需涛纂：《剡源乡志》卷十五小传，民国五年（1916）奉化赵氏剡曲草堂铅印本。

⑤ 生平事迹参见方苞：《沈编修墓志铭》，见方苞：《方苞集》，上海古籍出版社 2008 版，第 269 页；刘声木：《桐城文学渊源考》卷二小传。

本义引申旁通者曰"通论";考订注疏之失者曰"辨正";综列后世事迹，援史证经者曰"余论";别著新义以备参考者曰"存异"。每类六卷，而总名"翼疏"。其"正义"六卷，又每卷各自为上下。《四库全书总目》经部礼类存目著录此书，并言有山西巡抚采进本，今存佚不详。二是《经玩》六种二十卷，雍正七年(1729)常熟沈氏孝德堂刻本。八册一函。卷首有雍正七年六月沈氏自作《小引》。此书录唐陆德明《经典释文》中文字之异者为十二卷，即《陆氏经典异文辑》六卷、《经典异文补》六卷；次以经传中文字互异及录《春秋左传》，分国土、地名、职官、器物、宫室之类为四卷，即《春秋左传分国土地名》二卷、《左传职官》(一作《左传列国职官》)一卷、《左传器物宫室》一卷；次辑注疏《十三经》琐语为四卷，即《注疏琐语》四卷。《陆氏经典异文辑》六卷，此书就陆氏《经典释文》中文字，摘录其异文，并辑录出来，间附按语。卷首有沈淑《序》谓："雨中少酬酢，得展书卷，欲寻指趣，又闷然无所得，辄作雕虫之技，绅陆氏《经典释文》中文字之异者，录为六卷。"《经典异文补》六卷，沈淑在得《陆氏经典异文辑》基础上，又作《经典异文补》六卷。卷首有沈淑《序》谓："绅陆氏《经典释文》中文字之异者，录为六卷，而以经传中文字互异及《注疏》《史》《汉》《说文》诸书所引经传文字异者补之，复得六卷。"《春秋左传分国土地名》二卷，此书实沈氏为方便"从子辈"记览而作，简单明了，颇便初学。该书分周、鲁、齐、晋、卫、郑、邢、宋、杞、吴、楚、许、秦、蔡、曹、莒、纪、邾、西虢、北燕、虞、小国(古国附)等抄录杜预注的有关地名。先列国名，再自鲁隐公至鲁哀公按时代顺序列出地名，有的还标出沈氏所处时代的地名。《左传职官》一卷，此书以国为纲，列举官名，官名之下列杜注、孔疏，一目了然。列有周、鲁、齐、晋、卫、郑、宋、楚、秦诸国，对无法归附某国的，则归为"总"类，最后则为"古"，以列上古官名，便于对照。该书使纷繁的春秋列国官号变得简单明了，便于治《春秋》者把握。《左传器物宫室》一卷，此书分"器物"与"宫室"两部分。"器物"部分列《左传》中提到的器物，自鲁隐公至鲁哀公按时代顺序排列，记录器物的名称、形制、用途等。"宫室"部分则按国别分列，载周、鲁、齐、晋、卫、郑、宋、吴、楚、秦、曹、邾等国的宫室，对无法归入某国的，则归为"总"类。此书《清史稿》又作《春秋器物宫室》。《注疏琐语》四卷，沈淑此前曾就唐人陆德明《经典释文》中，摘录其异文，并辑录出来，间附按语，得《陆氏经典异文辑》六卷，在此基础上又作《经典异文补》六卷，复又在此基础上作《注疏琐语》四卷。卷首有沈淑《序》谓："绌陆氏《经典释文》中文字之异者，录为六卷；而以经传中文字互异及《注疏》《史》《汉》《说文》诸书所引经传文字异者补之，复得六卷；继又取《注疏》中新颖字面，可资文字掇拾者，效《左》《国》腴辞，《文选》锦字例，录之，复得四卷，名曰《注疏琐语》。"《经玩》一书，又有《后知不足斋丛书》本、《丛书集成初编》本、《艺海珠尘》本等。

（四）和风翔

生平与师承

1702—1736，字宇清，江苏上元（今属江苏南京）人，世居蒋山之阳。雍正二年（1724），方苞给假归上元，于好友刘古塘处见和风翔，劝其捐弃时文，笃志治经。和风翔从方苞之言，一心通经。乾隆元年（1736），方苞充《三礼义疏》馆副总裁，荐和风翔参与纂修，六月，和风翔行装北上，路途染病早逝。著述多散佚。[①]

（五）吴燮

生平与师承

生卒年不详，初冒姓张，名元，字万长，号改堂，吴江（今属江苏苏州市）人。乾隆元年（1736）召试博学鸿词。师事方苞，受古文法。喜研宋元儒书。撰述著述多散佚。[②]

（六）严采凤

生平与师承

生卒年不详，字轶伦，江苏上元（今江苏南京）人。严长明叔祖父。师事方苞。著述多散佚。[③]

---

① 按：和风翔，刘声木《桐城文学渊源考》未收。生平事迹见方苞：《和风翔哀辞》，《方苞集》，上海古籍出版社 2008 版，第 464—465 页。

② 生平事迹参见彭绍升：《二林居集》卷二十二，光绪七年（1881）长洲彭氏家集刊本；刘声木：《桐城文学渊源考》卷二小传等。

③ 按：严采凤，刘声木《桐城文学渊源考》未收。见严观：《师友渊源录·师长门》，稿本，南京图书馆藏，卷一"严采凤"条："轶伦叔祖，讳采凤，江苏上元诸生，方望溪先生弟子，观之叔曾祖也。乾隆元年，先君六岁，先曾祖赠侍读星标公令就家塾，从轶伦公学。"

（七）严长明

1. 生平与师承

1731—1787，字冬有（一作冬友），一字道甫，号用晦，江宁（今江苏南京）人。幼从叔祖父严采风学。乾隆七年（1742），方苞好友李绂典试江南，见严长明，随举"子夏"二字命对，严长明应声对曰："亥唐。"李绂惊叹严长明才华，对方苞谓："国器也，可善视之。"遂从方苞受业。曾入卢见曾、毕沅幕府。乾隆二十七年车驾南巡，以诸生献赋召试，赐举人，授内阁中书，值军机，擢内阁中侍读。历充《通鉴辑览》《一统志》《热河志》《平定准格尔方略》纂修官。严长明颇得方苞学术精髓，博学多识，精通蒙古、托忒、唐古特等少数民族文字。诗文皆善，尤其是古文，写得运思缜密，纡徐平和。①

2. 现存撰述

严长明纂方志著作一种：《西安府志》八十卷首一卷，由舒其绅修，严长明纂，乾隆四十四年（1779）刻本，三十二册，南京图书馆藏。始修于乾隆四十一年秋，成书于乾隆四十四年冬。舒其绅，河北任丘人，乾隆四十二年任西安府知府。卷首有毕沅、舒其绅等序七篇，严长明撰凡例十三则。是书"为门一十有五，分类五十有一，统计八十一卷"，一百三十六目，范围包括清代西安府所辖长安、咸宁、咸阳、兴平、临潼、高陵、户县、蓝田、泾阳、三原、周至、渭南、富平、礼泉、同官十五县及耀州。卷首收录清朝历代皇帝吟咏西安及关中山川名胜的诗文，卷一地理、卷二至卷四名山、卷五至卷八大川、卷九至卷十一建置、卷十二至卷十八食货、卷十九至卷二十学校、卷二十一至卷二十六职官、卷二十七至卷四十人物、卷四十一至卷四十五选举、卷四十六至卷五十三大事、卷五十四至卷六十五古迹、卷六十六至卷七十一艺文、卷七十二至卷七十三金石、卷七十四至卷八十拾遗。该志一个特色是将金石从艺文志中独

---

① 按：严长明，刘声木《桐城文学渊源考》未收。生平事迹见姚鼐：《严冬友墓志铭》，见《惜抱轩诗文集》，上海古籍出版社 1992 年版，第 188—120 页；钱大昕：《内阁侍读严道甫传》，见陈文和主编：《嘉定钱大昕全集》增订本，凤凰出版社 2016 年版，第 593—595 页；严观：《先君行述》《清史稿》卷四百八十五《严长明传》，《清史稿》，第 13392—1339 页；《清史列传》卷七二《文苑传三》；阮元：《畴人传·国朝二后续补遗三十一》，《文选楼丛书》本等。

立出来谓"关中金石之文甲于海内",志中辑有秦至明碑石文约 248 篇,其中记西安及碑林所藏碑石 128 通。是志为西安建府后第一部府志,取材宏富,立义精严,称为"上可佐朝廷四库之储藏,下可备西安一郡之文献"。

严长明与曹仁虎、钱坫合撰一种:《秦云撷英小谱》一卷,清道光吴江沈氏世楷堂刻清末重印本,中国国家图书馆藏。全书共七篇,记叙清乾隆间陕西十四位秦腔旦角:申祥麟、三寿官、张银花、樊小惠、宝儿、喜儿、姚锁儿、岳色子、金队子、双儿、拴儿、太平儿、四两、豌豆花等伶人轶事。曹仁虎作《三寿传》《色子传》两篇,钱坫作《银花传》一篇,其余皆为严氏所作。是书被辑入《昭代丛书》,卷首有王昶《秦云撷英小谱序》,卷末有严长明跋、徐晋亨《题词》十二首、杨复吉《秦云撷英小谱跋》。又有光绪三十三年(1907)长沙叶氏郎园刻本,在原书卷首增加叶德辉《重刊秦云撷英小谱序》,卷末增加袁祖志《跋》,徐晋亨《题词》由卷末转到卷首,辑入《双梅景阇丛书》,叶德辉重刻于民国六年(1917),首都图书馆藏。谢章铤《赌棋山庄词话》评价此书谓"近严长明、曹仁虎、钱坫诸君撰《秦云撷英小谱》,言之甚详,又复精确"①。

严长明论学著作二种:一是《师友渊源录》一卷后案二十八卷,稿本,八册,每页十二行二十三字,南京图书馆藏。是书收录师友传记之文献,始编于乾隆五十二年(1787)三月,为严长明晚年之作,惜未成而殁,仅存总目一册,后由其子严观仿朱熹《伊洛渊源录》之例,搜集传志碑文、嘉言轶事,汇为二十八卷,以"后案"二字分眉目,成书于道光五年(1825)。卷首有严观序、凡例、阅过书目,书目中严观用朱笔标出家集与家著,分别有《八表停云录》《献征余录》《归求草堂文钞》《西安府志》,均为严长明所撰。卷后附钱大昕《内阁侍读严长明传》、姚鼐《严冬友墓志铭》、严观《先君行述》并《先叔芝恬梦十砚记》等。卷中分门记录严长明的师友传记:师长门有杨绳武、梦麟、刘星炜、刘统勋等;尊宿门有吴敬梓、程廷祚、全祖望、厉鹗等;先达门有卢见曾、钱载、翁方纲等;召试同年门有程晋芳、赵文哲、吴泰来、徐步云等;年谊门有王嵩高、戴祖启、戴震、潘奕隽等;内阁前辈门有钱大昕、王昶、吴烺、曹仁虎、吴省钦等;内阁后辈门有鲍之钟等;交契门有王文治、姚鼐、阮葵生等;故旧门有金农、陈章、朱稻孙、聂钗等;同砚门有宁楷、涂逢豫、俞大谟、侯学诗、洪亮吉等计四百余人。是书辑录大量清代文人传记资料,史料价值较高。二是《江淮旅稿》一卷,《咫园丛书》本,民国三十七年(1948)四月合众图书馆印行。是书作于乾隆庚辰年(1760)严长明客居长淮所作,严氏自称"归求子",以"七术"为题,以骈文写成,谓"五子之书,七篇之制,曾就范于大家(望溪先生),奈偾辕于小试",多论经学、理学、制义之学和古文辞。卷后有程廷祚跋。《丛书集成续编》据此收录。

严长明诗文集一种:《严东有诗集》十卷,宣统三年(1911)叶氏观古堂刻本,首都图书馆藏。是书分为《归求草堂诗集》六卷、《秋山纪行集》二卷、《金阙攀松集》一卷、《玉井搴莲集》一卷。《归求草堂诗集》六卷,按年编次,自乾隆十六年(1751)至乾隆二十八年,主要收录严氏二十一岁居乡到三十三岁为官时期的作品。《秋山纪行集》二卷,收录诗作七十八首,为严氏扈跸木兰沿途所作。《金阙攀松集》一卷,为严氏乾隆二十五年游东岳泰山所作。《玉井搴莲集》一卷,为严氏乾隆四十年游西岳华山之作。是书又有民国元年(1912)长沙叶氏郎园刻本,中国国家图书馆、上海图书馆、南京图书馆等藏,《续修四库全书》《清代诗文集汇编》《丛书集成续编》据此影印。

严长明编纂总集一种:《千首宋人绝句》十卷,两册,清乾隆刻本,南京图书馆藏。宋代绝句选本。卷首有毕沅乾隆三十五年(1770)序,次总目,次严长明纂诗例六则,其中第六则云:"陈星斋前辈、程蕺园同年见之,汰去二百余首,适得千首之数。因命胥钞二本,一付弇山前辈,一藏箧中……乾隆癸未十月望日道甫严长明纂。"可知《千首宋人绝句》曾经陈兆伦、程晋芳删汰,成书时间为乾隆二十八年。严氏效仿南宋洪迈《万首唐人绝句》体例,专选绝句,入选诗家360位,先七言七卷,次五言二卷,后六言一卷,每卷前皆有目录,注明诗体,诗人名后注有篇数。书中仅选录诗歌,无诗人小传,亦无选家评语。

3. 存目著作

据《嘉庆新修江宁府志》卷五十四、《同治上江两县志》卷十二著录其经学著作三种:《毛诗地理疏证》,研究《诗经》著作;《五经算术补正》,增补订正北周甄鸾所著《五经算术》;《三经答问》,《同治上江两县志》将其归为五经总义类。今均未见。又《嘉庆新修江宁府志》卷五十四、《同治上江两县志》卷十二著录子学著作十二种:《淮南天文太阴解》①《知白斋金石类签》《金石文字跋尾》《石经考异》《汉金石例》《五岳贞珉考》《五陵金石考》②《平原石迹表》《养生家言》《墨缘小录》《诗乐中声表》《奇觚类聚》。《知白斋金石类签》,现存《知白斋拓本》,残缺,湖南省图书馆藏,余今皆不见。又《医籍考》著录其著有《素灵发伏》一种,今未见。又有《尊闻录》一种,其子严观在《师友渊源录》附《先君行述》谓:"至《尊闻录》,则踵先曾祖星标公而作者,尤为生平精诣之书,经史之粹言皆在焉。"今未见。又有《文选声类》十章,清桂文灿《经学博采录》卷一、《国朝金陵文钞》卷五《汉魏音序》著录,今未见。钱大昕《内阁侍读严长明传》、严观《师友渊源录》著录《怀袖集》一种,今未见。《西安府志》引用书目小说类著录其《吴谐志》一种,今未见。《汉中府志》四十卷,陕西汉中地方志,钱大昕《内阁侍读严长明传》著录,今未见。《三史答问》《西清备对》③,《嘉庆新修江宁府志》卷五十四、《同治上江两县志》卷十二著录,今未见。《献征余录》,《嘉庆新修江宁府志》卷五十四、钱大昕《内阁侍读严长明传》著录,今未见。《文选课读》《南宋文鉴》,《嘉庆新修江宁府志》卷五十四、《同治上江两县志》卷十二著录,今未见。

二 私淑弟子

(一) 刘齐

1. 生平与师承

1651—1696,字言洁,号存轩,江南无锡(今江苏无锡)人。刘元珍曾孙。性耿介。康熙二十五年(1686)拔贡,入太学,官直隶州州判。与

---

① 莫祥芝、甘绍盘修,汪士铎等纂:《同治上江两县志》,同治十三年(1874)刻本,卷十二将其归为天文算法类。

② 按:钱大昕《内阁侍读严道甫传》,见陈文和主编:《嘉定钱大昕全集》增订本,凤凰出版社2016年版,第593—595页;严观《师友渊源录》作"五陵金石志"。

③ 莫祥芝、甘绍盘修,汪士铎等纂:《同治上江两县志》,同治十三年(1874)刻本,卷十二将其归为诏令奏议类。

方苞、戴名世师友兼资,切磋古文,义法醇正。卒后方苞书其墓曰:"狷者刘言洁先生之墓。"刘声木称其"古文浑涵汪洋,多淡荡之趣"。①

2. 存目著作

据乾隆《无锡县志》②卷三十九载:刘齐撰《存轩文集》十卷、《慎独斋诗》(藏其家而不出)③。

(二)曹一士

1. 生平与师承

1678—1736,字谔庭,号济寰,谥文肃,江苏上海县(今属上海市)人。雍正八年(1730)进士,改选为庶吉士,三年散馆后,授予编修官。十三年考选为云南监察御史。乾隆元年(1736)调任官工科给事中。一士为官敢言,诗文亦慷慨磊落。私淑方苞,受古文法。沈德潜《四焉斋诗集序》曰:"今读其拟古、怀古、咏史、出门、辞亲、敷陈经济之作,俯仰古今,目空四海,才高而心抑,气雄而虑沉,小足以淑一身,大足以经邦国,近足以通幽明,远足以垂天下。"④《四库全书总目》曰:"其论文之旨,谓古人之所以称古者,乃意义之古,非词句之古。有明潜溪、遵岩、荆川、震川,其文调之近时者甚多,不以此损其古意。于麟、元美字句之古几于无一不肖,而终与古远。观其持论,可以见其宗旨矣。"⑤

2. 现存撰述

曹一士诗文集三种:一是《四焉斋诗集》六卷,附《梯仙阁余课》一卷、《拂珠楼偶钞》二卷。乾隆十五年(1750)其子曹锡端等刊刻本,中央民族大学图书馆藏。首乾隆庚午秋七月沈德潜题《序》,又有黄文莲

---

① 生平事迹参见刘声木:《桐城文学渊源考》,卷二《小传》等。

② 王镐修,华希闵纂:《(乾隆)无锡县志》卷三十九,乾隆七年(1742)刻本。

③ 按:周有壬编,侯学愈重订:《梁溪文钞》,1914 年木活字本,卷二十七收其文八首。王豫辑录:《江苏诗征》,道光元年焦山海西庵诗征阁刻本,卷七十八,收其诗三首。

④ 沈德潜:《四焉斋诗集序》,见曹一士:《四焉斋诗集》卷首,乾隆十五年(1750)子曹锡端等刊刻本。

⑤ 永瑢等撰:《四库全书总目》,中华书局 1965 年版,第 1677 页。生平事迹参见范廷杰修,皇甫枢等纂:乾隆《上海县志》,乾隆四十五年(1784)刻本,卷十;《清史稿》卷三百零六;全祖望撰《曹一士行状》;《鲒埼亭集》卷二十五,嘉庆间刻本;沈德潜:《清诗别裁集》,乾隆二十五年教忠堂重订本,卷二十七《曹一士小传》;姜兆翀:《松江诗钞》,嘉庆十三年(1808)敬和堂刻本,卷三十六《曹一士小传》;宋如林修、孙星衍等纂:嘉庆《松江府志》,嘉庆二十三年刻本,卷五十九《古今人传》十一;钱仪吉:《碑传集》卷五十六,李桓:《国朝耆献类征初编》,光绪间李氏初刻本,卷一百三十六,钱林:《文献征存录》,咸丰八年(1858)嘉树轩刻本,卷九等。

《序》，次《上海县志名臣传》称其："撰述甚富……所著《四焉斋集》十六卷，子锡端等梓以行世。"《四焉斋诗集》六卷：卷一为五七言古诗、卷二至卷四为五七言律诗、卷五为五七言排律诗、卷六为五七言绝句。末有其婿叶承《跋》，又有其从子锡蠰《跋》曰："旧有《梦白草沔浦诗钞》……诸编，顾皆携之行箧。黄门殁京师，捆载而归，类多残缺。庚戌（1730）以后作皆零纸断简，兼多涂注，今共辑为六卷。"据此知一士曾著《梦白草沔浦诗钞》，盖手抄本。后附《梯仙阁余课》乃一士继室陆凤池撰，《拂珠楼偶钞》乃一士之女曹锡珪撰。又有《四库全书存目丛书》本。《四库全书总目》曰："是编乃其《诗集》，《石仓世纂》之第四种。附载《梯仙阁余课》，为一士继室陆氏凤池作，刻于康熙壬辰（1712）。又《拂珠楼偶钞》，一士之女锡珪所作，刻于雍正甲寅（1734）。"①二是《四焉斋文集》八卷，乾隆十五年（1750）其子曹锡端等刊刻本，中央民族大学图书馆藏。首有焦袁熹乾隆庚午（1750）《序》，又顾栋高己巳（1749）春《序》曰："曹子济寰既殁之十有三年，其子锡端等刻其遗文若干卷。"后有其婿叶承及其从子锡蠰《跋》。又有《四库全书存目丛书》本。《四库全书总目》曰："国朝曹一士撰，《石仓世纂》之第五种也，与其《诗集》同刻于乾隆庚午。"②三是《四焉斋集》十五卷。宣统二年（1910）庚戌刊本，南京图书馆藏。新阳赵经式书题、校字。收《四焉斋诗集》六卷，附《梯仙阁余课》一卷，《四焉斋文集》八卷。《四焉斋诗集》，卷首沈德潜《序》、黄文莲《序》，同前。后附《梯仙阁余课》一卷，其从子锡蠰《跋》曰："今年夏编订黄门遗集，从陈箧中得而读之，韵高而旨远……因与菽衣兄、企南弟、芝泾姊婿重加较辑共得诗五十五首，诗余十一首，附刊黄门《四焉斋集》后。"《四焉斋文集》八卷，卷首顾栋高及焦袁熹《序》。又严源焘《序》曰："从子诞文编订先生《四焉斋文集》付梓以传，今年秋诞文以谒选来京师与余相过从，一日手所订《四焉斋文集》示余，属为文序之。"次录《上海县志名臣传》，又《曹谔庭先生小景》及篆书像赞，题曰："宣统庚戌冬后学李邦黻谨赞，新阳后学赵经式谨篆。"末附叶承及锡蠰《跋》。

---

① 永瑢等撰：《四库全书总目》，第 1677 页。
② 同上注。

3. 存目著作

据刘声木《桐城文学撰述考》卷一著录:曹一士撰有《诗经说》《攒笔录》《批点左传》《批点离骚》《批点庄子》《批点文章轨范》数种。

（三）沈彤

1. 生平与师承

1688—1752,字冠云,号果堂,江苏吴江(今属苏州市)人。乾隆九年(1744)举博学鸿词,官九品。师事何焯,但私慕方苞学问,多次问学方苞,方苞倾心授其古文义法及经学。其《与望溪先生书》有三,其二曰:"彤之志乎是久矣,而未之能逮。先生素以传经、治古文高天下,前彤入都,幸得近其人而力学焉。"又其三曰:"既念彤于先生虽未具师弟子之礼,而实以师事。"沈德潜《果堂集序》谓其"胚胎前光,加师友之益,江山之助,又沉酣典籍,故发而为文,深厚古质。吴中言古文者,必屈指君①。"

2. 现存撰述

沈彤经学著作四种:一是《尚书小疏》一卷,清乾隆吴江沈氏刻本。是书只解《尧典》至《禹贡》,摘列数十则,因其论述颇多与前人相反,难免解说不少失之好异。《四库全书总目》谓:"彤长于三《礼》,而《尚书》非其所精,又务欲求胜于胡渭,故纠纷至是,不足为据也。"②故《四库全书》摒洛此书,仅著录于存目之中。其实,是书仍有不少辞明义精,持论平正者,不宜完全摒弃。《四库全书存目》据此本影印。二是《周官禄田考》三卷一册,清乾隆十六年(1751)吴江沈氏刻果堂全集本。内封署记镌"周官禄田考/果堂藏板"。书前有乾隆十五年沈德潜序,惠栋序,《题辞》一篇及著者所撰《书后》一篇。是书专门考证《周礼》所涉周代官职禄田情况。该书指出,周"官之命者必有禄,禄必称其爵而量给于公

---

① 生平事迹详见《清史稿》卷四百八十一《儒林》二;《清史列传》卷六十八《儒林传下》一;宋如林等修、石韫玉纂:《道光苏州府志》,道光四年(1824)刻本,卷九十五小传;赵兰佩撰:《江震人物续志稿》,道光二十年刻本,卷四小传;金福曾修、熊其英纂:《光绪吴江县续志》,光绪五年(1879)刻本,卷十六本传;沈桂芳辑:《吴江沈氏家传·果堂公传》,同治六年(1867)重刻本;惠栋:《沈君彤墓志铭》,《松崖文钞》卷二,光绪中贵池刘氏聚学池轩丛书本;沈廷芳:《皇清征士文孝沈先生墓志铭》,见《碑传集》卷一百三十三;全祖望:《鲒埼亭集·沈果堂(彤)墓版文》,《全祖望集汇校集注》,上册,上海古籍出版社 2000 年版,第 361 页等。

② 永瑢等撰:《四库全书总目》,第 117 页。

田",遂深究周制,详为考辨,作此书。卷一为《官爵数》篇,篇首说:"周天子制官之禄,皆以爵为差,于其内外诸侯官亦如之。故欲知周官之禄数,必先考周官之爵数,而欲并知内外诸侯官之禄,亦必先考其官之爵。"故是篇乃详考周官内外之设、每官官等级、人数。卷二为《公田数》篇,详考王畿及各内外侯国、邑都所属之公田亩数。此卷后有徐大椿所撰《书后》。卷三为《禄田数》篇,考证各内外官应得禄田之亩数。又复为问答于每篇之后,反覆委蛇,以明其所以定是数之故,搜采谨严,考证精密,对研究周代社会经济有很大的参考价值。卷末有著者自撰《重校跋》。后又有《四库全书》本、《皇清经解》本。三是《仪礼小疏》一卷,文渊阁《四库全书》本。是书乃考订《仪礼》文义的著作。取《仪礼》之《士冠礼》《士昏礼》《公食大夫礼》《丧服》《士丧礼》五篇,为之疏笺,各篇数十条。其目下所列内容分为"士冠礼""士冠礼笺""仪礼郑注监本刊误""士昏礼""仪礼郑注监本刊误""公食大夫礼""丧服""士丧礼""士丧礼笺""仪礼郑注监本刊误""左右异尚考",均以单篇独列,考证颇为精核,每篇之后又各为监本刊误。本书考证对于郑玄、贾公彦、敖继公,万斯大等人有关《仪礼》的解说都有订正,指出他们的失误所在。《四库全书总目》谓:"彤三《礼》之学亚于惠士奇,而醇于万斯大。"①四是《春秋左传小疏》一卷,文渊阁四库全书本。非完帙,中阙四页八行。是书针对元末明初学者赵汸《春秋左氏传补注》、清初顾炎武《左传杜解补正》"所补《左传杜注》为未尽,更为订正"而作。该书共六十八则:隐公十二则,庄公两则,闵公两则,僖公十则,文公三则,宣公两则(后阙),襄公十九则,昭公十五则,定公一则,哀公两则。是书对"读《左传》者,亦有所裨也"。

沈彤主纂方志著作二种:一是《震泽县志》三十八卷,乾隆十一年(1746)刻本。雍正三年(1725)吴江析置震泽县,故本志署吴江、震泽两知县主修,震泽倪师孟、吴江沈彤两主纂,但实际上是沈彤负责纂成。此志分沿革、水、疆域、建置、田赋、官制、选举、名臣别录、崇尚礼仪、节序语音、祯祥、灾变、治水、书目、诗文、古迹、旧事、异闻诸门。所采摭的材料大抵录自吴江旧志,下笔不苟,颇费考据勘察之劳。此志不载分疆

---

① 永瑢等撰:《四库全书总目》,第 167 页。

之事,因为《吴江县志》已有界域一门。书中崇尚礼仪一门,附有生业一条,历述农蚕渔业概况,是别出心裁的体例。二是《吴江县志》五十八卷又首一卷,乾隆十二年刻本。沈彤里居时,与归安倪师孟同纂《吴江县志》《震泽县志》二志。吴江与震泽同城,雍正三年分吴江之半而设震泽县,二县的分疆定域,都出于沈彤裁定体例,疆域、衙署、古迹都分划清楚。是志是在弘治莫旦《吴江志》、正德《吴江续志》、嘉靖《吴江县志》、康熙叶燮《吴江县志》的基础上增删而成。该志门类广博,容量宏大,叙述精简,言必有据,是一部很精到的方志著作。又有民国间石印本。

沈彤中医学著作一种:《释骨》一卷,清乾隆年间刻本。是书取《内经》所载人身诸骨,参以他书所说胪而释之,中间多所辨正。《释骨》引证《说文》《玉篇》等书,对《素问》《灵枢》《难经》《甲乙经》各篇所述人身诸骨,详加考证,纠正了许多人体骨骼部位、名称的讹误。《释骨》对针灸经穴的部位、名称的定位、考证,对《内经》有关名词的释义,乃至对《内经》的校勘皆有较大的参考价值。

沈彤诗文集三种:一是《果堂集》十二卷,清乾隆间刻本,国家图书馆藏。凡文十一卷、诗一卷,有王峻、沈德潜《序》。又有乾隆原刻初印,嘉定王鸣盛批本。王欣夫《蛾术轩箧存善本书录》曰:"此集好写精雕,并有句读。目录后有'吴门朱楷、震泽汪琥同校'两行……有'王鸣盛印'、'西庄居士'白文两方印,'陆沅之印'朱白文方印,'靖伯氏'朱文方印,'平原陆氏藏书印'白文方印,'结一庐藏书印'朱文方印,'臣澄私印'白文方印……"[1]又有《文渊阁四库全书》本,无序跋、目录,《四库全书总目》称:"是集多订正经学文字……集虽不尚词华,而颇足羽翼经传"[2],多补汉宋以来注疏家所未备。又,上海图书馆有道光九年刻本、光绪十七年石印本等。二是《博学鸿词试卷》不分卷,手写本。王欣夫《蛾术轩箧存善本书录》曰:"冠云荐举博学鸿词,召试保和殿,以赋未终篇被黜。曹君直先生曾藏其试卷,流落冷摊,为余购得。"[3]此是指乾隆元年丙辰九月廿六日,御试博学鸿词于保和殿。第一场《五六天地之中

---

① 王欣夫撰,鲍正鹄、徐鹏标点整理:《蛾术轩箧存善本书录》,上海古籍出版社2002年版,第283页。
② 永瑢等撰:《四库全书总目》,第1529页。
③ 王欣夫:《蛾术轩箧存善本书录》,第1380页。

合赋》《山鸡舞镜诗》七言长律十二韵、《黄钟万事根本论》;第二场经解一、史论一。《鲒埼亭集》云:"(冠云)其为文章,不务鲜华,独抒心得。顾暗淡自修,世无知之者。而冠云亦不甚求知于世。应荐入京,方侍郎望溪、李侍郎穆堂皆称之。平生有所述作,最矜慎,不轻下笔,几几有含毫腐颖之风。余以为非场屋之材,果以奏赋至夜半,不及成诗而出。"①三是《游包山记》一卷,《小方壶斋舆地丛钞》第四帙、《国朝文汇》乙集卷二载。收录《石公山》《林屋洞》《碧螺峰》《缥缈峰》《龙头山》《消夏湾》《石公庵》七篇散文。

3. 存目著作

《果堂集》卷十二末附沈德潜撰《沈彤传》著录其另撰有中医学著作《气穴考略》《内经本论》,未刊行。又刘声木《桐城文学撰述考》卷一著录:沈彤撰有《沈氏诗录》,若干卷。原书今未见。或即是沈祖禹与沈彤合作编纂有《吴江沈氏诗录》,十二卷,乾隆五年(1740)刻本。法式善《陶庐杂录》卷三谓:"《吴江沈氏诗录》十二卷,起于明成化沈奎,至裔孙培福止。凡七十人,闺秀二十人,诗九百五十一首。沈祖禹定。前有沈德潜序。刻版于乾隆五年。"②《吴江沈氏诗录》卷首存沈彤乾隆五年重九《序》一首。

(四) 沈大成

1. 生平与师承

1700—1771,字学子,一作举子,又字嵩峰,号沃田,又号瘦客,江南华亭(今属上海市)人。康熙五十六年(1717)诸生。幼有才名,博闻强识,经史以外,旁通天文、地理、乐律、九章诸术,尤以诗古文词名闻江南。父裔堂官直隶青县时,为护民力而自缢死,家道遂中落,长年游幕异乡,由粤而闽而浙而皖,前后四十余年,虽舟车往来,仍勤读不倦。藏书万卷,手自校录。晚年客扬州两淮盐运使卢见曾署中,又馆于江春家,交惠栋、戴震、任大椿、王鸣盛、程廷祚、程晋芳、杭世骏、王昶等,益以学术相砥砺。尝校订《十三经注疏》《史记》《两汉书》《南北史》《五代

---

① 全祖望:《沈果堂(彤)墓版文》,见《全祖望集汇校集注》,上海古籍出版社 2000 年版,上册,第 361 页。
② 法式善撰,涂雨公点校:《陶庐杂录》,中华书局 1959 年版,第 92 页。

史《通典》《文选》《说文》《玉篇》《广韵》以及顾氏《音学五书》、梅氏《历算丛书》诸书。为学至老不倦，邃于经、史，又旁及天文地理、乐律算学、音韵训诂、金石考古等领域。杭世骏谓其以"学人而兼诗人"，诗多题咏器物文玩书画及四方山水名胜之作，表现出丰富的学识。工古文，刘声木谓"其为文以归有光、方苞为宗"，"深醇峻洁"。①

2. 现存撰述

沈大成诗文集四种：一是《学福斋集》，五十八卷，乾隆三十九年(1774)刻本，复旦大学图书馆藏。分《学福斋诗集》三十八卷，沈大成诗赋集。卷前有杭世骏《序》。全书以游历处所分别结集，序以时。卷首有《花朝赋》《月夕赋》二赋。卷一为《策卫诗钞》，卷二为《修门诗钞》，卷三至卷八为《啖荔诗钞》，卷九为《西泠诗钞》《浣江诗钞》《萩兰诗钞》，卷十至卷十一为《近游诗钞》，卷十二至卷十八为《百一诗钞》，卷十九至卷三十七为《竹西诗钞》。共收录诗一千五百六十一首。《近游诗钞》亦有单行本见于世，二卷，乾隆年间刻本，上海图书馆等藏，是集收录乾隆十九年沈大成旅淮扬所作之诗，凡一百一十五首。清李慈铭《越缦堂读书记》谓其诗"高者逼中唐，次亦不失宋人风格。其古诗亦有老成可取者。盖所为诗文，皆未尝刻意求工，故于文之义法，诗之标格，俱有未逮，而纡余曲畅，栖托清和，自是儒者之言，非专门名家比也"②。《学福斋文集》二十卷，沈大成文集。是集为沈大成生前手定，殁后二载与《学福斋诗集》合刻为《学福斋集》行世。卷首有惠栋、江春诗文合集《序》，任大椿、程晋芳、戴震、张凤孙文集《序》。全书按文体编排，卷一为论、说、解、书札，卷二至卷九为书序、赠序、寿序等，卷十卷十一为记，卷十二为辞、铭、赞、偈，卷十三为书后文，卷十四为题跋，卷十五卷十六为墓志、碑铭，卷十七至卷十九为传，卷二十为祭文、哀词、杂著之属。其中卷五《全椒吴徵君诗集序》是研究吴敬梓生平的重要文献。《续修四库全书》据此本影印。二是《学福斋文录》二卷，同治七年(1868)李祖陶辑《国朝

---

① 刘声木：《桐城文学渊源考》卷一。生平事迹参见《清史列传》卷七十二《文苑传》三；汪大经：《沈先生大成行状》，见钱仪吉：《碑传集》卷一百四十一《文学下之下》；《清儒学案》卷四十三；刘声木：《桐城文学渊源考》卷一小传等。

② 李慈铭：《越缦堂读书记》，上海书店出版社 2000 年版，第 1022 页。

文录续编》刻本,复旦大学图书馆藏。此书从《学福斋文集》中辑录出解、序、记、赞、书后、碑传等文章,诸体皆备,重文学性,是《文集》之缩微本。每录沈氏一文,皆有评论,所言得当,可谓大成之解人。如评《宛在堂记》曰:"似脱胎欧公《有美堂记》而文情更胜。"评《徐媛传》曰:"此可入《后汉书·列女传》矣,文亦雅。"《续修四库全书》据此本影印。三是《学福斋杂著》一卷,清吴省兰辑《艺海珠尘》嘉庆南汇吴氏听彝堂刻本。此书辑《学福斋文集》中十二篇论术数的杂文而成,分别为《论〈易〉七八义》《论术家寄宫》《包说》《〈先甲后甲图〉解》《九章解》《勾股三述》《勾股小述》《读〈通典职官〉》《西洋测时仪记》《〈皇极经世传〉书后》《〈皇极声音图〉书后》《〈华严字母〉跋》等。四是《井观漫言》不分卷,钞本。《续修四库全书总目提要》云:"《井观漫言》不分卷,亦不著撰者姓氏,惟所用之纸有'学福斋说经稿'之字,学福斋者,清沈大成之斋名也,此其沈大成所撰也。是编所收多说经杂考之文,书中钩乙之处甚多,且其中尚有残阙。是尚未缮清之本。"①

3. 存目著作

《读经随笔》,据汪大经《沈先生大成行状》云沈大成有"著之未成者,《读经随笔》"②。《〈洪范明义〉钞》,据沈大成《学福斋文集》卷二收录《〈洪范明义钞〉序》知其撰有是书,主要是节录黄道周的《洪范明义》而成。沈氏《序》谓:深服黄道周《洪范明义》的天人相应之理,以为王安石"天变无与人事"之说有侮圣言,"夫天之与人呼吸无间,天垂象见吉凶而五行为之征,五事不敬则五行汩陈,民病而色见于面,将雨而山出云,皆气之为也……盖实有见于天人相感之微,非郎𫖮、苏竟之伦所可及也"③。《〈孝经集传〉钞》,据沈大成《学福斋文集》卷二收录《〈孝经集传钞〉序》知其撰有是书。沈氏激赏黄道周节气,敬佩他"其忠可匹箕子",于是钞校黄道周《孝经集传》原书大小传文字而成④。《榕吟稿》,据《学福斋文集》卷六收录《〈榕吟稿〉自序》知其撰有此诗集,收录有自雍正十

---

① 傅璇琮主编:《续修四库全书总目提要》集部,上海古籍出版社2014年版,第155页。
② 沈大成:《学福斋文集》卷首,乾隆三十九年(1774)刻本。
③ 沈大成:《学福斋文集》卷二。
④ 同上注。

一年(1733)至乾隆元年(1736)沈大成在粤所作诗稿。名曰"榕吟"者，是因为"岭之南多嘉植，而榕独以恶木名。牛头之檀、虎斑之树，构方物者日寻斤斧焉，而此恶木幸以不材存。余寓斋之北，有榕郁然，优游少托，吟啸其间，观其臃肿支离，不中梁柱，漫衍自放，阂塞行路，此其宜以不材目也。若夫暖风扇物，时鸟和鸣，新叶刺天，绿流衣袂，翳高阁之凉景，栖清池之暗芳，或亦少收其用焉。是皆足以状吾诗也"①。《非笑集》，据沈大成《学福斋文集》卷七收录《〈非笑集〉自序》知其撰有是书，主要收录俪体应酬之文。沈大成《序》谓："艺苑之有俪体，不可言文。弱冠时见同辈中为此者，辄非笑之。……彼力而食者，贱者之事，故古人耻之。余以谀辞致语奔走四方，其相去盖无几矣。倘所谓不知非笑之为非笑乎?"②

（五）王元文

1. 生平与师承

1732—1788，字罨曾，自号北溪，江苏吴江(今属苏州市)人。乾隆三十六年(1771)恩贡生。居贫，无以自食，昼习贾，夜诵读。尝客山东按察使陆燿幕。又授经邱氏德芬堂六年，三邱兄弟皆出其门。既游山左，论河防之利害，洞中窽要。倦游归，仍设帐讲学，潜心著述。工诗古文，曾与同里袁景恪、顾我鲁、顾汝敬、陈毓升等结竹溪诗社，同郡沈德潜亟赏其诗。刘声木谓其"古文本'唐宋八家'，折衷于归有光、方苞二家;诗法唐贤，出入于苏轼、陆游"③。

2. 现存撰述

王元文诗文集一种:《北溪诗文集》二十二卷，嘉庆十七年(1812)王氏随善斋刻本，南京图书馆、南京大学图书馆藏。是集由钱廷焨编定辑刻。卷首有程邦宪、钱廷焨亲笔手书《序》，又有弟子徐乔林撰《先师王北溪先生暨元配周孺人继配沈孺人合葬墓志铭》、赵亨衢撰《跋》。徐乔

---

① 沈大成:《学福斋文集》卷六。

② 沈大成:《学福斋文集》卷七。

③ 刘声木:《桐城文学渊源考》卷一。生平事迹参见张士元撰:《王元文传》，见《嘉树山房集》卷十二《传略》;徐乔林撰:《先师王北溪先生暨元配周孺人继配沈孺人合葬墓志铭》，《北溪诗文集》卷首;钱墀撰:《黄溪志》卷四《文苑传》，道光十一年(1831)亦陶轩刻本;蔡丙圻撰:《黎里续志》卷十一《寓贤传》，光绪二十五年(1899)褉湖书院刻本等。

林撰《先师王北溪先生暨元配周孺人继配沈孺人合葬墓志铭》谓王元文"所学一以程、朱为宗,有身体力行之功,诸经中尤邃于《易》,古文则本唐宋八大家,而折衷于前明归震川、本朝方望溪。诗学初法唐贤,后出入于东坡、放翁间"①。是书《诗集》二十卷:第一卷(初稿)为《莺湖集》(丙子至乙卯),收录古今体诗四十首;第二卷(初稿)为《莺湖集》(乙卯),收录古今体诗四十首;第三卷(初稿)为《莺湖集》(庚辰),收录古今体诗三十九首;第四卷(初稿)为《莺湖集》(辛巳壬午),收录古今体诗三十五首;第五卷(初稿)为《莺湖集》(癸未),收录古今体诗三十六首;第六、七、八、九、十卷(社稿)为《竹谿集》(甲申至丙戌),收录古今体诗一百九十三首;第十一卷(拾稿)为《断吟集》(丁亥至丁酉),收录古今体诗三十八首;第十二卷、十三卷(旅稿)为《篷窗集》(戊戌仲春至季夏),收录古今体诗九十一首;第十四卷(旅稿)为《历下集》(戊戌季夏至仲秋),收录古今体诗四十三首;第十五卷(旅稿)为《益都集》(戊戌季秋至季冬),收录古今体诗三十七首;第十六卷(旅稿)为《沂水集》(己亥),收录古今体诗六十三首;第十七卷(旅稿)为《南旋集》(庚子冬至辛丑夏),收录古今体诗六十一首;第十八卷(旅稿)为《往来集》(辛丑秋至壬寅冬),收录古今体诗四十三首;第十九卷(余稿)为《乐群集》(癸卯甲辰),收录古今体诗三十九首;第二十卷(余稿)为《城西集》(乙巳至戊申),收录古今体诗二十五首;《文集》二卷:卷上为论九篇(内《汉书杂论》一篇共十一条)、情说一篇、画说一篇、书二十一篇(内《与邱书》两首,共九条,附《陆中丞答书》一篇)、记一篇;卷下为序十八篇(附《凡例》十四条)、跋二篇、记一篇、行状一篇、传四篇、像赞二篇、哀辞四篇、祭文二篇、行述二篇。卷末附录其子王梗《跋》一篇,其中录有王元文乾隆五十三年十月初八日望云楼寓馆所撰《预嘱》。

3. 存目著作

据王元文《北溪诗文集》卷末附其乾隆五十三年(1788)十月初八日望云楼寓馆所撰《预嘱》谓曾撰有:"《北溪制义》三本,共一百二十篇。"自注曰:"箧中四编,半已录在三本内。卷布内十数篇,或可检出数篇。

① 王元文:《北溪诗文集》卷首,嘉庆十七年(1812)王氏随善斋刻本。

初编内检出三四篇。别编内检出格调近时者十余篇。另作一编为正编,百篇外别编自可。然其文于二十年前为,时于近日风气亦不合,倘去取间有所惑,不如照自写为三本,存之可也。"又《预嘱》"纂述"类列有:《小学言行录》"一本";《才调集选》"一本,二集已成,未作序耳";《古文精宏集》"三十二本,又《明古文》《国朝古文》共二本",自注曰"此书凡九种,惟《左传》昭公中年后,及定、哀百数十页,及《公》《穀》约百页未抄到,前亦尚未订,二种当订作六本。照现订者式样,有太厚者亦任之,其评语未加圈点、本文未经检校者,专任荫长为之,序文、凡例俱未作,故后幅略谈及之";《古事录》"五本",自注曰"内《尚书大传》未加圈点,《家语》未经检校,专任渭璜取二书元本,我所圈点者,照加圈点";《唐诗路》,自注曰"此书惜未成,内晚唐三本已毕,元和、长庆二路,惟大宗已抄,辅翼者未及尽抄。大历诗抄,一路已抄二卷,尚缺二三十页。王孟韦柳四家已完,李杜诗检点定,尚未抄";《欧阳诗钞》"一本";《放翁诗钞》"一本。此本有圈点、有评论";《遗山诗钞》"一本";《天崇名文敬业编》"二本,约一百九十余篇";《国朝名文敬业编》"五本,约四百二三十篇";《大题明文敬业编》"二本,约二百余篇";《程墨》"明一本,国朝前编二本,后编二本,共五本,约二百八十九篇。"又谓:"自著诗文及纂述诸书要,锦城荫长及邱氏弟兄三处,各倩人录一清本,自存贮,然后将元本归还。"原书今未见。又徐乔林撰《先师王北溪先生暨元配周孺人继配沈孺人合葬墓志铭》谓:"曾选《先正及国朝小题文敬业编》《古文精宏集》《古事录》《唐诗路》《欧阳公陆放翁元遗山诗钞》,皆有成书。"[1]又据《黄溪志》卷四《文苑传》载其选定有《选古序钞》《制义敬业编》六编,评阅有《周易折中》《尚书大传》《左传》《公》《穀》《国语》《史记》《汉书》《孔子家语》《文选》《韩文》《唐宋八家》,"藏于家"[2]。

(六)徐家纶

1. 生平与师承

生卒年不详,字宣嘉,江苏昆山(今属苏州市)人。直隶巡道徐炯曾

① 王元文:《北溪诗文集》卷首,嘉庆十七年(1812)王氏随善斋刻本。
② 钱墭:《黄溪志》卷四《文苑传》,道光十一年(1831)亦陶轩刻本。

孙。诸生。弱冠时潜心理学,于周、程、张、朱之书,无不研究。所为时文,朴茂淳实,荐而不售,遂弃去。古文词宗法方苞,旁涉清初诸家。后以贫累客游无所遇,归卒。①

2. 存目著作

据《(光绪)昆新两县续修合志》卷五十,著录其撰有《读易随笔》《春秋日月表》《春秋年表》《家谱续稿》《理学宗谱》《铁谷文稿》(二卷)。

(七)邹导源

1. 生平与师承

1787—1841,字蓉垞,号东海,江苏无锡人。诸生。性坚僻,不谐于俗。博学,工诗古文辞,覃精经术。嘉庆十八年(1813)省试,主司赏其文,已置魁选,但导源未终场而弃去。与从叔邹鸣鹤,及同里顾翃交最善。为古文宗方苞、刘大櫆,骎骎乎得其神似。②

2. 现存撰述

邹导源诗文集一种:《古桐书屋集》四卷,道光二十七年(1847)刻本,上海图书馆藏。此集收《文钞》二卷、《诗钞》二卷,邹鸣鹤《从侄蓉垞家传》称:"余检蓉垞遗稿,得诗若干首,古文若干首,时文若干首,将付之梓。"③又《无锡金匮县志》卷二十二《文苑传》谓:"导源卒,邹壮杰鸣鹤为梓其遗稿。"④

(八)潘辰雅

1. 生平与师承

生卒年不详,字观尚,一字观常,江苏荆溪(今属宜兴市)人。室名静寄轩。处士。好治兵家言。以无锡高攀龙为宗。又好洛、闽诸儒学,五经皆精,尤邃于《易》。后好老、庄、浮屠之言。与周济、李兆洛交好。母丧后,出游天台山国清寺。古文最好方苞,刘声木谓其"所作文精洁

---

① 金吴澜、李福沂修,汪堃、朱成熙纂:《(光绪)昆新两县续修合志》,光绪六年(1880)刻本,卷三十一《文苑二》;刘声木:《桐城文学渊源考》卷二有传。

② 生平事迹参见秦缃业纂:《无锡金匮县志》卷二十二《文苑传》,光绪七年(1881)刻本;邹鸣鹤:《从侄蓉垞家传》,《古桐书屋集》卷首,道光二十七年(1847)刻本等。

③ 邹导源:《古桐书屋集》卷首,道光二十七年(1847)刻本。

④ 秦缃业纂:《无锡金匮县志》卷二十二《文苑传》,光绪七年(1881)刻本。

静穆",与方苞所作相近;"诗喜韦、孟,亦多古音,无靡靡之响"。①

2. 现存撰述

潘辰雅诗文集一种:《静寄轩遗稿》二卷,凡一册,光绪七年(1881)木活字印本。内封镌署记"光绪辛巳春季/静寄轩遗稿/万康署签"。首有道光八年(1828)李兆洛撰《静寄轩诗文目序》,嘉庆十九年(1814)邵龇祥撰《行状》,末有光绪六年周家楣《跋》。此书收录《静寄轩文钞》一卷,收文二十四篇;《静寄轩诗钞》一卷,收诗五十八首。周家楣《跋》曰:"子坦以潘观尚先生《静寄轩文钞》《诗钞》见示,谓先生与其祖蒙山先生为执友,其人可传,其文可传,所著集兵燹后无复存,而此本得之市间,有天幸焉,谋所以传之者……"②

(九)张璐

1. 生平与师承

1810—1858,字宝卿,一字子佩,江苏常熟(今属苏州市)人。室名白圭榭。少口吃,力学自奋。年二十一补县学生,道光乙未举人,乡举后肄业正谊书院。道光二十五年(1845)乙巳成进士。授刑部主事,总办秋审,执法不阿,有坊役索脏毙命,张璐访得其实,将置重典。上官庇之,事寝。力争不听,居恒郁郁,引为深耻,慨然叹曰:"吾在西曹,使法不伸于胥役,生平憾事也。"论文宗方苞,公事之余,手不释卷。常举"不侮鳏寡、不畏强御"两言为处世之要。于时多不合,卒以偃蹇于京坻。张瑛撰《伯兄子佩述》云:"十年郎署,不迁一阶。逆旅桐棺,弱子未冠。"③薛福成撰《张君家传》云:"君与瑛益讲儒者实学,尝慕震川归氏,及桐城诸先辈之为文也。"④与朱琦、冯志沂友善。⑤

---

① 生平事迹参见邵龇祥撰:《潘观尚先生行状》,《静寄轩遗稿》卷首,光绪七年(1881)木活字印本;刘声木:《桐城文学渊源考》卷二小传。

② 潘辰雅:《静寄轩遗稿》卷末,光绪七年(1881)木活字印本。

③ 张瑛:《诰授朝议大夫伯兄子佩述》,见张璐:《白圭榭古文遗稿》卷末,光绪二十五年(1899)其子张祖仁刻本。

④ 薛福成:《刑部湖广司主事张君家传》,见张璐:《白圭榭古文遗稿》卷末,光绪二十五年(1899)其子张祖仁刻本。

⑤ 生平事迹参见张瑛撰:《诰授朝议大夫伯兄子佩述》;薛福成撰:《刑部湖广司主事张君家传》;郑钟祥、张瀛修,庞鸿文纂:光绪《常昭合志稿》小传,光绪三十年(1904)活字印本等。

2. 现存撰述

张璐诗文集二种：一是《白圭榭古文遗稿》凡一册，不分卷，光绪二十五年(1899)其子张祖仁刻本，南京图书馆藏。前有光绪二十三年同邑学人邵松年、咸丰八年(1858)太仓李锡畴《序》各一首。录古文二十三首。后有其弟张瑛撰《诰授朝议大夫伯兄子佩述》、薛福成撰《刑部湖广司主事张君家传》各一首。又有张瑛《哀辞》《小传》。末有张祖仁《跋》云："是集曾于咸丰八年付梓，未及印订，即毁于兵。"二是《白圭榭试律》一卷①，辑入清钱禄泰辑刻《虞山七家试律钞》，常熟市图书馆藏。

张璐编纂地方文献总集一种：《唐市征献续录》二卷，光绪二十五年(1899)常熟亭林书院刻本。是书续常熟倪赐辑《唐市征献录》而作。

（十）华翼纶

1. 生平与师承

1816—1887，原名国成②，字赞卿，号篾秋，一作笛秋③，江苏金匮(今属无锡市)人。道光二十四年(1844)顺天举人。以太平军战保知县，授江西永新知县。光绪间主东林书院讲席。性直，邑有义举，劳怨不辞。工诗、古文，私淑归有光、方苞、刘大櫆、姚鼐诸人，好桐城文字，复与侯桢、秦缃业等以古文相切摩，刘声木谓"其为文原本诸子，折衷宋儒，理奥以精，文阂以肆"(《桐城文学渊源考》卷一)。精鉴别，寓收藏，善山水，师王原祁。④

2. 现存撰述

华翼纶史部撰述一种：《锡金团练始末记》一卷。清稿本，一册，南京图书馆藏。又常熟图书馆藏钞本，一册。卷首有作者华翼纶《自序》。卷末朱笔题记："据湘芙夫人所藏原稿校一过。"未知钞者何人。此记咸

---

① 按：刘声木《桐城文学撰述考》卷一著录张璐撰有《制义》，卷数不清，疑即是此书。
② 据顾廷龙《清代硃卷集成》(台北成文出版有限公司1992年印行)卷九十九载："原名国成。字赞卿，号篾秋。嘉庆丙子年正月二十七日吉时生。"
③ 据《曾国藩日记》"咸丰十一年十月初九日"记曰："华翼纶，号笛秋，前自上海来请兵，本日令其作画六幅。"或是字，王韬《瀛壖杂志》载华翼纶"字笛秋""登甲辰贤书"，见王韬：《瀛壖杂志》，岳麓书社1988年版，第132页。
④ 生平事迹参见薛福成撰：《知府衔分发补用同知前知江西永新县华君家传》，《荔雨轩文续集》卷首；顾廷龙：《清代硃卷集成》，台北成文出版有限公司1992年印行，卷九十九；刘声木：《桐城文学渊源考》卷一小传等。

丰十年(1860)清军江南大营溃败后,无锡地区团练事,所记颇为真切。

华翼纶子部撰述一种:《画说》一卷。该书成于 1851 年后的咸丰年间,凡二十六则。杂论画派,赏鉴,各种画法以及纸墨等,并针对时风,言自己对学画之道的真切体会,认为"画本士大夫陶情适性之具","但以自娱可耳","既不求名,又何能求得利"①,多心得之谈,不拾前人牙慧。收入俞剑华编著《中国古代画论类编》上册,人民美术出版社 2004年版。

华翼纶集部撰述三种:一是《荔雨轩文集》六卷,光绪九年(1883)梁溪华氏刻本。"荔雨轩"为华翼纶所居书室,有记,存此集中。卷首有秦缃业《序》曰:"光绪辛巳,同校刊亡友杨利叔《汲庵文存》,君始出其文稿百余篇相示,余得毕读之。论辨原本诸子,折衷宋儒,其理奥以精,其文闳而肆矣。纪粤中山水,忘军行之苦,极探讨之胜,笔意亦雅近柳州。所为诸将传,皆得之身历目击,足为史氏张本,而模神寓慨酷似太史公。至善道家常,不嫌琐屑,则又伯仲归熙甫,盖熙甫本得之史迁也。间有牵率应酬及体例未合者,余为芟薙而绳削之。得文九十余首,名之曰《荔雨轩文集》。"第一卷为杂著二十一首;第二卷为论五首、说一首、议二首、记五首、书后四首、跋二首;第三、四卷为传三十首;第五卷为序六首、赠序三首、寿序一首、书七首;第六卷为墓表一首、墓碣一首、述略二首、行略二首、祭文二首、哀词二首,凡文九十七首。咸丰元年(1851年)华翼纶随天津镇总兵长瑞攻太平军于广西,故集中颇多记录此时战况者。二是《荔雨轩文续集》二卷,光绪九年梁溪华氏刻本。卷首录薛福成《知府衔分发补用同知前知江西永新县华君家传》。卷上为传十四首;卷下为书后、跋、序、寿序、记、书、碑文等二十六首。2010 年上海古籍出版社《清代诗文集汇编》第 652 册据此本影印。三是《荔雨轩诗集》三卷,光绪九年梁溪华氏刻本。卷首有光绪三年春华翼纶《自叙》谓:"余诗大半皆纪事之作,而缘事生情,缘情感事,不过自述其事,自写其情,非有意为诗也。……故自北行为始,有《纪游草》《西粤纪游草》;从戎则为《磨盾吟》;将归自粤西则为《怀归吟》《近乡吟》;复出则为《磨砖

---

① 俞剑华编著:《中国古代画论类编》,人民美术出版社 2004 年版,上册,第 315 页。

吟》；及知永新县，遭粤寇来失职，则为《堕厓吟》；归后为《螳磨吟》；在乡团练为《挈瓶吟》；至上海为《海角吟》；归为《归舟吟》；贼平为《刈草吟》；嗣家居无事，偶有所作，皆为《偶存草》。……自壮至老，历历可数，不编年而隐寓编年意焉。"卷上为《北行纪游草》九首、《粤行游草》二十三首、《磨盾吟》十八首、《怀归吟》十八首、《轻肋吟》六首、《近乡吟》十六首；卷中为《磨砖吟》十六首、《堕崖吟》十五首、《螳磨吟》十六首、《挈瓶吟》十七首、《海角吟》十八首、《归舟吟》九首、《刈草吟》十七首；卷下为《偶存草》。2010 年上海古籍出版社《清代诗文集汇编》第652 册据此本影印。

（十一）程茂

1. 生平与师承

生卒年不详，字纯江，一字尊江，先世新安人，系籍淮安之安东（今属江苏淮安）。补安东博士弟子员，贡入太学。其学于古文最深，与方苞友善，方苞曾携其文章至朝堂，示诸僚友曰："此程纯江文也，吾无间然矣。"其文"以隽杰廉悍之文，别树一帜"①，其诗纵横排奥，得杜、韩之遗。精鉴赏，嗜书画。晚年归乡，于曲江楼之南筑园林，名之曰"晚甘园"，著述自娱。年六十有九卒。②

2. 存目著作

据程晋芳《晚甘先生传》著录其撰有《吟晖楼遗文》三卷、《晚甘园诗》六卷、《曲江楼制艺》□卷，谓"藏于家"。刘声木《桐城文学渊源考》卷二亦有著录，谓"未刊"。

（十二）范希曾

1. 生平与师承

1899—1930，字耒研，号稺露，江苏淮阴（今属淮安市）人。出身书香门第。南京高等师范毕业后，曾在中等学校任教两年。1927 年，业师柳诒徵出任南京图书馆馆长，聘请范希曾任职于南京国学图书馆。自学为桐城古文，王焕镳《范君墓志铭》谓其"为文渊懿渟畜，以桐城方、

---

① 石国柱等修，许承尧纂：《安徽歙县志》卷七《人物志·文苑传》，民国二十六年（1937）铅印本。
② 生平事迹参见程晋芳《晚甘先生传》、刘声木《桐城文学渊源考》卷二小传。

姚为则"①。殚力学问,广搜公私书目,悉心于目录校雠之学。生平事迹参见王焕镳《范君墓志铭》(见《书目答问补正》卷末)。

2. 现存撰述

范希曾撰述五种:一是《校雠学杂述》一卷。1929 年 3 月《史学杂志》第一卷第一期载录。此书主要讨论"校雠学"的内涵,将其界定为:"细辨乎一字之微,广极夫古今内外载籍浩翰,其事以校勘始,以分类终,明其体用,得其枢理,斯称校雠学。"二是《评清史稿艺文志》一卷,载《史学杂志》1929 年 7 月一卷三期。民国初年设立清史馆,编写《清史稿》,由赵尔巽任馆长,先后参加编写的有一百多人。1914 年开馆至 1927 年大致完成,历时十四载。其中《艺文志》四卷为吴士鉴、章钰所编,由朱师辙复辑。范希曾认为此志稿失误与脱漏较多,提出批评,并一一加以订正。三是《天问校语》二卷,1931 年家刻本。此书为校勘屈原《天问》之作,颇多新见,给人以启迪。四是《南献遗徵笺》一卷,1931 年范氏家刻本。《南献遗徵》一书是近代学者郑文焯于光绪十三年(1887)所撰,一卷,原名为《国朝未刊书目》,专门辑录有清学人未刊之作,以期待有力者访刻。至范希曾为此书作笺时,已历四十年,诸书颇多刊行,范氏笺此目,亦在分别已刊、未刊。卷首有范氏《自序》。五是《书目答问补正》,五卷,1931 年国学图书馆铅印本,1935 年重印本。是书在 1929 年就发表在《国学图书馆第二年刊》上,仅载史部一卷,其后又陆续刊于《史学杂志》一卷六期、二卷一期上,正式单行本是范氏卒后一年即 1931 年刊行。《书目答问》是张之洞任四川学政时,为指导生童读书,提供治学门径的辅导书目,张氏聘请缪荃孙编纂而成。范希曾为国学图书馆编制图书总目,翻读《书目答问》一书随时就所亲知的新刊精本加以补充校正。范氏自跋云:"某案头初置此书一部,辄就知见,随手以朱笔补注眉上,积久上下眉无隙地,更置一部注之,如是者两三部,窃自比于《桥西杂记》所载邵位西标注简明目录故事。丁卯闲居,遂取数部审择迻录,合为一帙,成补正五卷。"此书又有中华书局 1963 年重印本,卷首柴德赓《序》谓范希曾"一人出力,众人得益,不仅可称《书目

① 王焕镳:《范君墓志铭》,见范希曾:《书目答问补正》卷末,1931 年国学图书馆铅印本。

答问》的功臣,实在也是对近代学术的一种贡献"。1983 年上海古籍出版社又重新再版此书,由上海图书馆瞿凤起先生校点,以 1935 年国学图书馆重印本为底本,以《答问》的贵阳本(王秉恩光绪五年刻本)对校,兼采江人度《书目答问笺补》的内容。卷首有徐鹏《前言》、柳诒徵《补正序》。书末附范希曾《跋》,王焕镳撰《范君墓志铭》,赵曾俦、柳诒徵挽范希曾诗等。此本可称是目前较好的完本。

三 续传弟子

(一)诸洛

1. 生平与师承

1714—1792,字杏程,一字颖城,江苏无锡人。诸生。少师事秦道然、顾栋高为古文,既而与徐流芳交,得方苞古文义法。与同邑邹方锷有名于时。晚年杜门撰述,藏书甚富,皆手定。①

2. 存目著作

据《贩书偶记》卷十五著录:诸洛撰《类谷居近稿》一卷,乾隆十七年(1752)精刻本②,原书今未见。又《梁溪文钞》卷三十四收其古文五篇③。

(二)王昶

1. 生平与师承

1725—1806,字德甫,号述庵,又因有兰泉书屋、琴德居,故时亦以为号,江苏青浦(今属上海市)人。本姓孙,与孙星衍同族。乾隆十九(1754)年进士。二十二年乾隆帝南巡,召试一等第一,授内阁中书,协办侍读,入军机处,当时有国士之称。官至刑部右侍郎。历主娄东、敷文两书院讲席。师事沈彤,受古文法。在京时与朱筠主文坛,并称"北朱南王",与钱大昕、王鸣盛、毕沅、纪晓岚、姚鼐等著名文人学者往来密切,交谊颇深,经常诗酒唱和,进行学术切磋。姚鼐称:"其才天与之,三者皆具之才也。先生为文,有唐、宋大家之高韵逸气,而议论考核,甚辨

---

① 生平事迹参见刘声木:《桐城文学渊源考》卷二小传等。
② 孙殿起编录:《贩书偶记》,中文出版社 1978 年版,第 381 页。
③ 周有壬编,侯学愈重订:《梁溪文钞》卷三十四,1914 年木活字本。

而不烦,极博而不芜,精到而意不至竭尽,此善用其天与以能兼之才而不以自喜之过而害其美者矣。"①鲁嗣光也云:"其宗法一出于醇正,不袭古人之形貌,而神、理、气、味无不与之符合。"②

2. 现存撰述

王昶撰金石著作一种:《金石萃编》一百六十卷,凡六十四册,嘉庆十年(1805)刻本。内封署记镌"青浦述庵王昶著/金石萃编/经训堂藏板"。有嘉庆十年王昶《序》,又钱侗、朱文藻《跋》各一。是书集有一千多种碑刻文字,兼具存目、录文、摹写、跋尾之长,所收以石刻为主,青铜器铭文和其他金属器物铭文仅三十七种。全书依时代编次,每种于标题之下,记形制、尺寸、今所在地点,其后录以铭文,其中秦、汉、三国、六朝的篆、隶之书,都摹写点画,加以训释,铭文之后集录各家专著、文集的有关论述。

王昶诗文集六种:一是《履二斋集》二卷。沈德潜于乾隆间刻入《七子诗选》,乾隆十八年(1753)刻本,南京图书馆藏。全书十四卷,选收乾隆年间"吴中七子"各体诗作,人各一集,各集二卷,王昶《履二斋集》二卷即其之一。二是《述庵诗钞》十二卷。乾隆五十五年经训堂刻本,钱世锡编校,中国国家图书馆藏。钤"丰华堂书库宝藏印""赤堇山人""诗是吾家事"诸印。装订六册,吴骞《跋》。三是《春融堂集》六十八卷,嘉庆十二年(1807)塾南书舍刻本,中国国家图书馆、南京图书馆藏。王昶以其室号"春融堂"为集名,计《诗集》二十四卷、《文集》四十卷、《词集》四卷。卷首嘉庆四年新城鲁嗣光《总序》曰:"先生重来京师,嗣光亦以试礼部至京,先生示以《春融堂集》,且命之序。"知《春融堂集》在嘉庆四年之前既已编定。武进赵怀玉《文集序》曰:"盖数十寒暑于兹门下士,定其所为《春融堂文集》四十卷,怀玉受而读之,其考古也核,其尚论也

---

① 姚鼐:《惜抱轩文集》卷四《述庵文钞序》,上海古籍出版社 2010 年版,第 61 页。
② 鲁嗣光:《春融堂集序》,见王昶《春融堂集》卷首,嘉庆十二年(1807)塾南书舍刻本。生平事迹参见《清史稿》卷三百零五;《清史列传》卷二十六《大臣传次编》一;李桓:《国朝耆献类征初编》,光绪年间李氏初刻本,卷九十二;阮元:《诰授光禄大夫刑部右侍郎王公昶神道碑》,见钱仪吉:《碑传集》卷三十七;秦瀛:《刑部侍郎兰泉王公墓志铭》,见钱仪吉:《碑传集》卷三十七;张维屏:《国朝诗人征略》卷三十六;支伟成:《清代朴学大师列传・王昶传》,泰东图书局民国十四年(1925)版,第 487—492 页等。

严,其扶奖人伦也力,其摅发性情也挚。"知《文集》为其门人所定。《诗集》前分别有吴泰来和王鸣盛《序》。《词集》又名《琴画楼词》,共三百零四首。钱大昕《序》曰:"吾友述庵以诗名闻吴会间……间复倚声乐府,偷声减字慢词促拍一一叶于律吕,其选言也新,其立意也醇,缘情体物之作,清新婉约,出入风雅,有一唱三叹之音。"卷六十八终曰:"男肇和、侄孙绍成谨校。"末附子肇和《跋》。《续四库提要三种》谓此书:"昶学问淹贯,生极盛之世,又享大年,足迹几遍天下,故其诗文不名一体,屹然为东南一大宗。诗分《兰泉书屋集》《琴德居集》等目,其师承出于沈德潜,而实视德潜为胜。卷一至六皆未出仕以前所作,得于山水之趣者居多,虽气格稍弱,而醇雅清切,几于首首可诵,律绝尤有风致。卷七至九则召试官中书、直军机房后所作,不免尘滞冗沓。卷十至十四乃罢官后从征缅甸、金川时之作,雄奇悲壮,特为出色。卷十五以后则凯旋晋秩,自此扬历中外,致位九卿,诗学日退,往往率易,而《论诗绝句》四十六首,遥情胜概,犹是吴下七子面目。词亦清新婉约,意境于朱彝尊、厉鹗为近。"①又有光绪十八年(1892)钱怡甫补刻本,中国国家图书馆藏。四是《春融堂杂记》八种,清嘉庆十三年塾南书舍刻本,南京图书馆藏。收《滇行日录》三卷、《征缅纪闻》三卷、《征缅纪略》二卷、《蜀徼纪闻》四卷、《商洛行程记》一卷、《雪鸿再录》二卷、《使楚丛谭》一卷、《台怀随笔》一卷。皆为昶随军征缅甸、大小金川所作,除记战事大略、道里形势外,还详叙古迹景物沿革,飒飒有风致,间附诗文,清绝可喜。五是《述庵论文别录》一卷,清道光年间刻本,南京图书馆藏。卷首金学莲《序》曰:"吾师述庵先生以经术、诗古文名海内……每见辄以学问之源流、诗文之得失前席请示,口讲指画,苦不能尽也。学莲等因取先生集中论文诸作汇为一编,以示门下士。"又,扉页无名氏题注曰:"所论尚属精确可嘉之至,留览以备座有之资。"末附《娄东书院浅说》,多讲时文作法,颇为精确。六是《蒲褐山房诗话》二卷。道光三十年(1850),吴县毛庆善氏仿《列朝诗集小传》及《静志居诗话》例,抽录《湖海诗传》中附载小传、诗话为《蒲褐山房诗话》稿,起于康熙末年,讫至嘉庆初年,得六百余家,可窥

---

① 胡玉缙撰、吴格整理:《续四库提要三种》,上海书店出版社 2002 年版,第 703 页。

乾隆一代诗人之大概。惜未付梓,私家抄录,罕为人知。今有《蒲褐山房诗话新编》(周维德校辑,齐鲁书社 1988 年版),系南京大学古典文献研究所编《明清文学理论丛书》之一种。原载《湖海诗传》的为上卷,原载《青浦诗传》的为下卷。《湖海诗传》以嘉庆八年三柳渔庄藏本为底本,校以同治四年(1865)重校刊绿荫堂藏本和《国学基本丛书》本。《青浦诗传》以乾隆五十九年刊本为底本,校以有关资料。并编有《蒲褐山房诗话人名四角号码索引》《蒲渴山房诗话姓氏笔画索引》附录。

王昶编纂总集三种:一是《同岑诗选》十二卷,凡四册。为王昶与顾光合编诗集。嘉庆五年(1800)刻本。内封署记镌"青浦王述庵/古杭顾涑园两先生同选/同岑诗选/板存抱山堂"。书前有嘉庆五年王昶、顾光、朱彭撰《序》各一。是书所辑为黄孙灿、朱棫、李方湛、陈傅经、徐铽、黄孙瀛、施绍培、李绍城、姜宁、李堂、朱壬、蒋炯之诗稿。朱彭《序》云:"李生方湛持同学十二人所作就正,即邀点定,叹为宗法之正,足继前哲,因合两先生所选,编为行卷,以付剞劂,名曰《同岑诗选》。"十二人每人诗各一卷:卷一为仁和黄孙灿之《听雪楼稿》,卷二为仁和朱棫《芸夫诗草》,卷三为仁和李方湛《小石梁山馆稿》,卷四为海宁陈傅经《静啸山房稿》,卷五为仁和徐铽《竹光楼稿》,卷六为仁和黄孙瀛《古栎山房稿》,卷七为钱塘施绍培《灵石山房稿》,卷八为仁和李绍城《淡畦吟草》,卷九为钱塘姜宁《怡亭诗草》,卷十为仁和李堂《冬荣草堂稿》,卷十一为钱塘朱壬《画舫斋稿》,卷十二钱塘蒋炯《蒋村草堂稿》。二是《明词综》十二卷,凡二册,嘉庆七年刻本。内封署记镌"王述庵少司寇续选/明词综/三泖渔庄藏板"。卷首有嘉庆七年王昶《序》。是书以目录所列明代词人计三百九十家,选词六百零一首。王昶《序》谓:"国初,朱竹垞太史集三唐五代宋金元之词,汰其芜杂,简其精粹,成《词综》三十六卷,汪氏晋贤刻之,为后世言词者之准则。予尚以其不及明词为憾。盖明初词人,犹沿虞伯生、张仲举之旧,不乖于风雅。及永乐以后,南宋诸名家词皆不显于世,惟《花间》《草堂》诸集盛行。至杨用修、王元美诸公,小令、中调颇有可取,而长调则均杂于俚俗矣。然一代之词,亦有不可尽废者。故《御选历代诗余》撷取者一百六十余家。予友桐乡汪康古,又谓竹垞太史于明词曾选有数卷,未及刊行。今其本尚存,汪氏频访之而不得。

嘉庆庚申,遇汪小海于武林,则太史未刻之本在焉。于是即其所有,合以生平所搜辑,得三百八十家,共成十二卷,汇而镌之,以附《词综》之后。选择大旨,亦悉以南宋名家为宗,庶成太史之志云尔。"三是《湖海文传》七十五卷,凡十六册,道光十七年(1837)刻同治五年(1866)印本。内封署记镌"道光丁酉年镌/湖海文传/经训堂藏板"。卷首有道光十九年朱琦《序》、道光十七年姚椿《序》、阮元撰《诰授光禄大夫刑部右侍郎述庵王公神道碑》、同治五年应宝时《跋》、同治五年王绍基《胡海文传归板缘起》、道光十九年王绍基《序》、阮元《后序》,又嘉庆十年(1805)王昶撰《凡例》十五则。王绍基《胡海文传归板缘起》曰:"《文传》之开雕也,为道光丁酉岁而设局于邑城,以就同人雠校之助,陈孝廉镳实襄厥成,谋刷以行世,板遂留于城中之尊经阁,久之未归。岁庚申,烽烟告警,孝廉已前卒,其犹子作霖作楫两茂才运板出,避顿于他所。旋两茂才皆以奔难死,质板济急,绍基事后始知,方以不克取归为憾。今蒙李肃毅伯函致应敏斋观察,助金赎还,俾得板藏家塾,传播艺林。不独为绍基一家祖孙幸,当亦海内文人观此书而兴大雅扶轮之颂也。"是书辑录康熙中叶至嘉庆间百余名家之散文七百余篇,所收各家均为编者交游所及者。因编者一生游历四方,师友门生遍布各地,故以"湖海"名之,旨在"征文献、重实学"。共分七十五卷,卷一至二为"赋"十五篇,卷三"颂文"九篇,卷四"讲义"十五篇,卷五至七"论"三十二篇,卷八"释"五篇,卷九至十"解"十四篇,卷十一至十二"考"十八篇,卷十三"辨"十三篇,卷十四"议"十五篇,卷十五至十八"说"四十一篇,卷十九至三十三"序"二百一十篇,卷三十四至三十九"记"五十八篇,卷四十至四十六"书"九十篇,卷四十七至五十"碑"四十篇,卷五十一"墓表、墓碣"八篇,卷五十二至五十七"墓志"四十四篇,卷五十八"墓志、墓铭"八卷,卷五十九"行状"九篇,卷六十"行状、述"七篇,卷六十一至六十五"传"四十篇,卷六十六"传、书事"十四篇,卷六十七"祭文、哀词、咏"六篇、卷六十八"赞铭"六十四篇,卷六十九至七十"书后"三十篇,卷七十一至七十四"跋"四十三篇,卷七十五"杂著"八篇。

3. 存目著作

据刘声木《桐城文学撰述考》卷一著录,王昶另撰有《群经揭橥》(注曰"未成")、《五代史注》(注曰"未成")、《塾南书库目录》(若干卷)、《朝闻录》、《陕西旧案成编》。

(三)潘昶

1. 生平与师承

生卒年不详,字景昶,号涤汀,吴江(今属江苏苏州市)人。颖悟过人,读书通大义。攻举业,不肯从俗戳骰。弱冠,补县学生。后学为诗,就正于计默、钱云二人,尝作《历朝宫词》一千首。又学为古文词,与沈彤、沈闿相切磋。中年后,读杨园张氏《五十自警》诗,益奋志于学。乾隆九年(1744),吴江令陈荑缵聘修邑志,所撰名宦、文学、艺能、列女诸传,风俗、御寇诸志,悉有体要。卒前一月,得李光地理学书,大喜,每日必读。卒年五十五。①

2. 存目著作

据《平望志》卷八载:"盖昶锐志于学,虽老病犹然。向学之始也,尝恨世俗丧礼诸仪不合《礼》,因居丧反覆《朱子家礼》,录其切要,并附载《礼》所当补与俗礼所当去者,名曰《家礼居行录》。"又谓其著"有《求生录》《志学编》《四书质疑》及诗古文若干卷"。

(四)潘欲仁

1. 生平与师承

1830?—1891,字子昭,又作止韶,江苏昭文(今属苏州市)人。潘栻之侄。曾朴老师。道光二十九年(1849)己酉副榜,官沛县教谕。工诗、古文辞,师事张璐,授以归、方古文"义法",致力于宋儒之学。又与方宗诚交游甚密,以古文相切劘。②

2. 现存撰述

潘欲仁经学著作三种:一是《易像一说》二卷③。二是《疏瀹论》一卷。三是《理学辨似》一卷,三书皆虞山潘氏丛书本,藏于辽宁省图书

① 生平事迹参见翁广平:《平望志》,道光二十年(1840)刻本,卷八;刘声木:《桐城文学渊源考》卷二小传等。
② 生平事迹参见张瑛:《知退斋稿》卷五《家传》,《知退斋稿》,光绪二十四年(1898)刻本;刘声木:《桐城文学渊源考》卷二小传。
③ 按:刘声木《桐城文学撰述考》卷一著录为"四卷",疑误。

馆。其中《理学辨似》一书专就宗理学者似是而非处加以辨析,强调程、朱之道就在日用事物之间,如谓:"程门立教最是敬之一字有力,所谓修己以敬是也。然云修己以敬者,犹云熟食以火。盖必有米有水有灶有釜有甑,而火以熟食之。今但曰敬,曰敬而于日用事物、当行之理冥然罔觉,悍然不顾,是徒有火耳。"又谓:"敬者,戒慎恐惧,随处小心之谓。故无论为士大夫,为农工,为商贾,为仆隶,为兵人,皆可行也。或峨冠博带,或沾体涂足,或审曲面试,或提挈负担,或被发缨冠,或摄甲执兵,无不宜也。若以正襟危坐为敬,则在人惟士大夫能之,在事惟从容几席时能之,而猥欲其无人不然,无事不然,则农夫必垂裳而担粪,兵人必拱手而杀贼矣,岂非迂腐之甚哉。"所辨析内容,皆能理清义明。

3. 存目著作

据王绍曾主编、程远芬编《清史稿·艺文志拾遗·经部礼类》著录其撰有《读周礼随笔》二卷,谓"潘氏藏稿本"。又《重修常昭合志》卷十八著录其撰有《读论斋杂著》谓有"潘氏藏稿本"。又刘声木《桐城文学撰述考》卷一著录其撰有《易传集说》三卷,《国书肆》一卷,《惟是堂四书文》(卷数不清)。

(五)侯佺

1. 生平与师承

1748—1779,一作侯㳇,字青溪,江苏无锡人,取陈抟语名曰"留云邑人"。报恩道院道士。善古文,师事徐流芳,得古文义法。喜为诗,五言学唐韦应物,近体仿高启。又好藏书,多经校雠。勇于为善,性至则驾舟泛游太湖。秦瀛谓其"以山水诗文朋友为性命,所居留云斋庋书数百卷,丹黄甲乙,签帙恒满。兴至则驾小舠,放浪于具区之滨"。[①]

2. 存目著作

据秦瀛《小岘山人文集》卷一《三友传》著录其撰有《青溪诗草》,二

---

① 秦瀛:《小岘山人文集》卷一《三友传》,民国二十二年(1933)环溪草堂侯学愈重刊、锡成公司代印本。生平事迹又参见法式善:《梧门诗话》卷九;刘声木:《桐城文学渊源考》卷二小传等。

卷。原书今未见。又《江苏诗征》卷一百八十三收其诗一首。法式善《梧门诗话》卷九载其乾隆丙申(1776)秋赠秦瀛诗一首。

（六）蒋同元

1. 生平与师承

生卒年不详,字会绎,江苏金坛(今属常州市)人。《桐城文学渊源考》卷二谓其"师事徐流芳,受古文法"。[①]

2. 存目著作

据刘声木《桐城文学渊源考》卷二载其"撰《缀锦轩诗》一卷",谓其"学诗颇识门径,才思浩瀚,不可遏抑"[②]。

（七）张宝熔

1. 生平与师承

生卒年不详[③]。原名崇敬,字花农,号冶所,又号农老,江苏娄县(今属上海市)人。诸生。张孝锳子。师事沈大成,受古文法。其诗有超思清远之韵。姚鼐《张花农诗题辞》谓:"吾家春木持其同里张君花农遗诗两卷见示,余最爱其'溪行无杂树,人声出丛竹'十字,及'白下人初去''寒食清明连上巳'两章,为有超远之韵。其余亦多有清思,诚近来诗人一好手也。"[④]

2. 存目著作

据刘声木《桐城文学渊源考》卷一著录:张宝熔撰《床山堂诗钞》二卷。姚鼐撰有《张花农诗题辞》谓:"吾家春木持其同里张君花农遗诗两卷见示……其人终身困厄,不见知于世。至于将死,传语春木,必为流传其所作。"[⑤]又吴锡麒撰有《张花农床山堂诗集序》[⑥]一篇。

---

① 生平事迹参见刘声木:《桐城文学渊源考》卷二小传。
② 刘声木:《桐城文学渊源考》卷二。
③ 按:据王宝序作《嘉庆三年正月十九日汪西邨置酒绿杉野屋为张花农六十寿,次日诸诗人为石瓠翁君设奠善应巷,远近知好毕会,花农牵合为题,作诗索和,次韵三首》,见王宝序:《百草庭诗钞》卷五,清嘉庆五年刻本,知其嘉庆三年(1798),年六十。
④ 姚鼐:《张花农诗题辞》,见《惜抱轩诗文集》,上海古籍出版社1992年版,第287页。生平事迹参见刘声木:《桐城文学渊源考》卷一小传等。
⑤ 姚鼐:《张花农诗题辞》,见《惜抱轩诗文集》,上海古籍出版社1992年版,第287页。
⑥ 吴锡麒:《张花农床山堂诗集序》,见《有正味斋骈体文笺》卷四,咸丰九年(1859)刻本。

四 别省再传江苏籍桐城派弟子

(一) 黄钟

1. 生平与师承

生卒年不详,字律阳,号止观,江苏昆山(今属苏州市)人。诸生。幼负异禀,有神童之目,为诸生,名鹊起。游学靖江,受古文法于新安程岦①,学有本源,下笔千言,一出之于"义法"。生平洁白自矢,读书课徒,门墙称极盛。晚以乾隆三十五年(1770)岁贡授阜宁县训导。阜宁学官向分理民事资河润,钟以非分辞,课诸生如平时。乞归。卒年七十三。②

2. 存目著作

据《(光绪)昆新两县续修合志》卷五十著录:黄钟撰有《止观文集》,有顾树德刻本。③

(二) 王芑孙

1. 生平与师承

1775—1817,字念丰,号德甫、铁夫、惕甫,别号楞伽山人,江苏长洲(今属苏州市)人。有诗名,以五言古诗最工。复以书法称显于世。乾隆五十三年(1788)举人,赐会试不第,久困屋场。补成安宫教习,又官华亭县教谕。与馆阁之士游,其时学人文士之知名者,多是其友人。嘉庆七年(1802),主讲仪征乐仪书院。身短而瘠,负气甚高,不屑从谀。早年浸淫东京、六朝之学,以词赋倾动一时。后刊落浮华,肆力古文。从钟晼学,钟氏康、雍间亲炙方苞,传其经说与为文之法,王芑孙为钟氏高足。生平与秦瀛、鲁九皋、武亿、龚景瀚交游甚密,常以古文切磋。④

2. 现存撰述

王芑孙诗文集五种:一是《渊雅堂全集》五十八卷附二卷,凡二十四

---

① 按:刘声木《桐城文学渊源考》卷二载:"程岦,字夔州,号南坡,歙县人,进士。师事方苞,受古文法。"
② 生平事迹参见金吴澜、李福沂修,汪堃、朱成熙纂:《(光绪)昆新两县续修合志》,光绪六年(1880)刻本,卷五十小传等。
③ 同上注。
④ 生平事迹参见《清史列传》;李桓:《国朝耆献类征初编》,光绪年间李氏初刻本,卷二百五十八;李元度:《国朝先正事略》卷四十三,岳麓书社 2008 年版;叶恭绰:《清代学者像传》卷四;张维屏:《国朝诗人征略》(初编)卷四十九等。

册,嘉庆八年(1803)至嘉庆二十五年陆续刊成,家刻本,南京大学图书馆藏。前有嘉庆甲子冬铁保《序》,又有《自序》。嘉庆九年甲子门人汪荣光、戴衍等初编,嘉庆十一年、十二年沈慈重编,作者手定。自嘉庆甲子书成之后,所得诗次第续刊,文则依类附入。嘉庆二十年乙亥作者与门人将诗文集二次编定。嘉庆二十五年,作者去世后其子与门人续刊诗文,有《渊雅堂编年诗稿》二十卷、《惕甫未定稿》二十六卷、《渊雅堂外集》七卷、《渊雅堂诗文续集》二卷。《渊雅堂编年诗稿》二十卷,凡七册。是书内封右镌书名,左镌"嘉庆八年中秋刊版"。作者自行编定。首有嘉庆三年秋八月朔王芑孙《自序》,次有嘉庆八年秋八月门人汪荣光等《序》。前十六卷为嘉庆八年癸亥初刊,编年诗始于乾隆三十六年辛卯,终于嘉庆八年癸亥,凡一千一百余首。嗣后于嘉庆二十年补入四卷,编年诗始自嘉庆八年癸亥,终于嘉庆十九年甲戌。《惕甫未定稿》二十六卷,凡十册,内封右镌书名,左镌"嘉庆甲子端午刊版"。首有嘉庆九年春三月朔门人汪荣光等《序》。次有嘉庆三年秋八月朔后三日《自序》。序后为目次:卷一录赋,卷二至五录序,卷六、七录记,卷八录书,卷九录传,卷十录碑铭,卷十一录墓表,卷十二至十四录志铭,卷十五录状,卷十六录事状、书事,卷十七录行实,卷十八录论、说,卷十九录铭、箴,卷二十录颂、赞,卷二十一录赞,卷二十二录祭文,卷二十三、二十四录书后,卷二十五、二十六录题跋。所收皆嘉庆八年前王芑孙所作古文辞。《渊雅堂外集》七卷,凡三册,嘉庆八年癸亥刊板。其中《渊雅堂诗外集》二卷,书前内封右携"渊雅堂外集",左镌"嘉庆八年夏日樨园刊版",版心上镌"渊雅堂诗外集"。卷首有门人汪荣光等《序》。所收皆历年所作试帖诗,凡二百零八首,序后有详目,分赋得诗一、赋得诗二。《惕甫少作》一卷录《读赋卮言》,嘉庆八年(1803)秋扬州刻本。是书内封右上镌"惕甫少作",中镌书名,左镌"嘉庾癸亥秋刊于邗上"。是书亦《外集》之一,版心上镌"渊雅堂外集"。首有沈清瑞所撰旧《序》一首,其后有门人汪荣光《序》。《序》后为目次,分导源、审体、立意、谋篇、造句、小赋、律赋、献赋、试赋、序例、注例、和赋例、韵例、官韵例、押虚字例、总指十六条。是书成于乾隆四十六年五月,为王芑孙二十七岁时所作赋论。论首有自序。是书尚有另外两种版本:一是清光绪五年上海淞隐阁铅印

《国朝名人著述丛编》本;一是今人何沛雄所编《赋话六种》本①。《渊雅堂文外集》四卷,嘉庆九年三月扬州刻本。是书乃门人汇集王芑孙骈体文,及居京代公卿达官所作应奉文字。首有门人汪荣光等《序》,次有嘉庆三年八月朔后三日王芑孙《原序》,次有嘉庆九年夏六月吴锡麒《序》。卷一、卷二录赋二十首,卷三录序五首,卷四录考、序、古文十一首。又《瑶想词》一卷,嘉庆九年(1804)扬州刻本。《渊雅堂外集》之一种,版心上镌"渊雅堂外集",中镌"瑶想词"。收王芑孙词作三十二首。前无目录及序,惟卷首有乾隆四十七年沈清瑞《题词》。《渊雅堂诗文续集》二卷,凡一册,嘉庆二十五年庚辰仲春刊行。《文续稿》《编年诗续稿》各一卷。据作者之子王嘉洋识语,"先君遗集,乙亥秋手自编定,《诗》二十卷,《文》二十六卷均至六十岁止。"此录诗、文六十以后所作。又末附其妇曹贞秀《写韵轩小稿》二卷,凡一册,嘉庆九年甲子孟夏刊成。题"长洲女史曹贞秀墨琴"。卷一录诗九十余题,卷二录文三十六首。王芑孙《序》云:"楞伽山人既自编诗文集若干卷,并录其妇墨琴所作诗赋杂文为二卷,附其后。"王芑孙弟王翼孙著《波余遗稿》四卷,凡一册,嘉庆九年甲子夏五月刊成。翼孙原任湖北襄阳吕堰驿巡检,骂贼不屈被贼戕害。《闽游草》录诗四十六首,《寒游草》录诗二十九首,杂著四首。又编辑《附录》二卷,凡一册。录行状,袁枚所作之《墓志铭》,洪亮吉所作之《坟前石表辞》,王昶所作之《墓表》及杂诗。二是《沤波舫文近稿》不分卷。稿本,二册,上海图书馆藏。前有王芑孙手书《题记》曰:"附记前刻目录于此,以便异日按卷增入,填注版心。"题记后列已刻文之卷次及页码,页码后又题曰:"自此以上各文应存者,已于丙寅冬日续刊入集。其余皆删去之作,不足更存。腊月朔日题襜馆重记。"其后列"乙丑正月以后未刻文目录"二十三条,其中"书崇真宫道士祖德傅"等十六条上,钤有"选"字小圆红印,"先七世祖承天府君早朝图赞"等十三条下有墨点。末王芑孙手书云:"以上未刻各文,又于乙丑岁抄补刊入集,皆以选字小印记之。其无印者皆删去不刻。丙寅正月八日又记。"又云:"题下有墨点者,刻版已经印出。二月十二日记。"其后又列"丙寅正月以后新增文

① 何沛雄编:《赋话六种》,香港万有图书公司 1975 年版。

目"十二条,末云:"丙寅冬腊,重至题襟馆,删定续刊入集讫。"三是《楞伽山人尺牍》二卷,王芑孙书信集。稿本,国家图书馆藏。卷轴装,二轴,上、下卷各一轴。所收皆嘉庆间王芑孙致江阴王苏之书,后为王苏之婿季之昌所得,其子季念诒于光绪中装订成卷。上下卷皆有陆懋宗题签:"楞伽山人尺牍"。上卷收尺牍十七函,下卷收尺牍十三函。卷末有陆懋宗、邵松年《跋》。四是《惕甫时文稿》一卷,稿本,一册,国家图书馆藏。有徐嵩、洪亮吉、何道生、石韫玉、秦瀛、程同文等跋。所收时文,一为王芑孙乾隆五十八年(1793)癸丑会试落卷;一为王芑孙乾隆五十七年壬子顺天乡试拟墨。卷末有莫有芝《题识》云:"同治己巳暮春观于吴门书局,莫有芝。"五是《渊雅堂朋旧诗钞》不分卷,稿本,二册,国家图书馆藏。卷端题:"朋旧诗钞,长王芑孙惕甫辑录。"卷首有"渊雅堂朋旧诗钞目",收叶绍楏等六十四人诗作,诗前每人各系小传。

王芑孙编撰总集三种:一是《泖东近课》五卷,嘉庆十九年(1814)刻本。是书为王芑孙所辑门人及幼子嘉禄诗词合集。诗四卷,词一卷。诗所收十六家:钦善二十三首、顾鸿声二首、顾子瀛一首、何其伟十二首、梅春十四首、高崇瑚二十六首、殷瑞三首、夏璿三十五首、高崇瑞三十四首、毛遇顺六首、姜皋三十首、何其章一首、潘兆熊二首、冯承辉五首、顾恒二十七首、王嘉禄十四首。词仅一家,改琦四十八首。二是《古赋识小录》八卷,嘉庆二十一年彭氏衣言堂校刻本。卷端题:"长洲王芑孙惕甫辑录,同县彭蕴章泳莪校刊"。每卷之末镌"王嘉禄井叔参校"。卷首有王芑孙《自序》。三是《碑版文广例》十卷,道光二十一年刻本。又名《碑版广例》《金石碑版广例》。王芑孙于嘉庆十二年自扬州归里后始作是书。是书由王芑孙长子王嘉祥付元文缮写成卷,族弟王塗等任剞劂之资而成。卷首有道光二十年王塗《叙》,王芑孙《自叙》,末有道光二十一年江元文《跋》,卷十尾行镌"江元文校写"。是书取秦汉至唐代已见著录之碑版 200 余种,探讨碑版文字作法及体例,并详加考证,辑而成书。全书非仅言碑版之例,亦欲示学者所以为古文之法,王芑孙撰有《绪论》申明尊韩欧文章正统,其在《自叙》中说:"元潘昂霄《金石例》,明王止仲《墓铭举例》,其论皆主韩欧,秀水朱氏尝欲胪举鄱阳洪氏《隶释》《隶续》所述汉碑版以补潘氏、王氏两家之阙而未及也。吾今不自揣量,辄又旁推秀水之言,上追秦汉,下讫宋元明,作《碑版文广例》若干卷。"是书目录:卷一论秦、汉之例,卷二至六论汉例,卷七论三国例,卷八至十论唐例。是书还有国家图书馆藏清钞本、清光绪间吴县朱记荣刻《行素草堂金石丛编》本、清光绪间吴县朱记荣汇印《金石全例》本。

3. 存目著作

据徐世昌《清儒学案小传》卷二十《诸儒学案》四谓王芑孙撰有《四书通故》若干卷。王氏文集《惕甫未定稿》卷二录有《论语通故自序》《孟子通故自序》《大学通故自序》《中庸通故自序》,盖即指此。其中《大学通故自序》有谓:"及是杜门巷处,乃克终之,写付家塾,作幼子嘉禄日课。区区晼晚舐犊之私,传业而已,无足问世。"据此可知,是书乃王芑孙晚年课子之用,实未付梓,故其卷次、行款均无从考知。又《惕甫未定稿》有《翰林赋得诗钞序》云:"选赋得诗,有广备题目,近乎类书者;有专讲作法,近乎时文者。比岁蒙古法庶子所刻《同馆试律》,则无二者之弊矣,而其书又为掌故而设,读者常苦其繁。予今删取三百篇,别为《翰林赋得诗钞》。"知其又编撰有总集《翰林赋得诗钞》。又任兆麟《有竹居集》卷首载王芑孙编撰有总集《国朝十家文钞》,云:"《国朝十家文钞》,长洲王芑孙选。"并列有十家之目,依次是:宁都魏禧《叔子文集》、昆山顾炎武《亭林集》、商邱侯方域《壮悔堂集》、长洲汪琬《尧峰文钞》、慈溪姜宸英《湛园集》、秀水朱彝尊《曝书亭集》、武进邵长蘅《青门文稿》、桐城方苞《望溪集》、漳浦蓝鼎元《鹿洲初集》、震泽任兆麟《有竹居集·有竹居文钞》一百二十篇。刘声木《桐城文学撰述考》卷一著录王芑孙撰《写韵轩小稿》二卷。按:此书盖为王芑孙继室曹贞秀(墨琴)的诗文集,由王芑孙整理而成,并撰写序文,附录于自己的文集《渊雅堂集》后。

(三)王东

生平与师承

生卒年不详,字震青,号勉亭,江南阜宁(今属江苏盐城)人。乾隆四十二年(1777)拔贡。师事韩梦周①,受古文法。与王枫齐名,时呼为"阜宁二王"。笃好韩梦周诗文,手录成帙,复致力于经学。撰述多

---

① 按:《桐城文学渊源考》卷二,第116页,谓韩梦周"其为文宗法方苞,纯正平易,庄雅有法度"。

散佚。①

五 吴江柳氏族属桐城派弟子

（一）柳树芳

1. 生平与师承

1787—1850，字湄生，号古槎，晚号胜溪居士，又号粥粥翁，江苏吴江（今属苏州市）人。嘉庆间诸生。笃好方苞、刘大櫆古文②，与姚椿、沈曰富、郭麐以文学、道义相切磋。沈曰富授之以古文"义法"。绩学不仕，专意撰述，尤好《古文辞类纂》。郭麐《序》称其诗"能树风骨，有风人志士之思"③。钦善《荆领集序》云："吴江柳君之诗，主性情而有一泻之势者也，其神动，其气直，其抱坦然于世，其驶也奋往自纵，藉抒其所蓄之不平。"④

2. 现存撰述

柳树芳纂地方志著作一种：《分湖小识》六卷，道光二十二年（1842）纂二十七年胜溪草堂柳氏刻本。内封有牌记，题"道光丁未年镌/分湖小识/胜溪草堂藏板"。卷首有道光二十二年柳树芳《自序》、《凡例》六则。《自序》云："分湖地属吴江，去县治东南六十里，唐宋以来，代有闻人，其得登邑乘者，未易更仆数。然自乾隆丁卯年沈征君修志后，迄今将及百年，邑中诸镇若同里、盛泽、黄溪、黎里，均有人焉刻其里志以备采访，独分湖无闻焉。生其地者，忍听其文献无传，废坠而不知举耶？抑或尚有待于来者，谓此事非我责耶？树芳志在搜罗，阅二十余年矣，家庭多故，岁月少闲，惟兹一事，拳拳于寝兴食息之余而不忍释。……今年夏，杜门养疴，罕接人事，爰将未竟之业重加补辑，得若干卷。其大略悉见诸凡例中，然其见闻未及，与见闻虽及而无文字可征者，尚少登

---

① 生平事迹参见阮本焱修、陈肇初、殷自芳纂：《（光绪）阜宁县志》，光绪十二年（1886）刻本；刘声木：《桐城文学渊源考》卷二；韩梦周：《理堂诗文集·徐生王生小传》，道光四年（1824）静恒书屋刻本等。

② 刘声木《桐城文学渊源考》卷三将柳树芳归入刘大櫆门属，但又谓其"古文最好方苞、刘大櫆"，故将其移入"方苞之门属"。

③ 郭麐：《得闲集序》，见柳树芳：《养馀斋诗初刻》之《得闲集》卷首，道光十二年（1832）胜溪草堂刻本。

④ 钦善：《荆领集序》，见柳树芳：《养馀斋诗初刻》之《荆领集》卷首，道光十二年（1832）胜溪草堂刻本。生平事迹参见张慧剑：《明清江苏文人年表》、《清诗纪事》（嘉庆卷）等。

录。日月逝矣,老之将至,不急出而公诸世,恐同志日尠,将并此而忘之。"是书据叶绍袁《湖隐外史》、沈刚中《分湖志》及各家谱牒、同人闻见等采录纂辑而成,一一注明资料来源。人物略仿《松陵献集》体。名曰"小识",盖识其小者也。卷一古迹,卷二、三、四人物,卷五、六别录。多登录邑志所未登录者。

柳树芳自撰年谱一种:《胜溪居士自撰年谱》一卷,道光中胜溪草堂刊本《养馀斋全集》附《分湖柳氏重修家谱》后。此谱有辛卯郭麐《跋》、壬辰平翰《跋》。

柳树芳编撰家谱一种:《分湖柳氏家谱》十卷,道光二十一年(1841)胜溪草堂刊本。前有《家谱自序》,自柳树芳始修分湖柳氏的家谱,其后,柳兆薰续修《分湖柳氏重修家谱》十二卷。

柳树芳诗集二种:一是《养馀斋诗初刻》,八卷,道光十二年(1832)胜溪草堂刻本,南京图书馆藏。内收《得闲集》①四卷,录古今体诗二百三十八首,起嘉庆庚午(1810)至戊寅(1818)。道光二年郭麐《序》称:"往从陈君梦琴所得见柳君湄生诗数首……今年归里,梦琴过访为言湄生深感相知之雅,辄抄录所为《得闲集》四卷,乞为点定……乃为删存如干首。"又,《孤唱集》②二卷,录诗一百十一首,起嘉庆己卯(1819)至道光辛巳(1821)。嘉庆庚辰(1820)顾日新《序》云:"予既为柳子作诗序,甫一年而柳子有悼亡之事。柳子挚于伦纪,而其偶沈孺人淑德婉嫕,事柳子……今者激于一恸而以'孤唱'名其集也。"又,《胜溪竹枝词》一卷,录诗五十首,起嘉庆甲戌(1814)至丙子(1816)。卷首道光元年翁广平《序》云:"今读柳君古槎之《胜溪竹枝词》……古槎居胜溪累世矣……于是遍阅郡县诸志、近时记载之书,凡有涉于胜溪者,皆考核而按索之成《胜溪竹枝词》数十首以示予。"又有道光元年顾日新、连鹤寿《弁言》及秦清锡《题词》。卷末柳树芳嘉庆庚辰(1820)《书后》曰:"予少时喜谭里中旧事,往往囿于闻见,及长稍事搜辑而同志者寡。丙子岁顾丈三瓩下榻予家,因以此意相属,三瓩辄为予征文考献,孜孜不倦。又得吴君柯

---

① 按:何书田壬午诗有《吴江柳古槎出其所刻〈孤唱集〉见赠,又寄示其所著〈得闲集〉,属为点勘,读竟奉柬》,见何时希:《何书田年谱》,学林出版社1986年版,第65页。
② 同上注。

亭网罗遗轶,抄撮无余,故见诸吟咏者,两君采访之力。居多年欲辑一书未成稿,及将前后所作先付剞劂,以备遗忘。"又,《荆颈集》一卷,录诗九十九首,起道光壬午(1822)至丙戌(1826)。道光甲申(1824)郭麐《序》称:"柳君湄生以去年所为诗寄予点定,名曰《荆颈集》,盖痛其仲兄之亡……予既为删存若干首,凡一年之作皆在。"二是《养馀斋诗集》十四卷,道光二十七年胜溪草堂重刻本,南京图书馆藏。卷首道光二十七年《自序》曰:"仆性不耐苦吟,有得即书,每多率易之作,数年来屡改屡删,去取各半。今夏复将丙戌(1826)以前刻出之诗,删存四卷,名曰《初集》,重付手民。而以丁亥(1827)至丙午(1846)编成《二集》四卷、《三集》六卷,续刊于后,以俟知我者加选择焉。"《初集》四卷,起嘉庆庚午至道光丙戌,录古今体诗四百七首。卷一、二为《得闲集》,其《自序》云:"爰自庚午至戊寅,凡九易寒暑,得诗若干首,删存二卷,名曰《得闲集》,盖取苏髯翁诗意云尔。"卷三为《孤唱集》,其《自序》曰:"予自己卯年遭亡妇之戚,一时触景伤怀,哀感之作十居其七。今年春当亡妇终制之后,乃重加删薙,厘为一卷,名曰《孤唱集》。"卷四为《荆颈集》,其《自序》云:"尝读《诗》至《常棣》,知古人之惓惓于兄弟间者,多在忧患之余……此昔人所为咨嗟悼叹,而不能自解者也。予今者适类于是,故以'荆颈'名其集。"《二集》四卷,起道光丁亥至乙未,录古今体诗四百八十四首,其中有《黄杨集》《知误集》等。《三集》六卷,起道光丙申(1836)至丙午(1846),录古今体诗六百十七首。卷一、二、三为《汰存集》,起道光十六年止二十二年,《自序》云:"昔人云'多作不如多改',近松江姚子寿尝为予言之,深有味乎其言。在前者不及簸飏,在后者急宜沙汰,因以汰存名其集云。"卷四、五、六为《后得闲集》,起道光二十三年止二十六年,《自序》云:"自惟年且老荣悴得失之故,久已恬然于胸中,区区横逆之来,何竟不能漠然置之乎?管子有言:'止怒莫如诗',嗣后有作,汇成一集,仍以'得闲'名之,非徒志感,亦以示惩。"

柳树芳辑诗歌总集一种:《分湖诗苑》一卷,凡一册,吴江柳氏抄本,上海图书馆藏。卷首有柳亚子民国十五年(1926)八月题记曰:"《分湖诗苑》一卷已付梓人,此其副册也,盖剞劂时用为底本者耳。"又有民国十三年柳亚子刊本。首有民国十三年沈昌眉序,末有柳亚子《跋》。沈

《序》云："昔人辑诗话，谓收拾前人零章断句，功甚于掩骼埋胔，痛哉此言。此吾乡柳古槎先生所以有《分湖诗苑》之辑也。先生绩学不仕，专事著述，尤留意故乡文献。所为《分湖小识》，凡已载于邑志及他镇志者不录，《诗苑》之辑犹此志也。……惜采录未竟，列籍中者仅得二十五家。贤裔亚子缵承遗绪，又复恢张而弘大之，为《分湖诗征》，广事网罗，十载于兹，鲍家坟头庶不复闻鬼唱乎。不忘所自，先刊此卷，且以见古槎先生尚友古人，急急于存恤贫贱者如此。刊既成，命眉为之序。"柳亚子《跋》云："先高祖（按：指柳树芳）此辑未著录志传中，弃疾搜故箧得之。案其内容，论时代不越康、乾三朝，论地域不踰芦、莘一隅，殆为未竟之稿。……弃疾无似，曩有《分湖诗征》之辑，造端弘大，削简无期，爰先取斯卷刊布之，以公当世。"是书收录当地作者二十五人，诗前各有小传，乃搜讨乡邦文献之作。

3. 存目著作

据柳树芳《养馀斋诗集》末附其子撰《行略》载柳树芳撰有《养馀斋散体文存》若干卷。据柳亚子、薛凤昌编《吴江文献保存会书目》卷二著录柳树芳撰《金陵游记》《白门游记》《近游日记》各一卷，皆钞本。又据同治《苏州府志·艺文志》著录柳树芳撰《经史撷华》《三通汇论》《读史随笔》《读杜笔记》《读韩随笔》《读柳随笔》《读苏随笔》若干卷及《尺牍》六卷、《太平庄杂录》十卷[1]。又刘声木《桐城文学撰述考》卷一著录柳树芳撰有《河东世乘》四卷，《养馀斋杂录》十卷。

（二）柳兆薰

1. 生平与师承

1819—1891，字咏南，号时安，又号莳庵，晚号悟因生、胜溪钓隐，江苏吴江（今属苏州市）人。柳树芳子、柳亚子曾祖。同治六年（1867）副榜，内阁中书衔，试用训导，署丹徒县学教谕。能世其父诗、古文词。后居家不仕，著述养晦。[2]

---

① 李铭皖、谭钧培修，冯桂芬纂：《同治苏州府志》卷一百三十八《艺文》三，同治十三年（1874）稿本。
② 生平事迹参见刘声木：《桐城文学渊源考》卷三小传。

2. 现存撰述

柳兆薰续修家谱一种：《分湖柳氏重修家谱》十二卷，光绪七年（1881）刻本。其父柳树芳编撰家谱一种《分湖柳氏家谱》十卷，道光二十一年（1841）胜溪草堂刊本。自柳树芳始修分湖柳氏的家谱，其后柳兆薰续修，卷目：卷一宗图、续支图、世系，卷二至六世系，卷七墓域考，卷八墓域续考，卷九、十家乘，卷十一、十二续家乘。

日记一种：《柳兆薰日记》不分卷。苏州市文管会藏稿本。日记起自咸丰九年（1859），止于同治五年（1866）。其中同治二年、同治三年、同治四年等残缺不全，咸丰十年、咸丰十一年、同治元年完整无缺。详记太平军在吴江芦墟、黎里活动情况和经济税收政策，以及清军掳掠情形。对研究太平天国时期苏、沪地区社会状况，特别是土地关系，有一定参考价值。1979年上海古籍出版社《太平天国史料专辑》据此录入。

3. 存目著作

据《吴江文献保存会书目》（油印本）卷四著录：柳兆薰撰《东坡词编年笺注》二卷，钞本。

（三）柳以蕃

1. 生平与师承

1835—1892，字价人，一字子屏，号羖庐，一作韬庐，又号髡柳，江苏吴江（今属苏州市）人。诗人柳清源之子、柳应墀兄。诸生。少好为诗，清澄淡远。中年后兼好古文，与沈曰富、陈寿熊友善，以古文相砥砺。师事薛时雨，通医术。晚年主讲切问书院。长洲诸福坤《柳君价人墓表》称其："为文缜密高雅，宗桐城姚氏，诗追逐苏、黄二家，雄处入韩。"①

2. 现存撰述

柳以蕃诗文集三种：一是《食古斋诗录》四卷，光绪十八年（1892）年刊本，南京图书馆藏。首《序》，同邑凌泗撰，曰："子屏病革时，费君芸舫自吴门往示出手稿授之。及会弔，芸舫遗言属编为之序……其诗乃澄淡孤复,深得古人意旨。"《食古斋诗录》盖为凌泗据手稿本编定,《食古斋诗录》稿本,前有李龄寿咸丰十一年(1861)《序》。二是《食古斋诗余》一卷,光绪十八年刊本,南京图书馆藏。附《食古斋诗录》后,有沈曰富《题词》两则、凌泗《跋》一篇,《跋》曰:"余编子屏《遗稿》,用《惜抱轩集》例,存词若干阕,以沈先生(曰富)《题词》弁其首。"三是《食古斋文录》一卷,光绪十九年谢家福刻本,南京图书馆藏。附《食古斋诗录》后,凌泗与费芸舫编定。卷首光绪壬辰(1892)凌泗《序》曰:"五月二十三日,余示子屏病……至榻前强起告余曰:'昨芸舫来索诗古文稿付梓编校之事,将以累子。'"后附费延厘《柳君子屏家传》、诸福坤《柳君价人墓表》、沈成章《祭文》、沈景修《哭柳子屏六首》。

（四）柳应墀

1. 生平与师承

1842—1877,原名应迟,字子范,号笠云,江苏吴江(今属苏州市)人。柳树芳孙、柳兆薰子。同治九年(1870)庚午科岁贡生,就职训导。幼承家学,又师事从兄柳以蕃,受古文法。[①]

2. 存目著作

据《分湖柳氏重修家谱》卷十一著录其撰有《笠云文稿》《笠云赋稿》《笠云杂识》,谓"未梓"。

（五）柳念曾

1. 生平与师承

1865—1912,字幼云,又字研贻,亦作砚贻,号寅伯,别署钝斋,江苏吴江(今属苏州市)人。柳亚子之父。好学能文,师事诸福坤,受古文法,执经受业,称高第弟子。从事教育工作。精研词赋、训诂,知医,嗜弈。工书法,名驰一时。[②]

2. 存目著作

据柳亚子《自传·年谱·日记》称其"著有《钝斋诗文存》各一卷,未

① 生平事迹参见柳兆薰:《分湖柳氏重修家谱》卷十一,光绪七年(1881)刻本;刘声木:《桐城文学渊源考》卷六小传等。

② 生平事迹参见刘声木:《桐城文学渊源考》卷十一小传。

梓。……诗采入薛凤昌《松陵诗征三编》"①。

（六）柳慕曾

1. 生平与师承

1869—1918,字幼卿,一字翰臣,号巳仲,晚署自讼,别号无涯、了庵、亦作无瑕、了憨,江苏吴江(今属苏州市)人。柳念曾弟、柳亚子叔父。好学能文,师事诸福坤,受古文法,执经受业,称高第弟子。乐于培育人才,曾任吴江县议会会员、吴江沈氏庄初等小学教员兼代校长职、吴江县教育局款产经理、吴江县县志局主任。工书法,尤善汉隶,又精钢笔书法。通岐黄,旁及天算、舆地之学。②

2. 存目著作

据柳亚子《自传·年谱·日记》称其"著有《了庵诗文词存》各一卷,未梓。……诗采入薛凤昌《松陵诗征三编》;《诗余》采入顾元昝《笠泽词征补编》"③,又《了庵日记》若干卷,稿本,原书今未见。

（七）柳亚子

1. 生平与师承

1887—1958,原名慰高,字安如,更名人权,字亚卢,再更名弃疾,号稼轩,又号亚子,后为统一名号,常用亚子。江苏吴江(今属苏州市)人。柳树芳元孙,幼承家学。师事俞焕章④,受古文法,又从蔡元培、章太炎学。光绪三十二年(1906)入同盟会,复由蔡元培介绍,加入光复会。宣统元年(1909)与陈去病等人创立南社,任南社社长。抗日战争时期,与宋庆龄、何香凝等从事抗日民主活动,曾任江苏省党部常委兼宣传部长等职。1949年出席中国人民政治协商会议第一届全体会议,并参加了中华人民共和国开国大典。新中国成立后,历任中央人民政府委员、全国人大常务委员会委员。柳亚子一生创作诗篇计七千余首,词二百首,多神情激越、意气风发之作,一洗靡靡之音。陈声聪

---

① 柳无忌、柳无非编:《柳亚子自传、年谱、日记》,上海人民出版社1986年版,第408页。

② 生平事迹参见陈去病撰:《柳无涯先生墓志铭》,胡朴安编:《南社文选》,上海书店1990年版,第574—577页;刘声木:《桐城文学渊源考》卷十一小传等。

③ 柳无忌、柳无非编:《柳亚子自传、年谱、日记》,上海人民出版社1986年版,第411页。

④ 按:俞焕章师事沈成章,沈师事柳以蕃。

《兼于阁诗话》谓其"以诗人而为革命,以革命而为诗,堪称为革命诗人者,莫柳亚子先生若也"。①

2. 现存撰述

柳亚子全集一种:《柳亚子文集》,由柳亚子文集编辑委员会主编,1983年上海人民出版社陆续出版。编委有钱昌照、萨空了、赵朴初、甘祠森、顾廷龙、董谦、丁志刚、陈迩冬、尹瘦石、柳无忌、柳无非。1983年是柳亚子先生逝世二十五周年,为了纪念他,由柳亚子文集编辑委员会编辑《柳亚子文集》,计有《磨剑室诗词集》(上、下,1985年)、《磨剑室文录》(上、下,1993年)、《南社纪略》(1983年)、《书信辑录》(1985年)、《自传·年谱·日记》(1986年)、《苏曼殊研究》(1987年)、《南明史纲·史料》(1994年)七种。《磨剑室诗词集》由中国革命博物馆编,上海人民出版社1985年版。凡十一辑:诗九辑,词一辑,诗词补编一辑,收录目前所能见到的柳亚子自1903年至1951年间所作诗词五千余首。主要根据馆藏柳亚子手订稿整理而成,编排也按其生前自订顺序,新收集的诗词,作为补编,单独成一辑。诗词原有注释全部保留,是比较完善的本子。诗有《磨剑室诗初集》十卷,《磨剑室诗二集》十卷,《湖隐集》一卷,《岁寒集》一卷,《仗剑集》一卷,《乘桴前集》一卷,《乘桴后集》一卷,《秣陵集》一卷,《浙游集》一卷,《方壶集》一卷,《松寥集》一卷,《玫瑰集》一卷,《横流集》一卷,《新春集》一卷,《结夏集》一卷,《长谣集》一卷,《丹青集》一卷,《大风集》一卷,《浙游后集》一卷,《东沟集》一卷,《河山集》一卷,《萧艾集》一卷,《北行集》一卷,《鲁游集》一卷,《系马集》一卷,《沧桑集》一卷,《南游集》一卷,《北归集》一卷,《秋鼙集》一卷,《丽华集》一卷,《鸿毛集》一卷,《墨馨集》一卷,《图南集》一卷,《流亡集》一卷,《骖鸾集》十卷,《八步集》一卷,《巴山集》五卷,《小休集》一卷,《卷土集》一卷,《新生集》一卷,《光明集》十六卷,《北长集》四卷。词有《磨剑室词》初集、二集、三集,《剑头词》,《巴山集》,《北长集》。《磨剑室文录》由中国革命博物馆、上海人民出版社编,上海人民出版社1993年版。此书以

---

① 陈声聪:《兼于阁诗话》,上海古籍出版社1985年版,第139页。生平事迹参见柳亚子:《自撰年谱》;柳无忌:《柳亚子年谱》;徐文烈:《柳亚子先生年谱》等。

中国革命博物馆馆藏柳亚子先生的文稿为基础,并补充散见于各地书刊及未曾公开发表的著作汇辑成集。全书有上、下两册,分磨剑室文初集(1902—1909年)、二集(1910—1916年)、三集(1917—1926年)、四集(1928—1954年)等四大部分。最后附一补遗(1906—1951年),将以前未及收入《柳亚子文集》的诗词、书信各辑一组。文章、诗词、书信均按照写作或发表的时间顺序编排。月年不清者,置年末或集尾。此书系《柳亚子文集》之一种。《南社纪略》,1940年上海开华书局印本。据《柳亚子自撰年谱》知该书是柳亚子1940年离开上海去香港前,交付开华书局主任高尔松、高尔柏兄弟排印。书中《我和南社的关系》一文最长,有八万七千字,占全书篇幅的十分之七,此文于1936年初写起,至1938年十一月完成。其他七篇,自《读南社补记后答张破浪先生》至《南社大事记》,均作于1935年底至1936年初。后附录两篇,其中《南社社员姓氏录》,曾由高氏兄弟协助编订。1983年柳亚子子柳无忌重编《南社纪略》,由上海人民出版社出版,另加附录四篇:胡怀琛《南社的始末》、蒋慎吾《新南社第二次雅集》《南社纪念会之史的回溯》、曹聚仁《南社、新南社》。《书信辑录》为柳亚子书信集,上海图书馆编,上海人民出版社1985年版。书信自1908年至1952年,共计三百余封。顾廷龙先生于1984年5月为此书作《序》,谓这些书信"内容丰富,具见先生在各个时期的思想、生活及学术活动等方面的情况,是我们深入了解先生的最好材料。对于史学工作者来说,这些书信也可从一个侧面提供中国现代史上的若干史实,颇资参考"①。《柳亚子自传、年谱、日记》由柳无忌、柳无非编,上海人民出版社1986年版。是书收录柳亚子1932年撰写的《自传》,此文曾收入《蔡柳二先生寿辰纪念集》第19至23页②。《自撰年谱》刊载于1941年4月至5月出版的《宇宙风》乙刊第四十二(1941年4月1日)第10至13页;第四十三期(1941年4月16日)第1至137页;第四十四期(1941年5月1日)第11至14页。1943年至1944年撰写的《五十七年》。1945年撰写的《八年回忆》。1927年5

---

① 顾廷龙:《序》,见上海图书馆编:《柳亚子书信辑录》,上海人民出版社1985年版。
② 按:《蔡柳二先生寿辰纪念集》是纪念蔡元培先生七十寿辰和柳亚子先生五十寿辰的专集,由上海中华书局1936年印行。

月 15 日至 1928 年 4 月 6 日撰写的《乘桴日记》。1949 年 1 月 1 日至 5 月 27 日、6 月 16 日至 7 月 26 日、1950 年 9 月 11 日至 10 月 29 日的《北行日记》。后有附录五篇:柳无忌制《分湖胜溪柳氏世系表(插页)》、柳无忌摘录《分湖柳氏祖先谱传》、傅尃撰《柳公钝斋墓志铭》、柳无忌撰《柳亚子传记(英文)》《柳亚子(英文)》。《苏曼殊研究》,先有手稿本,原名《曼殊馀集》,所称"馀集",系指此集为北新本《曼殊全集》之余,因此分正文与附录二大类。此十二册手稿,内正文一册,附录十一册,存国家图书馆。1987 年柳无忌重编是书,由上海人民出版社出版。本书分为四部分:一是年表、传略类;二是作品、书目类;三是专著、研评类;四是题序、通讯类。书后有附录五篇。柳亚子对他的好友苏曼殊的研究、考证,持续有十四年(1926—1940)之久,此书是有关苏曼殊研究的各种文章的总集,包括若干极其重要的资料,有很高的历史价值。《南明史纲·史料》由柳无忌编,上海人民出版社 1994 年版。全书有三个部分:一是南明史纲初稿(八编);二是南明人物志(上下编);三是南明史料研究。后有附录五篇。各集都有廖承志先生题签。《文集》前有《出版说明》。

又,《柳亚子诗词选》,由柳亚子后人柳无非、柳无垢选辑,人民文学出版社 1959 年出版。书前有作者像、南社第一次雅集合影、柳亚子诗稿和词稿手迹各一幅、1959 年郭沫若《序》。正文分"诗选""词选"两部分,均按年代编排。"诗选"部分收光绪二十九年(1903)至 1951 年之诗约 600 余首。"词选"部分收光绪三十三年至 1950 年之词约 40 首。此书是柳亚子诗词的首次结集出版。

柳亚子编辑诗歌总集一种:《分湖诗钞》,稿本,上海图书馆藏。凡二十三册,装订两函。每册封面皆有柳亚子亲笔题签的"分湖诗钞"四字,全稿用印有"南社丛刻编辑用纸"的红格稿纸誊抄,大部分是柳亚子的手迹。前十九册以作者姓氏分册,后四册分别为"杂姓""闺秀""方外"及"寓贤"。此书共辑录作者 387 人,诗作 2546 首,是一部起自唐代以元、明、清三朝为主的分湖流域的作者(包括寓贤)的诗作总集。稿本中辑录的每位作者的诗作前面,有柳亚子撰写的作者小传,有的还加按语,或对其经历、性格、诗作的特点略作交代;或据乡邦典籍,对有关史实进行考证。

（八）柳受璟

生平与师承

1876—1913，原名受祺，字寿甫，号瑞叔，别号讷庵，江苏吴江（今属苏州市）人。柳应陞第三子。国学生，候选府经历。师事沈成章，受古文法。光绪二十四年（1898）侨寓黎里，后迁寓平望。撰述多散佚。[①]

（九）陶惟坻

1. 生平与师承

1855—1930，字砥流，号小沚，江苏昆山周庄镇（今属苏州市）人。陶煦子。师事柳以蕃，受古文法。光绪十四年（1888）举人。在河南候补，主持招股开矿事宜。三十一年回乡创办元江两等小学堂。宣统元年（1909）任江苏省咨议局议员。辛亥革命后，任江苏省议会议员兼乡议会议长。1923 年参加柳亚子、叶楚伧在苏州发起的新南社。1927 年任江苏省立苏州图书馆馆长。1929 年应聘为江苏通志编纂委员会委员，主纂《职官志》，次年卒。[②]

2. 现存撰述

陶惟坻小学著作一种：《说文集释》，此书实陶惟坻二十岁时的撰述，为众人推颂。今存稿本，苏州市图书馆藏；又此稿分刊于《江苏省立苏州图书馆馆刊》[③]第一、二期。

陶惟坻主修方志一种：《相城小志》六卷，1930 年上艺斋活字印本。相城，一名湘城，相传春秋时伍子胥在此"相水尝土"欲建城，故名。此书由施兆麟主纂，分六卷：卷一市镇、乡都图圩（村庄附）、川泽津梁（圩岸附）；卷二古迹坊圃、寺观祠庙（附第宅）、冢墓、金石；卷三学校、兵防（庄仓局所各种社会附）、田赋、户口、物产、风俗（方言、占验附）；卷四人物（流寓附）；卷五人物（列女）、释道、选举、杂记祥异；

---

① 生平事迹参见柳兆薰：《分湖柳氏重修家谱》卷十一，光绪七年（1881）刻本；刘声木：《桐城文学渊源考》卷六小传等。

② 生平事迹参见刘冀、徐祖铭撰：《缅怀陶惟坻先生》，见中国人民政治协商会议江苏省昆山县委员会文史征集委员会编：《昆山文史》第 7 辑，1988 年 12 月。

③《江苏省立苏州图书馆馆刊》，由陶惟坻创办，民国铅印本，系 1927 年陶惟坻应江苏省政府之聘，任江苏省立苏州图书馆馆长，创编此刊。

卷六艺文(诗词序记)。前有纂志职员姓名表、湘城镇全图、相城区图、沿革、凡例,后附收支报告。记事至民国十五年(1926)。卷末陶惟坻《跋》云:"己巳(1929)夏历元旦后,感寒咳作,懒于出门,承姚仲芳(舫)君以《相城小志》诚恳委为重正,爰先取下册,率鄙臆而随读随绳之,一旬始毕,就心之觉其所不安者,略求其安,亦不自决,以为果合否也,幸仲芳君还为鉴酌定之。"

(十)陶善镇

生平与师承

生卒年不详,江苏元和(今属苏州市)人。陶惟坻从子。师事沈成章①,受古文法。撰述多散佚。②

(十一)俞焕章

1. 生平与师承

生卒年不详,字文伯,号钝庵,江苏吴江(今属苏州市)人。俞岳孙,柳亚子师。师事沈成章,受古文法,极为相契,勤于撰述,希古作者。③

2. 现存撰述

俞焕章诗文集一种:《钝庵遗稿》,稿本,上海图书馆藏。一卷,又名《感旧怀人诗》。封面有安如手题"钝庵遗稿";又柳亚子(弃疾)记:"此题签字为余廿年前所书,涂雅画蚓,存之识小时情味耳。"卷首有民国八年二月十二夜弟子柳弃疾题记:"《感旧怀人诗》一卷,先师俞钝庵先生(焕章)原稿也,删改既过,别抄人定本,此帙将付字籝。弃疾偶得之,今二十余年矣。先师《味书斋全集》拟付梓行,尚未集事,此帙亦先师遗墨,应永宝之焉。""安如手题"后有"□□"印;"弃疾又记"字上钤"弃疾"印,"弟子柳弃疾谨记"亦同。

---

① 按:沈师事柳以蕃。
② 生平事迹参见刘声木:《桐城文学渊源考》卷六小传。
③ 生平事迹参见刘声木:《桐城文学渊源考》卷六小传等。

附 方苞弟子江苏承传谱系表

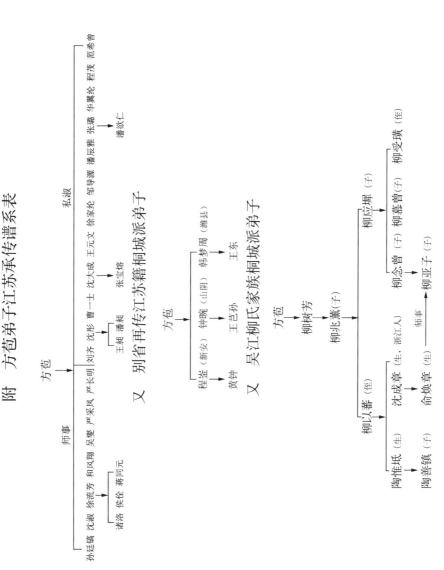

方苞
师事
孙廷铺 沈淑 徐流芳 和风翔 吴燮 严采风 严长明 刘齐 沈彤 曾一士 沈大成 王元文 徐家绘 邹导源 潘辰雅 张滞 华翼纶 程廷 范希曾
诸洛 侯铨 蒋同元
私淑
王昶 潘昶
张宝格
潘欲仁

又 别省再传江苏籍桐城派弟子

方苞
程望（新安） 钟晼（山阴） 韩梦周（潍县）
黄钟 王苣孙 王东

又 吴江柳氏家族桐城派弟子

方苞
柳树芳
柳兆薰（子）
柳应埋（子）
柳念曾（子） 柳慕曾（子） 柳受黄（侄）
柳亚子（子）
师事
柳以蕃（侄）
沈成章（生，浙江人） 俞涣章（生）
陶惟抵（生）
陶善镇（子）

第二节　刘大櫆之门属

　　乾隆七年(1742)，七十五岁的方苞离开京师，刘大櫆《送望溪先生南归》诗云："国老古来重，浩然归故乡。人依游钓处，星到斗牛旁。衡泌栖迟好，诗书意味长。他时南阙里，请益更登堂。"[①]言及自己将来会至金陵向方苞请益学问。六年后，刘大櫆遵守诺言，来到金陵，寓居问学在方苞家，其在《杨黄在文集序》中说："余受知于望溪方先生。"乾隆十四年，方苞卒于上元(今南京)里第，刘大櫆陪伴着他走完人生的终程，桐城学术统绪在南京做了最后的承传。刘大櫆是方苞的门生、姚鼐的老师，承上启下，为"桐城派"的发展和壮大起了纽带和桥梁的作用，被誉为"桐城派三祖"之"中祖"。

　　"中祖"刘大櫆教授江苏阳湖钱伯坰，直接促成张惠言、恽敬等开创桐城派的一个重要支派——"阳湖派"，成为江苏文学史上的一个重要文学流派。刘大櫆江苏籍的及门弟子1人、续传弟子7人。

一　及门弟子

钱伯坰

1. 生平与师承

　　1738—1812，字鲁斯、鲁思，号野余、渔陂、樵陂，又号仆射山樵、见南居士。江苏阳湖(今属常州市)人。少孤贫。监生。以擅书法名天下。初至京师，四库书馆方开。求试誊录，不入格。书初学董其昌，后学颜真卿。旁及徐浩、李邕。沉浸数十年，复归宋四家。为书纵横驰骛，为一代名家，与嘉定钱坫齐名。好学，工诗文。文法学刘大櫆，并传师说于同乡张惠言、恽敬。诗学杜甫，兼学杨万里、范成大，特为书名所掩。内行笃修，事母至孝，年六十若婴儿子。曾一入武昌毕沅幕府，除此之外，终生未仕。[②]

---

① 刘大櫆：《刘大櫆集》，上海古籍出版社1990年版，第534页。
② 生平事迹参见张惟骧纂：《清代毗陵名人小传稿》卷四，稿本；刘声木：《桐城文学渊源考》卷五小传等。

2. 存目著作

据李兆洛辑《旧言集》时谓得钱伯坰《仆射山房诗》残本四册:乾隆二十五年(1760)至五十年二册,乾隆五十三年至嘉庆二年(1797)一册,嘉庆五年至十四年一册。从中选诗一百二十八首入《旧言集》。今《旧言集》有道光元年(1821)、道光九年刻本。

二 续传弟子

(一)恽敬

1. 生平与师承

1757—1817,字子居,号简堂,江苏阳湖(今属常州市)人。幼从舅氏郑环学。乾隆四十八年(1783)举人,以教习官京师。时同县庄述祖、庄有可、张惠言,海盐陈石麟,桐城王灼集辇下,敬与为友,商榷经义,以古文鸣于时。选富阳、新喻县令,擢南昌同知,最后署吴城同知。其文盖出于韩非、李斯,与苏洵为近。受文法于钱伯坰,而钱氏受业于刘大櫆之门。①

2. 现存撰述

恽敬主修地方志一种:《富阳县志》②,乾隆五十五年(1790)恽敬出任浙江富阳知县,张惠言于乾隆六十年去富阳,适逢恽敬主持重修《富阳县志》,张惠言代写《富阳县修志书告》,拟定"图、志、表、传"四种体例,顺序为:图五,全县图、县治图、儒学图、官廨图、堰坝图;志十,风土、营建、山川、方贡、赋役、关邮、仓储、祠庙、五行、艺文,附录旧志辑录的题咏;表二,职官、仕宦;人物传记,孝义、隐逸、文学、方伎、列女、释、道、名宦、流寓。并将富阳旧志中所设之"经济""潜德"类删去。嘉庆二年(1797),恽敬调离,事遂中辍。

恽敬诗文集四种:一是《大云山房文稿》分《初集》四卷、《二集》四卷、《言事》二卷、《补编》一卷。《大云山房文稿初集》四卷,"瑞金陈莲青云渠排次雠校,凡杂文一百六十篇,嘉庆十有六年(1811)五月刻于京师

---

① 生平事迹参见《清史稿》卷四百八十五;《清史列传》卷七十二;陆继辂撰:《瑞金知县恽君墓铭》,《崇百药斋初集》卷十七,见陆继辂:《崇百药斋诗文集》,光绪四年(1878)兴国州署重刊本等。

② 按:刘声木《桐城文学撰述考》卷三著录,有注曰:"张惠言同修。"

琉璃厂……九月补刻并修治于常州府小营前。"此为第一次刊刻。此后"嘉庆廿年三月,武宁卢旬宣幼眉改定二十篇入外集,复刻于南昌甲戌坊,附通例于后。"《大云山房文稿二集》四卷,"凡杂文九十六篇,嘉庆廿年八月,长洲宋扬光吉甫刻于广州西湖街……廿一年……武进董士锡晋卿,复为排次,增定十篇。"《二集》附《大云山房言事》二卷,录书信六十七首。恽世临《跋》云:"先伯父简堂先生所著《大云山房文稿初二集》共八卷,外附《言事》二卷,嘉庆丙子岁刻于南海西湖街,版藏故里,越咸丰庚申,毁于兵火。世临大惧先伯父著述泯没不传也,爰议鸠工重锓,越五月工竣。始终董其事者,刘刺史如玉力也。同治二年秋九月从子世临谨识于楚南节署。"《文稿》初集、二集板片皆藏于家,咸丰庚申岁(1860),毁于兵火。《初集》之嘉庆十六年本,《初集》《二集》之嘉庆二十年本,南京图书馆藏。同治二年(1863),恽敬从子恽世临,据嘉庆廿年卢旬宣刊本《初集》、嘉庆廿一年宋扬光本《二集》重刊,"始终董其事者,刘刺史如玉力也"。该刊本前有宜兴吴德旋撰《恽子居先生行状》,为同治八年本所无。沈云龙主编《近代中国史料丛刊·续编》第六十九辑(683至686册)据以影印。《大云山房文稿补编》同治八年,恽敬孙恽念孙,亦据卢旬宣、宋扬光本,重刊《文稿》于四川雷信述斋。增《大云山房文稿补编》一卷,存目二十篇,两篇佚,实存文十八篇。商务印书馆编《四部丛刊·初编》据以影印。二是《恽子居文钞》四卷。宣统元年(1909)上海国学扶轮社石印本。无序、跋。有目次:卷一,论说文;卷二,读经史、书序、书后、书信;卷三,游记、记事、传记;卷四,祭文、墓志铭、墓表。三是《大云山房尺牍》一卷,一名《恽子居先生尺牍》。宣统三年,上海文明书局排印《尺牍丛刻》本。其中有与人论桐城文云:"本朝作者如林,其得正者,方灵皋为最,下笔疏朴而有力,惟叙事非所长。再传为刘海峰,变而为清宕,然识卓且边幅未化。三传而为姚姬传,变而为渊雅,其格在海峰之上焉,较之灵皋则逊矣。其余诸子,得固有之,不胜其失也;是固有之,不胜其非也。"四是《大云山房杂记》二卷,民国间上海进步书局《笔记小说大观》本。前有恽敬外孙姚觐元《序》,云:"简堂先生文直溯子张、孟坚,以下不屑道也。所著《大云山房初集》四卷,先生刻于京师,补刻于南昌。《二集》四卷,刻于广州,后附《言事》一卷。

盖不知几经删定，而后成书。而先生毕生精力，亦萃于此矣。此外若外集、若诗词、若《十二章图说》①、《古今首服图说》②、《子居决事》③，皆存其序目于文集中，而其书世不数觏。先世父比部公，为先生女夫，藏先生手稿数十篇。觐元幼时常得见之，今都散佚。其存者《十二章图说》二卷，图已不全。及此《杂记》二卷而已。《杂记》不见于文集，或为手删，或成于刻集之后，均未可知。"是书所载，皆为读书笔记，内容有考订、纪疑、述见闻、正传讹等。《丛书集成初编》亦收入此书。

3. 存目著作

据刘声木《桐城文学撰述考》卷三著录：恽敬撰《明儒学案条辨》，《大云山房文稿初集》卷三存《明儒学案条辨序》谓："黄梨洲先生《明儒学案》六十二卷，列崇仁、白沙、河东、三原、姚江、止修、泰州、甘泉、东林九宗，而于姚江复分浙中、江右、南中、北方、粤闽五宗。其崇仁、白沙为姚江之源，止修、泰州、甘泉、东林为姚江之流。不相入者，河东、三原而已。若授受在九宗之外者，别为诸儒学案统之。表彰前修，开引后学，为功甚巨。然先生之学，出于刘蕺山先生，蕺山先生之学，大旨悉宗姚江。是以先生于河东、三原均有微辞，而姚江之说则必迁就之，以成其是。一迁就不得，则再迁就、三迁就之，此则先生门户之见也。"是书乃三历寒暑，条辨黄宗羲《明儒学案》，嘉庆十六年（1811）录而叙之。又，刘声木《桐城文学撰述考》卷三著录：恽敬撰《五宗语录删存》，《大云山房文稿初集》卷三存《五宗语录删存序》谓："中岁喜读诸禅师语录……

---

① 按：《十二章图说》二卷，光绪九年（1883）浙江归安姚氏刊印《咫进斋丛书》本。据其外孙姚觐元《大云山房杂记序》谓："其存者《十二章图说》二卷，图已不全。"该书"窥名家礼图得失""上采笺注、下搜史志"，据典引证，考其异同损益，较完整地反映了先秦至明代十二章礼制演变过程，对研究古代十二章制度具有史料参考价值。全书共二卷：卷一分列日月星辰、山龙、华虫、宗彝、藻火、粉米、黼黻七篇；卷二为自虞至明代十二章沿革之制。卷首载历代十二章分图，合图若干。
② 按：《古今首服图说》四卷。刘声木《桐城文学撰述考》卷三著录，注曰"未成"。恽敬外孙姚觐元《大云山房杂记序》谓："……《古今首服图说》……皆存其序目于文集中，而其书世不数觏。"《大云山房文稿二集》存《古今首服图说序》，可知原书盖是对产生自夏商周三代之首服，因汉代简损之，与古式全失原貌，遂堪订考证前人史籍，纠错正衍，绘为图说数卷。
③ 按：《子居决事》四卷。刘声木《桐城文学撰述考》卷三著录。恽敬外孙姚觐元《大云山房杂记序》谓："……《子居决事》……皆存其序目于文集中，而其书世不数觏。"原书已佚。《大云山房文稿初集》卷三存《子居决事序》，可知是书乃刑例审判著作，是作者五十岁时"因类前后所决事为若干卷，以自观自省焉"。

条其可观者,得若干卷。行修力积,其道自至,确然隙然,不容一隙者,为第一集;机微锋迅,一击即解,潜鱼出钩,飞鸟坠缴者,为第二集;发明天人,依附经论,混融包孕,条理分晰者,为第三集;片辞之设,具见性灵,一目所存,偶涉道要者,为第四集。其余附会之陋,修饰之工,如《二十八祖偈言》《历代禅师评唱》,一概削之,以绝庞杂。"又,刘声木《桐城文学撰述考》卷三著录:恽敬撰《古兵器图考》《蒹塘词》一卷①。

（二）薛玉堂

1. 生平与师承

1757—1835,字又洲,一字画水,江苏无锡人。薛景珏孙,薛稻荪子。乾隆五十七年(1792)举人,六十年进士。授内阁中书,出为庐州府同知,历主太平、庐州、池州、凤阳府事。善古文辞,与钱伯坰、董士锡师友兼资,受桐城古文"义法"。与朱麟书、黄师谦、陆继辂等交善,以诗、古文相砥砺。又同陆继辂辑刻《七家文钞》,尊崇方苞、刘大櫆、姚鼐、张惠言、恽敬等人古文。②

2. 存目著作

《画水诗文稿》,道光《无锡金匮续志》卷十见著录,原书今未见。又《梁溪文钞》(清周有壬编,侯学愈重订,1914年木活字本)卷三十六收其文二首。高鹗《兰墅文存》卷首存薛玉堂《兰墅文存题词》(1955年文学古籍刊行社影印《高兰墅集》本)五律二首,这二首诗成为目前学术界了解续《红楼梦》作者高鹗的重要资料。《四书便钞》,刘声木《桐城文学撰述考》卷三著录,卷数不清,注曰:"手批,存无锡大公图书馆内。"原书今未见。

（三）张惠言

1. 生平与师承

1761—1802,初名一鸣,字皋文,一作皋闻,号茗柯,人称茗柯先生,

---

① 按:张惠言《词选附录》著录恽敬词六首。郑善长《词选附录叙》谓:"《词选》刻既成,余谓张子:'词学衰且数百年,今世作者宁有其人耶?'张子为言其友七人者,曰恽子居、丁若士、钱黄山、左仲甫、李申耆、陆祁生、黄仲则,各诵其词数章,曰:'此几于古矣。'"张德瀛《词微》卷六谓:"恽子居敬词,如瑶台月明,凤笙独奏(武进人,有《蒹塘词》)。"

② 生平事迹参见李彭龄修、杨熙之纂:道光《无锡金匮续志》卷十,道光二十年(1840)刻本;刘声木:《桐城文学渊源考》卷五小传。

江苏武进(今属常州市)人。嘉庆四年(1799)进士,乡、会两试皆出朱珪门下。改庶吉士,充实录馆纂修官。散馆,授翰林院编修。尝从歙金榜问学,其学要归六经,而尤深《易》《礼》。惠言少为词赋,拟司马相如、扬雄之文。乾隆间,钱伯坰、王灼受业于刘大櫆,受古文法,后时诵其师说于张惠言①,惠言于是尽弃考据、骈俪之学,专治古文。惠言研精经传,取法韩、欧,变刘大櫆清宕之风为渊雅,文格近于姚鼐,首倡桐城文学于常州。范当世《题茗柯文集手写本》云:"皋文先生之为古文也,不知后世有所谓阳湖派也,法桐城刘氏之所为而已,则亦不知桐城姚氏有《类纂》之行乎天下。亦其始也,致力于文事,由辞赋而通,于姚氏有合焉。"②

2. 现存撰述

张惠言易学著作十三种③:一是《周易虞氏义》九卷④,嘉庆八年(1803)扬州阮氏琅嬛仙馆刻本。卷首有嘉庆八年阮元《序》、陈善《后序》,又有嘉庆二年张惠言《自序》。此书是以唐李鼎祚《周易集解》所提供的虞氏注为主,参考汉易学诸家之说,对《周易》经传所作的注疏。其对《周易》疏解、补注的方式有两种:一是李鼎祚《周易集解》中有虞翻《易》注者照录之,并对其加以疏解;二是《周易集解》中无虞翻《易》注者,则根据其对虞翻易学的整体把握,按照虞翻的解《易》思路,加以补注。是书认为虞翻易学为汉易正宗,故一尊虞氏体例与注解,全书最大的特色就是"求其条贯,明其统例",追求虞氏易学的系统性。是书又有道光元年(1821)合河康氏(康绍镛)刻本;道光九年广东学海堂刻本;咸丰十一年(1861)学海堂刻本重刻本;光绪十六年(1890)湖南船山书局

① 张惠言《文稿自序》曰:"余少学为时文,穷日夜力,屏他务,为之十余年,乃往往知其利病。其后好《文选》辞赋,为之又如为时文者三四年。余友王悔生,见余《黄山赋》而善之,劝余为古文,语余以所受其师刘海峰者。为之一二年,稍稍得规矩。"张惠言著,黄立新校点:《茗柯文编》,上海古籍出版社2015年版,第121页。

② 范当世:《题茗柯文集手写本》,见范当世:《范伯子诗文集》,上海古籍出版社2003年版,第504页。生平事迹参见《清史稿》卷四百八十二《儒林列传》;《清史列传》卷六十九;李元度撰:《国朝先正事略》,岳麓书社2008年版;王其淦等修、汤成烈纂:《(光绪)武进阳湖县志》,清光绪五年(1879)刻本等。

③ 惠言儒学撰述考述参见中国孔子基金会编:《中国儒学百科全书》,中国大百科全书出版社1997年版,下不赘注。

④ 按:刘声木《桐城文学撰述考》卷三著录张惠言有《虞氏易义》九卷,盖即《周易虞氏义》一书。

刻本等。

二是《周易虞氏消息》二卷①，清嘉庆八年（1803）扬州阮氏琅嬛仙馆刻本。是书主要阐发虞氏易的原理及其解《易》条例，并将其归结为阴阳消息说，是张惠言对孔子—商瞿—田王孙—孟喜—虞翻一系"易阴阳大义"进行系统发掘的成果，主要描述了以"乾元"为源头和动力的阴阳流转过程，疏解虞翻易学的"取象释辞说"和"卦变消息说"两大内涵。是书又有道光元年（1821）合河康氏（康绍镛）刻本；道光九年广东学海堂刻本；咸丰十一年（1861）学海堂刻本重刻本；光绪十六年（1890）湖南船山书局刻本等。

三是《虞氏易侯》一卷，嘉庆八年（1803）扬州阮氏琅嬛仙馆刻本。是书主要解释虞翻的卦气说的著作，卷首有云："《易》气应卦必以其象，今据消息以推时训焉。"故是书乃本虞氏《易》象据消息以推时训，阐发虞氏《易》候，因此得名。《续修四库全书》本据此影印。

四是《虞氏易言》二卷，嘉庆八年（1803）扬州阮氏琅嬛仙馆刻本。是书是依虞翻对经文的解释，阐发其中的义理的著作。孔子申《彖传》《象传》之义，作《文言》以尽乾坤之蕴，朱熹《周易本义》谓余卦之说可以例推，故张惠言亦本《彖传》《象传》之意推言之。此书不囿于虞氏一家之言，广取诸家之说，加以发明，多有可取。又有《张皋文笺易诠全集》本、《皇清经解续编》本。

五是《周易郑氏义》二卷，《张皋文笺易诠全集》本。是书对郑氏易学中的礼象作一专门研究。首为略例，下列易三义、象辞、用九用六、往来上下、互体、卦气消息等条；次为礼象，下列中春嫁娶、三十而娶二十而嫁、天子之女等条。又有《皇清经解》本。

六是《周易荀氏九家义》一卷，《张皋文笺易诠全集》本。是书主要是对荀爽《易》学加以阐发的著作。九家皆为六朝人，均述荀爽之学，惠栋撰《易汉学》，张惠言此书亦遵其师惠栋之说。

七是《周易郑荀义》三卷，《张皋文笺易诠全集》本。卷首有张惠言《自序》，张惠言认为郑玄、荀爽俱传费直之学，故撰此书，述两家之说，

---

① 按：刘声木《桐城文学撰述考》卷三著录张惠言有《虞氏消息》二卷，盖即《周易虞氏消息》一书。

合为一编。谓郑氏言礼,荀氏言升降,虞氏言消息。此书所言,多为精当,为研究《易》学必须参考之书。

八是《周易郑氏注》三卷,《张皋文笺易诠全集》本。《周易》郑氏注最初的辑佚者是宋王应麟,作一卷,刊载《玉海》中,至明胡震亨附刻在李鼎祚《周易集解》后,已见于《集解》征引者不录,后姚士粦又增补二十五条,刊于津逮秘书中,到清惠栋复加审正增补,比王应麟所辑多九十二条,分为三卷,刻于雅雨堂丛书中。至张惠言此本,又叫惠氏本,参以归安丁杰定本,卢文弨、孙志祖、臧庸各校本,复为上中下三卷。惠氏本较此前诸本辑校愈加详而审正益精备,成定本,为研究郑学参考必须之书。又有《湖海楼丛书》本。

九是《虞氏易礼》二卷,道光元年(1821)刻本。此书为解说虞翻《易》注中关于《周礼》的见解的著作。作者据《礼记·礼运》"夫礼,必本于太一,分而为天地,转而为阴阳,变而为四时"语,认为《易》与《礼》相通,易者乃为礼象。是书辑汇虞翻《易》《礼》注释的材料,对《易》《礼》作全面的探索和分析,形成自己的独到而精深的见解。全书的一个重要观点是:《周易》是殷周之际时代激烈变化的反映,《礼》亦是那个时代新旧思想及其相关制度变化的反映①。又有合河康氏(康绍镛)道光刻本,《张皋文笺易诠全书》清嘉庆、道光间刻本,《皇清经解》本,《花雨楼丛钞》清光绪中蛟川张氏刊本等。

十是《易义别录》十四卷,道光元年(1821)合河康氏(康绍镛)刻本。是书主要是辑录汉魏《易》说的著作,成于嘉庆三年至七年间(1798—1802)。张惠言治《易》,不取宋儒图书旧说,专意表彰汉魏诸家。唐代以前《易》学有三十二家,李鼎祚《周易集解》引述二十三家,但皆片言只语,多不贯穿,乃辑《经典释文》《周易集解》及五代、宋人类书、辑佚书等言古《易》者,辑出汉魏间孟氏、京氏、费氏三派十四家《易》说,各为别录,探源流同异,考是非优劣,撰为此书。全书或人自为卷,或数人合编,依次为孟氏《易》四家:卷一孟喜,卷二姚信,卷三翟子玄,卷四蜀才;京氏《易》三家:卷五京房,卷六陆绩,卷七、八干宝;费氏《易》七家:卷九

---

① 参见兰甲云:《周易古礼研究》,湖南大学出版社 2008 年版,第 147 页。

马融,卷十宋衷、刘表,卷十一王肃,卷十二董遇,卷十三王廙、刘谳。卷十四附录《子夏易传》,以非为汉师说,故别立一家。又于各家之前均撰有小序一篇,述其源流,简约得当,便于领会要旨。又有《张皋文笺易诠全集》本、《皇清经解》本。

十一是《易图条辨》一卷,道光元年(1821)合河康氏(康绍镛)刻本。是书为辨析宋儒图书《易》说的著作。张惠言治《易》,宗尚汉儒,尤专意于虞翻《易》说的表彰。认为宋儒《易》说来自释、道二家,牵强附会,诬妄不实。于是撰为此书,对宋儒图书《易》说逐条加以辨析。历来《易》图之辨,自毛奇龄《河图洛书原舛编》、黄宗羲《易学象数论》、黄宗炎《图书辨惑》、胡渭《易图明辨》等,对古今关于"河图洛书"的说法,进行考辨。张惠言继承各家之说,赓续辨之,拾遗补阙,自陈抟的《龙图》始,中经刘牧、周敦颐、邵雍诸家图说,下及朱震的《汉上易传》及朱熹的《周易本义》诸图。辨析条目,凡二十二类,依次为《河图洛书》《灵枢经太乙九宫》《刘长民河图》《刘长民洛书》《朱子发河图洛书》《刘牧太极生两仪图》《刘牧天地数十有五图》《刘牧四象生八卦图》《刘牧乾坤生六子图》《刘牧三才图》《朱子〈启蒙〉河图洛书》《太极图》《赵㧑谦天地自然之图》《赵仲全古太极图》《参同契纳甲图》《汉上易卦纳甲图》《皇极经世》《读三易备遗》《卦变图》《朱子卦变》《程苏卦变》《反对为卦变》。是书总结宋儒图书《易》说,兼及元明并清儒的批评,集各家之大成,对《易》学研究具有极高的参考价值。又有《张皋文笺易诠全集》本、《皇清经解续编》本。

十二是《虞氏易事》二卷,清光绪间刻本。是书主要解释虞翻易注中明人事的观点的著作。卷首有张惠言《自序》谓:孟喜说《易》本于气,而以人事明之,虞翻论象皆气,人事虽具,却未贯穿,所以虞翻传孟喜之学,详于天道而略于人事。郑玄、荀爽说人事者文象,也往往错杂,后之学者遂难通其义,故广采众说而通之。卷末有光绪辛巳会稽赵之谦《跋》云:"《易事》刻最后,印本行世最鲜,或谓此书当时有遗议,遂去之,妄也。……之谦所得先生书,此书具在,重为校刊。"①《续修四库全书》

---

① 赵之谦:《虞氏易事跋》,见张惠言:《虞氏易事》卷末,清光绪间刻本。

本据此影印。

十三是《易纬略义》三卷,《广雅书局丛书》本。卷首有张惠言《自叙》,认为纬书出于圣门而不可废,故将《乾凿度》《稽览图》《通卦验》三种易纬分类编次,略加阐述。卷一为:易三义,易一七九,易上下经,六位、八卦用事,六日七分,七十二候,六十四卦主岁;卷二:卦轨、入厄,卦气,风雨,雷、霜,水旱,杂异;卷三为:《通卦验》八卦候,六十卦候,二十四气候,图书。又有《纬书集成》本。

张惠言礼学著作六种:一是《仪礼图》六卷,嘉庆十年(1805)刻本。张惠言于《三礼》中,惟《仪礼》致力尤深,殁后,阮元从其女夫董士锡得其稿刊行。是刻本版式宽大,图说或纵或横,同治初,湖北官书局重刻,将版式缩小,易以楷书,颇有讹误。光绪十年(1884),王先谦督学江苏,刻《皇清经解续编》,所据即湖北刻本,并未纠正。故是书最佳本还是嘉庆十年刻本。卷首有阮元《序》。是书兼采唐宋元及清代诸儒之书,断以经注,首例宫室图、衣服图,总挈大纲;次依《仪礼》十七篇次序,分别绘图说明,是研究中国古代礼制的参考书之一。《续修四库全书》据此影印收录。二是《仪礼宫室图》一卷,附《说》一卷,光绪十五年素隐所刻书本。读《仪礼》,必先明古人宫室之制,然后知所陈及揖让进退之节,是书即主要是研究宫室、图解《仪礼》的著作。逐篇立图,或纵或横,或左或右,一目了然。此篇亦为张惠言《仪礼图》卷一内容。三是《冕弁冠服图》一卷,光绪十五年素隐所刻书本,此篇亦为张惠言《仪礼图》卷一内容。四是《冕弁冠服表》一卷,光绪十五年素隐所刻书本,此篇亦为张惠言《仪礼图》卷一内容。五是《读仪礼记》二卷,《张皋文笺易诠全集》本。无序跋、目录。是书本郑注,阐释礼意,多所发明,胡培翚《仪礼正义》取之甚多。《续修四库全书》据此影印收录。又有《皇清经解续编》本。又有清抄本,书名《读仪礼私记》,是道光元年(1821)张惠言子张成孙依手稿本缮录而成,今藏复旦大学图书馆。六是《仪礼词》一卷,清刻本。是书特精审,阐释礼意,尤重古人治天下之道理。

张惠言子部著作一种:《墨子经说解》二卷。刘声木《桐城文学撰述考》卷三著录,注曰:"石印手迹本。"今所见者是上海神州国光社本。此书首先援用鲁胜"引说就经"之例,将《经》《说》四篇逐条拆开,先列《经上》旁行为一篇，而后以《经说上》附《经上》为一篇，这是上卷；次列《经下》旁行为一篇，又以《经说下》附《经下》为一篇，这是下卷。两卷合观，经文与说文相互对照，条分缕析，旁行之文，全复旧观，孙诒让在《墨子闲诂》自序中说："余前补定《经下》篇句读，颇自矜为创获，不意张先生已先我得之；其善谈名理，虽校雠未宷，不无望文生义之失；然顾有精论，足补余书之阙误者。"①

张惠言诗文集四种：一是《茗柯文编》初编一卷、二编二卷、三编一卷、四编一卷，补编二卷、外编二卷。《初编》至《四编》凡四编五卷，清代曾多次刊刻。嘉庆十四年（1809），李生甫、张云藻刻《张皋文笺易注全集》本，南京图书馆藏。前有阮元《序》。道光三年（1823），杨绍文刻《受经堂汇稿》五种十三卷本，南京图书馆藏。收录张惠言及其弟子金式玉、董士锡、江承之、杨绍文共五人的诗文集。其第一种即《茗柯集》。同治八年（1869）刊，前有曾国藩《序》、阮元《序》，书眉有恽敬等人的批语，正文有圈点。《四部丛刊·初编》影印。《续修四库全书》亦据以影印。《初编》一卷，录戊申至甲寅文凡十八首；《二编》二卷，录丁巳、戊午文凡四十三首。以上为作者庚申岁自编，有《自序》。《三编》一卷，录己未改庶常至辛酉散馆文凡三十首，作者辛酉岁自编。《四编》一卷，收自辛酉五月至壬戌五月文凡十四首，为其甥董士锡编定。二是《茗柯文补编》二卷、《茗柯文外编》二卷。道光十四年，仁和陈善刻。陈善《茗柯文补编外编后序》云："有遗文若干篇，善藏之箧笥惟谨。""去年游闽，同门兴泉永道富阳周君凯见而欲授之梓人，属内阁中书光泽高君澍然汰其率尔之作，存若干篇。"《补编》录文廿八首，为初编至四编以外的自作之文。《外编》录文廿三首，十八首代作。商务印书馆编《四部丛刊·初编》影印。2015年上海古籍出版社出版《茗柯文编（附词）》，由今人黄立新先生校点，以嘉庆十四年刻《张皋文笺易诠全集》本为底本，参校其他各本整理而成。三是《阳湖张惠言先生手稿》凡四册，为毗陵庄鹤礽旧藏手稿。前有庄思缄、杨长春跋。手稿题篆曰"皋文传世之作"，旁有小字曰"此签先生自题"，知题签出自张惠言之手。其中《茗柯自定文》

---

① 孙诒让：《墨子闲诂》自序，中华书局1986年版。

两册,《茗柯词原稿》一册,《茗柯应酬诗原稿》一册。程中行《影印张惠言先生手稿序》云:"手稿文字大抵已刊行于《茗柯文集》。"①沈云龙主编《近代中国史料丛刊·续编》第六十九辑(687册)影印。四是《茗柯词》一卷。是书为张惠言生前自编词集,一依年代为序。录词四十六首。有《受经堂汇稿》本、《茗柯立山词》本、《张皋文笺易诠全集》本等。又有阳湖张惠言先生手稿本,题曰"茗柯词稿",收词四十七首,较通行本多一首。

张惠言编纂总集二种:一是《七十家赋钞》六卷,是书选录战国屈原至南北朝时期庾信七十家辞赋二百零六篇,卷首有编者《叙目》,概述选编主旨及赋体演变过程,以为赋是古诗之流,屈原、荀况为赋之祖,"凡赋七十家二百六篇,通人硕士,先代所传,奇辞奥旨,备于此矣",是一篇著名的赋学论文。张之洞在《书目答问》中誉是书"最古雅有法"②,又在《赋语》中云:"学古体究源流者,宜《七十家赋钞》,最高雅。"③《七十家赋钞》可备辞赋一家之学,学术价值斐然。惜张氏生前未予定稿,殁后,其友合河康绍镛于道光元年(1821)刊刻是书,是较早的版本。后有光绪四年(1878)宏达堂重刻本,光绪八年广东戴文堂重刊本。又有光绪二十三年江苏书局学古堂校读本,一依康本,卷首慈溪林颐山《重刻张编修〈七十家赋钞〉叙》云:"并录校读本札记附卷末",即末所附《赋钞劄记》,六卷,为文字校勘之作,卷一吴县朱锦绶记;卷二吴县钱人龙记;卷三新阳陈定祥记;卷四吴县董瑞椿记;卷五吴县高人俊记;卷六奉贤阮惟和记。2002年上海古籍出版社《续修四库全书》影印康本出版,最为通行。又有手稿本,珍藏于北京大学图书馆,六卷,装订三册,书衣题"《七十家赋钞》六卷,张皋闻先生手稿,盛铎记"字样。手稿本首为目录,目录后有张惠言乾隆五十七年四月日《序》,各卷又有分目,正文每页10列,每列24字,天头、地脚、行间多有评点、圈点、校注。全书原抄稿朱墨小字相间,较精美。1996年陈秉才、张玉范二先生编辑出版《北

---

① 程中行:《影印张惠言先生手稿序》,见沈云龙主编:《近代中国史料丛刊·续编》,台北文海出版社1996年版,第六十九辑,第687册。
② 范希曾:《书目答问补正》,江苏古籍出版社2000年版,第273页。
③ 张之洞:《輶轩语》语行第三,光绪二十三年(1897)新化三昧堂刻本。

二是《词选》二卷,又名《宛邻词选》,由张惠言与其弟张琦共同编撰的词集。此书编定于清嘉庆二年(1797),是张惠言在歙县金榜家坐馆时为教授金家子弟学词而编纂的教材,选唐词三家,二十首;五代词八家,二十六首;宋词三十三家,七十首,总计词四十四家,一百一十六首,选词意旨为"欲塞其歧途,必切严其科律,此《词选》之所以止于一百十六首也"。卷首有张惠言《词选序》,是一篇重要的词论著作。又有道光十年(1830)夏四月十有一日张琦《重刻词选序》,谓嘉庆二年与其兄选编《词选》的原因、刊刻过程及此次重刻之原因。《词选》共两卷,两卷后有附录一卷,附录收有张琦《立山词》七首。是书版本较多,有金应珪嘉庆二年刊刻本;道光十年宛邻书屋丛书本,为《词选》二卷、《附录》一卷、《续词选》二卷,张琦重刻并序之;同治六年刻本,为《词选》二卷、《附录》一卷,附《续词选》,章钰跋,并录翁同龢题识,鲍份点评。同治十一年会稽章氏刻本,为《词选》二卷、《续词选》二卷;光绪四年刻本为《词选》二卷、《续词选》二卷,有光绪四年潘霨序及光绪四年张晋德跋;清末湖北官书处刊刻本,为《词选》二卷、《续词选》二卷;民国间上海中华书局铅印本,即四部备要本。

3. 存目著作

据《清代毗陵书目》卷一亦有著录:张惠言撰《四书释故》,谓张惠言辑《论语》上论,陆耀遹辑《论语》下论,李兆洛辑《大学》《中庸》《孟子》;包世臣增缀。据刘声木《桐城文学撰述考》卷三著录:张惠言撰《续仪礼杂记》二卷、《四书释故》(注曰:"惠言辑《上论》,陆耀遹辑《下论》,李兆洛辑《孟子》。")、《说文象形》、《说文谐声谱》二十卷(注曰:"子彦惟续成,已刊九卷。")、《评点汉书》、《墨子经校注》、《握机经定本》一卷②、《握奇经正义》一卷附图一卷、《太元游虞值度》一卷(注曰:"原稿藏王秉恩家。")、《青囊天玉通义》五卷(注曰:"《大亭山馆丛书》本。")。

---

① 参见王思豪:《手稿本〈七十家赋钞〉的学术价值》,《中国典籍与文化》2010 年第 4 期。

② 按:《握机经》,阵法类兵书。又称《风后握奇经》《握机经》《幄机经》,伪托黄帝臣风后撰,最早见录于《宋史·艺文志》。陆达节编《历代兵书目录》子部兵家类著录张惠言《握机经定本》一卷,正义一卷,图一卷,有《大亭山馆丛书》本。

（四）张式

1. 生平与师承

？—1850，字抱生，一字抱翁，号荔门，别号夫椒山人，江苏无锡人。侨居江阴砂山。嘉庆间为国子监生，当道屡荐，不就仕，以翰墨自任。工诗、词、古文，师事薛玉堂、孙原湘，受古文法。与李兆洛等交，所学益进。亦工书善画，山水画淡远苍秀，能自抒机杼。[①]

2. 现存撰述

张式诗文集三种：一是《荔门前集》四卷，清道光间自刻本，南京图书馆藏。卷首张式《自序》曰："自冠至今，几二十年，靡有进益。当就正宇内有道长者，勉所未至。而性懒抄录，爱检剩稿，类四种分五卷，施之剞氏以广焉。"集中有圈点、批注、夹注等，有式自为之，有门人为之，亦有未知何人为之。《诗集》二卷，卷后有题曰"自题诗文稿后"字样，无文，盖为式预作而未及作。《诗集》亦有不少手迹增补的诗稿混杂其中。《词集》一卷，仅五首，其中《珍珠帘》词上批注曰："风韵不减玉田"，《水调歌头》词上批注曰："豪壮"。《文集》一卷，亦多有圈点、批注等，其中录《张母詹孺人墓铭》一首，题曰："武进李兆洛"作。又有附文《先室贡孺人述略》一首。二是《荔门前集外编》一卷，又名《画谭》，清道光间自刻本，南京图书馆藏。卷首作者自序曰："窃谓诗文书画，其事不一，其理则同，善读书者不难隅反，顾好古者既不多，肤论者转不少，学者难衷焉。余因归之心源，推之笔阵，揆之古训，规以如基，一出以迤言也。曰《画谭》凡三十五则，四千五十字（言）。"《墨林今话》卷十六谓："著《画谭》五千余言，阐尽用笔墨之妙，而一归于静心养性，盖不止为画道言者。刻见《荔门前集》。"又有《艺海一勺》本、于海澜辑《画论丛刊》本以及俞剑华辑校《中国画论类编》本等。三是《洞庭山纪游》一卷，手抄本，南京图书馆藏。末页上端有批注曰："《纪游》向有刻本，今无一存，此系金砺参所抄，亦非全本矣，惜哉！"

① 生平事迹参见刘声木：《桐城文学渊源考》卷五小传等。

（五）朱培年

1. 生平与师承

1796—?,字子延,号亘垣,江苏无锡人。师事薛玉堂,受古文法。通小学。①

2. 现存撰述

朱培年史部著作一种:《三君事述》一卷,同治间刻本,无锡市图书馆藏。为无锡龚煜、李福培、王恩绶三人事述。

3. 存目著作

据《锡山历朝著述书目考》卷九著录:朱培年撰有《说文韵订》《瘕症全书》二种②。

（六）薛仲德

生平与师承

生卒年不详,字可久,江苏无锡人。薛玉堂子。幼承家学,又师事吴德旋、李兆洛,受古文法。工小篆。撰述多散佚。③

三 别省再传江苏籍桐城派弟子

赵林

生平与师承

生卒年不详,字沨如,荆溪（今江苏宜兴）人。与王灼同在歙县,以文学相切磋,受古文法。撰述多散佚。④

---

① 生平事迹参见刘声木:《桐城文学渊源考》卷五小传。
② 高镕泉:《锡山历朝著述书目考》卷九,光绪二十八年(1902)活字本。
③ 生平事迹参见刘声木:《桐城文学渊源考》卷六小传。
④ 生平事迹参见刘声木:《桐城文学渊源考》卷三小传。

附　刘大櫆弟子江苏承传谱系表

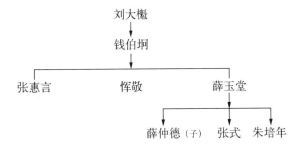

又　别省再传江苏籍桐城派弟子

第三节　姚鼐之门属

姚鼐《刘海峰先生八十寿序》中引程晋芳、周永年语云："维盛清治迈前古千百,独士能为古文者未广。昔有方侍郎,今有刘先生,天下文章,其出于桐城乎！"①他借程、周这一戏语,有意识地树起"桐城派"的大旗。方苞生于金陵、长于金陵、长眠于金陵,并在金陵将其古文统绪传承给刘大櫆,自刘大櫆至姚鼐,"桐城派"流衍壮大,而学术理念传播的主阵地是书院。孟森先生曾说："清一代学人之成就,多在书院中得之,此固发展文教之一事也。"②姚鼐是以书院讲习来传播"桐城派"之功绩最为卓著者。姚鼐主讲的书院有:乾隆四十一年(1776)至四十四年,主讲梅花书院,编纂《古文辞类纂》；乾隆四十五年至五十二年,主讲安庆敬敷书院；乾隆五十三年至五十四年又主讲歙县紫阳书院；乾隆五十五年至嘉庆五年(1800),主讲江宁钟山书院(十一年)；嘉庆六年至嘉庆九年又主讲敬敷书院；嘉庆十年至嘉庆二十年,又主讲钟山书院(十一年),至卒。姚鼐的书院讲学史有四十余年,其中主讲钟山书院二十二年之久。

姚鼐的书院教学让"桐城派"在江苏播衍,其江苏籍的及门弟子12人、私淑弟子3人、续传弟子14人。另外由无锡秦瀛开始学习、接受姚鼐古文主张,并在家族内部传承,形成无锡秦氏家族桐城派弟子群,有14人,合计43人。

一　及门弟子

（一）翁广平

1. 生平与师承

1760—1842,字海琛,一作海村,尝得朱彝尊紫檀印章,程邃(穆倩)刻"老为莺脰渔翁长"句,遂号莺脰渔翁,江苏吴江(今属苏州市)人。室

---

① 姚鼐著,刘季高标点:《惜抱轩诗文集》,上海古籍出版社1992年版,第114页。
② 孟森:《明清史讲义》,中华书局1981年版,第553页。

名"听莺居""静坐斋"。翁纯礼子、翁雒父。府廪生。道光元年(1821)举孝廉方正。师事姚鼐、张士元,受古文法。姚鼐《听莺居文钞序》称其文:"议论宏肆,反复驰骋而不乖于法,记传序事诸作,洋洋数千言,自出炉锤,熔铸伟辞,无剽窃模拟之迹,翁子盖安贫力学之士也。"①

2. 现存撰述

翁广平方志著作一种:《平望志》十八卷首一卷。道光二十年(1840)刻本。是志体例仿崇祯时潘凯、杨正二志,间采清雍正中邹焕续修《平望志》。卷首为凡例(附问答)、旧序、图;卷一沿革,界域、形胜、景物、水泉、乡都图圩、土产;卷二街坊、塘路、桥梁、官舍;卷三义学、汛地(急递铺、京报房、水栅附)、坊表(凉亭附)、居第、墓域(义冢附);卷四寺观;卷五祠庙、众善堂、古迹;卷六官制、职官、科第、武科第、贡、荐辟、特授、例仕;卷七名臣、孝义;卷八文苑、隐逸、艺能;卷九、十列女;卷十一寓贤、别录、释道;卷十二崇尚、生业、礼仪、节序;卷十三祯祥、灾变;卷十四、十五集诗;卷十六、十七集文;卷十八旧事、杂记。今有吴江市平望镇人民政府、吴江市档案局编《平望志》(三种),广陵书社 2011 年本,收录翁广平道光《平望志》、黄兆柽光绪《平望续志》、雍正里人公辑《平望镇志》。

翁广平史部著作三种:一是《吾妻镜补》二十八卷②,清嘉庆间抄本,中国国家图书馆藏。《吾妻镜》是日本古代著名的史书,作者姓名不详。"吾妻"即日语"东","镜"即"鉴",故此书又名《东鉴》。《吾妻镜》全书共五十二卷,记录日本安德天皇治承四年庚子(1180,即南宋孝宗淳熙七年),至龟山院天皇文永三年丙寅(1266,即南宋度宗咸淳二年)八十七年间历史。翁广平"性喜异书",从朋友处手抄《吾妻镜》,深感此书所记之事仅八十七年,"而八十七年中某年,某月、日之阴晴、灾异,纤悉必书,余者书将军之执政及射会狩猎等事而已",有很多伪谬处、芜秽处和

① 姚鼐:《听莺居文钞序》,见翁广平:《听莺居文钞》卷首,清小苏斋钞本,南京图书馆藏。按:姚鼐此文不见今《惜抱轩诗文集》,可补遗,参见王思豪:《姚鼐集佚文辨识补遗》,《古籍研究》2009 年辑。翁广平生平事迹参见李铭皖、谭钧培修,冯桂芬纂:《(同治)苏州府志》卷一百三十八,同治十三年(1874)稿本;刘声木:《桐城文学渊源考》卷四小传等。

② 参考刘德有、马兴国主编:《中日文化交流事典》,辽宁教育出版社 1992 年版,第 406 页。

疏略处，决定对此书加以校补，"以日本年代擥要，日本小志与夫历代国史记载之书，择重文之雅驯、事之近理者，摘录数十百条补重阙漏"，历经七年，五易其稿，在嘉庆十九年（1814）撰成《吾妻镜补》。《凡例》谓："此书本《吾妻镜》与海东诸国记、年号笺、年代擥要诸书而成，因名'吾妻镜补'。"全书分为世系表、地理志、风土志、食货志、通商条规、职官志、艺文志、国书、国语解、兵事、附属国志、杂记等部分。书前列有引用书目，参考中国、日本、朝鲜刻书一百八十余种。此书是清代中国人研究锁国时代的日本的代表作。二是《书湖州庄氏史狱》一卷。附录于《嘉业堂丛书》史部《查东山年谱》后，为翁广平馆浔溪时所作，记载湖州庄氏史狱案事。三是《两孝子寻亲记》一卷，凡一册。民国十年（1921）上海古书流通处据清鲍氏刻本影印《知不足斋丛书》本。版心下有"知不足斋丛书"。又名《余姚两孝子万里寻亲记》。翁广平谓："万里寻亲记者，为我族叔楫山、蓼野兄弟寻父作也。……有以见二子之孝实可感天地而泣鬼神，故濒死于悍仆猛兽、惊涛骇浪之间，卒得保其躯而其葬所也。用敢诠次之列于统宗谱后，不独我同族所当奉为模范也，并以告天下后世之凡为人子者。"楫山，即翁运槐，字陟山；蓼野，即翁运标，字晋公。此书是翁广平记其族叔祖翁运槐、翁运标兄弟寻父翁瀛的孝行事迹。

翁广平子部撰述一种：《杵臼经》一卷，柳亚子《〈翁氏丛钞〉抄本题记、人名著述考》谓翁广平撰"《杵臼经》一卷"①。是书收录在盛康辑《皇朝经世文编续编》（光绪二十三年武进盛氏思补楼刊本）四十一"户政农政"上，仿照唐代陆龟蒙《耒耜经》而作，介绍谷米加工、贮藏所用的砻、杵臼、风车等二十几种农具。

翁广平诗文集一种：《听莺居文钞》三十卷，清小苏斋钞本，南京图书馆藏。卷首有姚鼐嘉庆十九年（1814）《序》、汪家禧嘉庆二十年《跋》及唐仲冕《题词》，《题词》曰："嘉庆二十五年庚辰夏日，偶客吴门，获读海琛先生大集，磅礴陆离，震心骇日，欲作一诗以状其奇，不能万一，幸为正之。"正文卷一至卷七为序；卷八至卷十一为记；卷十二至卷十五为

---

①《翁氏丛钞》卷首，上海图书馆藏吴江柳氏抄本。

跋、辨、册、书后等；卷十六至卷二十一为传；卷二十二至卷二十四为论、考；卷二十五至卷三十为书。多钩贯金石，考稽旧闻，又间及经书算数之学等。另有清叶氏五百经幢馆钞本，上海图书馆藏。传钞本，中国国家图书馆藏。别本《听莺居文钞》一卷，清小苏斋钞本，天津图书馆藏。

3. 存目著作

柳亚子《〈翁氏丛钞〉抄本题记、人名著述考》谓翁广平撰"《翁氏文献》十六卷"[①]"《六书原》四卷""《平望诗存》十六卷""《金石书画跋尾》四卷""《续松陵文献》三十卷""《诗话》七卷"[②]。姚鼐《听莺居文钞序》谓翁广平撰"《金石集录》……若干卷"。又翁广平《听莺居文钞》卷六存《金石集录序》谓：尝裒辑自远古迄于宋元拓本，共得七百余卷，编为目录，名曰《金石集录》。黄体芳《札吴江学》著录翁广平撰"……《天文论》一卷、《传国玺考》一卷……《海村诗文集》三十卷。"[③]同治《苏州府志》（李铭皖、谭钧培修，冯桂芬纂，同治十三年稿本）卷一百三十八著录翁广平著《海村诗文集》三十卷。

（二）郭麐

1. 生平与师承

1767—1831，字祥伯，一字复翁，号频伽，又号白眉生，晚号蘧庵、复庵，江苏吴江（今属苏州市）人，迁居浙江嘉善（今属嘉兴市）。诸生。性豪爽，好酒。少应省试，及一应京兆试，不遇，三十后绝意举业，专力于诗古文词。诗学李贺、沈亚之，则"含情若抑，吹气如兰，于憔悴婉笃之中，有悱恻芬芳之致"[④]。词名更著，清婉别致，自然圆转，为浙派殿军。古文师事姚鼐，得桐城"义法"，所作古文奥丽雅洁，有古人法度。工画竹石，别有天趣。晚贫病以终。[⑤]

2. 现存撰述

郭麐全集一种：《灵芬馆集》九十三卷，嘉庆十二年（1807）至道光十

---

① 按：姚鼐《听莺居文钞序》亦谓翁广平撰"《续松陵文献》若干卷"。

② 《翁氏丛钞》卷首，上海图书馆藏吴江柳氏抄本。

③ 黄体芳：《黄体芳集》，《温州文献丛书》，上海社会科学院出版社2004年版，第102页。

④ 刘世南：《大螺居诗文存》，黄山书社2009年版，第350页。

⑤ 生平事迹参见《清史稿》卷四百八十五；《清史列传》卷七十三；李桓：《国朝耆献类征初编》卷四百四十一，光绪年间李氏初刻本；冯登府：《频伽郭君墓志铭》等。

二年(1832)刻本,中国国家图书馆藏。内《灵芬馆诗初集、二集、三集、四集、续集》三十九卷。嘉庆十二年至道光十二年刻《灵芬馆集》本。《灵芬馆诗初集》,屠倬、孙均《序》,孙《序》谓其嘉庆元年以前所作共十三卷、二千余首,删为四卷,存五百余首,其诗"深于性情,间发露于意气"。是集实收录郭麐自乾隆四十八年癸卯(1783)至乾隆六十年乙卯间古今体诗计五百零一首。《诗二集》十卷,阮元《序》谓其诗"自抒其情与事,而灵气入骨,其香悦魂,不屑屑求于流派",吴麒麟《序》称其诗"丽而不缛,清而益深",又有查初揆《序》。是集收录郭麐嘉庆元年丙辰正月至嘉庆九年甲子十月间古今体诗计九百五十八首:《近游集》九十二首、《近游后集》六十六首、《探梅集》四十五首、《会吟集》六十八首、《移家集》七十五首、《山阴归棹集》五十首、《白下集》八十三、《楮概集》二卷二百六十首、《竿木庵集》二卷二百一十九首。《诗三集》四卷,无锡杨芳灿、镇洋彭兆荪、歙县朱文翰、临川乐钧《序》。是集收录郭麐嘉庆九年甲子十一月至嘉庆十二年丁卯古今体诗计五百零三首:《后移家集》二十二首、《得闲集》一百零五首、《邗上云萍集》九十一首、《云萍续集》一百五十三首、《刚卯集》一百三十八首。《诗四集》十二卷,仁和汪慎、娄县姚椿《序》。是集收录郭麐嘉庆十三年至嘉庆二十四年古今体诗一千一百五十五首:《旅逸集》二卷一百八十五首、《江行唱和集》四十二首、《皋庑集》二卷二百零二首、《逾淮集》一百三十一首、《五岳待游集》二卷一百七十一首、《蘧庵集》四卷四百一十四首。《诗续集》九卷,仁和严烺《序》,是集收录郭麐道光三年癸未至道光十一年辛卯间诗作。《灵芬馆词》六卷,收录《蘅梦词》二卷、《浮眉楼词》二卷、《忏余绮语》二卷。卷首有钱塘陈鸿寿《序》及郭麐《自序》。《蘅梦词》①,卷首郭麐《蘅梦词浮眉楼词序》谓:"余少喜为侧艳之词,以《花间》为宗,然未暇工也。"所收词是词人三十岁之前模拟花间之作,共一百二十首,绝大多数近于花间风

---

① 按:又《蘅梦楼词》三卷,手稿本,吴江徐达源题识。王欣夫《蛾术轩箧存善本书录》曰:"频伽《灵芬馆全集》刻《蘅梦词》二卷,皆嘉庆丙辰前作。《浮眉楼词》二卷,为丙辰后作。以校此手写墨格清本,前二卷即《蘅梦词》,但此多'楼'字。后一卷即《浮眉楼词》卷一之前半,盖尚未钞毕。三卷中刻本未载者二十二阕,当为最后删定……有'写韵楼'白文方印、'徐印达源'及'吴珊珊'白文两小方印。"见王欣夫《蛾术轩箧存善本书录》,第1425页。

格。《浮眉楼词》收录词一百一十一首，为嘉庆元年至嘉庆八年间所作。"浮眉楼"是郭麐芦墟居所名，取韩愈"天空浮修眉，浓绿画新就"句意。是集所收多为长调，词风"有会于南宋诸家之旨"。《忏余绮语》收录词一百四十六首，是嘉庆十二年丁卯之后与《灵芬馆诗初集》《灵芬馆诗三集》《灵芬馆诗话》一起由仁和孙均出资刊刻。《自序》谓："纤秀之呵，固所不免，休文之忏，窃或庶几，亦自恨结习之难除，悔过之不勇也。"《灵芬馆杂著、杂著续编、杂著三编》十四卷，其中《灵芬馆杂著》二卷，顺德张青、德清陈斌《序》及郭麐《自序》。卷一：墓志铭、碑铭、行状、行略、衬志、传、书事、书后；卷二：启、序、后序、记、祭文、杂物器铭、词品。《杂著续编》四卷，朱春生、金勇《序》。《杂著三编》八卷，新城陈用光《序》。又有《金石例补》二卷①。《江行日记》一卷，嘉庆十三年，郭麐赴西江湘霞女子之约，九月十日郭麐偕潘眉起程，经富阳、桐庐、兰溪、衢州、常山、玉山、上饶、铅山、弋阳、贵溪、瑞洪、鄱阳湖、章江，重游南昌，江行一月，作《江行日记》记亲历见闻。《樗园消夏录》三卷，是书为杂记之属，其中多是诗话，兼及方言琐事。其中多论及桐城派作家诗作，如称姚范诗"在山谷、后山之间"；引述姚鼐诗论曰："近日为诗当先学七子，得其典雅庄重，但勿沿习皮毛，使人生厌。复参以宋人坡、谷诸家，学问宏大，自能别开生面。"《续修四库全书》第 1179 册据此影印。《灵芬馆诗话》十二卷、《诗续话》六卷，《灵芬馆诗话》前有嘉庆二十一年丙子孙均《序》，《诗续话》前有嘉庆二十三年戊寅郭麐《自序》，可分别见其成书时间。是书内容总体上，以谈诗论词为主，亦多录诗作、纪掌故等。《灵芬馆诗话》内容略有分工：前十卷论诗，后二卷论词。全书以记录评骘本朝诗人为主，故多存嘉道间诗坛实况，价值颇高。《灵芬馆词话》附于《灵芬馆诗话》之末，据孙均《灵芬馆诗话序》知《诗话》成书于嘉庆二十年乙亥。吴衡照谓是书："所录名篇隽句，生香活色，绝少俗韵。其称梅

---

① 按：《金石例补》二卷，又有道光间李瑶刻本，与元潘昂霄《金石例》十卷、明王行《墓铭举例》四卷、清黄宗羲《金石要例》一卷合刻，通名曰"金石四例"。卷首有郭麐《自序》及仁和汪慎《序》。《自序》谓："顾既以为有例，则必从其朔，东汉其鼻祖矣。辄不自揆，取洪氏之书为之条分而缕析之，间以后人祖述之者附识于后，魏晋六朝，上承汉氏而下启唐人者也，其有可采，亦著于篇，而唐人不及焉。"是书以洪适《隶释》《隶续》胪列其体而篇分缕析，间以后人考述。所采从汉至魏晋六朝之金石之例，如"序先世例""书远祖不书三代例""书远祖三代不书名例"等，共六十四条，皆法度谨严。

溪警句及克斋《太常引》一阕，真能补竹垞《词综》所未备。季沧苇《行香子》一阕，亦视王少司寇《词综》选为优。"是书主要载录、品评清代词人词作及轶事，尤多与郭麐同时或同里之词人，有较高的文献价值。《续修四库全书》第 1705 册据此影印。《三国志蒙拾》二卷，是书作于嘉庆二十年乙亥，有钱塘陈鸿寿《序》。清人杭世骏曾作《汉书蒙拾》三卷、《后汉书蒙拾》二卷，取《汉书》《后汉书》难于理解的词语，加以注释，多取双音节词，按《汉书》《后汉书》篇目先后为序。郭麐仿《汉书蒙拾》体例，采陈寿《三国志》而编成，兼收裴注，词语已见于《汉书》《后汉书》的则不收。目的是供初学者读《三国志》使用。《爨余从话》六卷，卷首道光九年己丑郭麐《自序》云："壬午年寓楼之灾，三年之诗及所缉《诗话》两卷皆烬。诗从他处钞撮，不及十之一二，诗话则就所记忆者，次第缀集得数十条，复以年来所录，合之为四卷，友人从臾付梓。去年柳君古槎由何君伟人所惠寄刻赀，时逼残年，未及料理。今年在袁浦盛君子履方刻续集，书来索稿本，且言任剞劂之事。"

郭麐词集一种：《灵芬馆词》四种七卷，凡二册，光绪六年（1880）仁和许增刻榆园丛刻本。内封牌记"光绪五年己卯八月娱园开锓"。书首有"灵芬馆主三十七岁小像"及郭麐弟郭凤题写赞文。收光绪五年张预撰《重刻灵芬馆词序》，陈鸿寿撰《序》，及嘉庆八年郭麐《自序》。末有光绪五年王诒寿《跋》、光绪六年沈景修《记》。卷首张预《重刻灵芬馆词序》云："仁和许丈迈孙先生……独于频伽词三种癖好之……先生向者自署灵芬私淑弟子……若夫昔之缀缉非出一时，今之编排乃依旧第。"后有王诒寿《跋》曰："（迈孙）先生慨焉，乃发袭芸之藏，重付雕梨之手，合其三种，仍为一编。"三种即《蘅梦词》二卷、《浮眉楼词》二卷和《忏余绮语》二卷。又一种是《爨余词》一卷，光绪庚辰沈景修《记》曰："迈孙重锓《灵芬馆》甫竟，高君龚甫出所藏《爨余词》一卷相示，盖道光壬午冬，频伽先生寓楼不戒于火后，从友好钞集而成者，迈孙得之，如获拱宝，亟为补刊以成完璧。"《爨余词》为许增刻成《灵芬馆词》后，从高龚甫处得此抄本，又补刻而成。爨余者，言道光二年（1822）郭麐寓楼失火后，从友人处抄得。郭麐《爨余词后记》即云："壬午十二月廿二日，所假之楼火，仅跳而免。所著皆烬，友朋掇拾，间以钞寄，不复次第，得即存之。"收录词作三十五首，集后有光绪五年己卯十月山阴王诒寿《跋》。四种共收录词作四百一十二首。

郭麐词学理论著作一种：《十二词品》一卷，凡一册，民国六年(1917)上海扫叶山房石印娱萱室小品本。封面题签题"娱萱室小品六十种 扫叶山房发行"，版心下题"扫叶山房石印"，末有蔡尔康《识》。郭麐将词分十二种风格：幽秀、高超、雄放、委曲、清脆、神韵、感慨、奇丽、含蓄、遒峭、秾艳、名隽。又各以四言诗十二句阐发内涵。蔡尔康《识》谓：《词品十二》刻于海宁吴衡照《莲子居词话》中，是品"深得词家三昧，旨微辞缛，节短韵长"。

郭麐编选文学总集一种：《唐文粹补遗》二十六卷，光绪十六年(1890)庚寅杭州许增榆园刻本，凡二十四册。前有镇洋彭兆荪《序》、嘉庆二十四年(1819)己卯冬英山金勇《序》及八月郭麐《自序》。次为《凡例》和目录。末有许增《跋》。《唐文粹》一百卷，是北宋姚铉编选的文学总集。光绪九年癸未江苏书局刊本，将其附刻于《唐文粹》后。

（三）吴德旋

1. 生平与师承

1767—1840，字仲伦，一字半康，号安蔬居士，江苏宜兴（今属无锡市）人。幼有神童之称。既长，以廪贡生入都，三试不售，绝意举业，专志于学，悉心著述。师事姚鼐，受古文法，遂一意宗法桐城。与张惠言、恽敬、钱伯坰、陆继辂、李兆洛等砥砺古文，所学益进。郭传璞《初月楼四种序》曰："桐城方望溪以古文法授刘才甫，才甫授姚姬传，姬传授四大弟子，益盛且远。独张皋文与吾吴仲伦师于姚在师友间……为桐城正宗无疑也。"[1]盛宣怀《初月楼古文绪论跋》称吴氏："攻古文，宗韩退之氏，一主于法。时姚鼐方为海内文宗，学者翕然称桐城，仲伦亦步趋之。"[2]

① 郭传璞：《初月楼四种序》，见吴德旋：《初月楼四种》卷首，光绪九年(1883)张寿荣花雨楼刻本。
② 盛宣怀：《初月楼古文绪论跋》，见吴德旋撰、吕璜述：《初月楼古文绪论》卷末，清宣统武进盛氏刻常州先哲遗书后编本。生平事迹参见《清史稿》卷四百八十五；《清史列传》卷七十二；姚椿：《吴仲伦先生墓志铭》，《初月楼四种》卷首等。

2. 现存撰述

吴德旋帖学著作一种:《初月楼论书随笔》一卷,民国武林竹简斋据蒋光煦别下斋丛书影印本①。收录吴德旋论书随笔三十七条。卷首叙及版本流变云:"予昔家居作此,初脱稿,为门人程子香取去,装成长卷。其后薛画水太守见而欲得之,子香不肯,与别录楷书一本赠焉。今藏于画水之如执烛斋者,子香遗墨也。子香卒后,予手稿不知为何人所得矣。道光辛卯,在四明馆中理旧箧,得门人康康侯为予所录本,复自书一过。追思往事,忽忽十有余年,而余以臂痛废学,亦且十年。年愈增,岁月愈促,老大无成,弥用自愧而已。"此书多论晋唐以后诸家行草,偶及篆隶。论书以晋韵为理想境界,而晋韵的获得必以唐人为根基,服膺五代杨凝式、宋代苏轼和明代董其昌,书中多录其与包世臣、恽敬关于书学的讨论,并提出用笔之妙在"秀处如铁,嫩处如金",书写之法在"不主故常""不习俗书",观书之趣在不以偏概全、以人废书。

吴德旋集部著作三种:一是《初月楼四种》二十五卷。光绪九年(1883)张寿荣花雨楼刻本,南京图书馆藏。张寿荣《初月楼四种弁言》曰:"桐城家古文惜抱而后不概见,宜兴吴氏亦姚氏一大弟子。予适得其《初月楼正续文钞》,合以《诗钞》并《古文绪论》,与其门下《程子香文》凡四种,都为二十五卷,授诸剞劂。"此书收吴德旋《初月楼正续文钞》《诗钞》《古文绪论》与其门下程子香《文钞》四种。其中《初月楼文钞》十卷署"宜兴吴德旋仲伦甫著,兴县康兆晋康侯原编",前有康兆晋道光三年(1823)《序》曰:"兆晋以先生所著《闻见录》授梓,因请并梓《文集》,先生抑不许,请至数四而后许焉。"知《初月楼文钞》先有道光间康兆晋刻本。又郭传璞光绪壬午(1882)《序》曰:"师著有《初月楼文钞》十卷、《续钞》八卷,原刻兵后绝少。丁丑(1877)客京师,吴县潘黻廷丈属为别购不可得,因以旧本缮写,逾年始竣。……去秋老友张菊龄(寿荣)孝廉见而爱之,许为重锓,予畀以原本。今冬自武林归,菊龄以讫工告,且原本伪夺厘正十九。"知《初月楼文钞》十卷、《续钞》八

---

① 按:刘声木《桐城文学撰述考》卷三著作《论书随笔》,注曰:"《守山阁丛书》本。"今又有中华书局《丛书集成初编》本。

卷又有光绪丁丑郭传璞手抄本。《初月楼诗钞》四卷,分为《拊瓴草》《雪泥草》《泽畔微吟草》三种,其《自序》曰:"余年十七始学为诗……然余终不能自信,偶有酬应之作,随手散去。惟与门人金乡、周延鸿同学南朝宫体及晚唐人诗数十首,仅存箧中,即《泽畔微吟草》也。近年来读古人之诗,觉所见与前有异,因复为之而存之,且积而成帙焉。"又张寿荣《诗钞跋》曰:"《初月楼诗钞》四卷,亦康氏原编中所刊,列其缘起存弃及诸家题评,吴氏自述中详之矣。……爰为厘正字体,仍付梓焉。"知《初月楼诗钞》先亦有道光间康兆晋刻本。《初月楼文钞》《初月楼诗钞》又有光绪间周家楣刊刻本,南京图书馆有藏。光绪甲申(1884)吴兆秦篆题书名。卷首有周家楣《序》说:"余友吴君镜如……于初月翁集有同嗜焉,是编乃其借抄于族人者。余既见而慰渴,遂助之资,重加剞劂。原刊尚有《闻见录》及门人程德赟附稿,今独以先生文、诗付梓者,先睹为快。"《程子香文钞》二卷,道光三年康兆晋《序》称:"婺源程子香与兆晋同师宜兴吴仲伦先生……兆晋既钞得先生文十卷授梓,因并钞子香文为二卷附焉。"

二是《初月楼古文绪论》一卷,清宣统武进盛氏刻常州先哲遗书后编本,吴德旋撰、吕璜述。中国科学院图书馆藏。是编首云:"道光戊子(1828),吴仲伦先生馆于鄞。十二月,将返宜兴,过杭,而璜遮留焉。住丛桂山房凡二十余日,所亲承口讲指画,恐其久而忘也,条记之于左。"是书皆仲伦就璜所问而答者,璜以片纸书之,后乃稍比次而书于册,共得论文六十则。后附录山阴陈增《跋》曰"增雅慕先生之文……因录而藏之行箧……丁酉(1837)春,增客海昌,晤先生于学博钱君警石之斋……遂加校正,以贻警石。会州人蒋茂才有丛书之刻,愿附梓以广其传。"又有钱泰吉道光丁酉《跋》和盛宣怀宣统庚戌(1910)《跋》。又,范先渊(按:即舒芜)校点本(人民文学出版社1959年版),以常州先哲遗书本作底本。与刘大櫆《论文偶记》、林纾《春觉斋论文》合编,舒芜《校点后记》曰:"桐城派好谈理论……专著则以刘大櫆的《论文偶记》为最早,可以代表桐城派的初期;永福吕璜所述宜兴吴德旋的《初月楼古文绪论》,可以代表姚鼐以后一个时期;林纾的

《春觉斋论文》代表最末期。"①

三是《初月楼闻见录、续闻见录》，笔记小说集。《初月楼闻见录》十卷、《续闻见录》十卷。道光二年(1822)刻本。据《初月楼文续钞》中《复吕月沧书》载：《初月楼闻见录》本名《三吴旧闻录》；《续闻见录》本名《琐窗杂志》。《初月楼闻见录》卷首自序有云："所录皆吴赵、江淮间事耳。异时将广录而续理之，故不以时代之先后为次，又是编意在阐扬幽隐，显达之士不录焉。即间有牵涉，亦不及政事，在野言野，礼固宜然。"《闻见录》217 则，《续录》259 则，所录以"吴越江淮间"士、农、工、商、才女、烈妇等各种身份的平民事迹为主，"意在阐扬幽隐"。又有《清代笔记丛刊》本、《笔记小说大观》本。

3. 存目著作

刘声木《桐城文学撰述考》卷三著录吴德旋撰有《易本义参疑》②、《四书文选》、《评点孟子》(注曰："钱泰吉家有过本。")、《评点东都事略》、《评点惜抱轩诗集》、《文评三种》(注曰："原稿藏钱泰吉家。"③)、《明诗综选》、《删改石浦志略》。

吴德旋经学著作一种：《诗经集传拾遗》二卷。清人平步青《霞外攟屑》卷七上"初月楼文稿"条、刘声木《桐城文学撰述考》卷三著录。美国哈佛大学哈佛燕京图书馆《八千卷楼藏书志》著录曰：精写本，二卷。前有例言谓："《诗》之有序，不知作自何人，而其传最古，实有不可尽废者。然亦有朱子《集传》，果胜序说，而后人过信小序，反不能无致疑于《集传》者。鄙欲择而从之，故兼采各家之说，为《集传》补其缺遗。"又说"《诗》中典礼名物见于笺疏及先儒考证者详矣，故略不复涉"，又说"凡所采拾各说，皆标其姓字，不敢攘美"，又说"是编为家塾子弟初读《集传》者，稍广见闻，不足以为成书，故不录经传全文。"

---

① 刘大櫆：《论文偶记》；吴德旋：《初月楼古文绪论》；林纾：《春觉斋论文》，范先渊校点本，人民文学出版社 1959 年版，第 140—141 页。

② 按：平步青《霞外攟屑》卷七上"初月楼文稿"条谓："其所为《易本义参疑》似未成。"

③ 按：钱泰吉《初月楼古文绪论跋》谓："先生尚有《文评三种》，他日当副墨以赠生沐。"

（四）邓廷桢

1. 生平与师承

1775—1846，字维周，又字嶰筠，晚号妙吉祥室老人、刚木老人，江苏江宁（今属南京市）人。嘉庆六年（1801）进士，选庶吉士，散馆授编修。历官宁波、延安、榆林、西安诸府知府，湖北按察使，江西布政使，陕西按察使、布政使等职。道光六年（1826）升任安徽巡抚。治皖十年，颇有政绩。道光十五年任两广总督。目睹鸦片烟祸，危害国家，主张严禁，与钦差大臣林则徐"共矢血诚，俾祛大患"。道光十九年调任闽浙总督，购洋炮，筑炮台，招募练勇，严守海疆。坐事与林则徐同遣戍伊犁，寻召回，起官甘肃布政使、陕西巡抚，授陕甘总督，卒于任。邓廷桢曾师事姚鼐，肆力于诗、古文词及古音韵之学，所得尤深。亦善时文，犹精于音韵。于学独专诗，亦好依声，其诗冲凝纡徐、忠诚悱恻，多忧生伤乱之语，尤其是谪戍伊犁期间，与林则徐酬应之作，情谊深厚。①

2. 现存撰述

邓廷桢小学著作二种：一是《诗双声叠韵谱》一卷，民国九年（1920）江宁邓氏邦述群碧楼刻本。是谱成于邓廷桢总督两广时，前有自序及凡例八则，又有番禺林伯桐序。邓廷桢认为"双声叠韵，皆训诂之本，因声求义，诗教最明"，故撰是书。是谱将《诗经》双声叠韵情况概括为四目：错综、对待、累句、单辞。错综为古人巧思，对待为作者常例，累句偶见，单辞最多。吸收顾炎武、江藩、戴震、段玉裁、孔广森诸家之说，择善而从，持论皆佳。引经据通行本，以归画一。二是《许氏说文双声叠韵谱》一卷，民国九年江宁邓氏邦述群碧楼刻本。是谱成于邓廷桢总督两广时，前有自序及番禺林伯桐序。是谱是在段玉裁《说文解字注》的基础上专门收集《说文》中以双声叠韵为训的实例而作的一部书，邓氏《自序》谓"尝考其例，以叠韵训者十之五，以双声训者十之一二"，"于是按部求索，一一标举，积久成帙，辑为专书，于以阐明许旨，疏通段说"。然是谱亦取各家注本聚相校勘，于段氏所定之韵亦

---

① 生平事迹参见《清史稿》卷三百六十九；梅曾亮撰：《陕西巡抚邓公墓志铭》，见梅曾亮著，彭国忠、胡晓明点校：《柏枧山房诗文集》，上海古籍出版社 2012 年版，第 332—334 页等。

不尽相从。是谱又有《知不足斋丛书》本,及据此本影印的商务印书馆《丛书集成初编》本。

邓廷桢诗文集三种:一是《双研斋诗钞》①十六卷,宣统元年(1909)刻本。前有咸丰三年(1853)梅曾亮《序》,道光八年(1828)方东树《序》,又有米宗楷《题识》。诗编年,自庚申至乙巳,凡九百九十二首。《续修四库全书》据以影印。二是《双研斋词钞》二卷,凡二册,民国九年江宁邓氏邦述群碧楼刻本。此集邓尔恒咸丰间初刻于滇中,光绪至民国间数番重刻,1986年江苏广陵古籍刻印社复刻之。三是《双砚斋笔记》六卷,凡六册,光绪二十二年(1896)家刻本,又有民国十年刊本。中华书局《学术笔记丛刊》有影印。书前冠以光绪丙申仁和谭献《叙》。据书后邓氏之孙嘉纯《跋》,是书为谭献编次,并"附以陈卓人丈商榷之说,杂付钞胥者也"。《笔记》"首说六艺,次小学,次群书。其中又先声音后文字,而以说诗词者附焉"。邓氏认为,"说经者不求之于声而泥于形以诂义,鲜有不纡曲者矣";"先儒解经,因声求义","凡义同者,其声必同,不在字形之别也";"训诂不可不求之于声"。卷六则专论诗词。唐圭璋乃据是书卷六辑出《双砚斋词话》,收入《词话丛编》。

邓廷桢总集一种:《巧搭约选》②不分卷,清嘉庆二十一年(1816)序刻本,题为邓廷桢评选,邓廷柱参校。

3. 存目著作

据刘声木《桐城文学撰述考》卷二著录:邓廷桢撰有《妙吉祥室词》。又,孙兆溎《片玉山房词话》谓邓廷桢:"尤善填词,所著《妙吉祥室词稿》,衮然成集,尚未付梓。亟录数阕,以志知遇。酬林少穆寄诗称寿《沁园春》四阕云云;重阳日拈重九字,离合成章,戏谱《金缕曲》云云;铜雀台怀古《买陂塘》云云;《柳梢青》云云。"③

---

① 按:邓邦述辑有《群碧楼丛刊》,民国九年(1920)至十一年江宁邓氏刊本。目录如下:《双砚斋诗钞》十六卷、《词钞》二卷、《诗双声叠韵谱》一卷、《许氏说文双声叠韵谱》一卷、《双砚斋笔记》六卷、邓嘉纯撰《空一切庵词》一卷、邓嘉缜撰《晴花暖玉词》二卷。故《诗钞》《词钞》《笔记》又均有《群碧楼丛刊》本。

② 按:刘声木《桐城文学撰述考》卷二亦有著录,卷数不清。

③ 严迪昌编著:《近现代词纪事会评》,黄山书社1995年版,第11页。

（五）姚椿

1. 生平与师承

1777—1853，字春木，一字子寿，号樗寮生，又号樗寮子、樗寮病叟、东畲老民，自称蹇道人。斋名有樗寮、养气居、通艺阁、晚学斋等。江苏娄县（今属上海市）人。四川布政史姚令仪长子。十岁通声律，年十八以国子监生应顺天乡试，名噪京师。后来屡试不售，不复应举。嘉庆十年（1805）至十五年，姚椿遵父命师事姚鼐，从此以后"屏弃夙习，一志求道"，重程、朱理学，"论文必称桐城"。嘉庆二十年，姚椿复至金陵跟从姚鼐学习。姚鼐殁后，姚椿为其裒辑遗书。道光元年（1821）与彭兆荪同举孝廉方正，不就。晚年主讲开封彝山、荆南龙山、松江景贤书院。刘声木谓"其文义法高洁，不事雕琢，磅礴而出，和平淳雅，穆然雅音，实以度胜，而中含实理，得桐城之正绪"①。

2. 现存撰述

姚椿纂方志一种：《禹州志》，即《（道光）禹州志》，二十六卷，朱炜修，姚椿、洪符孙纂，道光十五年（1835）刻本。《禹州志》自乾隆十一年（1746）修纂后，近百年迄未续修。朱炜来任八年，始集本州人士搜采掌故，延姚椿总司其事，姚椿复携其友洪符孙来为考证诸史地理与它书以证旧志之误，并兼订凡例。该志卷首有抚豫使者蜀州杨国桢，按察使加三级张坦，按察使统辖全省驿传事务加三级经额布，开封府知州加三级存业，禹州知州朱炜等人的序，纂修志姓氏，目录，凡例，志图说，院檄。次分舆图一卷，表五卷，志十一卷，列传八卷，识余一卷，志原一卷。是志较前志"补阙删繁，正讹须断，体例即精，典文亦雅"②。

姚椿日记一种：《樗寮日记》，手稿本，不分卷，并自题。此日记始道光元年（1821）辛巳，迄四年甲申，为姚椿四十五岁至四十八岁时，排日所记。内容上取法黄陶庵、刘忠端、陆清献，以读书修省为主。每日立

① 刘声木：《桐城文学渊源考》卷六。生平事迹参见《清史稿》卷四百八十六；《清史列传》卷七十三；沈曰富：《姚先生行状》，见《续碑传集》卷七十八，上海古籍出版社1987年版，第1217页；刘声木：《桐城文学渊源考》卷六小传等。

② 按：可参考王毓主编，王喜荣、李宝玲副主编：《河南档案珍品评介》（内部资料）之侯智娟"清道光禹州志"评介，第238页。

敬、怠、义、欲四格,以自检察。王欣夫《蛾术轩箧存善本书录》曰:"甲申季春,弟子枢楗官宝应教谕,奉亲就养。以私淑止泉,而亲临其乡里,校刊其遗书……所书即用刊《止泉遗书》板格,涂乙密注,并以朱笔圈识,可见用心之不苟。旧为故友封君衡甫簀进斋所藏,书跟四字,犹其手笔。数年前,其嗣耐公持以归余者。"①

姚椿诗文集三种:一是《通艺阁集》,道光二十年(1840)至咸丰三年(1853)刻印,南京图书馆藏。内《通艺阁诗录》八卷、《通艺阁诗续录》八卷、《通艺阁诗三录》八卷、《晚学斋文集》十二卷、《通艺阁和陶集》三卷、附《白石钝樵集禊帖诗》一卷。《通艺阁诗录》八卷,卷首姚椿道光癸巳仲夏《自序》曰:"友人胡君乃取己巳以前所作,定为八卷而付诸梓。予于诗不甚爱惜,先是王惕甫典簿、吴谷人祭酒为予点定三册,皆为人携去,不可踪迹。友人彭湘涵以见责,乃使录而存之,今与生甫所定本是已。"次何其伟《题辞》曰:"壬辰春,姚子寿以新刻《通艺阁诗录》见示,快读一过,题此奉质。"道光七年丁亥嘉定胡澄《后序》曰:"澄读先生诗,以知先生心志之所存,而益叹其学之深且广也。虽然,又何以量先生之学之深且广乎哉!雠较三阅月而竟定己巳以前诗八卷,既付梓。"《通艺阁诗续录》八卷,卷首有陆日爱《题词》,又咸丰乙卯秀水门人杨象济《序》曰:"先师娄姚先生诗凡四集,计三十二卷,青浦何君书田尝刻其一,此《续录》八卷,为第二集。先生殁后,与同门诸君鸠资刊刻者,其后二集则韩君渌卿曾谋付梓。会江南兵兴,事未果。"《晚学斋文集》十二卷,卷首为《序》,道光十二年冬十二月王柏心撰,次《校订〈晚学斋文集〉姓氏》有顾广誉、秦缃业、沈曰富、陈克家、陈寿熊等。咸丰二年九月杨象济《刻〈晚学斋文集〉跋》曰:"今年春,象济渡松江谒师,再宿南埭草堂,师出自贮稿本见示,归与计日羲伯丈述之,乃相与校订,约同门吴江沈南一,襄事重订为十二卷,易以今名,付诸梓。"是书卷一论著十篇,卷二序跋题辞二十二篇,卷三序跋题辞二十五篇,卷四序跋题辞二十六篇,卷五书札二篇、序跋题辞十一篇、字说一篇、寿言一篇,卷六传记九篇,卷七碑记七篇、墓表三篇,卷八墓志铭十四篇,卷九墓志铭十四篇,卷十记

---

① 王欣夫撰,鲍正鹄、徐鹏标点整理:《蛾术轩箧存善本书录》,上海古籍出版社 2002 年版,第 126 页。

九篇,卷十一赋一篇、赞四十三篇,卷十二箴十一篇、铭二十九篇、诔文一篇、吊文一篇、送神曲三篇,计二百四十三篇。正文前有分卷目录。《通艺阁和陶集》三卷,卷首有道光二十三年冬月《自序》,叙述自己写作和陶诗的缘由,说道:"渊明于千载之上,予衰病无聊,吟侣又去,无以自遣,前后取渊明诗和之,久而集成卷轴,遂分为三卷。"次王柏心《题辞》,次毕华珍《集陶二首》。正文部分:卷上为五言诗六十九首,门人沈曰富校;卷中为五言诗五十二首,门人陈克家校;卷下为四言诗五十三首,门人陈寿熊校。后附道光戊申陆日爱《跋》曰:"因先生门人沈君南一(曰富)、两陈君梁叔子松,谒见于岁寒亭,获读是编。以毕氏聚珍版所印无几,请归更付剞劂,先生许之。"道光戊申(1848)陆日爱的《跋》说:"因先生门人沈君南一(曰富)、两陈君梁叔子松,谒见于岁寒亭,获读是编。以毕氏聚珍版所印无几,请归更付剞劂,先生许之。先生弟建木先生用兰亭帖字集成诗一卷,亦前此所未有,因并刻焉。"即附《白石钝樵集禊帖诗》一卷,姚椿弟姚楗撰,五言绝句二十四首。二是《通艺阁文集》六卷,道光间庄仲方活字印本,南京图书馆藏。杨象济《刻〈晚学斋文集〉跋》曰:"吾师春木先生《文集》初刻于杭,凡六卷,仍前刻诗集例曰《通艺阁文集》,以聚珍版排印。"即自编《通艺阁文集》。三是《樗寮文续稿》,民国二十五年(1936)上虞罗氏蟫隐庐印本,一卷,南京图书馆、南京大学图书馆藏。内封署"姚春木樗寮文续稿 丙子仲夏蟫隐庐印行"。卷首有罗振常《序》,说:"旧抄本《樗寮文续稿》,数年前得之于浙中,不知何人所辑,凡为文三十一首。"知《樗寮文续稿》曾有旧抄本,考校《樗寮先生全集》中所收之文,只有七首,另二十四首未刊。《序》又云:"《全集》已刊者有《通艺阁诗录》二十四卷、《晚学斋文集》十二卷、《和陶集》三卷、《樗寮诗话》三卷,近人又辑刻其《集外诗》一卷。据《行状》(沈曰富撰)有《文续录》若干卷,稿藏于家,此本止一卷。又《文录》为樗寮自定,其《续稿》自当名《晚学斋文续录》,不当用樗寮,更不当以已刻者羼入。则此本非其家藏之稿,而为友朋门人所辑,断可知也……篇末多署年月,大率为道光二十七、八年,樗寮没于咸丰三年,盖均晚年之作。"是书收论著四篇、书一篇、序跋题辞十六篇、阡表一篇、志铭墓表四篇,计二十六篇。原旧钞本所收《樗寮全集》已刊七篇仅列其篇目及所署年月。

姚椿词集一种：《洒雪词》三卷，旧钞袖珍本，卷首有道光癸巳《自序》，署"海上白石生"；次为陶梁、张鸿卓、雷文辉、王友光题词，王柏心、刘淳评语；次为词上、中、下三卷，不以令、慢铨次，凡三百余首。

姚椿诗话一种：《樗寮诗话》，道光间刻本，南京图书馆藏。此书由沈曰富编次，韩应陛校刊。共三卷：上卷为诗话三十八则；中卷为诗话三十一则；下卷为诗话三十四条。又有附《通艺阁和陶集》后，道光己酉（1849）仲夏日镂家刻本，编次相同。是书凡百余条，以录评乾嘉间诗坛事为主，论诗则多摭拾时议。卷上载其师姚鼐《与张荷塘论诗》诗，称其师一生论诗宗旨具此，值得玩味。

姚椿编纂总集二种：一是《古文辞类纂补编初目》，不分卷，一册，旧钞稿本。扉页题"樗寮先生手定续纂目录　松筠钞藏"，钤"圭璋特达"朱文长方印。王欣夫《蛾术轩箧存善本书录》云："姚姬传《古文辞类纂》，续之者有黎莼斋庶昌、王益吾先谦两家。黎本一承姚选范围，而益所未备。王本则专选清代，以桐城文派为宗，视黎选更隘。世不知先有春木《补编》也。"①是选有论辩一百九十四篇、序跋一百七十八篇、奏议二百三十九篇、书说一百七十篇、赠序三十九篇、诏令二百又六篇、传状三十九篇、碑志一百二十八篇、杂记一百二十九篇、箴铭五十二篇、颂赞三十六篇，附录连珠一百十八篇、辞赋七十六篇、哀祭三十六篇，共计一千六百九十三篇。选文容量远超姚选。二是《国朝文录》八十二卷，咸丰元年（1851）终南山馆刻本。内封署"咸丰元年秋季 国朝文录 终南山馆校刊"。首有咸丰元年张祥河《序》、道光三十年（1850）姚椿《自序》、沈曰富《国朝文录述例》《国朝文录校勘题名》《国朝文录目次》。是书依姚鼐《古文辞类纂》体例，收文一千三百八十篇，分十七类，自论辩类始至祭文哀诔类终。选文原则以桐城为圭臬，录有方苞、刘大櫆、朱泽澐、姚鼐、王昶、管同诸家文。姚椿《自序》谓："其意以正大为宗，其辞以雅洁为主，中间小有出入，要必于理无甚悖者，然后辑焉。凡综录之文，一曰明道，一曰纪事，而考古有得，与夫辞章之美，因以附见。"其中选全祖

---

① 王欣夫：《蛾术轩箧存善本书录》，第 348 页。

望、王源诸家史论,张惠言、彭兆荪诸人赋篇,采择甚当。张祥河《序》称至道光三十年,是书始成,可见编者几尽毕生心力才搜罗全篇。是书又有光绪二十六年(1900)扫叶山房石印本。

3. 存目著作

刘声木《桐城文学撰述考》卷三著录姚椿撰有《周易集义》,卷数不清,有注曰"补□卷,陈寿熊补撰,已脱稿,未分卷";《易传》,卷数不清,有注曰"缺《系词》";《易赞》一卷;《通艺阁诗后录》,卷数不清;《通艺阁诗别录》,卷数不清;《通艺阁词录》,卷数不清;《晚学斋文续录》①,卷数不清;《望云集》,卷数不清;《樗寮随笔》,卷数不清;《茸城笔记》,卷数不清;《通艺阁家藏书目》②,卷数不清;《校定朱子文选》,卷数不清;《校定朱子语类选》,卷数不清;《节行传》,卷数不清。《国朝学案》,卷数不清;《五朝长律偶钞》,卷数不清;《四朝长律偶钞》,卷数不清;《七言绝句偶钞》,卷数不清;《望风集》,卷数不清;《国朝诸家七言长句选》,卷数不清;《云间小课》二卷;《樗寮课儿试帖诗》③,卷数不清。

(六)伍长华

1. 生平与师承

1778—1840,字实生,一字云卿,号愚泉,江苏上元(今属南京市)人。回族。师事姚鼐,受古文法。嘉庆十八年(1813)举于乡,十九年会试,中"探花",授翰林院编修。后四校京闱,主浙江乡试,督广东学政。道光二年(1822)以后历任广西右江道,广东、长芦盐运使,在任清理盐务积弊,迁甘肃按察、云南布政使。整顿云南铜务。旋擢湖北巡抚,署湖广总督。道光二十年革职归里。④

2. 现存撰述

伍长华纂方志一种:《道光两广盐法志》三十五卷。道光十六年

---

① 按:姚椿弟子沈曰富为其撰写的《行状》,见《续碑传集》卷七十八,上海古籍出版社 1987 年版,第 1217 页,谓姚椿"又有《文续录》《词录》《樗寮随笔》《茸城笔记》,今藏于家",盖均为未刊稿。

② 按:据何惠明、王健民主编,上海市松江县地方史志编纂委员会编著:《松江县志》,上海人民出版社 1991 年版,第 1120—1121 页,卷三十二"文献"类著录:姚椿编纂有《姚氏家藏书目》,稿本,或即此书。

③ 按:姚椿《晚学斋文集》有《樗寮课儿试帖诗题辞》一文。

④ 生平事迹参见郑献甫撰:《伍长华墓志铭》,见《补学轩文集》卷四;《伍长华列传》,见《续碑传集》卷二十一等。

（1836）刻本。是书由时任两广总督阮元主修，分为制诏、律令、历代盐法考、六省行盐表、引饷、价羡、场灶、经费、生息、捐输、职官、杂记、铁志等十五门①。

3. 存目著作

《云南铜法志》，道光年间，伍长华出任云南布政使。滇地产铜，云南布政一职向以铜务为重，伍长华到任后，亲躬体察各矿盛衰及历任弊端，提出革新主张，撰写是书②。原书今未见。

（七）管同

1. 生平与师承

1780—1831，字异之，号育斋，江苏上元（今南京市）人。道光五年（1825）中举，座师乃其友陈用光。道光六年入邓廷桢幕。早年与梅曾亮、陈用光、邓廷桢、刘开等人从姚鼐肄业于钟山书院，深得姚鼐赞许。姚鼐称之为"得古人雄直气"，期以"智过于师，乃堪传法，须立志跨越老夫，乃为豪杰耳""为国一人物"。字"异之"，为姚鼐所起，取"君子以同而异"之意。《清史稿·管同传》："鼐门下著籍者众，惟同传法最早。"③其文擅长议论，劲直峻健；诗浩达朗峻，颇有创意。④

2. 现存撰述

管同史部著作二种：一是《孟子年谱》一卷，清抄本。卷首有《识语》，谓阎若璩所撰的《孟子生卒年月考》虽然堪称辨博，但仍然还有舛误，因此取《史记·六国年表》，参考他书，写成此书，以补阎氏之缺失。此谱认为孟子生卒年月本不可知，其略可知者，某年有某事而已，所以书名题写为"年谱"。另外，此谱对孟子邹人的问题、孟子受业子思的门人问题，也引证文献，详加论说，可正前人之失。二是《七经纪闻》四卷，道光十九年（1839）刻本，又有上海石印袖珍本。多记述所见所闻及传说故事，有不少

---

① 按：参考赵启林主编：《中国盐文化史》，大象出版社 2009 年版，第 467 页相关论述。
② 按：参见王华北主编《少数民族谱牒研究》，中央民族大学出版社 2013 年版，第 193 页关于南京伍氏家族的论述。
③ 赵尔巽等撰：《清史稿》，中华书局 1977 年版，第 44 册，第 13426 页。
④ 生平事迹参见《清史稿》卷四百八十六；《清史列传》卷七十三；方东树：《管异之墓志铭》，见《考槃集文录》卷十，光绪二十年（1894）刻本；方宗诚《管异之先生传》，《柏堂集续编》卷十二，光绪七年刻本等。

寓言。卷首有方东树《序》谓:"《七经纪闻》四卷,吾友上元管异之同所著也,仪征阮相国、江宁邓尚书重许之,叹为通儒不朽,信非虚美矣。"

管同诗文集一种:《因寄轩文集》十六卷,道光十三年(1833)管氏刻本,天津图书馆藏。内《文初集》十卷、《文二集》六卷,附《补遗》一卷[①]。《因寄轩文初集》十卷,卷首邓廷桢道光十三年《序》曰:"不意其不至年中寿而竟死也。异之家贫,子又甚幼,余恐其遗稿散失,亟哀而刻之。……是役此编次为梅伯言郎中,校勘为金小韦副榜,皆用功甚勤,能不负死友者。"又梅曾亮《书后》亦曰:"异之卒于道光十一年,明年,今巡抚安徽邓公为刻其遗集,命曾亮曰:'必有序'。"《文初集》的编纂分类一依姚鼐《古文辞类纂》。卷一杂著十一篇;卷二论五篇、议一篇;卷三题跋十二篇;卷四拟奏议二篇;卷五序八篇;卷六书十四篇;卷七碑三篇、记二十篇;卷八传九篇、行状二篇;卷九墓志铭六篇;卷十赋三篇、箴一篇、赞三篇、祭文六篇,共十卷一百零六篇。《因寄轩文二集》六卷,卷首姚鼐亲笔题《序》。次休宁陈兆麒《序》于道光元年,早管同遗集刊刻十余年,《序》解释云:"异之之文脍炙人口,见者辄持去,余谓:盍镌诸板以免散遗,而曰:不可,吾年甫逾四十,镌之太蚤。……虽然,予今老矣,二十年后能保颓然尚存而序君之文乎哉? 乃预为弁言以归之。"又《补遗》一卷共九篇:书二篇,序三篇,说一篇,赞一篇,记一篇,题跋一篇。又有光绪五年(1879)重刻本,又光绪九年重刻本,南京大学图书馆藏,分装天、地、人、物四册。光绪癸未(1883)从子炳奎《跋》曰:"右世父异之公所著《因寄轩初集》十卷、《二集》六卷、《补遗》一卷,初刻于邓嶰筠先生,重镌于合肥张君楚宝、同学顾君子鹏、邓君熙之。"《因寄轩文初集》十卷,卷首姚鼐亲笔题《序》、陈兆麒《序》,道光十三年刻本置于《文二集》卷首。又增合肥张士珩撰《小传》,有曰:"即言乎文,其劲气峻骨,亦绝出流辈,年四十七卒。"次目录,末曰:"同里金绶若洲氏原校,江宁邓嘉缉熙之校。"《文二集》六卷,又《补遗》一卷,亦曰:"同里金绶若洲氏原校,合肥张士珩楚宝校。"《补遗》收文十首,较道光十三年刻本增补

---

① 按:管同诗作未结集,多存录在诗歌总集中,如徐世昌《晚晴簃诗汇》卷一百三十一收录其《题汪孟慈礼堂授经图》一诗,谓其"诗朗峻,兼有苏、黄之胜"。见徐世昌编:《晚晴簃诗汇》,中华书局1990年版,第5671页。

《佩文广韵汇编序》一首,注曰:"右序原集无之,刊已竣,或持汇编属补入。阅之笔气不相辅,视集中诸作,泾渭显然。且疵类抑甚,殆假托者为之,然疑以传疑,故既补刊而识之如此。"

3. 存目著作

清顾云撰《盎山志》著录管同撰有《文中子考》《战国地理考》,谓"未刊行"①。刘声木《桐城文学撰述考》卷二著录管同撰有《周礼□□》若干卷、《五经纪闻》一卷、《四书纪闻》一卷、《大学浅说》若干卷、《校定地理犀精》若干卷、《管氏族谱》若干卷、《宗祠条规》若干卷,以及《离骚注解》若干卷,且注曰:"未成。"

(八)梅曾亮

1. 生平与师承

1786—1856,字伯言,谱名曾荫,晚号相月斋居士,江苏上元(今属南京市)人,世居宣城柏枧山。道光元年(1821)进士,以知县用。援例改户部郎中,居京师二十余年。晚归主扬州书院讲席,复馆于河督杨以增家。姚鼐主讲钟山书院,梅曾亮与邑人管同俱出其门,为"姚门四杰"之一。少时工骈文,及长,始有志于汉唐之作者,其为文"义法",一本之桐城,稍参以归有光,而尤心折管同。梅氏亦为桐城派一代宗师,李详《论桐城派》谓:"至道光中叶以后,姬传弟子仅梅伯言郎中一人。当时好为古文者,群尊郎中为师,姚氏之薪火,于是烈焉!"②

2. 现存撰述

梅曾亮诗文集三种:一是《柏枧山房文集》十八卷,海源阁梅氏手订稿本,版心刊注"柏枧山房文稿"。中国国家图书馆藏,分九册装订。含古文十六卷,骈体文两卷。咸丰四年(1854)秋,梅氏因避太平天国乱,移居清江,馆于杨以增家。杨氏出所录副本,请梅氏亲为删益手订,请高均儒担任校勘,上版刷印,以为其七十大寿之贺。文后有高均儒咸丰

---

① 顾云:《盎山志》卷五,光绪九年(1883)刻本。

② 李详:《论桐城派》,载《国粹学报》1909 第 4 卷第 12 期。生平事迹参见《清史稿》卷四百九十一;《清史列传》卷七十三;《江宁府志·梅曾亮传》;《碑传集补》卷四十九(包括吴敏树《梅伯言先生诔辞》、朱琦《柏枧山房文集·书后》);李元度纂《国朝先正事略》,岳麓书社 2008 年版,卷四十三;吴常焘《梅郎中年谱》,《国专月刊》1936 年 4 卷 1 号;刘声木《桐城文学渊源考》卷七小传等。

六年《跋》，董文焕同治十一年（1872）《跋》。二是《柏枧山房集》三十一卷，咸丰六年杨氏海源阁刻本，南京图书馆藏。以梅氏手订本为底本。首冠杨以增《柏枧山房集序》；次编年体《柏枧山房文集目录》，次《文集》正文十六卷；次《文续集》一卷，次朱琦《柏枧山房文集书后》，次方东树《后序》；次《柏枧山房诗集》之《自序》，次编年体《柏枧山房诗集目录》，次《诗集》正文十卷；次《诗续集》二卷；次《柏枧山房骈体文》卷上卷下。杨以增在世时，先刊刻十六卷《文集》成，《文续集》《诗集》和《骈体文》计十五卷刊刻未半，杨氏遽逝（高均儒《跋》称："《诗集》刻未三卷"）。其子杨绍毅、杨绍和兄弟继其父志，为续刊成。因杨氏卒后仅二十四日，梅氏亦病逝，故全集之出版，梅氏也未及过目。咸丰六年本，当为梅氏全集现存之最早刻本。又有咸丰六年刻、同治三年补刻本。因咸丰版刻质量不佳，至同治初年，部分版本已漫漶模糊，故同治三年补版以行世。补版者有：卷首杨以增《柏枧山房集序》，卷十六《祭陶文毅公文》，文续集之《姚姬传先生尺牍序》《季谐寓先生墓志表》《兵部侍郎江南河道总督杨公家传》，计文五篇，字体亦明显不同。同治本编次同咸丰本。三是《（精刊）梅伯言全集》三十一卷，光绪二十七年（1901）石印本，南京图书馆藏。与咸丰本编次多有不同，首登诗集《自序》，次杨以增《文集序》，次不编年目录，次文集正文，次朱琦《书后》，次方东树《后序》，次朱庆元《跋》，次《文续集》，次《骈体文》上下卷，次复诗集《自序》，次诗集编年目录，次诗集十卷，次《诗续集》。据朱庆元《跋》云：为梅氏手写原稿。然《姚姬传先生尺牍序》《季谐寓先生墓表》《兵部侍郎江南河道总督杨公家传》三篇系取自同治补刻本。又此本并非全集，比咸、同本少了五篇文章：即卷二《答朱丹木书》前之《上某公书》，卷三《汤相国八十寿序》前之《陆立夫六十寿序》，卷五《金石汇选序》前之《闲存诗草跋》《温崖生遗稿序》，卷十四《貤赠奉直大夫陈府君墓志铭》前之《陕西巡抚邓公墓志铭》①。又有民国七年（1918）蒋氏慎修书屋本，南京图书馆藏。民国四年四月，金陵蒋国榜购得咸丰六年刻同治三年补刻本，加以整理，并

---

① 参见梅曾亮著，彭国忠、胡晓明校点：《柏枧山房诗文集》前言，上海古籍出版社2012年版，第21—30页。

请王瀣署端,蒋氏自撰《题辞》于篇首,于民国七年上版,重印问世,即《续修四库全书》本《柏枧山房集》之底本。

梅曾亮编选总集一种:《古文词略》二十四卷,同治六年(1867)合肥李氏刻本。卷首有《凡例》谓:"姚姬传先生定《古文辞类纂》,盖古今之佳文尽是矣。今复约选之,得三百余篇,而增诗歌于终。"是书选文宗旨:"论古今成败人物,子瞻、明允为优,然词繁而义亦俭矣。管仲、留侯诸论其笔势多可喜,盖便于学科举者焉。要其文之至者,别有在也。子由诸论则无取焉耳。文衰于东汉,诗至齐梁弱矣,以其未入于律也而概谓之古诗,则子建、叔夜之文未尝非古文也,然气则靡矣。今取王渔洋《古诗选》为鹄而汰其大半,于李杜韩之五古则增入之。"因此,以姚鼐所辑《古文辞类纂》为蓝本,从中约选出历代散文三百余篇,分为二十卷;又以清初王士祯所辑《古诗选》为基础进行增删,选取元代以前的古诗若干首,分为四卷,合为一编。选本总体分古文与诗歌两部分,共十三类:论辨、序跋、奏议、书说、赠序、诏令、传状、碑志、杂记、箴铭赞颂、哀祭、词赋、诗歌。其中录文两百五十七篇;古诗三百二十九首。收录的诗文后有点评,品评内容包括考证、分析字词用法、备注用韵、分析结构及主旨等。末有谢章铤《跋》谓:"惜抱之选古文,善矣。伯言约之,则愈善矣。"又有光绪三十一年(1905)京师宏道学舍铅印本。书名叶题:"京师大学堂鉴定 陈太仆吴京卿评古文词略读本 京师宏道学舍印",下半叶又题有:"光绪叁拾壹年五月出版 古文词略 光绪叁拾壹年九月再版 定价壹圆贰角 编辑者上元梅曾亮伯言氏 发行所北京宏道学舍 印刷所作新社活版部 发行所 上海棋盘街商务印书馆济南后宰门官书局"。

(九)毛岳生

1. 生平与师承

1791—1841,字生甫,一字饮兰,号兰生,先世籍隶江苏宝山(今属上海市),后迁居江苏嘉定(今属上海市)。毛际盛子。诸生。以祖大瀛荫袭云骑尉。幼孤贫。未弱冠,以《白雁诗》得名。尝从桐城姚鼐学,受古文"义法",后流寓闽中十余年。生平博综经史,于文字训诂,天文舆地,靡不精究,曾补辑钱大昕《元史》残稿,纂录考证积至数十册。程庭鹭《休复居诗集序》谓其诗"始由西江宗派变化杜、韩,后乃自辟门径,戛然示异,入之深邃,出之坚峻"①。黄汝成《休复居文集序》谓其文"议论雄博,序事简明,词采义法皆极体要"。②

2. 现存撰述

毛岳生诗文集一种:《休复居诗文集》十二卷,道光二十四年(1844)嘉定黄氏西溪草庐刻本。录《文集》六卷、《诗集》六卷,附《元书后妃公主列传》一卷。卷首为连平练廷璜《总序》曰:"黄君子仁刻其诗文集各六卷,而属序于廷璜……生甫于诸史尤长,蒙古一代事以宋濂等《元史》多疏漏,欲撰《元书》百卷,事实具而属文未成,成者只《后妃公主二传》,今附《文集》后。"次程庭鹭《休复居诗集序》曰:"今去生甫之殁已三载,遗著幸已付刊,《文》则亡友黄潜夫预有《弁言》,惟《诗序》阙如……(余)书之简。"黄汝成《休复居文集序》写于道光十五年,曰:"先生文尝别录得议、辨、记、说、序、志、祭文若干首,欲先为刊刻以传。"卷末陈克家《跋》曰:"《休复居诗文集》,吾师生甫先生所著。先生在日,诗文率多草稿,无编写者。殁后,明年,克家至嘉定,从先生家求遗稿,丛杂无次,诗又特甚,既悉为甄录,凡各六卷。今黄丈所刊者是也。"又有光绪二十一年(1895)重刻本,江西省图书馆藏。民国二十五年(1936)宝山滕氏据道光本影印,南京大学图书馆藏。又有别本《休复居诗》不分卷,咸丰八年(1858)张家骥钞本,一册,国家图书馆藏。

3. 存目著作

据刘声木《桐城文学撰述考》卷二著录:毛岳生撰有《穀梁传疏》(注曰:"未成。")。

(十)温葆琛

1. 生平与师承

1800—1888,字明叔,曾名肇洋、葆淳③、葆深④,江苏上元(今属南

---

① 程庭鹭:《休复居诗集序》,见《休复居诗文集》卷首,道光二十四年(1844)嘉定黄氏西溪草庐刻本。
② 黄汝成:《休复居文集序》,见《休复居诗文集》卷首,道光二十四年(1844)嘉定黄氏西溪草庐刻本。生平事迹参见《清史稿》卷四百八十六;《清史列传》卷七十三;姚椿:《毛生甫墓志铭》,见姚椿:《晚学斋文集》卷八,光绪十年(1884)重刊本;葛士仁:《五友传》,《续碑传集》卷七九等。
③ 按:《明清进士题名碑录索引》作"温葆淳",见朱保炯、谢沛霖编:《明清进士题名碑录索引》,上海古籍出版社1980年版,第1163页。
④ 按:左宗棠有《侍郎温葆深在籍病故代递遗折折》一文,见《左宗棠全集·奏稿八》,岳麓书社2014年版,第385—386页。

京市)人。道光元年(1821)举人,二年进士,授检讨。咸丰、同治两代帝师。历任宗人府府丞、户部右侍郎、经筵讲官、紫禁城骑马。道光二十年出任福建学政。光绪二年(1876)正月因病辞去户部右侍郎。光绪五年重赴鹿鸣宴。光绪六年,重赴恩荣宴,钦加头品顶戴太子少保衔。师事姚鼐、梅曾亮,受古文法,姚鼐为之评点《左传》《礼记》诸书,开示途辙。杨钟羲《雪桥诗话》谓:"温明叔侍郎及惜抱之门,深于历算之学,与梅伯言甲乙科,皆同榜,自谓实师事之。"①

2. 现存撰述

温葆琛子部著作一种:《春树斋丛说》一卷,光绪二年(1876)金陵温氏刻本。又名《西法星命丛说》。卷首有温葆琛《序》一篇。此书为温葆琛术数命相之作,主要讲选择和星命之学,介绍了几十位科学人物,并大量引述前人著述,保存了大量的数学与天文学知识。1997 年北京出版社《四库未收书辑刊》据此影印出版。

(十一)刘钦

生平与师承

生卒年不详,字殊庭,江苏江宁(今南京市)人。师事姚鼐,受古文法,称高第弟子。参与校勘吴启昌刊本《古文辞类纂》。撰述多散佚。②

(十二)吴启昌

1. 生平与师承

生卒年不详,江苏江宁(今属南京市)人。师事姚鼐,受古文法。校刊姚鼐晚年主讲钟山书院时定本《古文辞类纂》。③

2. 撰述

吴启昌有校刊本《古文辞类纂》,七十五卷,道光五年(1825)江宁吴启昌刻本。为吴启昌用梅曾亮、管同、刘钦校本刻于江宁,七十五卷(把康绍镛本的第七十二卷分为两卷),没有圈点,篇目略有增删,世称"吴本"。

---

① 杨钟羲撰集、刘承干参校:《雪桥诗话余集》,北京古籍出版社 1992 年版,第 423 页。生平事迹参见刘声木:《桐城文学渊源考》卷四小传。

② 生平事迹参见刘声木:《桐城文学渊源考》卷四小传。

③ 同上注。

二 私淑弟子

（一）李兆洛

1. 生平与师承

1769—1841,字绅琦,更字申耆,尝颜其室曰"养一",故晚号养一老人,学者称养一先生,江苏阳湖（今属常州市）人。先世本无锡夹山王氏,明万历间王本成以播迁育于武进辋川李氏,遂冒姓李。少从卢文弨问业。嘉庆九年（1804）举江南乡试第一。明年,成进士,授翰林院庶吉士。十三年,散馆,选安徽凤台知县。去官后,主讲江阴暨阳书院二十年。殁后,入安徽名宦祠。推尊"桐城派"姚鼐的学说,甚至"恨不得在弟子之列"①,又与毛岳生、吴德旋、董士锡、吴育、姚莹等友善,以文学相切摩。治经讲"微言","以礼义为准","不规矩于性理之说";研史"随事立说,因宜见义";论文主张骈散合一,以为"秦汉之骈偶,实唐宋散行之祖",其为文,取材宏,研思沉,性情融怡,事理交畅。又通晓天文、地理、声律之学。②

2. 现存撰述

李兆洛史部撰述六种:一是《读纲目条记》二十卷。嘉庆八年（1803）刻本。嘉庆八年,兆洛友李述来读《通鉴纲目》,有疑滞,辄条记之,以示兆洛。兆洛为之研寻订正,凡地志、天官、朝典、家乘,遗章断句,靡不综究,弥月而成。

二是《皇朝一统舆图》,原图简称《舆地图》。图首附以东半球全图,以天干、地支为分度标记,基本上以十二天干为主,辅以乾、坤、艮、巽、甲、乙、丙、丁、庚、辛、壬、癸;每"字"相当五度。余均为分省图,按"计里划方"定位,每方为百里。又有《皇朝内府一统全图》一卷。合肥李鸿章重刊《李氏五种》本。嘉庆中,李兆洛在北京,得《图书集成》中舆地图本,苦其不著天度,又府各一图。继得康熙《内府舆地图》,大于《集成》

---

① 按:刘声木在《桐城文学渊源考》卷九中称李兆洛"师事姚鼐,受古文法",而在《补遗》中又谓:"私淑姚鼐,自恨不得在弟子之列。"

② 生平事迹参见包世臣撰:《李凤台传》,《养一斋集》卷首,光绪四年（1878）重刊本;蒋彤撰:《李申耆先生年谱》;《清史稿》卷四百八十六等。

所绘,有天度,分省,并有外藩。又于广东巡抚库,见乾隆间所赐各省督抚《内府舆图》,则合绘之,东西为横幅长卷,而南北以次排之,欲临其本而未成。继乃得董祐诚所绘图,分为四十一图,大者数尺,小亦尺余。斗合既难,观者不易。乃总为一图,舒之则为屏幅,卷之则为册页,殊便寻览。是图凡阅三年而后成。操笔者,则弟子六承如及其从子严也。

三是《凤台县志》十二卷。初刻于嘉庆十九年(1814),民国二十五年(1936)颍上胜静斋重印,书后附余炳成重印说明。凤台旧有志,陋而不该。李兆洛重为纂辑,上溯周、秦,下迄清初,叙次精核,征引浩博,体例精善,是清代地方志中的名作。李兆洛《自序》谓:"凡居百里之地,其山川、形势、人民谣俗、苟有不晰,则不可以为治。"又曰:"其古今之变、因革之宜、土俗之淳漓,民生之勤窳,庶几足以备考览焉。"是书前十卷为正文,卷一"舆地",包括沿革、疆域、坊保、山川、形胜、分野;卷二"食货",包括风俗、户口、田赋、税课、引、硝额、额解、额支、捐摊、账恤;卷三"营建",包括城郭、公署、监狱、汛铺、仓廒、书院、津梁、坛庙、义冢;卷四"沟洫";卷五"官师";卷六"选举";卷七"艺文"包括载籍、金石、词赋;卷八"人物";卷九"列女";卷十"古迹";另有"图说"一卷,"附录"一卷。每卷大致结构是:本文、注解(双行小字)、出处、编者按。

四是《历代地理志韵编》二十卷,又卷八、卷九各分上、下卷,实为二十二卷。道光十七年(1837)活字排印本。是书收录地名来自历代正史《地理志》中的地名,即汉、后汉、晋、刘宋、南齐、北魏、隋、新唐、新五代、宋、辽、金、元、明十四部史书《地理志》中所载州、郡、县和唐、宋、金、元、明各志中的镇、堡、州府之类以及南北朝侨置州郡有实地可考者。清代新设政区也一并收录,下有"本朝"二字。全书地名依平水韵 106 韵部编排,在 1667 个同韵字下编排了一万多个地名。该书诠释地名精、全、明,是一部很实用的地名工具书。

五是《武进阳湖合志》,李兆洛主纂方志著作。三十六卷首一卷。此志为孙琬、王德茂修,道光二十三年(1843)刻本,故此志应名为《(道光)武进阳湖合志》,又有光绪十二年(1886)活字本。孙琬于道光十八年来任武进知县;王德茂,又名王德懋,道光十七年来任阳湖知县。道光十九年春孙琬、王德茂主张合修县志,并聘请李兆洛主纂,李氏未成书而卒，由周仪暐等人收其遗稿，汇集补苴，于道光二十二年成书。是志前列有总目、查文经等人《序》五篇、旧序六篇、目录、纂修职名；卷首为巡幸恭纪；卷一至卷三为舆地志；卷四为五行志；卷五为营建志；卷六为兵防志；卷七至卷十为赋役志；卷十一为食货志；卷十二为学校志；卷十三至卷十四为坛庙志；卷十五至卷十六为官师志；卷十七至卷十八为选举志；卷十九至卷二十一为旌表志；卷二十二至卷三十一为人物志；卷三十二至卷三十三为艺文志；卷三十四为金石志（附校勘记）；卷三十五为事略志；卷三十六为摭遗志。此志体例完善，内容详实，资料取舍编排严谨，"详稽而慎取，统贯而条分"①，堪称佳志。

六是《邹道乡年谱》一卷。光绪五年（1879）刻本，附《道乡先生文集》后。是书一作《邹忠公年谱》，谱主邹道乡，即宋人邹浩（1060—1111），字志完，常州晋陵（今江苏常州）人，遇赦归里后，于周线巷住处辟一园名"道乡"，故自号道乡居士，人称道乡先生，卒谥忠，著有《道乡集》四十卷。

李兆洛书学著作二种：一是《辨志书塾所见帖》四卷，《续刻》一卷，《补遗》一卷。清道光间石刻本，石藏常州暨阳书院。道光六年（1826）春至十四年秋，阳湖李兆洛辑，江阴孔宪三摹勒。此帖初刻起于宋，终于明，卷一为宋岳飞、文天祥、元余阙三家书；卷二至卷四为明赵南星等二十八人书。末题："右《辨志书塾所见帖》，随所见入石，故明时诸贤不能依先后次第。始道光六年春，断手于十四年秋。兆洛识。"《续刻》一卷收明邹元标等十七人书；《补遗》一卷刻明赵用贤至孙慎行九人书。容庚《丛帖目》曰："此帖（指续帖与补遗）陆续摹勒，道光二十一年未成而李氏卒，故自唐顺之以后，帖前无小楷署姓字，帖后无李氏跋。"张伯英云："李氏此刻，用意与《人帖》相同，申耆（兆洛）学问淹博，所采诸贤书无伪本。刻帖出自通人，精雅可观，非其他俗本所及。"二是《端溪砚坑记》一卷，凡一册。民国二十五年（1936）上海神州国光社铅印美术丛书本。书末附有咸丰二年（1852）高承钰《识语》，谓："嘉庆庚辰，先生游粤东，馆于康兰皋中丞所。越二年乃归，此稿作是时，中间颇有重沓，殆

① 见谭其骧主编：《清人文集地理类汇编》第 2 册，浙江人民出版社 1990 年版，第 368 页。

由随时札记,无意为书,后人辑录,遂无由详定之尔。"知是书为嘉庆二十五年(1820)至二十七年李兆洛实地考察端溪砚坑所记。刘声木《桐城文学撰述考》卷四著录,有注曰:"《栗香室丛书》本。"

李兆洛诗文集三种:一是《养一斋文集》二十卷,又《续文》六卷、《补遗》一卷。道光二十三年(1843)活字初印、道光二十四年增修本。前有同邑弟子薛子衡撰《养一李先生行状》。目录后有高承钰《识》,末有董志述《跋》。正文二十卷:卷一录辨说、议;卷二至卷六录序;卷七录题跋;卷八录书;卷九录赠送序、寿序;卷十录记;卷十一录碑;卷十二录墓志铭;卷十三录墓志铭、墓表、墓碑;卷十四录行状;卷十五、十六录传;卷十七录祭文、哀、诔;卷十八录赞、颂、铭;卷十九、二十录杂著。《续文》六卷,道光二十四年补编,有张式《后序》。卷一录序、议;卷二录题跋;卷三录书、寿序;卷四录碑、墓志铭;卷五录行状、传;卷六录杂文,附录:诗四言古诗一首、五言古诗三首、七言律诗二首、七言绝句四首,诗余二阕。《补遗》一卷。录文十篇。乃所得较迟,不及编入各类中者。本书有海源阁旧藏本,山东图书馆藏,《续修四库全书》据以影印。

二是《养一斋诗集》八卷,道光二十三年(1843)活字初印、道光二十四年增修本。共八卷:卷一录四言古诗三首、五言古诗三十六首;卷二录七言古诗二十七首;卷三录五言律诗三十八首、五言绝句十一首;卷四录七言律诗七十一首;卷五录七言绝句一百四十三首;卷六录别集文二首、诗四十一首、唱和二十一首;卷七录诗余十一阕;卷八为补遗。本书有海源阁旧藏本,山东图书馆藏,《续修四库全书》据以影印。又有光绪八年(1882)江阴刻本。四卷。内封牌记镌"光绪八年秋日栞于江阴"。卷首有光绪八年黄体芳《序》,谓:"首赋及诗而附以诗余凡四卷,盖仿《文选》编次之例,近年常州重刻本始裁出之,先生曾孙阳乞余为别刻,乃以赋二首,诗余三十余首,并附于诗后,题曰《养一先生诗集》,俾与文集并行焉。"是书一名《养一诗集》《养一先生诗集》,录诗七百八十九首,其卷一古体诗五十三首;卷二古体诗七十八首;卷三近体诗三百九首;卷四近体诗三百四十九首,另附"赋"二篇,"诗余"三十二首。

三是《养一斋集》二十四卷。光绪四年(1878)重刊本,凡十册,南京大学图书馆藏。前有光绪戊寅受业汤成烈《重刊李申耆先生养一斋文集序》、咸丰二年（1852）赵振祚《序》，又有道光二十五年（1845）包世臣撰《李凤台传》。内《文集》二十卷，《诗集》四卷附词，凡八册，编次均与道光本不同。又有《暨阳答问》二册。

李兆洛编选文学总集四种：一是《皇朝文典》七十四卷，嘉庆间扬州李淦校刻本。凡十六册。前有李兆洛《序》。道光初，李兆洛寓扬州，闻人纂辑清代文章，求观其稿，病其尚有乖紊，乃重加厘次，以类相从，成此书，刊之。

二是《小山嗣音》，李兆洛编纂地方诗总集。四卷，凡二册。嘉庆二十二年（1817）湘雪轩刻本。内封署记镌"嘉庆丁丑年镌/武进李兆洛选/小山嗣音/湘雪轩藏板"。卷首有李兆洛《自序》，又有嘉庆十九年周仪暐《序》。所谓《小山嗣音》者，寿州为汉淮南王故都，"小山"指寿州及其分治之凤台县，"嗣音"是指淮王客而以辞赋见称者。是集收录寿州及凤台自明至清嘉庆间诗作，李氏为凤台县令时"延礼耆秀，采揽故编，辑为《小山嗣音》"。卷一收录作者始于明洪武时举人罗昭，终于崇祯间诸生方育颖，共二十三家，诗一百一十八首；卷二始于清顺治间进士邓旭，终于顺治进士谢开宠，共四人，诗一百零一首；卷三始于康熙间秀才陈赤，终于乾隆举人邓宗源，共十一人，诗二百六十三首；卷四始于乾隆间秀才陈翰，终于嘉庆间秀才张佩，共十六家，诗一百四十五首。是书每卷正文前列分卷目录，标明所选诗篇的作者及所选诗的数量，正文包括部分所选诗之作者小传，所录诗作，颇多佳篇。

三是《旧言集初编、次编、广编》，李兆洛编选地方文学总集。道光四年（1824）、九年两次刊行。主要辑录以武进、阳湖地区为主，旁及他郡的诗人诗作。据李兆洛道光元年《旧言集序》载：乾隆壬子（1792）、癸丑间，常州议辑郡志，因搜求所属各县人士诗文小集，以备纂辑艺文。兆洛多所采访，寻编其中歌诗为此集，旋得旋编，不以前后为第，所冀来者更引其绪，逐可赓录，名姓之下，略具出处，使其世可论，亦微裨志乘之求也。道光四年始刊行《旧言集》，刊刻之后，不断有人将家藏先人诗作送至谋求刊刻，遂于道光九年再次刊刻，在刊刻过程中仍不断有人送至，故道光九年《旧言集》又分为初、次、广三编刊行。道光九年的《旧言集》八册不分卷，分为三编：初编七十六人，另庄明轩后附夏楚畹，庄西君后附庄莲佩,故实为七十八人;次编十二人;广编为非常州府人士,共五人。总计收录九十五人。

四是《骈体文钞》,李兆洛编纂骈文总集。三十一卷。道光元年(1821)合河康氏原刻本。据包世臣《李凤台传》载李兆洛于嘉庆十一年(1806)即着意编选《骈体文钞》,至嘉庆二十五年冬,始编成此书。全书选录秦至隋末七百七十四篇散文,分上、中、下三编。上编包括铭刻、颂、箴、谥诔、诏书、策令、檄移、弹劾十八类,共三百零九篇,是所谓"庙堂之制,奏进之篇";中编包括书、论、序、杂颂赞箴铭、碑记、墓碑、志状、诔祭八类,共二百一十九篇,多属指事述意之作;下编包括设辞、七、连珠、笺牍、杂文五类,共二百四十六篇,多属缘情托兴之作。李氏编选此书,以"奇偶不能相离""相杂而迭用"为原则,认为文之起源不分骈散,因此总集中体现"骈散合一"之旨。入选《史记·太史公自序》、贾谊《过秦论》、司马迁《报任安书》、刘歆《移太常博士书》、诸葛亮《出师表》等,便是这一宗旨的具体体现。是集与姚鼐《古文辞类纂》、曾国藩《经史百家杂钞》并称名选本。又有秀水王宝莹手校本,王欣夫《蛾术轩箧存善本书录》谓:"此为我叔祖星农公手校读本,朱墨两笔,眉批圈识,均极工整。有校勘,有考证,有逸闻,而不专以论文为事。其校勘也,依据善本以正舛讹外,又能探讨根源,以见异同。"[1]又有合肥徐氏重刻本、成都存古局本、中华书局《四部备要》谭献评点本。

3. 存目著作

《海国纪闻》二卷。嘉庆二十五年(1820)成书,未刊刻。据《养一斋文集》中《海国纪闻序》知:19 世纪初,吴兰修据中国水手谢清高提供的情况,写成《海录》一卷,兆洛取阅之,所言具有条理,于洪涛巨浸茫忽数万里中,指数如视堂奥。又于红毛、荷兰诸国吞并滨海小邦要隘处,辄留兵戍守,皆一一能详,尤深得要领。然以草草授简,未尽精审,或失检会,前后差殊。因属兰修招之来,将补缀而核正焉。而清高遽死,欲求如清高者而问之,则不可复得,乃就兰修所录,略加条定,疑则缺之;复约其所言,列图于首,题曰《海国纪闻》。是书多补足前史之阙。又刘声

---

① 王欣夫:《蛾术轩箧存善本书录》,第 346—347 页。

木《桐城文学撰述考》卷四著录。

《八代全文》，未刊。据蒋彤《李申耆先生年谱》载：嘉庆甲戌、乙亥间，扬州盐政校刊《全唐文》，孙星衍预其事。星衍寻与弟星衡及严可均撰集《八代文》，未竟业。道光二年，兆洛馆扬州鲍继培家，继培欲缮完进呈，乃以属诸兆洛。兆洛广为搜采，上自汉、魏，下迄于隋，阅三年书成，凡二部：其一以时代前后为次；其一则以类相从，分数十门[1]。

《江干香草集》不分卷。未刻。据蒋彤《李申耆先生年谱》载：道光初，兆洛主讲江阴暨阳书院，病其地尟藏书家，人士亦不知稽求邑之前贤往哲遗文轶事，并其著述之存否，乃综辑江阴诗人自宋葛立方以下百余人所作，比其年次，附以小传，为此集，以备掌故。又刘声木《桐城文学撰述考》卷四著录。

《历代略句四言》一卷。未刊稿。嘉庆元年（1796）作，时兆洛二十八岁。自秦朝开始，终于明朝，凡三千言，被称为"节目璨然，辞致雅逸，而断制凿凿，虽曰便蒙，亦奇制也"[2]。

又，刘声木《桐城文学撰述考》卷四著录李兆洛还撰有《二十一史提纲歌诀》二卷；《史略》（注曰："未刊。"）；《李氏家谍》若干卷；《石经考》若干卷；《游记》（注曰："未刊。"）；《日记》（注曰："未刊。"）；《鞠谱》（注曰："未刊。"）；《举业筌蹄》（注曰："未刊。"又注曰："制艺。"）；《墨卷望气》（注曰："未刊。"）等数种。

（二）秦际唐

1. 生平与师承

1837—1908，字伯虞，号南冈，江苏上元（今属南京市）人。秦士科子。肄业钟山、尊经、惜阴三书院。私淑姚鼐、曾国藩，受桐城古文义法。同治六年（1867）举人，候选知县。光绪六年（1880）试礼部落第，家居授徒二十余年。晚年主讲凤池、奎光诸书院。与陈作霖、邓嘉缉、顾云、蒋师辙、何延庆、朱绍颐等称"石城七子"。张沛伦《南冈草堂诗续编序》称："伯虞融会姚、曾两家之说……其言婉而达，纡迴而有致于源流

① 承载撰：《李兆洛辑〈八代全文〉残稿考述》，《史林》1993年第2期，可参。
② 蒋彤编：《清李申耆先生兆洛年谱》，台北"商务印书馆"1981年版，第16页。

清浊之所处。"①

2. 现存撰述

秦际唐诗文集四种:一是《南冈草堂诗选》二卷,光绪十三年(1887)刻本,北京大学图书馆藏。卷首光绪丁亥(1887)何延庆《序》称其"少好为韵语"。又翁长森编《石城七子诗钞》收《南冈草堂诗选》二卷,光绪十六年江宁翁氏刻本,南京图书馆藏。又光绪二十七年刻本,南京图书馆藏。卷后《自序》曰:"余自同治庚申辛酉之岁,避难海滨……案头仅有《浙西六家诗钞》,朝夕讽咏,始学为诗。……光绪庚寅翁铁梅大令辑《石城七子诗钞》,遽选而刊之。自庚寅至今又得若干篇……爰汰旧稿得十之二以付梓人。取适独坐,续有所作,焚如弃如。"

二是《南冈草堂诗续编》一卷,光绪年间刻本,南京图书馆藏。卷首有《自序》云:"前诗刊成,君苗自滋,拟焚笔砚矣。两年以后,哀乐未忘,歌哭间作文字结习,殆将终身。诗虽不工而遇益穷,得诗若干首名之《续编》。"

三是《南冈草堂文存》二卷,光绪年间刻本,南京图书馆藏。卷首光绪二十七年(1901)张沛伦《序》云:"今年其门人谋刊《伯虞文集》,更问序于我。"又光绪二十六年濮文暹《序》谓际唐"所为古文源于六艺……悉本于性情"。是集录文三十九篇,其中一篇《祭诗文》饶有谐趣。

四是《南冈草堂时文》三卷,清刻本,南京图书馆藏。魏家骅署题。卷首顾云《序》云:"今伯虞门下士编次所为制举文若赋数百首,而请序于云……今伯虞所作,骋才法度之中,拔体庸肤之外,一主乎情文相生,亦既为海内所脍炙。"是集收时文百六十八首,文中有圈点、批注和评语。

秦际唐编纂文学总集一种:《国朝金陵文钞》十六卷首一卷末一卷,凡十六册。光绪二十三年(1897)刻本。内封牌记:"光绪丁酉孟春开雕"。卷首为《凡例》、目录,卷末收《叙录》及《后序》。此书收清代金陵一邑文章。以遗老为冠,余以年辈科分鳞次排列。作者小传多取自《诗徵》及府县志。其选志在阐幽,"凡专集久已风行,则择其

---

① 秦际唐:《南冈草堂诗续编》卷首,光绪年间刻本。生平事迹参见林葆恒辑、张璋整理:《词综补遗》卷二十二,上海古籍出版社 2005 年版,第 2 册第 828 页;徐世昌编:《晚晴簃诗汇》卷一百六十三小传,中华书局 1990 年版,第 7107 页等。

有关掌故者录于篇,其有著述等身,遗书在笥,与其传钞于洛下,不若永寿于名山,博览旁搜,多多益善,先睹为快,当有同心。"藏书多从江浙盐运使翁长森、秀才傅苕生处借得,由周柳潭、朱豫生搜辑,张伯鲁、周阆仙任校雠,甘健侯商参体例。所收人物有:张怡、陈丹衷、黄周星、顾梦游、纪应锺、胡虞兔、丁雄飞、黄虞稷、王概、徐惺等共二百一十八人,文五百多篇。

(三)方恮

1. 生平与师承

1849—1878,字子谨,号退斋,江苏阳湖(今属常州市)人。祖履篯,父骏谧,世以文学著称。始好泛览,后知其寡要,乃求古文义法于桐城诸家,"私淑姚鼐、张惠言、恽敬,求古文义法于三家集中,尤好恽敬文,颇悟其用笔,谓其文气之疾徐,文之向背,不能逾于法之外"①。进求之声音、训诂,以为未足。进求之典章文物,期致诸实用。好章学诚书,以其部次条列比之刘向、郑樵而得其精髓,可谓专家之学。光绪元年(1875),李鸿章聘修《畿辅通志》。年三十,以疫疠暴卒于保定莲池书院。刘声木谓"其为文谨于法律,一切碑版传志之例,尤秩然不紊"②。兼工书画、金石、摹印之学。③

2. 现存撰述

《方恮文稿》一卷,凡一册,清赵氏能静居抄本,无序、跋,末附方恒撰《先兄子谨事状》。南京图书馆藏。

3. 存目著作

刘声木《桐城文学撰述考》卷三著录方恮撰有《广韵分母表》"九卷,未刊行,稿藏于家";《说文字原表》"一卷,未刊行,稿藏于家";《同文考异》"三卷,未刊行,稿藏于家";《读通鉴杂记》"二卷,未刊行,稿藏于家";《汉石存佚考》"二卷,未竟稿,未刊行,稿藏于家";《历代建置表》一卷;《历代兵事表》二卷,以及《历代武功图要》《方志举例内编》《方志举例外编》《方志举例杂编》《分纂畿辅通志》等。又刘声木《桐城文学渊源

---

① 刘声木:《桐城文学渊源考》卷五,第215页。
② 同上注。
③ 生平事迹参见方恒撰:《先兄子谨事状》,见《方恮文稿》卷末,清赵氏能静居抄本等。

考》卷五谓"撰《退斋文集》三卷、《诗集》一卷、杂著□种""所撰诗文集贵筑黄子寿方伯彭年为之刊行"①。

三 续传弟子

（一）潘眉

1. 生平与师承

1771—1841，字榫韩，号寿生，别号青棠馆主，江苏吴江（今属苏州市）人。廪贡生，世居芦墟镇。好为诗，工古文辞。年轻时师事同里郭麟。继迁魏塘。当时郭麟自芦墟移家于此，已有数年，潘眉与其住处相近，晨夕过从，师而兼友，学益大进。主讲潮州黄冈书院，与门下士讲求经史，务为有用之学。②

2. 现存撰述

潘眉史学著作二种：一是《三国志考证》二卷凡二册。清末民国铅印本。卷首有道光二十二年（1842）沈楙慎《序》云："余友潘君寿生精心考索，就承祚原文世期旧注参以汉晋诸书得间而入，复成考证一书。非特阙文讹字如魏九锡、鲁五子之类，多所补正，而尤详于推步。其推黄初二年二月无乙亥，以驳裴氏之误，即据建安二十四年己亥十一月己卯朔旦冬至为蔀首，能令观者了然。然则是编固读《陈志》所不可废也。"又有《自序》云："近钱竹汀少詹著《考异》三卷，与陈少章书并传。眉不自量，更疏其可知者，凡衍文若干条，脱文若干条，讹文若干条，异同文若干条。其浅显易改者，概不赘辨。又间采传记，略为驳解。"是书承钱大昕《三国志考异》而来，旨在校订辨误，后出转精。二是《孟子游历考》一卷，凡一册。道光二十四年吴江沈氏世楷堂刻昭代丛书壬集补编本。版心有"昭代丛书 壬集"，下方为"世楷堂"，卷端下署"补编卷第七"，末有道光二十年沈楙慎《识语》云："欲稽孟子之事实，必先考定七国之纪年。《史记》所漏略幸有《竹书》可据。""近日谈孟子者，纷纷辨论，独于《索隐》所引二篇俱未见。及吾邑潘寿生即据此以定田齐之纪年，而燕

---

① 刘声木：《桐城文学渊源考》卷五，第215页。
② 生平事迹参见江峰青修、顾福仁纂：《嘉善县志》，光绪二十年（1894）刻本，卷二十五小传。

哙让国之年数定,而孟子先梁后齐之年数亦定。此系一己独见,确有明征,他人不得而易之矣。"是书以考证孟子游历为重点,兼及孟子之姓氏名字、国邑、生卒、丧葬、师承等。关于孟子生平事迹,史载矛盾层出,潘氏是书引证诸家之说,断其得失,考据详明。

3. 存目著作

据顾福仁等《嘉善县志》卷二十五载潘眉撰有:"《小遂初堂诗稿》、《小遂初堂文钞》三卷、《说文解字》两卷、笔记数种,藏于家"。光绪《吴江县续志》卷三十六亦有载。又黄体芳《札吴江学》著录潘眉撰《三国志考证》八卷、《心镜》四卷、《丛说》八卷、《小遂初堂诗稿》八卷《文钞》三卷。① 刘声木《桐城文学撰述考》卷二著录潘眉撰《说文解字》二卷、《笔记数种》《高州府志》。

(二) 管嗣复

1. 生平与师承

? —约1860,字小异,别号茂才,江苏上元(南京)人。诸生。管同次子,幼承家学,专治古文辞。咸丰三年(1853),太平军占领南京,避居上海,与王韬等供职于墨海书局,并与西人合信共译《西医略论》《内科新说》《妇婴新说》等西医书三种,风行海内。咸丰间遭乱,死于吴中。②

2. 现存撰述

管嗣复诗文集一种:《小异遗文》一卷。附于《因寄轩文集》,光绪五年(1879)重刻本,又光绪九年重刻本,南京大学图书馆藏。合肥张士珩楚宝校。光绪癸未(1883)管炳奎《跋》曰:"右世父异之公所著《因寄轩初集》十卷、《二集》六卷、《补遗》一卷,初刻于邓嶰筠先生,重镌于合肥张君楚宝、同学顾君子鹏、邓君熙之。……从兄小异又与炳奎共砚席……从兄文原于敝篓中检获此稿,不忍遗弃,故乞坿于后云。"收文四首:《张炳垣传》《仲姊曹宜人事略》《孙泽远传》《书汪马二秀才事》③。

---

① 黄体芳:《黄体芳集》,《温州文献丛书》,上海社会科学院出版社2004年版,第102页。
② 生平事迹参见王韬:《瀛壖杂志》,岳麓书社1988年版,第151页,卷五;刘声木《桐城文学渊源考》卷四小传等。
③ 按:陈作霖编:《国朝金陵文钞》,清光绪五年(1879)刻本,录管嗣复《亡妾张氏墓志铭》一篇,此集未收。

3．存目著作

刘声木《桐城文学撰述考》卷二著录管嗣复与西人合信共译有《西医略论》三卷、《内科新说》二卷、《妇婴新说》一卷,且注曰:"《医学世界》以为管同撰,误。据《瀛壖杂志》考订,为管嗣复。"

（三）黄汝成

1．生平与师承

1799—1837,字庸玉,号潜夫,江苏嘉定(今属上海市)人。黄铉子。道光间诸生。入赀为县学生,选安徽泗州直隶州训导,以忧未赴。师事毛岳生,受古文法。复从李兆洛、蒋彤游,砥砺古文,所学益进。蒋彤谓其古文"气疏而达,辞博而宏,义辨而伟,情挚而厚,不斤斤于绳准,而规范自合"①。

2．现存撰述

黄汝成注释著作一种:《日知录集释》三十二卷,附《刊误》二卷,《续刊误》二卷。道光十四年(1834)嘉定黄氏西溪草庐刻本。《日知录》是清初大儒顾炎武稽古有得,随时札记,积三十余年辛劳而成,但在顾氏生前仅刊八卷,未尝广布。康熙中,门人潘耒从顾家求得手稿以三十二卷刊世,是为遂初堂刻本。道光以前为《日知录》作校订疏证的学者有惠栋、江永、戴震、全祖望、阎若璩、钱大昕、王鸣盛、赵翼等数十家。道光初,黄汝成以遂初堂刻本为底本,参照阎若璩、沈彤、钱大昕和杨宁四家校本,博采众家之说,抉择精义,纂为《日知录集释》三十二卷,"序例"称搜阎若璩以下九十余家,正其得失,勒为编。书成又得《日知录》原写本,以之再校潘刻,参照陈讦、张维赤、蓬园张氏和楷庵杨氏等校语,乃综括群书,详加辨证得七百余条,成《刊误》二卷。继又获嘉兴陆筠校本,发明考证,又多裨获,再作《续刊误》二卷,至是为《日知录》最精善本。

黄汝成文集一种:《袖海楼杂著》四种十二卷,道光十八年(1838)嘉定石溪草庐刻本,南京图书馆藏。收录有《文录》六卷、《古今岁实考校

---

① 蒋彤:《袖海楼文录序》,见黄汝成:《袖海楼文录》卷首,道光十八年(1838)嘉定石溪草庐刻本。生平事迹参见毛岳生为其所撰的《祭文》《墓志铭》,均见黄汝成:《袖海楼文录》卷末附录,道光十八年嘉定石溪草庐刻本;徐世昌等:《清儒学案》卷七下《亭林学案》下小传等。

补》一卷、《古今朔实考校补》一卷、《日知录刊误合刻》四卷,均为其父哀其早卒,梓其遗作。卷首《袖海楼杂著序》谓潜夫"年不四十而逝,尊甫子仁(笔者按:汝成父)哀其所未定之稿若干卷,属其友毛君生甫订而刻之。生甫,君之至交也,亦辱交于予,既定其遗书,为之序,子仁复属予为一序。"其后又有毛岳生、蒋彤撰《袖海楼文录序》各一首,其父黄铉《文录序》一首。黄铉《文录序》云:"《袖海楼文录》,余亡儿汝成所著也。汝成……向所为文多随手散去,仅有存者,今偶检遗箧,得文若干首,以其平生素服膺毛君生甫,甫近自维扬归,因以此属其删定,为序而刊之。"知是集六卷,以文体分卷。卷一说,卷二序,卷三书后、记,卷四书,卷五行状、志铭、传,卷六祭文、赠序、寿序。卷末附毛岳生《祭文》《墓志铭》,为毛岳生删定本。《古今岁实考校补》为天文算法类推步著作。一卷。《古今岁实考》是清儒戴震的著作,移录自西汉末我国的第一部完整历法《三统历》至清代《历象考成》有关岁实的记录而成,实际上是一部历学史,或称"回归年学史"。黄汝成对戴氏著作加以校补,共十二则,在《古今岁实考》正文之后,各则均标明"校补"字样,以示区别。《古今朔实考校补》一卷,《古今朔实考》是清儒钱大昕关于"太阴年"学史著作。黄汝成对钱氏著作加以校补,共十八则。在《古今朔实考》正文之后,各则均标明"校补"字样,以示区别。二书校补较为精审。又有民国二十九年(1940)燕京大学图书馆影印本,首都图书馆藏。

3. 存目著作

刘声木《桐城文学撰述考》卷二著录黄汝成撰有《春秋世纪考》[①]、《左氏国语正义》(注曰"未成")、《春秋外传疏补》、《诸经正义》、《箧遗集》(注曰"已刊")数种。

(四)邓嘉缉

1. 生平与师承

1845—1909,字熙之,号世谛,江苏江宁(今属南京市)人。邓廷桢之孙。同治十二年(1873)优贡,以教职用,候选训导。袭封云骑尉世

---

① 按:《袖海楼文录》卷二录有《春秋世纪考序》,见黄汝成:《袖海楼文录》,道光十八年(1838)嘉定石溪草庐刻本。

职。性质直,于世事无所嗜,独好学。与世寡合。幼年逢太平军起义,随母流离失所,奔走遍十数省,咸丰十年(1860)闰三月江南大营溃,其父邓尔晋殉国,时邓嘉缉十六岁。曾国藩总督两江时,邓嘉缉受到厚待,曾国藩卒后,不再得志。工诗、古文、骈体、词赋及篆、隶、行、楷,八法也工。为文私淑姚鼐,一意宗法,雅洁大小修短合于法度。诗境寒瘦,音韵坚峭。①

2. 现存撰述

邓嘉缉诗文集二种:一是《扁善斋文存》二卷,凡二册,光绪二十七年(1901)冬刻本,项承均校,南京图书馆藏。前有光绪二十年张通典、魏家骅《序》各一首。上卷录进呈序一、议二、启一、书五、记七、序十三、赞四、传七,凡四十首。下卷录墓表一、碑铭一、墓志九、行述二、行状二、行略一、状一、祭文十二、书后二、说二,凡三十三首。二是《扁善斋诗存》,一卷,凡一册,光绪二十七年冬刻本,南京图书馆藏。前有上元顾云的《序》。诗有编年,自己巳至辛丑,录诗凡一百零九题。

四 别省再传江苏籍桐城派弟子

(一)黄奭

1. 生平与师承

? 1790—1860,字右原,室号有汉学堂、知足斋、清颂堂,江苏甘泉(今属扬州市)人。监生。援例官刑部员外郎。道光十二年(1832)以顺天府尹吴杰荐,钦赐举人。少曾肄业安定书院,后从师江藩。古文师事陈用光,受文法。咸丰初年卒。②

2. 现存撰述

黄奭试帖诗集一种:《胪云集》二卷,道光间刻本,《知足斋丛书》之一种,上海图书馆藏。是集为黄奭所作试帖诗,卓海帆、李芝龄、彭春农评选。卷首有梁章钜《序》、道光二十二年(1842)彭邦畴《序》、黄奭族弟黄爵滋撰《序》、道光二十三年李宗昉《序》、吴椿《序》、潘曾绶《序》、吴清

---

① 生平事迹参见刘声木:《桐城文学渊源考》卷四小传。

② 生平事迹参见《清史列传》卷六十九,英杰修:《(同治)续纂扬州府志》,同治十三年(1874)刊本;钱祥保等修、桂邦杰纂:《(民国)甘泉县续志》,民国十年(1921)扬州集贤斋刻本等。

鹏《序》等。梁章钜《序》云:"右原美才嗜学,著述满家。而出其绪余以为试律,苕竖颖发,正复美不胜收,所刻《胪云集》极为李芝龄、卓海帆二同年所激赏。"李宗昉《序》云:"甘泉黄比部右原力学好古,精于校雠,所刊古文诗集,颇足津逮名流。……顷以试帖百首来谒,且请为之序。"又《知足斋丛书》收其《律纲》《秋审实缓》《秋审章程》《直省秋审》等,当是他官刑部郎中时所作。

黄奭辑佚学丛书著作二种:一是《汉学堂丛书》,黄奭的辑佚工作,从道光时始,随编随刊随刷印。后值太平天国军兴,适黄奭逝世,书版散失。光绪时,黄奭之子黄灏将存版购归,未及整理旋即谢世,灏弟黄澧谋继先志,委人经理重编印行,印成,名《汉学堂丛书》。此本有重编目录,计收"《经解逸书考》八十五种,《通纬逸书考》五十六种、《子史钩沉逸书考》七十四种",附《高密遗书》十一种,共二百二十六种。光绪印行之后,黄澧亦下世,书版展转为王鉴所得,王与秦更年又相与辑补校雠,经整理补刊,共得二百八十五种,于民国十四年(1925)重印流通。王鉴以"逸书考"是原书所题,"汉学堂"不足以概全书,因改名《黄氏逸书考》。此本收《汉学堂经解》一百十二种、《通纬》七十二种、《子史钩沉》八十四种、《通德堂经解》十七种,共二百八十五种。《通德堂经解》即《汉学堂丛书》之《高密遗书》,其中《郑司农年谱》一种,《汉学堂丛书》列为《高密遗书》第一种。黄奭在世时,全书并未正式编印行世,黄氏逝后,书版亦历沧桑,屡经易手,又重编补刊,因此书名不一,子目复有增益,实则《汉学堂丛书》与《黄氏逸书考》都是以黄奭辑佚书道光原版为基础,经过补刊的不同印本。二是《知足斋丛书》,清道光间刻本。内封镌"知足斋丛书"。下列所收各书子目:《仓颉篇》、郑元(玄)《周易注》、郑志、张璠《汉记》、薛莹《汉后记》、谢沉《后汉书》、华峤《后汉书》、袁崧《后汉书》、《儒林传稿》、《正谊录》、《律纲》、《秋审实缓》、《秋审章程》、《直省秋审》、《胪云集》,共十五种。其中有辑佚,也有个人作品,《胪云集》二卷乃黄奭所作试帖诗。此本今存十三种,无《儒林传稿》和《正谊录》二种,封面、目录俱全。此本各书行款版式与《汉学堂丛书》中各种全同。十五种中收入《汉学堂丛书》的有《仓颉篇》、张璠《汉记》、薛莹《汉后记》、谢沉《后汉书》、华峤《后汉书》、袁崧《后汉书》六种。收入《黄氏逸书考》的有《仓颉篇》、郑元(玄)《周易注》、郑志、张璠《汉记》、薛莹《后汉记》、谢沉《后汉书》、华峤《后汉书》、袁崧《后汉书》八种。①

（二）卜起元

1. 生平与师承

1815—?,字贞甫,号潜庄,江苏武进(今属常州市)人。少补诸生,官浙江候补从九品待官,至卒未补。师事姚莹,宗桐城古文义法。《潜庄文钞自序》谓:"夫文非易事也,明道之文,言须有物;言事之文,言当有序。……自《春秋》三传下逮庄骚诸子,纯驳不同,要莫不卓然自立成一家言。汉兴,两司马、刘、扬西京雄峙,唐至韩、柳始起文衰,宋有欧阳、曾、苏、王各擅其胜,明惟归熙甫独出冠。时至国朝,得桐城方灵皋、刘才甫、姚姬传三家渊源递接。"②

2. 现存撰述

卜起元等纂修族谱一种:《常州卜氏宗谱》十卷首一卷,光绪六年(1880)木活字本。卜氏宗族始迁祖是卜诞胜,元季渡江南迁,占籍于晋陵之丰西乡。卷首谱序、谱例,卷一先贤祠图、诰敕,卷二宗谱说、宗盟说、祖先遗像等,卷三传,卷四大清统宗五服图、统宗世系图,卷五至卷九世表,卷十分支系图等。

卜起元文集一种:《潜庄文钞》六卷,光绪五年(1879)武进卜氏甬江刻本,南京图书馆藏。书名叶有牌记"光绪五年己卯仲冬刊于甬江"。目录后有卜起元《自序》。是集由卜起元亲手编定。自序云:"右《文钞》目录,自道光十七年丁酉至光绪三年丁丑,四十年来所存仅此。起元已六十有三矣……即仅此区区文字,尚不堪以自信耶。今从弟守箴悯兄之志,视其遇之穷而无可如何也,为不得已之计,姑冀一抱关击柝之地,以终其身焉,因请曰:'兄前此未弃之文,盖寥寥矣,今亦当收拾自惜。但此后可弗复有言,言即罪耳。'噫,予即言亦何补于斯人斯世哉!"此集六卷,卷一收说论议文十六篇,卷二收书八篇,卷三收书十六篇,卷四收

---

① 参见冀淑英:《冀淑英文集》,北京图书馆出版社 2004 年版,第 133—134 页。

② 卜起元:《潜庄文钞自序》,见《潜庄文钞》卷首,光绪五年(1879)武进卜氏甬江刻本。生平事迹参见刘声木:《桐城文学渊源考》卷四小传等。

书十篇,卷五收序跋记文十八篇,卷六收行略、传记等十三篇。目录后有作者自序。所收为卜起元道光十七年(1837)至光绪三年四十年间所作文章。其中卷二录《上姚石甫先生书》,卷三录《上姚石甫先生书二》《复姚石甫先生书》《复姚石甫先生书二》,卷四录《上曾相国书》等文,意气风发,笔调畅然。

(三)王栻

生平与师承

生卒年不详,江苏太仓(今属苏州市)人。师事姚莹,受古文法三年,亲承指授,终日言不离于诗文。撰述多散佚。[①]

(四)张瑛

1. 生平与师承

1823—1901,名亦作张锳、张煐、字子燮,号仁卿、纯卿,晚号退斋,室名知退斋。常熟东唐市(今属江苏苏州)人。张璐弟,增贡生。历署荆溪、奉贤、阳湖县训导。主讲亭林书院。生平最慕唐宋十家之文,不屑为制举艺。私淑归有光,师事曾国藩与兄张璐,受古文法,曾国藩勖以读有用书,留心经世。又获与冯志沂、季锡畴等以文字相砥砺。刘声木谓其"学宗阳明,文宗方苞,其文浑朴简老,直抒己意而止","其为文体格峻洁"(《桐城文学渊源考》卷一)。[②]

2. 现存撰述

张瑛史学著作一种:《通鉴宋本校勘记》五卷,附《通鉴元本校勘记》二卷。光绪八年(1882)江苏书局刻本,南京图书馆藏。张瑛精于《通鉴》之学,广求善本,得元兴文署本,宋绍兴无音注本,遂以元本正宋本,得谬误若干条,既而以宋本正元本,又得谬误若干条辨而订之。历光绪二年至八年成是书,校勘精良,学风严肃,是"通鉴学"的一部重要著作。

张瑛诗文集一种:《知退斋稿》七卷,附《韩文补注》一卷。光绪二十

---

① 生平事迹参见刘声木:《桐城文学渊源考》卷四小传。

② 生平事迹参见李桓辑:《国朝耆献类征》,同治六年(1867)刻本,卷三百六十一;徐世昌主编、王树枏等编撰:《大清畿辅先哲传》,民国年间刊本,卷三十四;王祖畬撰:《退斋张先生传》,见张瑛:《知退斋稿》卷首,光绪二十四年(1898)刻本;张镜寰修、丁祖荫、徐兆玮纂;潘一尘、张礼纲续修、庞树森续纂:《(民国)重修常昭合志》,民国三十八年(1949)铅印本,卷二十《人物志》;龚文洵撰:《唐市补志》,光绪十四年再补纂抄本,卷中《文苑》等。

四年(1898)刻本,南京图书馆藏。吴鸿纶题签书名。卷首有同治甲子孟冬王振声《序》。卷末有其弟子嵇芝孙《跋》谓:"光绪十有八年,唐墅创设亭林书院,延张退斋先生掌教,课余出古文稿数卷,示肄业弟子。先生自述少时学古文,从鲒埼亭入手。……中年以后,在金陵书局习闻曾文正公论文奥旨,反而求之桐城故先生文,合方、全两家而一之。晚年删薙浮藻,益臻谨严,文境与年俱进如此。"其卷三收录有《常昭纪变》,此书主要记清咸丰十年(1860)八月初二日太平军克常熟,同治元年(1862)太平军常熟守将钱桂仁部骆国忠、董正勤、余拔群等叛变,下令薙发闭城,谭绍光、陈坤书、李秀成以二十万众围攻三月不能下之事,是了解天平天国史料的重要文献。《知退斋稿》附录有《安庆乞师日记》一卷[1],主要记述上海官绅等商派代表赴安庆,请曾国藩派兵抗拒太平军进攻事,亦是了解天平天国史料的重要文献。又《退知斋稿》附录《韩文补注》[2]一卷,张瑛于卷尾云:"近世李临川先生有《原道》笺六十八条,余师其意,得若干条,其中采文村王氏语数条。文村名振声,邑中老儒,用力韩文颇深,身后遗书散佚,余不敢掠美,附志于此。"嵇芝孙《跋》云:"光绪十有八年,唐墅创设亭林书院,延张退斋先生掌教,课余,出古文稿数卷,示肄业弟子。……芝孙与同人谋付梓,……爰酌提院中经费若干,校刊以公同好。……《韩文补正》一卷附后。"此书主要是补充前人对《韩愈集》注文的缺漏,不载韩文全文。2010年上海古籍出版社《清代诗文集汇编》第694册据此影印。

3. 存目著作

清龚文洵《唐市补志》卷下《艺文》载:"张瑛《论孟书法》二卷,附《读四书》一卷、《韩文补注》、《通鉴校勘》七卷、《桃花溪诗草》。"又刘声木《桐城文学渊源考》卷一谓其"撰《桃花溪诗草》□卷"。

(五) 熊其英

1. 生平与师承

1837—1879,字纯叔,一字含斋,江苏青浦(今属上海市)人。熊其

---

① 按:此书尚有光绪十六年(1890)刻本,江苏常熟市图书馆藏。又有抄本,南京图书馆藏。
② 按:此书又有清知退斋蓝丝栏抄本,一册,国家图书馆藏。

光弟。年二十一为青浦县学生,旋补廪膳生。同治十三年(1874)甲戌岁贡生,候选训导。管户部主事。师事张瑛,受古文法。又私淑姚椿,师事刘熙载及同邑许锡祺,遂为文一意宗桐城"义法",为学以切世用为宗。又获与柳兆薰、凌泗、柳以蕃、凌淦等以诗古文相切劘,所学益进。刘熙载《墓表》谓其"为学淹贯经史,明性理务力行以为有用,诗文义法精粹。"李龄寿《行状》云:"君为古文,一宗桐城义法。"①

2. 现存撰述

熊其英主纂方志二种:一是《(光绪)青浦县志》,三十三卷。光绪五年(1879)尊经阁刻本。同光间,陈其元任青浦知县,延请熊其英纂修县志,光绪三年开始修成,五年刻竣。卷首有沈葆桢、吴元炳等五人分别撰《序》,并有凡例、重修县志衔名、目录和九峰三泖图说十一幅。卷首另有巡幸和宸翰二卷,全志正文共三十卷,七十六目。卷一、卷二为疆域;卷三为建置;卷四、卷五为山川;卷六至卷八为田赋;卷九为学校、卷十为兵防;卷十一、卷十二为名迹;卷十三、卷十四为职官;卷十五、卷十六为选举;卷十七至卷二十二为人物;卷二十三至卷二十六为列女;卷二十七、卷二十八为艺文;卷二十九、卷三十为杂记。卷末附有旧志各序、叙录、后序一卷。是志断限,上限内容有的上溯至建县,有的始自事实之发生,下限止于光绪二年。此志体例完备、内容充实,堪称佳志②。

二是《吴江县续志》四十卷首一卷。光绪五年(1879)刻本。浙江秀水人金福曾任吴江知县,凌淦先与李龄寿、熊其英辑《松陵文录》成书进谒,时有续修邑志之议,次年六月,设纂辑处于莘塔镇凌宅,推熊其英为主纂,凌淦、凌泗、李龄寿辅之。至光绪二年于继任知县金吴澜手基本成稿,又经缮录清稿,阅二年余付梓。卷首为宸翰,卷一疆土;卷二至卷七营建;卷八至卷十一赋役;卷十二、卷十三职官;卷十四、卷十五选举;卷十六至卷三十一人物;卷三十二至卷三十七艺文;卷三十八至卷四十

① 生平事迹参见刘熙载撰:《熊其英墓表》,见熊其英:《耻不逮斋文集》卷首,光绪十七年(1891)苏州五亩园刻本;李龄寿撰:《熊其英行状》,见熊其英:《耻不逮斋文集》卷首,光绪十七年苏州五亩园刻本等。

② 按:参见姚金祥主编、上海市地方志办公室编:《上海方志提要》,上海社会科学院出版社2005年版,第58页,姚雪桃先生的相关评述。

杂志。记事自乾隆十二年(1747)至光绪四年。江苏古籍出版社 1991 年《中国地方志集成·江苏府县志辑》据此本影印。

熊其英诗文集二种:一是《耻不逮斋文集》五卷,光绪十六年(1890)十月开雕,十七年二月告成,苏州五亩园刻本,南京图书馆、苏州图书馆藏。牌记题"光绪庚寅十月开雕辛卯二月告成板存苏州五亩园"。卷首有光绪十六年张瑛《文集序》、刘熙载《墓表》、李龄寿《行状》、诸福坤《哀辞》以及柳以蕃《輓诗》。内《文集》三卷:卷一论四篇、议二篇、策一篇、序十四篇,卷二序九篇、说六篇、跋七篇、记二十三篇、游记一篇,卷三传记十二篇、墓志铭三篇、事略八篇、铭二篇、象赞一篇、谏文一篇、哀辞三篇、祭文一篇。附录《致桃坞同人书》八封一卷。补遗一卷:议二篇、书一篇、序八篇、缘起一篇、记二篇、传三篇、哀辞一篇。从兴化刘熙载定本,附录一卷、补遗一卷从各处搜采及青浦黄君哲生家麟邱君执甫汝钺手抄本录入。校勘者有:张瑛、柳兆薰、凌泗、诸福坤、柳以蕃、凌淦等。二是《含斋诗剩》一卷,光绪十七年(1891)《二熊君诗剩》刻本。与其兄熊其光《苏林诗剩》合刊,南京图书馆、上海图书馆藏。诸福坤《序》曰:"余既校勘青浦熊君纯叔《耻不逮斋文集》,复汰存《诗稿》一卷毕。"即为《含斋诗剩》,分《歌哭草》(咸丰庚申至辛酉)、《见猎草》(同治壬戌至癸亥)、《杞忧草》(同治甲子至光绪戊寅),存诗百二十一首,附文一篇。

3. 存目著作

刘声木《桐城文学渊源考》卷三著录熊其英撰《国朝道咸两朝文续》,卷数不清,有注曰:"与兄弟同辑,欲续姚椿《国朝文录》,手钞成帙,未卒业。"

(六)方楷

1. 生平与师承

1839—1893,原名方恺,字子可,又名引康,江苏武进(今属常州市)人。曾国藩幕僚方骏谟子。十二岁从河南读书,稍稍有名,历参州县记室。二十五岁奉曾国藩之命,主持绘制安徽全省地图和从岳州到崇明段长江地势图,又受命制作地球仪,颇受曾国藩重用。光绪八年(1882),时任两广总督张树声举荐其为广州实学馆汉文教习,教授汉文和算学。光绪十二年,张之洞为筹备海防,绘具粤东海道图,特设海图馆,聘请方楷司总纂。①

2. 现存撰述

方楷史学著作一种:《新校晋书地理志》一卷,光绪二十一年(1895)广雅书局本。唐代官修《晋书·地理志》多有舛错,方楷旁征博引,加以校勘:首先据本书纪传及诸志载述异同;又取杜预、张华、京相璠、皇甫谧、刘逵等人著述,疏列异说以相证引;又据东晋郭璞、王隐、常璩、阚骃诸人书,用证西晋时中原版籍情况,而所旁及之沈约《州郡志》、魏收《地形志》、郦道元《水经注》,则惟取西晋沿革,以校此志之失。是书引证资料丰富,有较高的学术价值。卷末有吴翊寅《跋》。又有民国商务印书馆《丛书集成初编·史地类》本。

方楷数学著作一种:《代数通艺录》十六卷,光绪二十二年(1896)时务报馆石印本。是书为方楷在广州实学馆讲课时的备课稿,经其弟子潘应祺等六人整理而成。该书主要讲述当时传进入的西方代数,"自笔算程式以至弧三角法皆以代数捷术阐发,《数理精蕴》点线面诸部随条辨析,以通中西算学也。其勾股九容、辑古算经、天元借根代数合解诸卷,则以西人捷术核中法,以通古算学也。算学各家要指一篇,所以劝学者博览群书,详稽典籍,勿使偏囿于西学也"。

方楷诗文集一种:《樽酒消寒词续录》一卷,光绪十一年(1885)粤东刻本。此书是方楷与刘庠合撰词集,收录方楷、刘庠二人咏物唱和词十八首,作于光绪三年徐州。由方楷之子方宾穆辑录成书。前有刘庠《序》,后有方宾穆《跋》。

3. 存目著作

据《方氏遗书目录》②著录方楷还撰有《易说》二卷;《春秋朔闰考》二卷;《段氏古韵编》十七部;《大地全球图稿》一百四十八页;《长江图稿》一幅,附《安徽府厅图稿》十三幅;《宁绍台三府图稿》一幅;《光绪粤海图说》五卷;《晋书地理志刊正》二卷③;《代数阐蕴》十六卷④;《大地全球图

---

① 生平事迹参见刘声木:《桐城文学渊源考》卷五小传。
② 见《中华历史人物别传集》第六十二册《方子可哀录》,线装书局 2003 年版,第 597 页。
③ 按:或即为《新校晋书地理志》一卷,光绪二十一年(1895)广雅书局本。
④ 按:或即为《代数通艺录》十六卷,光绪二十二年(1896)时务报馆石印本。

例》；《西汉百三郡国图》数种，皆"未刻"。

（七）曹允源

1. 生平与师承

1855—1927，字根荪，号复庵，室名鸎字斋，江苏吴县（今属苏州市）人。曹元锦孙，曹恺业子。少习骈俪文，二十以后锐志经世之学，始治古文辞。私淑曾国藩，古文雅近方苞、姚鼐。光绪八年（1882）举人，主讲淮南书院。十五年成进士，由兵部主事迁员外郎中。历任宣化、青州、徽州、襄阳、汉阳知府，官至安襄郧荆兵备道。民国四年（1915）任江苏省立苏州图书馆馆长，后卒于馆长任上。冯煦《复庵文集总序》曰："读君所著文，远希欧、曾，近亦不弱尧峰、竹垞。……诗亦醇雅近中唐，一洗王李，叫嚣钟谭。"①亢树滋《复庵文类稿跋》称其"古文醖酿群籍，不囿桐城、阳湖两派，独树一帜，卓然成家"②。

2. 现存撰述

曹允源等纂修方志一种：《（民国）吴县志》八十卷。民国二十二年（1933）苏州文新书局铅印本。内封牌记："民国二十二年镂版 苏州文新公司承印"。卷首有民国二十二年张一麐《序》、孔昭晋《序》，《凡例》十五篇。民国七年，知县吴秀之聘请曹允源、吴荫培、蒋炳章任总纂，于沧浪亭设修志局，聘员纂修。主持者屡经变更，曹、吴、蒋三人之外，又有孔昭晋、张一麐、李根源等。其间时作时辍，历时十四年才成书。体例由曹允源制定，采用纲目体，立大纲四：图、表、考、传，仿章学诚《湖北通志稿》体。每纲下分设子目。卷一为图；卷二至卷十七为表；卷十八至卷六十一为考；卷六十二至卷七十七为传；卷七十八、七十九为杂记；卷八十为旧序。卷首有张一麟和孔昭晋二《序》及《修志凡例》。

曹允源编纂目录著作二种：一是《江苏省立第二图书馆续编目录》，民国五年（1916）六月刊印。民国四年四月，创建半年多的江苏省立苏

---

① 冯煦：《复庵文集总序》，见曹允源：《复庵文集》卷首，光绪二十二年（1896）至民国十一年（1922）刻本。

② 亢树滋：《复庵文类稿跋》，见曹允源：《复庵文类稿》卷首，光绪三十年（1904）甲辰青州刊本。曹允源生平事迹参见张一麐撰：《清光禄大夫湖北襄郧荆兵备道曹君墓志铭》，见《心太平室集》卷三，民国三十六年（1947）上海铅印本；《晚晴簃诗汇》卷一百七十五小传，见徐世昌编：《晚晴簃诗汇》，中华书局 1990 年版，第 7668 页等。

州图书馆因首任馆长沈维骥辞职,江苏省政府任命曹允源担任馆长。曹允源接任馆长后,大量购置新书,这个《书目》即是记载他上任一年以来共计增购的经部书一千六百四十七卷,史部书九千五百一十七卷,子部书两千六百四十五卷,集部书七千九百一十七卷,丛部书四千一百二十一卷,新部书两千九百一十七卷,共计两万八千七百六十四卷。二是《江苏省立第二图书馆书目三编》,民国十一年编辑刻印。记载曹允源任馆长后民国五年至十年新购书四万四千七百七十四卷,捐赠书三千一百五十九卷,另外该书目中还记载了曹氏上任后搜集的明刻书两百四十余种,乾嘉以前精刻书四百余种,名家手稿暨旧钞精本书五六十种。这些新增书目不仅大大丰富了馆藏,文献价值也极高。

　　曹允源诗文集一种:《复庵文集》二十三卷,光绪二十二年(1896)至民国十一年(1922)刻本,南京大学图书馆藏。内录《复庵文类稿》八卷、《文续稿》四卷、《文外稿》二卷、《鬻字斋诗略》四卷、《诗续》一卷、《公牍》四卷。卷首冯煦《总序》曰:"今年君以所著《复庵类稿》八卷、《续稿》四卷、《外稿》二卷、《鬻字斋诗略》四卷、《诗续》一卷邮予,属为之序。"《复庵文类稿》,光绪三十年甲辰青州刊本。允源《自序》曰:"曩官京师,皖中友人为刊《淮南杂著》[①],骈散不分,大恉本李申耆氏。……今汇辑辛丑(1901)以前所作为《类稿》八卷,始析而著之。"《文续稿》,民国十一年秋九月刊本,《文外稿》民国十年夏五月刊本,皆无序跋、题辞。《鬻字斋诗略》四卷,光绪二十二年丙申阳湖刻本,卷首《自叙》曰:"余存诗自同治庚午,存文自光绪丁丑。已卯以后专治古文辞,辍诗不作者七年。然癸未甲申间,凤阳县丞冯子明焯主余淮南讲舍,篝镫论诗,辄至夜分……而余值世故放纷,奉亭林不作无益文字之戒,将不复役志于诗。惟生平性情所寄,朋旧唱于之乐,不可忘也,录《鬻字斋诗略》为四卷。"又同县汪芑《叙》。卷末有嘉定秦绶章《跋》曰:"曩岁得读其《鬻字斋骈文》,曾缀《弁言》。今年春,复出示《诗略》四卷,且曰:'今而后将屏弃词翰,姑以此册为同好谢。'"又邹福保《跋》:"大著前三卷,中年旅食触景

① 按:曹允源《淮南杂著》二卷,光绪十七年(1891)刻本,苏州图书馆藏。据卷末《跋》知是曹允源光绪初主讲淮南书院期间,编辑所撰文字为《淮南杂著》,骈散不分。

怀人,情事如画,其顽艳处似樊南,哀怨处似江东。第四卷多发愤之作,气沮金石,笔挟风霜,直是少陵诗史。"《诗续》一卷,民国十一年秋九月刊本,卷末允源《自跋》曰:"余自光绪乙卯专治古文辞,辍诗不作者七年。丙申以后,曹务倥偬,又纂辑会典,日不暇给,益无余力及诗。迨辛丑外简,惟孜孜于民生吏治,则戒不作诗,盖辍诗不作者又十有余年矣。……辛亥遭国变,杜门瑟居,不与世事。横览宙合,又时有沧桑之感,禾黍之悲,遂间以小诗自遣,候虫野鸟,应时而鸣。久尘箧中,不复观省。同人见之以为可存,爰录《诗续》一卷。"《公牍》民国三年春三月刊本,卷首门下士俞锡畴《序》云:"先生在官,事无巨细,必推究其本末,公牍皆手自属草,翙翙如畏一日乐境。今年春,吾党哀先生官京曹及历任直、鲁、鄂三省时所为公牍,汇为一编。俾当世知先生闳褒伟识,百不一展。即生平政绩亦仅于此编得十之一二,而它无传焉。"

3. 存目著作

刘声木《桐城文学撰述考》卷二著录曹允源撰有《国朝经师撰述略》[①]《方志通例》《嘉言类编》《古文读本》《骈文约编》《苏文征乙编》《岁末怀人诗》数种。

（八）王嘉诜

1. 生平与师承

1861—1920,初名如曾,字少沂,一字邵宜,号蛰庵。本家山西闻喜,其祖行贾于徐州府,乃占籍铜山县（今属江苏徐州市）。十岁能诗,十五补学官弟子,旋食廪。以同知衔分省试用通判。从南丰刘庠（受业于曾国藩）、金坛冯煦游于云龙书院。力学为文,不屑道唐以下只字。诗宗樊南,近代亦出入梅村、竹垞。兼善为词。家素丰,啬用而博施。[②]

---

① 按:今存有曹氏为该书撰《国朝经师撰述略题语》,谓:"源幼溺词章,今年夏,得甘泉江郑堂氏《汉学师承记》,稍稍流览,渊然若有所悟,始悔十年来钩心斗角,用力于无用之学,致可惜也。暇日手录《经师经义目录》一通,以为准蘀。因编次《国朝经师撰述略》,大恉本郑堂而融其门户之见,杂采它书,补益所未备,诸家绪论,不复详载,拘目录例也。书成,用弇数语,以识余之于经术,漫不得崖略……光绪六年除夕。"见曹允源:《淮南杂著》卷一,光绪十七年刊本。曹氏在年轻时获读《汉学师承记》,受其影响编成这本书。

② 生平事迹参见冯煦撰:《王邵宜墓志铭》,见王嘉诜:《养真室集》卷首,民国十三年（1924）彭城王氏木刻本等。

2. 现存撰述

王嘉诜纂修方志一种:《(民国)铜山县志》①,七十六卷,附编一卷,余家谟等修,王嘉诜、王开孚纂,民国十五年(1926)刻本。此志议修肇自民国六年,但嘉诜未见稿成即逝,由弟子开孚接手踵事。开孚变其师意,析三十卷为七十六卷,于民国十三年十二月稿成。卷首有余家谟序、凡例、修志姓氏;第一篇卷一为全境图、九区图,内外城图;第二篇卷二为晷度表;第三篇卷三为沿革表;第四篇卷四为纪事表;第五篇卷五至卷七为官司表;第六篇卷八为选举表;第七篇卷九为舆地考;第八篇卷十至卷十二为建置考;第九篇卷十三为山川考;第十篇卷十四为河防考;第十一篇卷十五为田赋考;第十二篇卷十六为学校考;第十三篇卷十七为武备考;第十四篇卷十八至卷十九为古迹考;第十五篇卷二十为艺文考;第十六篇卷二十一至卷三十为宦绩;第十七篇卷三十一至卷六十七为人物;第十八篇卷六十八至卷七十一为列女、列女姓氏表;第十九篇卷七十二至卷七十四为志馀;第二十篇卷七十五附编(缺);第二十一篇卷七十六叙录。篇末有王开孚《跋》文。

王嘉诜诗文集一种:《养真室集》九卷,凡四册,张伯英题签,民国甲子(1924)春三月彭城王氏刊,木刻本,南京图书馆藏书。版片现藏徐州博物馆。卷首有壬戌闰五月金坛冯煦《序》,及作者《自序》。末有冯煦撰《王邵宜墓志铭》,门人王开孚《书后》。《书后》云:"运遭阳九,家国多难。生平萧瑟,同庾信之伤心;亲友凋残,有刘琨之积惨。故其文之情,于诗为变风,于辞为离骚,意蓄隐而愈深,味曲包而靡尽。"是集收录《养真室诗存》三卷,编年诗始自戊寅,讫于辛亥。凡三百二十七首;《养真室文存》一卷,前有吴庆坻《序》,录文二十九首;《养真室文乙编》一卷,录万寿赋、颂、寿言、寿序凡九首;《蛰庵词》一卷,录词五十一首;《诗后集》一卷录诗四十三首,始自壬子,讫于丁巳;《文后集》一卷,录铭、诔、家传及县志序、考凡十二首;《劫余词》一卷,录词六首。附录其妹王敬仪(字静宜)《秋绮轩遗诗》:《秋声》一首。又上海图书馆藏有抄本《诗存》二卷,清末油印本《文存》一卷、《文乙编》一卷、《诗存》三卷、《蛰庵

① 按:刘声木《桐城文学撰述考》卷二著录为《铜山县志》,卷数不明,据此可补。

词》一卷。南京图书馆藏有宣统刻本《文存》一卷。

（九）侯学愈

1. 生平与师承

1867—1934，原名士伦，字伯文，别号戢庵，室名怀情楼、环溪草堂、吟鸥水榭等，江苏无锡人。光绪十九年（1893）补博士弟子员，授徒为生。五次乡试未中，光绪二十八年，决计不再应试，入赀为训导，分江苏试用，加中书科中书衔。辛亥（1911）后杜门课读，致力乡邦文化建设，纂辑《梁溪诗文正续钞》百余卷。工诗古文辞，私淑曾国藩，守其论文要旨，醇雅有法，诗则取法袁枚。族侄鸿鉴称"戢庵族叔长于古文辞，兼工声韵"[1]。杨志濂谓其"笃伦纪，敦性情，自言其诗取法国初袁简斋太史，以性灵为主，不屑屑于涂泽"[2]。

2. 现存撰述

侯学愈与侯祖述纂修家谱一种：《锡山东里侯氏八修宗谱》二十卷，民国八年（1919）活字印本。锡山侯氏始祖德宗，号友泉，宋元间卜居于锡山之东。《锡山东里侯氏宗谱》由明人侯先春（1545—1611，字元甫，号少芝，无锡侯氏八世祖）始修于明万历三十一年（1603）。其后不断重修，其中侯守廉纂修《锡山东里侯氏六修宗谱》，十二卷，道光二十二年（1842）木活字本；侯倬翰等纂修《锡山东里侯氏七修宗谱》，光绪六年（1880）木活字本。侯学愈此次是八修家谱，计二十卷首一卷，附侯少芝先生《谏草》二卷；侯霓峰先生《荣哀录》祭文一卷。卷首谱序，卷一诰敕，卷二像赞，卷三至六家传，卷七至九艺文，卷十、十一遗著，卷十二杂志，卷十三世系图、茔图等，卷十四至二十世系表。

侯学愈与陶士楳合纂著作一种：《孔子升大祀考》一卷，宣统三年（1911）艺文斋杨子冈排印本。是书一心追从清廷大祀孔子，主张文庙祀典升格，批判当时人们争习西学、摒弃纲常礼教的行为。卷首有凌学攽《序》："近十数年间，才知有力之士益锋起角出，日新其机械而不可

---

① 侯鸿鉴：《环溪草堂诗稿跋》，见侯学愈：《环溪草堂诗稿》卷末，民国十六年（1927）菊秋铅印本。
② 杨志濂：《环溪草堂诗稿叙》，见侯学愈：《环溪草堂诗稿》卷首，民国十六年（1927）菊秋铅印本。又蒋士栋辑《锡金游庠同人自述汇刊》，不分卷，民国二十一年铅印本，有侯学愈"自述"一篇，载其生平事迹。

穷。嗤仁义为迂阔,视功利为切近。其甚者,欲用夷变夏,以披发左衽之俗易我数千年端委垂裳之化。尊君亲上之教荡焉无存。虽穷变通久终有所持于后,而纲常伦纪之地究不能外君臣父子,别有所宗也。"

侯学愈史部撰述一种:《尊贤祠考略》六卷,民国十八年(1929)锡山陶氏循听堂校本。卷首有张文藻署嵒钤印。次有尊贤祠内外景观图、尊贤祠基图。次有杨志濂、陶守恒《序》和侯学愈《例言》。尊贤祠,初名陆子祠,祀茶神陆羽,后增祀华宝、湛挺、李绅、焦千之、钱颛、秦观、尤袤、倪瓒、张翼、王绂、秦旭、邵宝十二贤。清康熙二年(1663),无锡知县吴兴祚改陆子祠为尊贤祠。嘉庆四年(1799)秦瀛又增祀梁鸿,为十四人。《尊贤祠考略》载:先后共祀五十二贤,除上述十四贤外,还有汉经魁高彪,南齐孝子薛天生和刘怀允,明学士王达、安国、华察,明孝子浦劭,明通参秦瀚、提学副使邹迪光、太学安绍芳、通参沈应时、文学秦德湛,清邑侯吴兴祚、副使顾镛、宫谕秦松龄、推官侯曦、学士周宏、宫允严绳孙、贡士高愈、员外王澍、同知潘果、侍郎邹一桂、巡抚陶正中、教授浦起龙、侍郎王会汾、教授邓恺、贡士潘望龄、侍郎秦鸿钧、教谕邹麟书、通判王游、训导孙开济、举人潘本郊、教谕侯昉、总督孙尔准、鹾尹王霖、郎中廉志勋、训导顾树本、同知侯之翰。侯学愈《例言》谓:"高翁松涛于新安乡蒐得安汇占先生遗著一帙,多纪斯祠事实,以示愈,嘱为增补成编。复审其书,其无体例,又无篇目,凌乱脱落,似草创未就,不得认为定本,乃搜采群籍,竭四年心力,辑成此稿。"是书在安吉遗著的基础上增订而成,卷一为祠址、卷二为祀典、卷三为祀位、卷四为小传、卷五为艺文、卷六为丛录。

侯学愈诗文集一种:《环溪草堂诗稿》八卷,附《补遗》一卷,民国十六年(1927)菊秋铅印本,南京图书馆藏。卷首有"戢庵先生六十一岁小影",张文藻题,又有范廷铨题《伯文姻丈大人玉照》一篇。丁卯(1927)杨志濂《叙》云:"余今乃得之侯戢庵之诗……因出示所著《环溪草堂诗稿》八卷,都千有余篇,将寿枣梨,以弁言诿诿。"严懋功《叙》曰:"戢庵乃手所著《环溪草堂诗稿》八卷示余曰:'此余频年之所作而汰存以付刊者也,子其为我叙之。'"知是集为侯学愈亲手定。族姪鸿鉴《跋》即云:"而诗文则非手自删定不足以垂示来者,戢庵叔深以为然,既乃手订诗稿八卷。"是集八卷,录古近体诗九百九十六首,有《补遗》一卷,收古近体诗十八首。钱振锽《叙》曰:"丁卯之冬,侯子将印行所为《环溪草堂诗稿》八卷、《补遗》一卷,征弁言于不佞。"又丁卯受业王锡玙《跋》曰:"今岁秋将刊《环溪草堂诗稿》八卷,命锡玙任校雠之役。"

侯学愈编纂无锡地方文学总集二种:一是《梁溪文钞续》六卷,民国三年(1914)游艺斋活字本。梁溪,水名,在江苏省无锡西。乡人周有壬曾纂有《梁溪文钞》,侯学愈重加编次为四十卷,汉晋唐一卷、宋二卷、元一卷、明十七卷、国朝十七卷、补编二卷;汉晋各一人、唐二人、宋十人、元六人、明百有十九人、国朝百有八人,又补遗三十人。侯学愈既重订竟,复辑周氏所未备者,续为六卷。卷首有侯学愈《自序》,谓:"甲寅春,余既重订周佩安先生《梁溪文钞》镌板行世,窃以为咸同以来,人才辈出,不可无所裒辑以竟其绪。……乃征集遗文,公其去取,凡甄录五十四家,得文一百二十余首,名之曰《梁溪文钞续》,以附于原编之次。"又有侯学愈《例言》四则。是书多录咸、同、光时人作品,体例一遵正钞,依时代录入,附有作者小传。二是《续梁溪诗钞》二十四卷,民国九年(1920)锡成公司铅印本。是书为侯学愈编纂无锡地方诗歌总集。内封牌记题:"庚申菊秋锡成公司印"。版心下有"还读斋校本"。前有民国九年侯鸿鉴《序》、严毓芬《序》、邓辑《序》,侯学愈撰《例言》十一篇。无锡人顾光旭(1731—1797,字华阳,号响泉)搜集历代无锡人诗作,于乾隆四十八年(1783)编纂成《梁溪诗钞》五十八卷,收录自东汉至清乾隆朝一千零二十四名作者的二万余首诗作,嘉庆元年(1796)刊行。侯学愈于民国四年起续编此书,历时六年卒业附印。是书二十四卷共收无锡自乾隆顾光旭以来诗人五百四十八家,诗四千三百四十七首,每人名下均附有小传。以时间为序,分乾隆朝四卷,嘉庆朝三卷,道光朝四卷,咸丰朝三卷,同治朝三卷,光绪朝三卷,另闺阁二卷,流寓一卷、方外一卷。

(十)刘巽权

1. 生平与师承

1882—1923,字脊生,号味农、武更、向南庐主①,江苏阳湖(今属常

---

① 按:因为生平服膺吴南屏,从李仲韩、许指严处,钞录南屏全部佚稿。工绘事,以南屏读书君山,乃绘《君山读书图》,更名其室曰"向南庐",自号"向南庐主"。

州市)人。早年考中秀才后,不再应举。历任常州溪山小学、永诒小学。半园女校教员。后赴沪受何氏之聘,为何世桢、何世枚、赵叔雍老师。1912 年应江苏省苏州工业专门学校之聘,授国文,历十二载。工诗古文,最好曾国藩古文,"少年时即锐志于学,得曾涤生文集,大悦之,寻诵悉上口。于是持躬律己,一以曾氏为法。又进而求望溪、惜抱之书,益肆力于古文辞,晨起衣服,夜卧解带,必事默诵,其专笃如此"①。②

2. 现存撰述

刘巽权诗文集一种:《刘子遗稿》六卷,民国十九年(1930)铅印本。此书由其弟子徐震辑其诗文遗稿,装订一册,分上中下三编:上编为《古近体诗》,存诗八十六首;中编为《文录》《别录》,文三十五篇;下编为《日记》二卷,系由原稿十六册中,选其部分而已,钞辑日记起 1919 年(己未)八月,止 1924 年(癸亥)四月,分五类:《粹言》《考订》《论文》三类合一卷,《师友》《杂事》为一卷,每则之末,皆注年月日,各章凡一百七十事。

五 无锡秦氏族属桐城派弟子

(一)秦瀛

1. 生平与师承

1743—1821,原名沛,字凌沧,一字小岘,号吴篷,晚又号遂庵,宋秦观后代,江苏无锡人。乾隆三十九年(1774)举人,四十一年召试山东行在,赐内阁中书。官至刑部右侍郎。瀛工为古诗文,与鲁九皋、陈用光、王芑孙交往甚密,又获与姚鼐往复讨论,所业益进。乌程凌鸣喈云:"先生诗始宗盛唐,继泛滥于苏陆诸家,浑浑浩浩,无所不有,而要归于性情敦厚,风格高迥。其文出于韩欧,大约与震川为近,而义法简严则得之望溪方氏。"③侯学愈《重刊例言》曰:"先生文派,直接方刘,醇雅冲淡,一

① 张惟骧编纂:《清代毗陵名人小传稿》卷十,小双寂庵丛书本。
② 生平事迹参见徐震撰:《刘巽权行状》,见徐震《复驾说斋文初编》卷三,民国十八年(1929)铅印本;吕思勉撰:《刘君脊生传》,见吕思勉《吕思勉全集》,上海古籍出版社 2016 年版,第 26 册,第 61 页;其子刘同蕖撰:《刘脊生事略》,见刘巽权《刘子遗稿》卷首,民国十九年铅印本等。
③ 凌鸣喈:《小岘山人诗文集序》,见秦瀛:《小岘山人诗文集》卷首,嘉庆二十二年(1817)城西草堂刻本。

洗五季初唐涂泽藻缋诸习。"①《清史稿·秦瀛传》称:"瀛工文章,与姚鼐相推重,体亦相近。"②

2. 现存撰述

秦瀛史传著作一种:《己未词科录》十二卷,卷首一卷,嘉庆间刻本。己未,即康熙十八年(1679),是书记此年博学鸿词科史事。前有嘉庆十二年(1807)海宁吴骞《序》和《凡例》一篇。吴骞《序》云:"其为是书,上自制诏,下及奏疏,旁采家传、碑志,集录记载,纲举目张,有体有要。"卷一纪事;卷二至卷八传略;卷九至卷十二丛话。各卷引录他书,多注明出处,遇有心得处,即下按语以辨明史实。是书后被收入《清代传记丛刊》。

秦瀛纂修江苏地方志一种:《无锡金匮县志》四十卷,首一卷,嘉庆刻本。无锡志自元王仁辅始纂,明朝三修,康熙二十九年(1690)继有修纂。雍正四年(1726),无锡析出金匮县。华剑光征君刻有《金匮县志》,而乾隆二十九年续修又统以无锡之名。秦瀛认为二县同城,山川人物不可分,当合为一志,故于嘉庆十七年(1812),取旧志重加厘定,增加乾隆庚午以后邑乘所当补入者,名之曰《无锡金匮县志》。分建置、疆域、山、水、水利、城郭、街坊、赋役、古迹、文艺、物产、祥异等三十余门,附纪事于兵防。门有小序,间附按考。山分两邑,水则并书,记有锡山、惠山、运河、二泉等一百余处山水,详载其历史故实。

秦瀛诗文集六种:一是《赐泉堂集》,嘉庆初刻本,录《诗》十二卷,《文》卷数、录目未定。据民国二十二年(1933)《小岘山人文集》环溪草堂重刊本,瀛五世从孙毓钧《跋》云:"公文始号赐泉堂,刻于嘉庆初元杭州监司时代,《诗》十二卷,《文》则卷数、录目未定,此见于归安吴兰庭、长洲王芑孙所叙述者。"嘉庆五年(1800)吴兰庭《序》引瀛曰:"子久不见吾诗,今已成十二卷矣……子为我序之。"乾隆五十八年

---

① 侯学愈:《重刊例言》,见秦瀛:《小岘山人文集》卷首,民国二十二年(1933)环溪草堂侯学愈重刊、锡成公司代印本。

② 《清史稿·秦瀛传》。生平事迹参见《清史稿》卷三百五十四;陈用光撰:《刑部侍郎秦小岘先生墓志铭》,见《小岘山人诗文集》卷首;陶澍撰:《刑部侍郎秦小岘先生神道碑》,见《小岘山人诗文集》卷首等。

（1793）王芑孙《序》曰："君曩序予诗若文，因亦自哀所著为《赐泉堂集》，属予一言。"

二是《小岘山人诗文集》三十七卷，嘉庆二十二年（1817）城西草堂刻本，南京图书馆藏。卷首有同里张式《小岘先生遗像》和李兆洛《赞》。又有陈用光撰《刑部侍郎秦小岘先生墓志铭》，陶澍《刑部侍郎秦小岘先生神道碑》，凌鸣喈、袁钧、王芑孙、吴德旋《序》。凌鸣喈《序》云："吾师少司寇秦遂庵先生，以诗文名垂四十年，海内诵其诗文，每录而刻之，先生歉然不自足。今年七十有五，始自编次目录，定为《诗》二十六卷、《古文辞》六卷、《续集》二卷。"

三是民国二十二年（1933）《小岘山人文集》环溪草堂重刊本，秦瀛五世从孙秦毓钧《跋》曰："洎乎归田日久，嘉庆丁丑，公年已七十有五矣，始自编次目录，定为《小岘山人诗》二十六卷、《古文辞》六卷、《续集》二卷，镂板城西草堂出以问世，即今邑志所称《小岘山人诗集》二十六卷、《文初集》六卷、《续集》二卷者是也。"《诗集》二十八卷（目录作二十六卷，集中实二十八卷），存古今体诗。《文集》六卷、《续文集》二卷。侯学愈《重刊例言》曰："先生生于嘉庆十五年，以少司寇谢政归田后，手编文稿，镂板城西草堂，定《正集》六卷、《续集》二卷。"又《续修四库全书》据此本影印，增《续文集外编》一卷，包括论、传、书、序、墓铭等若干首。

四是《小岘山人文集》不分卷，江西刻本。民国三年（1914）、四年间，侯学愈于太史陆曜（耀）星家得秦瀛文集二册，无叙、无目，又无开雕岁月，但是刷印精良。民国二十二年《小岘山人文集》环溪草堂重刊本，侯氏《重刊例言》谓"断为江右刻本，遂录副以归。先生宦辙未莅豫章，想为介弟小泗哲嗣绍武所椠。出以对勘，较原刊未收者多至十有余首"。又，秦瀛五世从孙秦毓钧《跋》曰："闻公《集》有江西本者，曩为陆曜（耀）星太史所藏，侯君手抄一通，秘之箧中，与无锡本小异。……考公趼历行省，由越而楚而广，宦迹所至，独未莅赣，其有江西本者，殆公弟泗公子绍武辈游宦持刻，以飨赣人士者欤？"

五是《小岘山人文集》十卷，民国二十二年（1933）环溪草堂侯学愈重刊、锡成公司代印本，南京大学图书馆藏。张文藻署耑，扉页有《小岘先生像》。卷首阳湖钱振锽《叙》曰:"癸酉(1933)之岁,吾友金匮侯子戬庵,以其乡秦凌沧所著《小岘山人文集》见饷,且曰:'是书传本几绝,某特醵赀印行之。"又侯学愈《重刊例言》称此集:"惜其版丁洪杨之乱摧毁,廑有存者,不揣谫陋,觅得原本,谬加校订,集资重刊行世。至于体例,一尊成矩,勿敢逾越,读者谅之。""先生生于嘉庆十五年,以少司寇谢政归田后,手编文稿,镂板城西草堂,定《正集》六卷、《续集》二卷。此次以便于装订起见,将第三卷分作二卷,又于贤裔平甫君处录得《补遗》一卷,合共十卷,文二百八十余首。"又将太史陆曜(耀)星家藏出以对勘,补原刊未收者十余首,"复于《初月楼集》中得吴仲伦所撰《原叙》,乃一并依类补入。"又《文集》"限于经费,仅印三百部,尚有《诗集》二十八卷……姑俟异日。"内分《文集》七卷、《续文集》二卷、又《补遗》一卷。癸酉孟秋五世从孙毓钧《跋》曰:"左《小岘山人古文辞初集》七卷、《续集》二卷、《补遗》一卷,毓钧并辑公传、铭、碑、记及诸家论文之语,弁于简首。""至《补集》之刻,殆公丁丑以后至辛巳所作,不分卷数,《诗》则编列二十七、八两卷。""今承侯君伯文发起,排版印行……闻公《集》有江西本者,曩为陆曜(耀)星太史所藏,侯君手抄一通,秘之箧中,与无锡本小异。此次付印,侯君出以相校,精心别白,补所未逮,蔚为大观。"

六是《小岘山人梁豁杂咏》不分卷,民国八年(1919)铅印本,南京图书馆藏。曹铨题书名。卷首有秦瀛《自叙》说:"乾隆癸巳(1773)夏五月,余之津门,舟中无俚,系怀乡土,偶有所记,辄成断句,得诗一百首。语无诠次,辄以志一时托兴云尔。"卷末附其曾孙秦宝瓒《跋》曰:"本生曾祖《小岘山人诗集》中有《咏梁豁杂事》一百首,首各有注。曹君次庵以其有关本邑掌故,与寻常批风抹月者不同,爰手录一通,重付剞劂,别为一种。"

3. 存目著作

刘声木《桐城文学撰述考》卷二著录秦瀛另撰《重订淮海公年谱》[①]六卷、《遂庵日知录》八卷、《政余偶存》六卷、《续修家谱》若干卷、《江浙

---

① 按:淮海公,即秦氏先人秦观。四部备要本《淮海集》录有《淮海公年谱节要》。

十二家诗》若干卷①、《小海自定诗》②一卷。

（二）秦瀛

生平与师承

1752—1784，字士莲，号最斋，江苏无锡人。秦瀛弟。乾隆庚子举人，官议叙知县。主讲敬胜书院。古文师事秦瀛，得古文义法。撰述多散佚。③

（三）秦缃武

1. 生平与师承

1771—1835，字庆榴，号省吾，又号惺夫，江苏无锡人。秦瀛长子。太学生。历任江西长宁、峡江、乐安、宜春、兴国、大庾、武灵、彭泽等县知县，殁于彭泽知县任。善擘窠书。④

2. 现存撰述

《城西草堂诗集》四卷，咸丰八年（1858）秦氏刻本，又同治七年（1868）京师刻本，又民国间无锡县图书馆影钞本，无锡市图书馆藏。又《晚晴簃诗汇》卷一百三十四录其《舟夜》诗一首⑤。

（四）秦缃业

1. 生平与师承

1813—1883，字应华，号澹如，江苏无锡人。秦瀛子。道光二十六年（1846）副贡，历署浙江候补道，官至两浙盐运使。师事梅曾亮，受古文法。曾游京师，获从曾国藩、邵懿辰、朱琦、龙启瑞等治古文，与孙衣

---

① 按：清王鸣盛汇刻有《江浙十二家诗》一书，见徐世昌编：《晚晴簃诗汇》卷七十五"李绳·诗话"，中华书局1990年版，第3144页，云："王西庄汇刻《江浙十二家诗》，选勉伯（笔者按：即李绳，字绵百，号勉伯）及汪铧怀、姜检芝、蔡企闻、王冈龄、张凤于、顾学逊、高同春、廖琴学、薛少文、吴赤玉、赵陟庭，多西庄友及门弟子。冈龄其弟，陟庭其甥也。"这十二人都是乾隆时期江浙一带的诗人。

② 按：海宁人汪淮（1746—1817），字小海，撰有《小海自定诗》一卷，卷首有秦瀛撰《序》一篇，疑即此书。

③ 生平事迹参见秦瀛：《秦濂行略》，《小岘山人诗文集》卷五；刘声木：《桐城文学渊源考》卷四小传。另《词综补遗》卷二十二收录其词《庆春泽》（平溪泛筏）、《绮罗香》（女儿香）二首，见林葆恒辑、张璋整理：《词综补遗》，上海古籍出版社2005年版，第830页。

④ 生平事迹参见赵宗耀、陈文庆修，欧阳焘等纂：《彭泽县志·循吏》，同治十二年（1873）刻本；秦尧曦等修、秦赓彤等纂：《锡山秦氏宗谱》，同治十二年木活字印本，卷八中；《秦省吾家传》，见陈金林、齐德生、郭曼曼：《清代碑传全集》，上海古籍出版社1987年版，第1014页；徐世昌编：《晚晴簃诗汇》，中华书局1990年版，第5791页，卷一百三十四小传等。

⑤ 徐世昌编：《晚晴簃诗汇》，中华书局1990年版，第5791页。

言、谭献等交往。秦绪业为古文,取径归、方、姚氏,以上法韩、欧,与桐城派张之甚力。孙衣言《秦君澹如墓志铭》谓:"澹如为古文喜明归熙甫氏及本朝桐城方氏、姚氏。诗则喜陶彭泽、韦苏州。"①

2. 现存撰述

秦绪业史部撰述二种:一是《平浙纪略》十六卷,同治十二年(1873)浙江书局刻本。此书是秦绪业与陈锺英合作撰述。内封牌记镌"同治癸酉冬浙江书局刊"。首有同治十三年杨昌浚撰《平浙纪略叙》,正文前有《凡例》十则。此书实根据当时奏疏、公牍、闻见等资料,以纪事本末体专记左宗棠等镇压太平天国之事。《凡例》谓:"是书所纪非一人一时之事,亦有事同而人异,时同而地异者,若用编年之法,眉目固为清楚,宾主必至混淆,故略仿历朝纪事本末及圣武记体,逐事分编。"又曰:

"所载诸事多以各统兵大臣奏报为凭,其野老传闻、私家纪载即不无可取……惟咸丰年案卷久已毁失无存,不得已籍资采访嘉兴许太守瑶光著有《谈浙》一书,于前事颇详,是纪后二卷大半本,此其年月人名或有传闻舛错处尚有待于考证焉。"卷一至卷七专记左宗棠在浙江杭州、金华等地围攻太平军始末。卷八至卷九多收录左宗棠奏疏公牍等资料。卷十至卷十四专记左宗棠军援皖南、江西,追击太平军至闽粤事。卷十五至卷十六记述湘军与太平军激战,收复浙境各地重镇之事。最后两卷多采摘许瑶光《谈浙》一书中的相关资料。

二是《(光绪)无锡金匮县志》四十卷,首末二卷附《殉难绅民表》二卷、《列女姓氏录》四卷,清光绪七年(1881)刻本,光绪二十九年重印本。此志由秦绪业主纂,裴大中、倪咸生主修。光绪二年,江苏省"令各郡县先为志书以进",无锡、金匮二县知县裴大中、倪咸生,教谕张云生、殷如珠倡修县志,由秦绪业总其事,秦赓彤等二十六人协纂,"阅五载书成"(秦绪业《序》)。记事至光绪六年。凡四十二目。书前载序,凡例、图、目录。卷首设宸翰,书中门目略似于《康熙志》。此志不沿旧说,所绘地图精美,结构合理,内容翔实,"于近代邑志中,洵推佳构"(《续修四库全

---

① 生平事迹参见孙衣言:《秦君澹如墓志铭》,见孙衣言:《逊学斋文续钞》卷四,同治十二年(1873)刻本;刘声木:《桐城文学渊源考》卷七小传;张舜徽:《清人文集别录》,华中师范大学出版社2004年版,第470—471页等。

书提要》)。①

秦缃业诗文集三种：一是《虹桥老屋遗稿》九卷，光绪十五年（1889）湘烟阁刻本，南京图书馆藏。其门下士高保康题名。卷首湘乡杨昌浚《序》："犹幸生平著作存着十之六七，喆嗣乙青司马惧其散佚也，则广为搜缉编次所为诗文集若干卷，谋授诸梓。……其为人重厚简默，呐呐如不出口，及吮毫砥墨，滂沛喷薄，万言立就，匪必沾沾律度而自合于古作者之林。"次"秦澹如先生七十一岁小象"及仁和谭献《象赞》。卷末孙衣言《书后》曰："今春喆嗣乙青司马以所辑《虹桥老屋遗稿》六册见寄，属为之序，盖皆仕浙后作，而其全稿竟不可复得矣。"又子光简、光儒《跋》曰："先君子少工诗古文词，自幼而壮，稿草盈尺，悉经上元梅伯言先生点定，以遭乱失坠。庚申后服浙中，既无意于诗文，间有酬应之作，寓兴之篇，零缣片楮，亦多随手散佚。壬午归田，寓居鹅湖，方欲手编成集，遽尔谢世。光简等……爰就箧衍丛残及从友人抄录者共得若干篇，而以从侄姚臣在山口购得先君子弱冠时手写册子诗十余章，经仪征阮文达公鉴定者，冠诸简首。以后约略编次，乞仁和谭仲修大令献、钱塘张子虞太史预校订……今定为《文》四卷、《诗》五卷付之。"

二是《西泠酬唱集》录缃业诗八十三首、词一首，光绪戊寅（1878）刻本，瑞安孙衣言《秦君澹如墓志铭》曰："其自为诗文曰《虹桥老屋遗稿》未刊，而在浙时尝为《西泠销寒酬唱二集》，今盛行于杭州。"江都郭钟岳书首。卷首仪征方鼎锐《序》曰："西泠酬唱，先后多人，有梁溪澹如先生为之提倡，主持坛坫，故能哀然成集，蔚为大观。"共有三集。《一集》共五卷，卷一收缃业诗四十三首。《二集》无缃业诗。《三集》共五卷，卷一收缃业诗四十首，卷五收其词一首：《鹊桥仙》（闰七月夕用先淮海韵）。

三是《虹桥老屋遗稿补遗》三卷，光绪二十一年（1895）刻本，南京图书馆藏。分《文集》一卷、《诗集》一卷、《词剩》一卷，附《虎侯诗存》一卷。秦缃业子秦光简、秦光儒《跋》曰："光绪己丑冬既刊先大夫遗稿《文》四卷、《诗》五卷，越六年，乙未又将前集所未及刊暨搜讨所得者凡文十二篇、诗六十五章、词十阕丐云间杨古蕴大令（葆光）校勘而补刊之，以附

157

① 参见钱建忠：《无锡方志辑考》，世界知识出版社 2006 年版，第 20 页。

于前集之后。"《虎侯诗存》一卷,秦光祖撰,录诗九首。弟秦光儒《跋》曰:"右诗九章,先四兄虎侯著……今刊先大夫遗稿,竟因以附焉。"又秦毓钧辑《锡山秦氏文钞》,民国十九年(1930)咏烈堂铅印本,卷九收其文十七首。

3. 存目著作

《西泠酬唱集》光绪四年(1878)刻本之《一集》卷一收录秦缃业诗四十三首,并注曰:"著有《朴学斋文录》《听秋声阁诗钞》《微云庵诗录》,均未刊行。"刘声木《桐城文学撰述考》卷三著录秦缃业另撰《病榻吟》一卷、《微云庵词录》若干卷、《重修宗谱》①若干卷、《明旧诗存》若干卷、《续通鉴长编拾补》②六十卷、《浙江忠义录》③若干卷、《捻须亭诗钞》若干卷。

（五）秦丽

生平与师承

生卒年不详,江苏无锡人。秦瀛孙、秦缃武子。濡染家学,尤擅长于诗、古文词。撰述多散佚。④

（六）秦赓彤

1. 生平与师承

1807—1884,原名勋,又名丽昌,又名昌燕,字汝彩,亦字霖士,号临士,江苏无锡人。秦瀛孙,秦缃武子。道光五年(1825)秀才,道光二十三年举人,改今名。咸丰六年(1856)进士,改庶吉士,授刑部主事。同治九年(1870)保荐记名御史。归主东林书院十余年,以古文世其家。秦毓钧谓:"公为小岘先生玄孙,以古文世其家学……读其古文,说理必精,修辞必洁,深得震川、桐城之遗归。"⑤

2. 现存撰述

秦赓彤经学著作一种:《礼经学述》一卷,《昭代丛书》道光癸集本。署

---

① 按:光绪二年(1876)中夏,秦缃业撰有《鸿山杨氏重修宗谱序》,或即指此。
② 按:清人黄以周等据杨仲良《皇宋通鉴纪事本末》等书,补足熙宁、绍圣间七年之事及徽钦二朝之事,为《续通鉴长编拾补》六十卷,或即指此书。
③ 按:又有清末浙江采访忠义总局编,张景祁等纂《浙江忠义录》,有同治六年(1867)刻十卷本和同治十二年刻三十二卷本,或即指此书。
④ 生平事迹参见刘声木:《桐城文学渊源考》卷四小传。
⑤ 秦毓钧辑:《锡山秦氏文钞》卷九,民国十九年(1930)咏烈堂铅印本。生平事迹参见秦毓钧辑:《锡山秦氏文钞》卷九;刘声木:《桐城文学渊源考》卷四小传。

名为"无锡秦丽昌临士著"，秦赓彤，又名丽昌，号临士。后附《味经窝类稿》六条：五宗说、为人后说、辨小宗不立后、百榖说、中霤说、城隍考。末有壬寅秋日吴江沈懋德《跋》谓："秦树峰（按：即秦蕙田，字树峰，号味经）先生《五礼通考》传播艺林久矣，其家所藏又有《味经窝类稿》原原本本，殚见洽闻，实学礼者之渊薮，余于临士处见之。临士……渊源家学，恂恂自好……可以解象山、姚江之惑，他人安能见及此哉？末附《味经窝类稿》六条，是临士所手抄者，今亦悉仍其旧。"

秦赓彤诗文集一种：《铁华仙馆集》六卷，光绪四年（1878）锡山秦氏刻本，上海图书馆藏。前有光绪四年叶衍兰等《序》。前四卷为文，录经说、史论、散著等六十四篇。传记诸文多记咸丰十年（1860）太平军陷无锡事。末二卷为诗，收古今体诗一百七十四首。又秦毓钧辑《锡山秦氏文钞》卷九收其文十首：《无锡立学设官之始暨历朝选举制考》《同治癸酉八修宗谱序》《梓里录序》《城西草堂诗集跋》《锡金考乘书后》《世德清芬集书后》《重筑高子水居记》《重建无锡金匮县学碑记》《侯母陈太宜人八十寿序》《周佩安先生传》《孙亦山家集》。

（七）秦臻

1. 生平与师承

1821—1898，原名昌焘，字巳生，一字味禅，又字蒀风，晚号茧瓮老人，江苏金匮（无锡）人。彭泽知县秦缃武子，秦国楠嗣子，御史秦赓彤弟。"私淑恽敬，独喜《大云山房文集》"①。咸丰八年（1858）戊午举人，候选知县。少即精敏于当世之务，靡所不究悉，尤喜校雠金石文字，订讹正伪，铢寸差失皆辨之，而于诗治之益深，为咸丰名孝廉。②

2. 现存撰述

秦臻诗文集一种：《冷红馆全集》八卷，民国九年（1920）庚申十月游艺斋排印木活字本，南京图书馆藏。前有光绪十一年（1885）二月同里邓濂《序》，民国九年秋湘潭袁思永《序》。内有《冷红馆剩稿》四卷，《诗补钞》二卷，《修修利斋偶存》一卷，《冷红词》一卷。《修修利斋偶存》一卷，秦臻《修

---

① 刘声木：《桐城文学渊源考》卷五，第215页。
② 生平事迹参见刘声木《桐城文学渊源考》卷五小传。

修利斋偶存自序》云:"仆不工艳体,偶读《玉台》诸什,味其酸酢之语,效颦为之,终是优孟衣冠,易成伧父面目,积一二十年仅得五十余首,录为一卷。取遗山艳体诗意,目为《修修利斋稿》云。""修修利斋"为秦臻书斋名。末有其子秦宝瓒《识》,云:"先子冷红馆旧稿有手定本,分八卷,数年前与文稿、词稿属文明书局用铅字排印,会局中走电,全稿尽毁。家中所余上、中、下三册及《词稿》原本下册。中有《修修利斋》一卷,多半艳体,盖少年作,正稿之删弃者。今既无正稿,凡中年以后精到之作所失不知凡几,皆无可补。既已删者,亦无所对准,亦只得尽数付印。"

3. 存目著作

刘声木《桐城文学渊源考》卷五著录:秦臻撰《冷红馆文稿》,谓"毁于火"。

(八)秦宝玑

1. 生平与师承

1843—1882,一作宝琪,字瑶田,一字姚臣,号潜叔,江苏金匮(无锡)人。为秦蕙田五世孙,秦臻第三子。弱冠避寇海上,肆力于诗古文辞。壮岁治科举业,皆覃精粹思,迥异侪辈。同治六年(1867)中副榜。光绪七年(1881),张树声延之粤东幕府,纂修《历代史志》。不一年,卒于家。师事从祖秦缃业,受古文法,所为古文辞尤宏博超健;诗学陶渊明,心摹力追,淳古简淡。曾佐秦缃业修《无锡金匮县志》,于舆地尤精。[①]

2. 现存撰述

秦宝玑诗文集二种:一是《竢实斋文稿》二卷,光绪十四年(1888)合肥张云霖次青校刻本,南京图书馆藏。"竢实斋"是秦宝玑室名。是集前有光绪十年同里杨模《序》、光绪十四年合肥张云霖《叙》。末有光绪十四年如皋陈国璋《跋》。上卷录文十七首,下卷录文是十一首。杨《序》谓"潜叔既殁,其族祖淡如先生为点定古文,得二十八篇",知是集由其族祖秦缃业点定而成。集中《史汉荆吴二国属郡考》《刘宋侨置杼秋县考》《梁溪考》诸文,皆考证舆地沿革、水道变迁之作,证说翔实精核。

---

① 生平事迹参见徐世昌编:《晚晴簃诗汇》,中华书局 1990 年版,第 7370 页,卷一百六十九;刘声木:《桐城文学渊源考》卷七小传等。

二是《霜杰斋诗》二卷，附《补遗》一卷。光绪年间刻本，南京图书馆藏。“霜杰斋”是秦宝玑室名。是集前有光绪三十二年(1906)兰陵冯光勋、光绪四年邓濂《序》各一首，《补遗》后有光绪十二年杨模《跋》。是书依年编次，卷上收自咸丰十年(1860)至光绪元年所作诗约七十余首，卷下收自光绪二年至光绪八年所作诗约六十余首；《补遗》诗近一百三十首，未编年；附一卷为华翼纶、秦缃业、张謇、邓濂、裘廷梁等诸人所撰哀诔之作十一篇。据冯《序》，《正编》为其病亟时汰约，《补遗》为其从祖淡如先生编葺，“则取平生所为诗，严汰约收，得百数十首，为《霜杰斋诗》二卷。既殁，其从祖澹如先生复葺其剩稿为《补遗》一卷。同邑何君梅生，潜叔友也，癸未春，以其诗寄予京师，予既稔潜叔之学行与其交谊之笃，而又重何君之能为潜叔谋久远也。爰授诸梓。”徐世昌《晚晴簃诗汇》卷一百六十九录其《过桃花坞》《小石洞》诗二首，皆淳古简淡[1]。

3. 存目著作

刘声木《桐城文学撰述考》卷三著录秦宝玑另撰《历代史志》，并注曰：“未成，原稿藏合肥张树声家。”

（九）安吉

1. 生平与师承

1747—1813，字汇占，号霭堂、庆亭，晚号古琴、十二山人，江苏金匮(今属无锡市)人。师事秦瀛，受古文法。乾隆四十四年(1779)举人。七上春官，屡登草榜而不第。游燕、齐、晋、辽以归。砚田治生，覃精著述。廉洁孝友，举孝廉方正，力辞不就。穷经学，治《易》《书》，兼深音韵。[2]

2. 现存撰述

安吉经学著作三种：一是《夏时考》五卷，稿本，无锡市图书馆藏。有《读夏小正》《考定十二月之节候》《读尧典考定四时》《读洪范考定五行》《读豳风考订寒暑往来》诸篇，所陈义理，皆有卓识，多发前人所未发。

二是《六书音证》十六卷，凡六册，道光十六年(1836)刻本。阮元题签书名。题签旁有钱泳因《说文》无“韵”字，故以“音”代“韵”字之说明。卷

① 徐世昌编：《晚晴簃诗汇》，中华书局 1990 年版，第 7370 页

② 生平事迹参见高镤泉撰：《锡山历朝著述书目考》，光绪二十八年(1902)活字本，卷六小传；刘声木：《桐城文学渊源考》卷四小传等。

前有李兆洛、王家相、祁寯藻等人《序》。全书以宫、商、角、徵、羽及变声分辑。安吉《自序》谓编书宗旨："是述许(许慎)以补顾(野王)之缺略而辑。"其子安念祖谓其父编写是书"穷年究心,不辍车马之闲,手不停披,往来燕、辽、齐、豫,审听五方语,会通说文谐声,千古沉音,一旦向曆",作者用力之勤,于此可见。

三是《六书韵征》十六卷,嘉庆十二年(1807)丁卯刻本。卷首有《叙》,谓作此书是"以谐声统六书,六书分五音,而古韵皆通,经史骚赋古诗皆可读,则以谐声为古之韵谱,不亦可乎"。此书以宫、商、角、徵、羽、变宫、变徵,列《说文》声母为十六类。刘声木《桐城文学撰述考》卷二著录,题为《韵征》,不明卷数。

安吉日记一种:《古琴公日志》,钞本,二册,无锡孙祖基《玉鉴堂藏书》收藏。上册起乾隆五十九年(1794)八月廿七日,至次年。时安吉自河南怀庆府孟县启程还家,排日详记沿途车船饭费。抵家迁祖坟,附录祖坟图样,《安氏世墓考》,坟田收租情况。甲寅腊月,修葺大厅中厅,大量添置梁木柱木、日用八卦文碗、茶钟、螭虎酒杯等物,间附购价。小除夕,推算七八年来用布细账。乙卯,详各户收租情况。下册起嘉庆九年(1804)四月十五日,止十四年十一月初。末附诗文稿《应酬偶笔》及寿联、挽联、楹联等。此日记颇有经济史料价值。①

安吉诗文集一种:《十二山人文集》十二卷,民国无锡县图书馆抄本,无锡市图书馆藏。是集由其子安念祖辑,由荣德生先生遗命赠送给无锡市图书馆。卷首有道光二十二年(1842)山东莒县吕荣《序》,所谓"十二山人"者,系师法宋欧阳修《醉翁亭记》"环滁皆山也"之意,以"胶山居十二山之间,故自号十二山人"。是集仅抄本流传,流播不广。全书分作"议说"、"论"、"辨"、"传"(分三卷)、"书"、"叙"(分两卷)、"记"、"墓表、墓志铭、行实、行略"、"书后、跋、祭文"等。其中"议说""论""辨""书""叙"等多是其经学思想的文章,如《伏生传经说》《孔子述经说》《书序百篇辨》等。是集中的游记,清新可读,如《怡园记》《亦园记》等。

安吉辑家族诗总集一种:《胶山安氏诗集》,乾隆五十八年(1793)泽上

---

① 参见自牧主编:《日记杂志》第40卷,内部资料,2006年版,第120页。

安氏义庄刻本。安吉在《序》中谓是书编辑宗旨:"先高祖孟公先生著《罨画楼诗集》,尝辑有桂坡公《游稿》以下五世诗,汇为一编,未及授梓。百余年来,益多零落。吉用是耿耿,重为收录此一卷。"收录有宇、国、如山、希范、绍芳、志文、廷、广居、广誉、广生等人诗二百六十一首。对每一作者身世及著述皆有简要介绍。安氏各代有诗作者,赖是书得以保存。

3. 存目著作

据《锡山志补·著述录说》著录:安吉另撰有诗集《十二山人诗稿》二卷①。据《十二山人文集》中收录《十二山人诗草自序》,知安吉"考经学、字学,而独不爱吟诗",吟诗只是"偶一为之"。

(十)安诗

1. 生平与师承

1788—1847,字仲依,一字芝庆,号博斋,江苏无锡人。道光十三年(1833)进士,任步兵郎中。道光二十二年,考选山西道御史,调贵州道,转京畿道。官至刑科给事中。尝馆于秦瀛家,瀛授以古文法。又师事陈用光,深得古文义法。故其文笔力雄健,矩法清楚。②

2. 现存撰述

安诗诗文集二种:一是《飞香圃诗集》四卷,又《续编》四卷。嘉庆间刻本,南京图书馆藏。卷首嘉庆二十四年(1819)秦瀛《序》曰:"芝庆敦内行遇事有肝胆,于书无所不读。与予上下议论,衮衮不倦,下笔数千言立就……生平著述等身,不轻示人。今秋又有白门之役,始出其韵语若干卷示予,而索予一言弁诸首。"又荆溪任安上嘉庆己卯(1819)《序》曰:"安君博斋刊行《飞香圃集》,予受而读之,知君为理学名臣之后。"《诗集》四卷,卷一为古今体诗六十一首,卷二六十六首,卷三六十七首(附一首),卷四六十九首。后附《胶山安氏诗续编》二卷,嘉庆戊寅(1818)义庄刻本,由安念祖编次、安察校刊。《竹所词稿》一卷,吴会撰。《余栖书屋诗稿》一卷,储梦熊撰。《飞香圃诗集续编》,清嘉庆刻本,南京图书馆藏。目录编次为四卷,卷一至卷三为五言长律,卷四

① 钱泳纂:《锡山补志》卷一,民国十一年(1922)铅印《锡山先哲丛刊》第一辑本。
② 生平事迹参见徐世昌编:《晚晴簃诗汇》卷一百三十七小传,中华书局1990年版,第5944页;刘声木:《桐城文学渊源考》卷四小传等。

为七言长律。可考之书中,仅存诗一卷,未知何故。二是《飞香圃文集》四卷,道光间刻本,中国科学院图书馆藏。总四卷,分装四册,合论、记、书、传、赋为五十二篇。嘉庆二十四年无锡秦瀛、荆溪任安上《序》。

3. 存目著作

据刘声木《桐城文学撰述考》卷二著录:安诗另撰有《安诗诗补》二卷、《吴储合稿》①二卷。

(十一) 陈经

1. 生平与师承

1765—1817,字景辰,号墨庄,江苏荆溪(今属无锡市)人。布衣,师事秦瀛,受古文法。为文取法《史》、《汉》、八大家,遵桐城方苞"义法"说。性厌举子业,喜为诗,尽交江右名家,精于笺疏之学。②

2. 现存撰述

陈经文集一种:《陈景辰遗书》,别题《墨庄杂著》四卷、《书跋》三卷、《文钞》一卷,嘉庆二十五年(1820)刻本,苏州市图书馆藏。《墨庄杂著》含《荆南小志》一卷、《九子山行志》一卷、《百四十斋记》一卷、《荆南石刻录》一卷。

3. 存目著作

据《贩书偶记》卷十六著录陈经撰有《碧云山房集》三卷,嘉庆十四年(1809)刻本,原书今未见。刘声木《桐城文学撰述考》卷一著录陈经撰《续太平广记》③一百四十卷,注曰"未刊";《荆南物产疏》十五卷。

(十二) 高崇瑞

1. 生平与师承

1782—?,字辑之,号药房,江苏华亭(今属上海市)人。好古多闻,

---

① 《清史稿·艺文志拾遗》集部总集类著录有"《吴储合稿》二种二卷,储梦熊编,道光五年泰州储氏杭州衙署刻本",查是书收录泰州吴会(晓岚)的《竹所词稿》和储梦熊的《余栖书屋词稿》各一卷,或即此书。

② 按:《桐城文学渊源考》将其归入方苞名下,然陈经师事秦瀛,秦瀛又师事姚鼐,故此移植姚鼐名下。生平事迹参见刘声木:《桐城文学渊源考》卷二小传。

③ 按:又清人陆寿名(1620—1671)编纂有《续太平广记》一书,八卷,有嘉庆五年(1800)怀德堂刻本,1996年北京出版社据以影印。

嗜学不倦,书法学欧阳询。嘉庆二十四年(1819)举人,官颍上县学训导。后遭动乱,贫不能归,遂卒。师事秦瀛,受古文法。工古诗文辞,与其兄崇瑚及同邑殷绍伊、姜皋诸人结诗社,时有"泖东七子"之称。其散体文古拙清淡,骈体文清丽芊绵,诗亦淡雅婉约。①

2. 现存撰述

高崇瑞辑录诗歌总集二种:一是《苧城三子诗合存》三卷,道光二十五年(1845)颍上学舍刻本。此书收录清姜榕《破窗风雨楼诗》一卷、沈梦书《海门遗诗》一卷、朱铎《愚谷遗诗》一卷。朱铎,字愚谷,华亭人,其诗多写狱卒真情,颇多佳句。二是《喤引集》,二卷,附录一卷,一册,道光二十八年颍上学舍刻本。

3. 存目著作

刘声木《桐城文学渊源考》卷四载高崇瑞著有《寒绿斋小集》十二卷,附《粉廊剩稿》二卷。又刘声木《桐城文学撰述考》卷二著录高崇瑞撰《泖东诗课》②若干卷。据光绪《松江府续志》卷三十二载,高崇瑞著有《寒绿斋诗古文词》③十六卷、《外集》四卷。

(十三)邓濂

1. 生平与师承

1855—1899,字似周,一作似园,号石瞿,亦作石矅,别号�庵,江苏金匮(今属无锡市)人。同治十三年(1874)秀才,光绪元年(1875)举人。训导。师事秦缃业,受古文法。与华世芳、秦坚、杨模、裴廷梁、秦宝珉、杨楷称为"梁溪七子"。曾游幕四方,文誉甚著。④

2. 现存撰述

邓濂诗文集一种:《夔庵集》七卷,民国二十四年(1935)石印本。卷首有民国十八年邓以仁《夔庵集原序》,民国二十一年裴可桴《夔庵集

---

① 生平事迹参见博润修、姚光发等纂:《(光绪)松江府续志》,光绪十年(1884)刻本,卷二十四;杨开第修、姚光发等纂:《(光绪)重修华亭县志》,光绪五年刻本,卷十六小传等。

② 按:清人王芑孙辑松江门人所作诗词,刻成《泖东近课》(嘉庆十九年[1814]刻本)五卷,分诗四卷,词一卷。诗录高崇瑞诗作三十四首。

③ 按:娄县章耒辑《淞文传卷》(不分卷,清刻本)收录高崇瑞撰写的《颍上县新志辨》三则。

④ 生平事迹参见林葆恒辑、张璋整理:《词综补遗》卷九十二,上海古籍出版社2005年版,第3436页;刘声木:《桐城文学渊源考》卷七小传等。

序》及二十三年裘氏《识语》两篇,附南湖遗墨三篇,正文前另有廉泉、王式通、诸以仁、孙揆均诸先生题词若干篇。末有民国二十三年秦敦世《跋》。邓潆诗文作品多散佚,其挚友廉泉、裘廷梁经多方搜寻后才得到,并亲自加以校定。廉泉校理此集时,已患有重病,但对书稿质量要求极严,"不知其中尚有可删之诗及误字否? 千秋之业,对于吾友,不妨过于矜慎"(《羼庵集》卷首)。又秦敦世《跋》谓:"南湖一若自知将死,预以写定之草付托于可桴,可桴在补辑之时大病几殆,子戴且欲乞所辑者而整理之,孰知可桴卒以不死而完其付托之责,而子戴则编次甫竣而死矣……南湖、可桴诸君之高义为不可及,羼庵身后之遇亦未为不幸也。"是集七卷:卷一至二诗一百余首;卷三词八十余首;卷四诗补百余首;卷五诗续补三十余首;卷六诗续补附词;卷七文二十篇。南湖遗墨三篇均言及《羼庵集》成书事由,其篇一曰:"《羼庵集》与诸季迟商订,就其箧中所有再加增补共得诗三百廿首,词八十阕,两家互钞校改,多次经柯凤孙、王书衡两先生阅过,至今日总算写出清本……阅后请转呈可桴先生同校一过。"篇二曰:"可桴先生侍者《羼庵遗诗》十缄已录副,敬将原稿奉缴,现与季迟刻意搜求共得诗三百二十首,词八十三首。"篇三又曰:"羼庵先生遗稿系羼庵之甥诸季迟所录存者,稿在邓世兄继准处,携往武昌,拟刊行不果,因讬季迟寓书乞得,请柯凤孙、王书衡两先生鉴定,凡诗一百八十五首,柯删十余首,字句间有未安处皆为改定,词四十九阕,风流文采,足见一斑。"今有 1977 年台湾文海出版社有限公司影印本。

3. 存目著作

据《词综补遗》卷九十二著录邓潆有词集《瑶情词》,不分卷,并收录其词三首:《秋波媚》《玉漏迟》《摸鱼儿》①。

(十四)裘可桴

1. 生平与师承

1856—1944,原名廷梁,字葆良,民国后改字可桴,以字行,江苏无锡人。光绪十八年(1892)举人。"梁溪七子"之一。少师侯蓉庄、秦来

---

① 林葆恒辑,张璋整理:《词综补遗》,上海古籍出版社 2005 年版,第 3436—3438 页。

卿，又从龚叔度游，为经术、性理、考据等学。稍长，与秦瀛以师友相资，学为归、方、惜抱诸家古文辞。又与桐城吴汝纶、侯官严复、新会梁启超互为响应，以鼓吹新学。光绪二十一年集邑中诸学人创办《无锡白话报》，为我国最早的白话报纸之一。复办理三等学堂、东林学堂，广设师范学校以造就师资。入民国曾任锡金军乡府民政部长。[①]

2. 现存撰述

裘可桴诗文集二种：一是《可桴文存、文存补遗》不分卷，民国三十二年（1943）无锡裘翼经堂铅印本，南京图书馆藏。丁福保署题。卷首《自序》曰："余少不自量，窃尝有志述作，治古文。又颇讶韩退之文起八代之衰，而其文大半屈己循人，求其卓立宗旨，独抒胸臆，如周秦诸子之文盖寡。既为退之惜，益自惭无可以为文之物在。有人而后知物，有物而后有文，物之不存，文将焉附。"又谓自己文集"次儿汾龄欲为余印行久矣。壬午（1942）冬，朱燮钧先生愿任编校，取存稿去。越岁印成，汾儿已不及见，可痛也。"又补记云："付印未久，侯君畔华以朱君年逾古稀，劝少休，因代任校勘之劳。"次为丁福保《可桴裘先生家传》。《可桴文存》收论辩文十三首，书牍二十四首，序跋三十九首，传志（附赞）十八首，记四首，辞三首，白话文十三首，又附录裘维裕译《国粹论》，可桴自记曰："《国粹论》初意欲作白话文，不果。从姪孙维裕为余译成，附录余白话文之后。"《文存补遗》一卷，录古文二首，白话文二首。

二是《可桴诗集》不分卷，民国三十二年（1943）无锡裘翼经堂铅印本，南京图书馆藏。丁福保署题。收五古二十二首，七古十一首，五律十八首，七律十五首，五绝五首，七绝十五首。《诗集》与其文集合订。

① 生平事迹参见丁福保：《可桴裘先生家传》，见裘可桴：《可桴文存、文存补遗》卷首，民国三十二年（1943）无锡裘翼经堂铅印本。

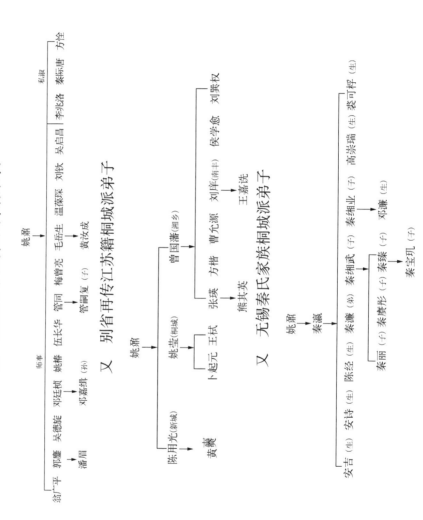

附　姚鼐弟子江苏承传谱系表

又　别省再传江苏籍桐城派弟子

又　无锡秦氏家族桐城派弟子

第二章　苏籍宗师之苏籍弟子 及其撰述考（上）

　　雍正二年（1724），拆常州府原辖县武进为二：一为武进县，一为阳湖县（阳湖、武进二县同属今江苏省常州市）。光绪初年，张之洞《书目答问》列举清代古文家文集时，始列出"阳湖派古文家"之名。代表人物为阳湖人恽敬、李兆洛以及武进人张惠言。因恽、张二人都是刘大櫆弟子、阳湖人钱伯坰的学生，且都私淑姚鼐，文学主张源出于"桐城派"，故后人称之为"桐城派"的旁支，或谓同出一源。阳湖派基本接受了桐城派的主张，致力于古文创作，但又并不认为桐城派的文章达到了尽善尽美的程度。恽敬论文主张自然天成，为文"峻拔"，兼学诸子百家，纵横驰骋，雄肆恢宏，认为"百家之敝当折之以六艺；文集之衰当起之以百家。其高下远近华质，是又在乎人之所性焉，不可强也已"①，以"以学济文"的策略来补救桐城派行文单薄和思想上专主孔、孟、程、朱的弊病。张惠言初专为时文，继而转向辞赋骈体，因其友王灼之劝，始致力古文，取法"桐城"，但并不囿于"桐城"，而是沿明、宋、唐诸家一路而上溯秦汉、春秋，提出文章要合骈、散两体之长，为文自具才力思致，下笔辄能自拔。李兆洛也反对骈、散对立，编纂《骈体文钞》，有意与《古文辞类纂》立异，打通骈、散，突破古文樊篱，扩大古文取径，与桐城派效法秦汉的趣味有所不同。其主要成员尚有陆继辂、董士锡、庄述祖、庄献可、左辅、吴德旋等。《清史稿》卷四百八十六《陆继辂传》谓："常州自张惠言、

① 恽敬：《大云山房文稿二集》卷首《目录序》，嘉庆二十年（1815）刻本。

恽敬以古文名,继辂与董士锡同时并起,世遂推为阳湖派,与桐城相抗。然继辂选七家古文,以为惠言、敬受文法于钱伯坰,伯坰亲业刘大櫆之门;盖其渊源同出唐、宋大家,以上窥史、汉,桐城、阳湖,皆未尝自标异也。"①阳湖派虽与"桐城派"有相异之处,但不是以"桐城派"的对立面出现的,而是在古文主张上取资"桐城派",讲究学与文、才与法、骈与散的统合,对"桐城派"有所突破;在创作实践上,"不甚宗韩欧",既作古文,也写骈文、辞赋,视野开阔,蓄含圆融通变之风,在当时对于矫正"桐城派"的弊弱有一定的推动意义。

桐城派这一庞大的文派,直接继承了江苏昆山归有光的散文脉络。桐城派"三祖"方苞、刘大櫆、姚鼐都有意识地取法归有光,而武进张惠言、恽敬,宜兴吴德旋,娄县姚椿,上元梅曾亮,阳湖李兆洛更是被尊为桐城派"宗师"级人物。

第一节　武进张惠言之门属

《桐城文学渊源考》将张惠言纳入刘大櫆门下,为刘氏的再传弟子,其间多得王灼传授,方宗诚即谓:"皋文与吾邑王悔生(灼)友善,得海峰论文之旨,而超然自悟,所沉锐洁净之文。"②王灼与张惠言在乾隆五十年(1785)定交,时张惠言馆于金榜家,而王灼亦在歙县设馆,二人常"对语竟日"③,切摩古文。张惠言《文稿自序》有谓:"余少学为时文,穷日夜力,屏他务,为之十余年,乃往往知其利病。其后好《文选》辞赋,为之又如为时文者三四年。余好友王悔生,见余《黄山赋》而善之,劝余为古文,语余以所受其师刘海峰者。为之一二年,稍稍得规矩。"④张惠言的桐城古文规矩,便在江南常州府传授起桐城文脉。

清代江南家族文化发达,而常州府作为江南文化重镇,其中张惠

---

① 《清史稿》卷四百八十六《陆继辂传》。
② 方宗诚:《记张皋文茗柯文后》,见《方宗诚集》,第31页。
③ 张惠言:《茗柯文编》,上海古籍出版社1984年版,第75页。
④ 张惠言:《茗柯文编》,第118页。

言、张琦兄弟的常州大南门张氏是传播桐城文脉的一个重要家族。

一 武进张氏族属桐城派弟子

（一）张琦

1. 生平与师承

1764—1833，初名翊，又名与权、季鹰，字翰风，亦作翰丰，号宛邻，又号默成居士，江苏武进（今属常州市）人。张惠言弟。刻苦厉学，久困屋场。年五十，嘉庆十八年（1823）顺天乡试第十一名举人。补实录馆誊录官。议叙知县。道光三年（1823），发山东，历知邹平、章丘、馆陶等县，有惠政，政绩尤著，民爱戴之。工诗、词、古文及分隶。与兄惠言齐名，同撰《词选》，称"毗陵二张"。善医术，尤精舆地之学，于山川阨塞、形胜及古今沿革战守成败得失之故，上下数千年，了如指掌。年七十，卒于官。①

2. 现存撰述

张琦史部著作一种：《战国策释地》二卷，光绪二十六年（1900）《宛邻遗书》本。成书于嘉庆二十年（1815），近五万字。书前有目录和张琦《序》。《战国策》自鲍彪注纠正高诱之讹漏，吴师道注又正彪之舛谬，世多以为善本。张琦以为吴氏对旧注虽多有纠正，但于地理违失颇多，遂采《史》《汉》诸书，随方辩证，未知者暂付阙如，旧注正确者，但释今之府县，至义有未安，辄复有所论述，均以地理为本，共释三百七十四地事。又有1985年中华书局《丛书集成初编》本。

张琦医学著作二种：一是《素问释义》十卷，现存版本主要有稿本、道光十年（1830）本、唐成之抄本、《张氏医集三种》本等。此书以《内经·素问》十二卷系统本为底本，校注并重，历时二十年始成。重在校勘，《自序》虽谓"时用黄元御、章合节之说"，又引用了王冰、林亿等前人注，但校勘方法多以理校与本校为主，尤以理校为一大特色。是书成书后不久即传入日本，日本学者丹波元坚在著《素问绍识》时曾参考引证。

---

① 生平事迹参见《清史稿》卷四百七十八；《清史列传》卷七十六《循吏传》三；蒋彤：《馆陶县知县张公墓表》，见蒋彤：《丹棱文钞》卷三，道光二十二年（1842）活字排印本等。

二是《本草述录》六卷,手抄本,凡二册,中国中医研究院藏。为张氏节录刘若金《本草述》一书而成。上册扉页左侧以行书上题书名"本草述录上",卷前有张氏录于《千金方》之十八反:"此名十八反,见于《千金方》:人参、沙参、元参、丹参、细辛、芍药反黎芦,甘遂、大戟、芫花、海藻反甘草,柴胡、前胡反杜若,贝母、半夏、括蒌、白敛、白友反乌头。"卷前无序言,无目录。下册扉页左侧以行书上题书名"本草述录"。全书每一卷均有若干子目,卷一分水部、火部、土部、五金部、石部、卤石部六部;卷二、卷三仅有一子目,分为草部上、草部下;卷四分谷部、菜部、果部三部;卷五子目为木部;卷六分虫部、鳞部、介部、禽部、兽部、人部六部。又刘声木《桐城文学撰述考》卷三著录有"《国粹学报》本"。

张琦诗文集二种:一是《宛邻集》六卷,附《蓬室偶吟》一卷。宣统二年(1910)庚戌盛宣怀刻《常州先哲遗书》本,中国科学院图书馆藏。卷首有嘉庆二十年(1815)张琦《自序》谓:"乾隆丁未,余年二十有四,始学为诗,泪乙卯游于歙,得诗二百余首,曰《立山草》。……嘉庆甲子游扬州……得三十余首,曰《邗上草》。岁辛末,游京师,则又为之,至甲戌得诗一百三十余首,曰《日下草》。……自丁未至今,二十有八年,所为诗仅三百六十余首。"是集一、二卷为《宛邻诗》,上卷录诗五十首;下卷录诗六十七首阙七首,盖张琦诗多有散佚。三、四卷为《宛邻文》,上卷录文二十首;下卷录文七首。卷五为《立山词》五十七首。卷六为《宛文》,小注曰《明发录》,录有李兆洛《张翰风先生传》、吴德旋《张宛邻先生述》、包世臣《张君墓志铭》等。卷末宣统庚戌武进盛宣怀《跋》谓:"《文》二卷,《诗》二卷,《词》一卷,夫人汤氏诗一卷,《明发录》一卷,合为七卷,道光二十年刊印本日稀,今梓入《先哲遗书》以广其传。"《续修四库全书》据此本影印。二是《立山词》一卷,道光十九年(1839)《宛邻书屋丛书》本。录词五十七首。又有光绪中缪荃孙辑刊《云自在龛丛书》本、民国二十六年(1937)开明书店排印陈乃乾辑《清名家词》本。

张琦编选诗歌总集一种:《宛邻书屋古诗录》十二卷,清同治间刻本。张琦工选诗,嘉庆二十年(1815)录汉迄隋之作诗凡一百七十一家一千一百一十八首,乐府歌词二百零八首,无名氏诗三十六首。卷首为序一篇,其后为汉诗二卷,魏诗二卷,晋诗二卷,宋诗二卷,梁诗二卷,陈诗一卷,北周诗一卷。《自序》云:"今录汉以来诗,迄于隋氏,导其源流,备其正变,旨义幽隐,辄为条述,庶无乖以意逆志之义,又以明夫诗之不可苟而已也。"部分诗歌附有评语,以双行小字标于篇末。这部诗选与评语倡导诗抒性情,在乾嘉时期自成一格,是一部较有特色的古代诗歌选本。

3. 存目著作

据刘声木《桐城文学撰述考》卷三著录:张琦撰有《李诗录》四卷、《杜诗录》四卷、《唐诗录》(注曰:"未成。")、《宛邻杂著》一卷、《劝农约言》(注曰:"未成。")、《兵家杂著》二卷、《十二艳品》[①]、《素灵微蕴》[②]、《鸳鸯剑曲》二卷、《风后握奇经注》。

(二) 张成孙

1. 生平与师承

1789—?,字彦惟,又字子侨,江苏武进(今属常州市)人。张惠言子,国子监生。继其父文学,师事陆耀遹,受古文法,文虽不逮其父,然不失家法。经学精于《礼》,其论汉、宋之同异谓:"汉之学要在礼,宋之学要在理。……汉俟其自明,故其言宏;宋强人以为善,故其言密。不学于宋,无以正其趋;不学于汉,无以充其用。"通小学,张惠言著《说文谐声谱》,未竟而卒,张成孙后从庄述祖游,得其大要,乃续成之。尝以示仪征阮元,阮元叹其超卓精细。张成孙兼精天学,工历算,同里董祐诚殁,为校刊其遗书。[③]

2. 现存撰述

张成孙音韵学著作一种:《谐声谱》五十卷附二卷。民国二十三年(1934)武林叶景葵以原稿石印本。原名《说文谐声谱》,《说文谐声谱》

① 按:屠寄辑:《国朝常州骈体文录》,光绪十六年(1890)广州刻本,以及沈东讷编:《丽情集》卷二,小说丛报社 1920 第 2 版,第 39 页,均收录有张琦《十二艳品序》。

② 按:《国朝常州骈体文录》收录有张琦《素灵微蕴叙》,"蕴"作"蕴"。

③ 生平事迹参见刘声木:《桐城文学渊源考》卷五;林葆恒辑、张璋整理:《词综补遗》卷四十一小传,上海古籍出版社 2005 年版,第 1551 页。

之作始于庄述祖,未卒业,属张惠言为之,张惠言著有二十卷,卒,张成孙扩充至五十卷,改称《谐声谱》。全书共五十卷,卷一为《部目》,列举古韵二十部谐声字母。卷二《论五首》,论古韵五事。次为《说文谐声谱》二十卷,以《说文》所收为主,依古韵二十部,每部一卷。次为《系联绳引表》二十卷,也是依古韵每部一卷。次为《毛诗韵》二卷。《周易翼韵》、《屈平韵谱》一卷,附经、子、骚,附韵三十三种。《略》四卷,依《谱》的次序体例,隶写之以便检览。《序例》一卷。清龙启瑞节录其书而成九卷本,节录本篇目俱在,规模粗备,龙启瑞在《序》中称是书:"以《诗》韵为经,以《说文》为纬,其于韵也,则丝联绳引,如祖孙父子,必有谱系之可寻;其于字也,则类聚群分,如主伯亚旅,各有部居而不越。因韵以考其字之偏旁,而知同形者古者必同;因字以考其韵之通转,而知异用者古韵必异音。其部分标目以《诗》中先出字为建首,一洗纷纭缪葛之习。"龙氏节录本至清末又为王先谦辑入《清经解续编》。

张成孙文集一种:《端虚勉一居文集》三卷,道光二十年(1840)江阴暨阳书院初刻。又有《常州先哲遗书》本,《丛书集成续编》据以影印。末有宣统辛亥四月盛宣怀《跋》。卷一录说、叙、跋、书、赠叙、碑记凡十题十一首;卷二录墓志铭、传、记事、哀祭凡十二首;卷三录志、谱三首。共收文二十六篇,志传、记事、哀祭之作居其半。

张成孙编选词总集一种:《萍聚词》一卷,嘉庆二十四年(1819)武进张氏家刊本。收集有常州蒋学沂、董士锡、张成孙、程应权、裘植兰、王曦等人的词作。

(三)张曜孙

1. 生平与师承

1808—1863,字仲远,又字昇甫,晚号复生,江苏武进(今属常州市)人。张惠言侄、张琦子、包世臣女婿。道光二十三年(1843)应江南乡试中举。二十六年,选授武昌知县。二十七年,赏加知州衔。咸丰元年(1851),调补汉阳知县,旋擢汉阳同知。五年,胡林翼委以督粮道。七年,以道员补用。咸丰十年,免官。同治二年(1863),为曾国藩司营务。少承家学,尤精于医。能诗善画,擅折枝花卉,诗工五言,文宗汉魏。又善于论兵事。①

2. 现存撰述

张曜孙史传著作一种：《明发录》一卷，《宛邻书屋丛书》本。此书主要辑录其父张琦表志传状及母汤瑶卿之墓铭行略文章。又有《酌古准今》本。

张曜孙医学著作一种：《产孕集》二卷、补遗一卷，道光十七年（1837）刻本。全书上、下两卷，上卷分为辨孕、养孕、孕宜、孕忌、孕疾；下卷辨产、产戒、用药、应变、调摄、怀婴、拯危、去疾，并附以方药。合计十三篇，扼要介绍妊娠及临产前后一些病证的证治及调护措施，论述简明，方药平稳，可供临床参考。又有道光二十六年刻本、同治七年（1868）蕴朴斋刻本、同治七年三松堂刻本、同治十年福州重刻本、光绪四年（1878）刻本、《中国医学大成》等。

张曜孙诗词集二种：一是《谨言慎好之居诗》十八卷，四册，光绪三十年（1904）刻本。卷一起自道光十年庚寅（1830），卷十七《乘槎草》迄同治元年壬戌（1862），卷十八《蠹余草》，不纪年。二是《昇甫词》三卷，稿本，重庆图书馆藏。收词五十首。有道光十五年（1835）仲春谢元淮《跋》谓："今读《昇甫词》三卷，幽艳凄警，楚楚怡人，何减姜、周。"

张曜孙章回小说一种：《续红楼梦》二十回，系未完稿本，原本系周绍良先生珍藏，周先生《红楼梦书录》中此书提要云：张曜孙撰。二十回。稿本，共九册，第一册末题："徐韵廷抄"。书前有签云："此书系张仲远观察所撰，惜未卒业，止此九册，外间无有流传。阅后即送还，勿借他人，致散失为要。阅后即送北直街信诚当铺隔壁余宅，交赵姑奶奶（即万保夫人）。"正文每面八行，行二十五字。书接《红楼梦》第一百二十回。无回目，未完。第一回记丙辰（咸丰六年，1856）秋至丁巳（咸丰七年）冬事。第二回有眉批："口声不是黛玉，何妨另做一部书。"②后有北京大学出版社 1990 年排印本，改题《续红楼梦稿》；又有敖坤点校本，题名《续红楼梦未竟稿》，内蒙古人民出版社 2016 年版。

---

① 生平事迹参见庄受祺：《湖北候补道张君墓志铭》，见庄受祺：《枫南山馆遗集》卷一，同治十三年（1874）浙江书局刻本；刘声木：《桐城文学渊源考》卷五小传。
② 一粟编：《红楼梦书录》，古典文学出版社 1958 年版，第 148 页。

张曜孙辑录总集三种:一是《同声集》十卷,道光间刻本。收王曦、潘曾玮等人词作,取与常州派"同声"之意。二是《阳湖张氏四女集》,道光间阳湖张氏宛邻书屋刻本。张琦有四女儿:张纟册英、张纟刍英、张纟仑英、张纟丸英,都能作诗,分别著有《澹菊轩诗稿》《纬青遗稿》《绿槐书屋诗集》《餐枫馆文集》,张曜孙将四姊妹诗文集合刻而成此书。卷首有道光二十五年(1845)徐士毅、冯桂芬序。据此书可知张氏一门闺秀文学活动之盛。三是《拟古诗录》,张曜孙辑著父子家集。三卷,光绪二十四年(1898)庄允懿广东刻本。卷一辑录其父张琦诗作;卷二、三为张曜孙自己的诗作。

3. 存目著作

据光绪十四年(1888)《武阳志馀》①卷七之三、常州市地方志纂委员会编《常州市志》卷五十一著录:张曜孙撰有医学著作《扁鹊仓公列传注》。又《清代毗陵书目》卷四著录张曜孙诗集《惜分阴斋诗》九卷。

(四)张纟册英

1. 生平与师承

1795—1824,字琬纟川,一字若绮,又字纬青,江苏武进(今属常州市)人。张琦次女。其母汤瑶卿亦工诗。年十三即学为诗,工诗词,尝云:"凡读诗,则如身入诗中。为诗,则知心游身外。身所未历之境,心能历之;心能历之,言所未达之情,心能会之。"诗格幽隽,多哀怨之音。承父教,尤嗜古文,"其为文词旨简洁,雅有宗法"②。适江阴章政平,甫三十卒。③

2. 现存撰述

张纟册英诗词集一种:《纬青遗稿》一卷,道光间张氏《宛邻书屋丛书》本初刊。又有光绪江阴金氏粟香室刊本,半叶八行,行二十一字。《丛书集成续编》据以影印。前有光绪二十三年(1897)金武祥《叙》、道光九年(1829)张琦《序》。张琦《序》有云:"吾第三女纟册英字纬青,既殁之六年,其弟曜孙哀其遗稿,订其讹误,缮写成帙,余批阅再三,不知涕之何

---

① 庄毓鋐、陆鼎翰纂修:《武阳志馀》,光绪十四年(1888)活字印本。
② 刘声木:《桐城文学渊源撰述考》,第216页。
③ 生平事迹参见其父张琦撰:《纬青遗稿序》,张纟册英:《纬青遗稿》卷首,光绪江阴金氏粟香室刊本等。

从也。"录古今体诗三十五首,词十七阕。末有其弟张曜孙《跋》一篇,谓:"(纬青姊)于归后以襄庀家政,吟咏遂罕。故稿中皆乙亥以前所作居多。……曜孙哀集残稿,恻然心伤。因念所存诸篇皆幼年,未能尽善,又以性情所系,不忍废弃,爰依年编次,分注甲乙。"

（五）吴赞

1. 生平与师承

1785—1849,初名亮畴,后改廷铃,晚年改今名,字彦怀,又字惠钦,号伟卿,江苏常熟(今属苏州)人。张琦女婿,张𬘓英外子。师事张琦,受古文法。道光六年(1826)进士,改庶吉士,官刑部主事、员外郎,总办秋审。[①]

2. 现存撰述

吴赞有文集三种:一是诗文集《塔影楼诗赋》二卷,光绪十年(1884)重刻本,上海图书馆藏。收试帖诗和律赋。二是《塔影楼赋钞》不分卷,同治间刻本,青岛市图书馆藏。三是《塔影楼词》一卷,《同声集》本,是集由张琦点定,卷首有道光三年(1823)十月张琦《序》谓其词"托兴遥深,用笔曲折,选言明净,已得词家三昧矣。"又有张曜孙《序》谓:"道光甲申,先子官山左,伟卿(吴赞)依居二年,与王子季旭(王曦)同受词于先子。此卷即先子所点定者。"

（六）董士锡

1. 生平与师承

1782—1831,字晋卿,一字损甫,江苏武进(今属常州市)人。嘉庆十八年(1813)副贡,候选直隶州州判。年十六,从舅氏张惠言、张琦游,又是张惠言女婿,故承其指授,古文、赋、诗、词皆精妙。顾家贫,游馆于张敦仁、阮元、方方体、洪范诸名公卿家。历主通州紫琅书院,扬州广陵、泰州两书院讲席,所至士皆慕而化之。通经义,精虞氏《易》,兼通阴

---

① 生平事迹参见宗稷辰:《吴赞墓志》,见《躬耻斋文钞》卷十,咸丰元年(1851)越岘山馆刻本;刘声木:《桐城文学渊源考》卷五等。

阳五行家言。①

2. 现存撰述

董士锡纂修水利文献汇编一种:《续行水金鉴》,一百五十六卷,道光十一年(1831)刻本。《清代毗陵书目》卷二云:"是书河督黎世垿聘士锡纂修三载,未成,世垿卒,遂中止。后张河督及副河督潘锡恩仍聘士锡继修,成之。"②《行水金鉴》是清雍正三年(1725)成书的长江、黄河、淮河、济水及京杭运河的水利资料汇编,由傅泽洪主编、郑元庆纂修,是书仿《行水金鉴》体例而为其续编。摘录从清雍正初年至嘉庆二十五年(1820)各种水利文献资料。有图一卷,正文一百五十六卷,约二百三十万字。其中河水五十卷,淮水十四卷,运河六十八卷,永定河十三卷,江水十一卷。各水先述原委,次载章牍,殿以工程,保存有大量原始工程技术档案。

董士锡续修志书一种:《(嘉庆)怀远县志》二十八卷,嘉庆二十四年(1819)活字本。此志诸书均题孙让修,李兆洛纂。据《清代毗陵书目》卷二载:同里孙让知怀远县,李兆洛为修县志未成,而以事去,延请董士锡续修之。董士锡《齐物论斋文集》卷一《怀远县志叙录》,言修志义例。是书卷一为地域志,卷二为赋税志,卷三为学校志,卷四为祠祭志,卷五为兵防志,卷六为仓储志,卷七为营建志,卷八为水利志,卷九为五行志,卷十为艺文志,卷十一为建置沿革记,卷十二为历代大事记,卷十三为古城戍考,卷十四为职官志,卷十五为选举表,卷十六为世袭封荫表,卷十七至十九为史册、英贤传,卷二十至二十一为耆旧传,卷二十二至二十三列女传,卷二十四为方伎传,卷二十五为流寓传,卷二十六为良吏传,卷二十七为图,卷二十八为序录。此志有图、表、记、志、录、传六种体裁,依体设类。又增设历代大事记,载一邑之大事、要事。

董士锡文集一种:《齐物论斋文集》六卷,道光二十年(1840)江阴暨阳书院刊,南京大学图书馆藏。卷一录说、叙;卷二录叙、跋、赠叙;卷三

---

① 生平事迹参见《清史列传》卷七十二;李桓:《国朝耆献类征初编》,光绪年间李氏初刻本,卷四百四十二;李元度纂:《国朝先正事略》,岳麓书社 2008 年版,卷三十六;吴德旋:《晋卿董君传》,见缪荃孙纂:《清碑传全集》,上海书店 1988 年版,第 2920—2921 页等。

② 张惟骧编:《清代毗陵书目》卷二,1944 年常州旅沪同乡会铅印本。

录书、记、碑记、墓碑;卷四录传、行略、赋、赞;卷五录哀祭;卷六录《怀远县水利志》一篇。《续修四库全书》影印该版。又有民国二年(1912)江西胡思敬《问影楼丛刻初编》五卷本,无《水利志》。又,上海图书馆藏谭献抄本,校并跋;中国社会科学院文学研究所藏抄本。

董士锡赋集一种:《齐物论斋赋》一卷,道光三年(1823)山阴杨绍文刻《受经堂汇稿》本。收录辞赋作品十篇,体式多样:《易象赋》《白云赋》用汉大赋体;《易消息赋》《愁霖赋》用骚体;《庭中杏华赋》用齐梁诗体等。包世臣赞其"上攀班、张,下亚江、庾而无愧","赋亚文通、子山"。①

董士锡词集一种:《齐物论斋词》一卷,清道光三年(1823)山阴杨绍文刻《受经堂汇稿》本。原附刻于《齐物论斋赋》之后,录词百四十余首。《续修四库全书》据以影印。

3. 存目著作

据《清代毗陵书目》、刘声木《桐城文学撰述考》卷三著录:董士锡《齐物论斋诗集》八卷、《齐物论斋词集》三卷、《齐物论斋外编》三卷,未刻,佚而不传。又刘声木《桐城文学撰述考》卷三著录董士锡撰《董氏家谱》一卷、《遁甲通变录》②(注曰"未成")、《形气正宗》③(注曰"未成")、《阴符经解》④(注曰"手稿均藏走火于家")、《决胜赋注》(注曰"手稿均藏走火于家")、《遁甲烟波钓叟歌章句》⑤(注曰"手稿均藏走火于家")、《六安晁氏族谱》若干卷、《六安卢氏族谱》若干卷、《遁甲因是录》⑥二卷。

(七)董思诚

1. 生平与师承

生卒年不详,又名董毅,字子远,江苏武进(今属常州市)人。董士锡之子,张惠言外孙。道光二十年(1840)举人。工文词,精篆法,尽得张惠言之学。⑦

---

① 分别见包世臣:《齐物论斋文集序》《金箧伯竹所词序》,《艺舟双楫》卷一,万有文库本。

② 按:《齐物论斋文集》卷一存《遁甲通变录叙》。

③ 按:《齐物论斋文集》卷一存《形气正宗叙》。

④ 按:《齐物论斋文集》卷一存《阴符经解叙》。

⑤ 按:《齐物论斋文集》卷一存《遁甲烟波钓叟歌解叙》。

⑥ 按:《齐物论斋文集》卷一存《遁甲因是录叙》。

⑦ 生平事迹参见刘声木:《桐城文学渊源考》卷五小传。

2. 现存撰述

董思诚词集一种:《蜕学斋词》二卷,民国铅印本。卷首董纵庵《识语》谓:"此书刊于咸丰辛未,流传绝少。搜访有年,谨获一帙。此次遭难,未携行箧。事定而还,琴书俱烬,独是编仅存。……略加厘正,先付聚珍,垂谋剞劂。"

二 及门弟子

(一) 祝百十

1. 生平与师承

1763—1827,字筱珊,又作小珊、筱山,号子常,江苏江阴(今属无锡市)人。年十九为郡庠生。道光元年(1821)举孝廉方正,以衰疾不赴廷对,奉旨给六品冠带。气质清岸,瞻视不群。师友尤重张惠言、恽敬,所作诗文必取正于二人,又与吴江吴育、宜兴吴德旋、阳湖李兆洛以学行相切靡。读书不拘守章句,酒酣抗声诵《孟子》或唐人歌诗,伉爽勃郁,神明挺动,听者奋袖顿足,不能自止。工诗、词、古文,为文俊洁廉悍,诗则绵邈深长。[①]

2. 现存撰述

祝百十诗集一种:《爱日草堂诗钞》[②]十二卷,其中《诗集》五卷,《诗后集》七卷,收录于《祝氏华鄂集》中。《祝氏华鄂集》为祝百十、祝百五兄弟唱和诗集,十五卷,道光十年(1830)祝登墀刻本,书名据封面题录。

3. 存目著作

民国《江阴县志》卷二十著录祝百十诗文集《抱璞斋遗集》二十卷[③]。刘声木《桐城文学撰述考》卷五著录祝百十诗集《爱日草堂诗钞》四卷、文集《爱日草堂文钞》[④]一卷。

---

① 生平事迹参见缪荃孙纂:《(民国)江阴县续志》,民国十年(1921)刻本,卷二十;李兆洛:《江阴顺三坊祝君年六十五行状》,《养一斋文集》卷十四等。

② 按:顾季慈辑、谢鼎容补辑《江上诗钞》,上海古籍出版社 2003 年版,卷一百四十三收其诗一卷;徐世昌编:《晚晴簃诗汇》卷一百三十三录其诗《南华为高君朗岑属》一首,中华书局 1990 年版,第5735 页。

③ 缪荃孙纂:《(民国)江阴县续志》卷二十,民国十年(1921)刻本。

④ 按:史有光:《问樵诗续钞》卷首,存其嘉庆二十四年(1819)《问樵诗续钞序》一篇。

（二）祝百五

1. 生平与师承

1767—1830，字炳季，一作丙季，号秀峰、瘦丰。江苏江阴人。祝百十弟。道光九年(1829)府学岁贡。平生多客游于外，性情淳挚。乾隆五十四年(1789)与其兄及张琦、陆继辂等在常州举文会。为诗喜集句。[①]

2. 现存撰述

祝百五诗词集二种：一种是《瘦丰诗词》[②]三卷，收录于《祝氏华鄂集》中。《祝氏华鄂集》为祝百十、祝百五兄弟唱和诗集，十五卷，道光十年(1830)祝登墀刻本。含《瘦丰诗集》一卷、《瘦丰词》一卷、《瘦丰集句》一卷。一种是《瘦丰诗钞》二卷，清钞本，有佚名朱笔校正，缪荃孙原藏，今归中山大学图书馆收藏。

3. 存目著作

据刘声木《桐城文学撰述考》卷三著录：祝百五撰《百衲琴谱》[③]一卷。

（三）庄轸

生平与师承

1771—1811，字叔枚，江苏阳湖(今属常州市)人。与董士锡同师事张惠言，受古文法。自幼孤贫，欲力学以致通显，所为文奔放恣肆，语多未经人道。撰述多散佚。[④]

（四）汤洽名

1. 生平与师承

1780—1820，字谊卿，号春帆，江苏武进(今属常州市)人。诸生。

[①] 生平事迹参见缪荃孙纂：《(民国)江阴县续志》，民国十年(1921)刻本，卷二十；吴育：《吴山子遗文》等。

[②] 按：顾季慈辑、谢鼎容补辑：《江上诗钞》，上海古籍出版社2003年版，卷一百四十七收其诗一卷；徐世昌编：《晚晴簃诗汇》，卷一百三十三录其诗《闺夜》《濠梁道中晓发》一首，中华书局1990年版，第5735—5736页。《全清词钞》卷十五录其词一首。

[③] 按：陆继辂：《崇百药斋续集》，光绪四年(1878)兴国州署重刊本，卷三有《百衲琴谱》录祝百五集李商隐句。

[④] 生平事迹参见陆继辂撰：《庄叔枚墓志铭》，见陆继辂：《崇百药斋诗文集》卷十七，光绪四年(1878)兴国州署重刊本。按：刘声木《桐城文学渊源考》卷五"补遗"有姓无名，今据陆继辂《庄叔枚墓志铭》补足。

嘉庆间捐纳为州同知。受学于张惠言,以能文名,"诗文皆有奇气,长于吊古抒怀"。通古学,兼明天官、历数、风角、星算。以算学考取天文生,未结业即归里,以著述为事。①

2. 存目著作

据范希曾《书目答问补正》谓汤洽名撰有《补梁书·艺文志》一卷、《补陈书·艺文志》一卷。据《武进阳湖县志》卷二十九(道光二十二年[1842]刊本)谓汤洽名撰有《勾股算指》一卷。据吴德旋《谊卿汤君传》汤洽名撰有《太初术长编》二卷、《穀梁春秋例》一卷、《汉书分野星度勘误》一卷、《山海经道里考》一卷、《北魏张渊观象赋补注》一卷、《溯研斋杂文稿》一卷、《溯研斋赋稿》一卷、《溯研斋诗稿》②六卷,皆谓"藏于家",不传。据刘声木《桐城文学撰述考》卷三著录汤洽名撰有《天官家说》、《算术长编》、《五经算术补》(注曰:"庄缤澍同撰。")、《五经算术疏证》数种。

(五) 吴育

1. 生平与师承

1780—?,字山子,江苏吴江(今属苏州市)人。嘉庆初以诸生侨居常州,晚寓江阴。与董士锡交善,董士锡将受知于其师张惠言的古文义法传授给吴育。又与李兆洛、丁履恒、陆继辂、包世臣等以古文相砥砺,所学益进。自谓为文之事有三:"曰理,曰典,曰事。理足以究天人之际,典通古今之故,事周万物之情。三者备,而后言可立。"③陈去病《五石脂》论恽敬、张惠言后谓:"同时,常州名士之翘特者,有吴山子育,亦长古文,通六书,尤擅大、小篆,颉颃石如、皋文之间。"④

2. 现存撰述

吴育文集二种:一是《私艾斋文集》六卷,道光二十年(1840)江阴暨

---

① 生平事迹参见吴德旋《谊卿汤君传》,见吴德旋:《初日楼文续钞》,光绪九年(1883)张寿荣花雨楼刻本;张惟骧撰:《清代毗陵名人小传稿》,小双寂庵丛书本,卷六小传等。

② 按:李兆洛《旧言集》收其部分诗作。又酿花使者《花间笑语》卷五录其《题酿花吟》十首,嘉庆二十三年(1818)刻本。

③ 吴育:《书震川文录目录后》,见吴育:《私艾斋文集》卷一,道光二十年(1840)江阴暨阳书院刻本。

④ 陈去病:《五石脂》,见陈去病:《陈去病全集》上海古籍出版社2009年版,第903页。生平事迹参见刘声木:《桐城文学渊源考》卷五小传等。

阳书院刻,江西省图书馆藏。是集刻印俱精,录文一百四十篇,总六卷,卷一为论、说、书后;卷二为赠序、书札、序记;卷三以下为碑志、传诔之文。又卷五《丁履恒传》《董士锡传》等,以状传见长,可补史传儒林文苑之阙。而《邓生传》善言书法体势,读之如见其人其字。集中多篇乃代李兆洛执笔之文,可见文辞工整,名重一时。又南开大学图书馆藏据道光二十年刻本钞本。二是《吴山子遗文》一卷,民国九年(1920)刻本,中国国家图书馆藏。缪荃孙访《私艾斋文集》道光本未得,乃蒐辑其文为《吴山子遗文》一卷,编入《烟画东堂小品》。仅赋一首,书后一首,游记三首,祠堂记一首,传五首,墓志三首,共文十四篇,较道光本恰十之一也。

3. 存目著作

黄体芳《札吴江学》著录吴育撰《私淑艾斋文集》《文稿》二种①。刘声木《桐城文学撰述考》卷三著录吴育撰《许氏说文解字六书叙略》六卷(注曰:"卷三分四卷。")、《辨志书塾四六钞》、《合肥县志》②三十六卷(注曰:"与庄献可、蒋嗣曾等同修。"

(六) 吕子班

1. 生平与师承

1782—1838,字仲英,江苏武进(今属常州市)人。吕尔禧子。嘉庆七年(1802)壬戌科第二甲第四名进士。师事张惠言,受古文法。历官户部主事、户部郎中、广东琼州知府、宁波知府,署宁绍台道,阻止英船入境经商。卒官。③

2. 存目著作

据清明谊、张岳崧《(道光)琼州府志》(清道光二十六年[1846]刻光绪十六年[1890]吉林隆斌重修本)卷一《舆地志》"历代沿革"引录,道光

---

① 黄体芳:《黄体芳集》,《温州文献丛书》,上海社会科学院出版社2004年版,第102页。《私淑艾斋文集》,盖作《私艾斋文集》。

② 按:合肥县现存清志五种:《合肥县志》十三卷,朱弦纂修,康熙十八年(1679)抄本;《合肥县志》二十卷,贾晖修,王方歧纂,康熙三十六年刻本;《合肥县志》二十四卷首一卷,赵良壁纂、田实发纂,雍正八年(1730)刻本;《合肥县志》三十六卷首一卷,左辅等纂修,嘉庆八年(1803)刻本;《合肥县志》不分卷,佚名,光绪间抄本。佚志一种:(同治)《合肥县续志》,施照修。从修志时间与卷数看,或是指(嘉庆)《合肥县志》。

③ 生平事迹参见刘声木:《桐城文学渊源考》卷五小传。

年间吕子班纂修方志著作《琼州府志稿》。

（七）庄棫

1. 生平与师承

1830—1878，一名忠棫，字希祖，号中白，又别号蒿庵，江苏丹徒（今属镇江市）人。世业盐策，嗟纲改，家道中落。经太平军起义，生产尽废。因为家境非常贫困，囊笔走四方，但读书不倦。私淑张惠言，治《易》作赋，均拟张惠言，好深湛之思。好读纬书，以为微言大义，非纬不能通经。又治《公羊春秋》，服膺董仲舒《春秋繁露》一书。乱平，曾国藩延致书局，校书江宁、淮南。与戴望、谭献、刘寿曾、袁昶等人为道义交，学益进。工诗，尤善为词，与谭献齐名。论著文体制与张惠言为近。①

2. 现存撰述

庄棫经学著作三种：一是《周易通义》十六卷，光绪六年（1880）冶城山馆刻本。前有谭献《序》。庄棫自谓平生心力所注者唯此书，本名《大圜通义》，其友谭献嫌其夸，改题《周易通义》。是书共八十一篇，篇各有赞。此书仿《繁露》而作，欲合《易》《春秋》为一，义皆会通全《易》，而合以《春秋》经世之道，旨见于始、终二篇，曰"《精气》第一"，曰"《贞下起元》第八十一"。二是《易纬通义》八卷，稿本。卷首为庄棫撰于咸丰十一年（1861）《叙目》，目录有：述卦候第一、述卦候第二、述贞辰第三、述中孚传第四、述卦验第五、述晷景第六、述异闻第七、述图书第八。多有发明易纬之义。《续修四库全书》据此本影印。三是《周易繁露》五卷，稿本。仿董仲舒《春秋繁露》为之。无叙目，以"精气第一"开篇。《续修四库全书》据此本影印。

庄棫文集三种：一是《蒿庵文集》八卷，同治七年（1868）刻本，中国国家图书馆藏。多考证文字。二是《蒿庵遗集》十二卷，光绪十二年（1886）其婿许承家豫章刻本，南京图书馆藏。前有遗像、谭献《题辞》，光绪丙戌谭献《叙》，袁昶《哀辞》。卷一录赋八首；卷二为乐府初编，有同治戊辰歙县汪宗沂《叙》及同治八年作者《自序》，录诗五十首；卷三为

---

① 生平事迹参见张玉藻、翁有成修，高觐昌等纂：《（民国）续丹徒县志》，民国十九年（1930）刻本，卷十三《儒林传》；谭献撰：《亡友传》，《续碑传集》卷八十一，上海书店1988年版，第2975页等。

乐府诗续,录诗四十一首;卷四为诗初存,有光绪乙亥作者《自序》,录庚戌至戊午诗五十七首;卷五为淮海诗,录己未至甲子诗五十四首;卷六为白下草,录乙丑至戊辰诗三十九首;卷七为林兰馆诗,录庚午至丁丑诗五十八首;卷八为诗补遗上,录庚戌至戊午诗一百二十三首;卷九为诗补遗下,录戊午至甲戌诗九十首;卷十为词甲集,录词四十二首;卷十一为词乙集,录词三十二首;卷十二为词补遗,录词四十首。三是《中白词》四卷,凡一册,民国年间寒匏簃刻本,南京图书馆藏。前有作者《自序》二首,又有谭献《题辞》。后有吴庠《跋》。内有《中白词》甲、乙卷及词补一卷、续补一卷。据《跋》,是集为徐森玉取《遗集》之词重雕,并以板片赠吴。吴又取蔡寿祺《词话》本所多各篇,刻为续补,由吴之弟妇江南萍合板刻行。即据《蒿庵遗集》三卷,另加其戊午所刻,去重复,得十五阙为《续补遗》一卷,共计存词一百三十三首。《续修四库全书》据以影印。

3. 存目著作

据谭献《亡友传·庄棫传》,庄棫有《静观堂文》十八卷,"献重次为七卷"[①]。又谭献《复堂日记续录》光绪十三年(1887)六月十九日有云:"定中白《静观堂文》十七卷毕,删定为七卷。又检箧中中白手稿十二篇,补入三首。"刘声木《桐城文学撰述考》卷三著录庄棫撰有《周易荀氏九家义》九卷、《易纬八种补注》、《东庄笔谈》八卷。

三 续传弟子

(一)杨金监

1. 生平与师承

生卒年不详,初名鑑,字用明、用民,号蔼园先生,江苏武进(今属常州市)人。善属文,才思敏赡,师事张琦,受古文法,闻其绪论。以廪贡生应顺天乡试,挑取誊录。以候选训导襄办团练局,不久得加中书衔,又以善后案内保加员外郎。曾经主讲山西解梁书院,以经史课士,使人知为有用之学,于国家盐、河、漕、兵、屯诸大政莫不洞悉时弊。陆鼎翰

---

① 谭献:《亡友传》,见《续碑传集》卷八十一,上海书店 1988 年版,第 2975 页。

《蒚园文钞序》谓其文"远宗望溪，近规惜抱"①。

　　2. 现存撰述

　　杨金监文集一种：《蒚园文钞》不分卷。光绪十六年（1890）毗陵世承堂杨氏木活字印本，南京图书馆藏。扉页题"江苏武进杨中复寄赠"字样。前有光绪十六年陆鼎翰《序》、又有蒚园先生小像及秦缃业撰《像赞》、陆黻恩撰《杨君家传》、庄赓熙撰《杨先生墓志铭》。录论一首、序六首、跋一首、考一首、事略一首、书事一首、书三首、记二首、谏一首、章程一首、代作序一首。附录五首。目录后有受业族子杨道隆《识语》云："光绪庚寅，族侄长濬以大父用民公剩稿付诸手民，时道隆橐笔皖江，未与校雠之役，乙未夏，重为考订，增入逸稿五篇，附于后。"其孙杨长濬《跋》云"先大父训导公生平著作甚夥，庚申之乱，悉付灰烬。兵后，先君运副公多方搜辑，仅仅录有古文稿一册"，又"请于父执陆彦龢先生为止编次付刊，都为一卷"。

① 陆鼎翰：《蒚园文钞序》，见杨金监：《蒚园文钞》卷首，光绪十六年（1890）毗陵世承堂杨氏木活字印本。生平事迹参见陆黻恩撰：《杨君家传》，见《蒚园文钞》卷首；庄赓熙撰：《杨先生墓志铭》，见杨金监：《蒚园文钞》卷首，光绪十六年毗陵世承堂杨氏木活字印本等。

附　张惠言弟子江苏承传谱系表

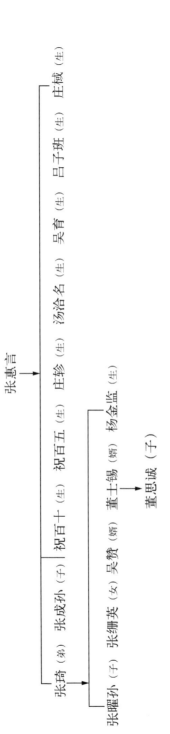

第二节　阳湖恽敬之门属

恽敬与张惠言一样,在与王灼交游后始治古文。乾隆五十二年(1787),三人在京师相识,恽敬在《上曹俪生侍郎书》中记载云:"敬生于下里,以禄养趋走下吏,不获与世之大人君子相处,而得其源流之所以然。同州诸前达,多习校录,严考证,成专家,为赋咏者,或率意自恣。而大江南北,以文名天下者,几于昌狂无理,排溺一世之人,其势力至今未已。敬为之动者数矣。所幸少乐疏旷,未尝捉笔,求若辈所谓文之工者而浸渍之,其道不亲,其事不习,故心不为所陷,而渐有以知其非。后与同州张皋文、吴仲伦、桐城王悔生游,始知姚姬传之学出于刘海峰,刘海峰之学出于方望溪,求三人之文观之。"①恽敬在与张惠言、吴德旋、王灼交游后,从事古文创作,如王先谦在《续古文辞类纂序》中所说"子居、皋文私淑海峰"②,开始在江南传授桐城派的生徒。

一　及门弟子

（一）谢嵋

生平与师承

生卒年不详,江苏武进(今属常州市)人。师事恽敬,与从子谢士元同受古文法。刘声木谓"其为文益刻深,读者茫然,虽士元必三四复视乃解"。撰述多散佚。③

（二）谢士元

1. 生平与师承

生卒年不详,字伯良,号方宣④,江苏武进(今属常州市)人。嵋从子少沉迷于博戏,一日博戏时,听闻读书声,大悔,专心于学。年二十八补县学附生,十试南北闱不售。喜好明朝诸大家制艺,不屑步趋时墨。致

① 恽敬:《恽敬集》,上海古籍出版社2013年版,第134页。
② 王先谦辑:《续古文辞类纂》卷首,光绪八年(1882)王先谦自刻本。
③ 生平事迹参见刘声木:《桐城文学渊源考》卷五小传。
④ 按:其族孙谢钟英撰有《方宣先生家传》,见谢士元:《敬业堂文稿》卷首,光绪间刻本。

力于古文,与恽敬故居相近,习闻绪论,为文以子居为宗,而上推之元明唐宋世所称大家者,从而又变恽敬廉悍之气一归雅驯,卓然成一家之言。刘声木谓其古文"叙次尤得法,转似刘大櫆,由于为文义法则一之故"①。游京师,授经汪尚书廷珍、龚阁学镗两家几二十年,老而归,晚岁遭洪杨起义而穷饿不堪,卒,年七十九,为诸生五十余年。②

2. 现存撰述

谢士元文集一种:《敬业堂文稿》不分卷,光绪间刻本,南京图书馆藏。前有族孙谢钟英撰《方宣先生家传》。后有同治九年(1870)族弟谢兰生厚庵、光绪八年(1882)乡里学人汪学瀚《跋》各一首。录古文三十四首。汪《跋》云:"盖晚年酬应之作,谨严雅洁,步趋大云。卷中若《沈烈妇传》《贺老虎传》叙次得法,神情弈弈如生,即此足传先生矣。"

(三)恽谷

1. 生平与师承

生卒年不详,江苏阳湖(今属常州市)人。恽敬子,承家学。又师事吴德旋,受古文法。③

2. 存目著作

刘声木《桐城文学渊源考》卷六著录恽谷撰《子居年谱》一卷。子居,为恽谷之父恽敬的字,此谱谱主为恽敬。

二 阳湖陆氏族属桐城派弟子

(一)陆继辂

1. 生平与师承

1772—1834,字祁孙,一作祁生,又字又商,别字季木,号霍庄,又号修平居士,江苏阳湖(今属常州市)人。九岁而孤,由母林氏教养。与恽敬、庄曾治、张琦、洪饴孙等交游,学问日进。与兄子陆耀遹齐名,人称"二陆"。仪干秀削,读书如夙成,吐辞隽婉,常倾座人。嘉庆五年

---

① 刘声木:《桐城文学渊源考》卷五。
② 生平事迹参见谢钟英:《方宣先生家传》,见谢士元:《敬业堂文稿》卷首,光绪间刻本;刘声木:《桐城文学渊源考》卷五小传。
③ 生平事迹参见刘声木:《桐城文学渊源考》卷六小传。

(1800)举人。大挑二等,选合肥县训导,甚得士林赞誉。以修《安徽省志》叙劳,选江西贵溪县知县,到任三年,治政清肃,以疾乞休。道光九年(1829)入邓廷桢安庆幕中。陆继辂之学,尤致力于诗;所为文,宗阳湖、桐城外,能自树一帜。其《删定望溪先生文序》云:"夫文学之一事耳,以圣清儒术之盛,一百七十余年之间,为之而工者,方苞、刘大櫆、姚鼐、张惠言、恽敬数人而已。"①徐世昌谓其"文承阳湖宗派,兼工骈俪,诗词婉笃深远,淡而弥永"②。

2. 现存撰述

陆继辂编纂地方志著作二种:一是《(嘉庆)续修郯城县志》十卷,嘉庆十五年(1810)刻本。《凡例》谓:"前志辑于乾隆二十八年癸未,越三十年。"目录列为:巡幸志第一、田赋志第二、祭秩志第三、建置志第四、职官志第五、选举志第六、人物志第七、列女志第八、著述志第九、艺文志第十。是志编纂精审,被誉为山东名志。二是《(嘉庆)洛阳县志》六十卷,嘉庆十八年刊本,南京图书馆藏。考前志修于乾隆十四年,知县龚嵩林,此编盖继龚志而作者。其书目曰:皇德记、巡幸记、沿革记、星象记、舆图记、土地记、山川记、帝王记、后妃记、大事记、拾遗记、格言记、旌异记、宫殿记、坛庙记、冢墓记、伽蓝记、名园记、风土记、物产记、职官表、选举表、宫品表、官阶表、户口簿、会计簿、灵徵志、学校志、沟洫志、第宅志、衙署志、营建志、异物志、经籍志、儒林传、道学传、名臣传、忠节传、孝义传、文苑传、武功传、良政传、逸民传、艺术传、二氏传、循吏传、寓公传、列女传、金石录、序录。又有民国五年(1916)年石印本。

陆继辂撰札记一种:《合肥学舍札记》十二卷,嘉庆二十五年(1820)合肥学舍初刊,凡十卷。道光十六年(1836)再刊,凡十二卷。光绪四年(1878)兴国州署重刊,凡十二卷,《续修四库全书》据以影印。前有李兆

---

① 陆继辂:《删定望溪先生文序》,见《崇百药斋诗文集》卷十四,光绪四年(1878)兴国州署重刊本。

② 徐世昌:《晚晴簃诗汇》,中华书局 1990 年版,第 4885 页。生平事迹参见《清史稿》卷四百八十六;《清史列传》卷七十二《文苑传》三;李桓:《国朝耆献类征初编》,光绪年间李氏初刻本,卷二百四十六;李兆洛:《贵溪县知县陆君墓志铭》;《晚晴簃诗汇》卷一百一十四,徐世昌编:《晚晴簃诗汇》,中华书局 1990 年版,第 4885 页;《全清词钞》卷十五;《清诗纪事》嘉庆朝卷;王其淦等修、汤成烈纂:《(光绪)武进阳湖县志》,光绪五年(1879)刻本等。

洛《序》云："祁孙往矣，劭闻属予序其诗，辄怅然于平生，拊乎笑言，偃仰悲叹，阅不终卷，赍咨涕洟，不复可止，竟不能成。既又刻其所为札记寄予，属为序。……札记之作，盖编次其对客之语，及为校官时所以语及门诸弟子者。中间多予所与闻，义理不必深征，考证不必精凿，要是随学力所及，平心易气而出之……""劭闻"即陆继辂从子陆耀遹，陆耀遹字劭文，长继辂一岁，卒于道光十六年八月，二人均与李兆洛交好。此书皆短篇随札少则数十字，多则数百字，间录《书后》。张舜徽《清人文集别录》称其"语多精诣"，"足以觇其学养湛深，非泛泛文章之士可比矣"①。

陆继辂撰诗文集一种：《崇百药斋诗文集》四十卷，凡十二册，其孙陆佑勤（陆耀遹子）光绪四年（1878）兴国州署重刊本。南京大学图书馆藏。收录《崇百药斋初集》二十卷、《续集》四卷、《三集》十二卷附其妻钱惠尊《五真阁吟稿》。《初集》二十卷，凡六册。卷首有嘉庆三年（1798）九月阮元撰《序》。此书收录陆继辂嘉庆二十五年以前的作品。前十二卷为诗集：卷一为《寒綮集》，卷二为《定香集》，卷三为《刊上题衿集》，卷四为《沪渎集》，卷五为《归帆集》，卷六为《宣南集》，卷七为《熊耳集》，卷八、卷九为《伊阙访碑集》，卷十为《萧寺养疴集》，卷十一、卷十二为《餐术集》。卷十三录《清邻词》；卷十四录赋、序、书后、书；卷十五录记、辨、说、戒、铭、赞、辞；卷十六录书事、传、家传、别传、传论；卷十七、十八录墓志铭、墓表；卷十九录祠版文、哀辞、行状、祭文；卷二十录年谱。《续集》四卷，凡二册。此书收录陆继辂道光元年（1821）至三年的作品。《自序》云："前刘颖州为仆刻诗文二十卷，值多遽，匆匆未暇审定，触处追悔，久以破甑置之。道光辛巳、壬午、癸未三年，又得四万言，及门徐汉苍、蔡邦绂、盛朝杰、束大镛、李汝琦、李汝玙、赵对澄、赵彦伦、虞毓芳、王应铭、黄承谷、李鸿图复请醵赀刊版，而颖州已先朝露，并不及欣赏矣。岁月易得，业不加进，媿负亡友，长此恨恨，如何如何。梓成，诸生来索序，漫书数字付之焉。逢涒滩之岁，谷雨前五日修平居士识。"卷一、卷二分别录诗集《筝柱集》《香适集》；卷三录赋、序、书后、赠序、书、

① 张舜徽：《清人文集别录》，华中师范大学出版社 2004 年版，第 330 页。

杂记;卷四录铭赞、书事、墓志、圹志、权厝志、哀辞、行状、祭文。《三集》十二卷,凡四册。"长洲宋翔凤为次第其目而序之",卷一至卷十录诗集:卷一《伤逝集》,卷二《梅心集》,卷三《望云集》,卷四《玭梁集》,卷五《玭梁乙集》,卷六《玉燕集》,卷七《焚巢集》,卷八《望云乙集》,卷九《苕溪集》,卷十《息阴集》;卷十一录序、记、碑、铭、述;卷十二录墓表、墓志。附录其妻钱惠尊《五真阁吟稿》。钱惠尊,字诜宜,陆继辂之妻,陆氏序称:"嘉庆丙子秋冬间,余杜门养疴,无所事事,始自删定其诗,既竟,复取诜宜之诗,去三之二,命兑贞重录一帙,题曰《五真阁吟稿》。"文集内封镌牌记"崇百药斋文集 嘉庆二十五年合肥学舍刊版",续集内封镌"崇百药斋续集 道光四年合肥学舍刊版",三集内封镌"崇百药斋三集 道光八年安徽臬署刊版"。各集扉叶俱题"光绪四年兴国州署重刊"。《文集》卷首有嘉庆三年阮元《序》,目录末题"男光迨、曾孙楠、佑勤重刊,外孙洪用懃校字"。《续集》卷有道光四年陆继辂《自序》。《三集》卷有道光八年宋翔凤《序》。《五真阁吟稿》有嘉庆二十二年陆继辂《序》。《续修四库全书》有影印本。

　　陆继辂戏剧著作一种:《洞庭缘》,光绪六年(1880)嘉兴盛阜昌刻本。剧本捏合《聊斋志异》中《西湖主》《织成》两篇神话传说故事改编而成。该剧将小说中的西湖主改为洞庭君的公主,织成为洞庭君的婢女;两篇小说中的男主角陈弼教、柳生(剧中作柳宗望)为好友,二人相约同赴巴陵,先后与公主、织成遇合,结为仙眷。全剧十六出:幻影、寄幕、出征、闺叹、种因、风劫、借舟、遇猎、题巾、还宫、尚主、遣婢、璧合、述姻、晤旧、园宴。该剧是作者应松太道员李廷敬之请而作。

　　陆继辂与薛玉堂合辑古文总集一种:《七家文钞》七卷,道光元年(1821)刻本。入选者为桐城古文家方苞、刘大櫆、姚鼐、福建建宁古文家朱仕琇、江苏长洲古文家彭绩以及张惠言、恽敬。卷首陆继辂《序》为:"子居(按:恽敬)、皋文(按:张惠言)齿犹未也,及皆不幸溘逝,遗书虽盛行于世……画水(按:薛玉堂)因出其向所点定二子之文,又吴德旋仲伦所选梅屋(朱仕琇)、秋士(彭绩)文各十余篇,益以桐城三集,以命继辂,俾择其尤雅者,都为一编,目曰《七家文钞》。"是集旨在求桐城与阳湖之同,求同存异,不斤斤于家数之辨,有兼取之意。

3. 存目著作

刘声木《桐城文学撰述考》卷三著录陆继辂撰有:《清邻词》①一卷、《陆氏科第表》一卷、《泚水兰言录》②、《古镜录》二卷、《春芹录》③、《海上珊瑚网》④(注曰:"叙上海诸伶色艺。")、《黄垆感旧诗》、《皖江大事记》、《江北艺文志》、《碧桃记》、《选六家诗》。

(二)陆耀通

1. 生平与师承

1771—1836,字绍闻,号邵文,江苏阳湖(今属常州市)人。诸生。陆继辂兄子。师事恽敬、张惠言受故法。与李兆洛交甚笃。道光元年(1821)举孝廉方正,试二等。选阜宁县学训导,但到任百日即卒。终生不遇。工诗词、古文,长于尺牍。诗酝酿深至,而人尤韬精敛采,黯然可思。年未二十,名动江表,与其叔父陆继辂合称"二陆"。酷嗜金石文字,曾访求碑版于晋、陕等地,并就摹拓,详加考证,成《金石续编》。⑤

2. 现存撰述

陆耀通金石著作二种:一是《咸宁金石志》一卷,载《(嘉庆)咸宁县志》⑥卷十六。1982 年台湾新文丰出版公司编辑部将是书单独收录编入《石刻史料新编》第三辑第 31 册,新文丰出版公司影印本。二是《金石续编》二十一卷卷首一卷,凡十六册,同治十三年(1874)毗陵双白燕堂刻本。是书宗王昶《金石萃编》体例,搜集《金石萃编》所未载者,参互考订。全书辑录始于汉代,止于金代,依年代顺序次第先后,碑为后人

---

① 按:陆继辂诗文集《崇百药斋初集》,光绪四年(1878)兴国州署重刊本,卷十三为《清邻词》,录词近七十首,或即是此书。

② 按:张惟骧编:《清代毗陵书目》,1944 年常州旅沪同乡会铅印本,卷五著录,谓此书乃继辂司训合肥时,选其弟子生员之诗而成。王揖唐《今传是楼诗话》谓:"阳湖陆祁生为吾肥学博时,辑《泚水兰言录》,余久觅未得。"

③ 按:张惟骧编:《清代毗陵书目》,1944 年常州旅沪同乡会铅印本,卷三亦著录,属子部小说类。

④ 按:陆继辂曾游苏松太兵备道李廷敬幕中,关心上海的戏曲活动,于嘉庆九年(1804)前后,根据自己的见闻,编写了记载上海戏曲活动的《海上珊瑚网》一书。其好友周济有题诗,诗序云:"祁生著《海上珊瑚网》,叙申江诸伶形声,并绘感慨,遥佚过《燕兰小谱》矣。"见陆萼庭:《清代戏曲家丛考》,学林出版社 1995 年版,第 267 页。

⑤ 生平事迹参见张惟骧撰:《清代毗陵名人小传稿》,小双寂庵丛书本,卷六;支伟成著:《清代朴学大师列传·陆耀通传》,泰东图书局民国十四年(1925)版,第 492—493 页。

⑥ 高廷法、沈琮修,陆耀通、董祐诚纂:《(嘉庆)咸宁县志》,嘉庆二十四年(1819)刻本。

所重刻者,则以重刻之年号为准,碑有作伪者,则删去不录,计碑志四百二十八件。是书由陆增祥校订,书前有陆氏同治年间识语两篇,目录一卷,碑录二十卷,外国一卷,"阙者补之,讹者正之,差者次之,伪者削之,旁采诸家之题跋,间一参以鄙见。"(陆增祥识语)全书择所精严,足以校正新拓缺字之处甚多。又有民国十二年(1923)上虞罗氏修补清同治十三年陆氏原刻本。

陆耀遹诗文集四种:一是《双白燕堂诗集》八卷,凡二册,道光二十二年(1842)初刊,同治六年(1867)丁卯重刊。诗集内封题"道光二十二年刊版",扉镌牌记"同治丁卯相月重刊"。南京大学图书馆藏。李兆洛、刘嗣绾订定。有嘉庆八年(1803)刘嗣绾撰《双白燕堂诗集序录》,又有道光十九年李兆洛《后序》,又同治六年陆黻恩《题识》。诗集各卷分年排次,卷一收己酉至己未之作八十一首,卷二收庚寅至乙丑之作六十九首,卷三收丙寅至辛未之作六十一首,卷四收壬申至戊寅之作五十八首,卷五收己卯至辛巳之作五十九首,卷六收辛巳至癸未之作六十一首,卷七收甲申至己丑之作五十八首,卷八收庚寅至乙未之作五十二首,共编年诗四百九十九首,词四首。据同治丁卯陆黻恩《题识》云:"道光壬寅镂版于毗陵,曾与校雠之役,兵燹之后,板片化为烟云,子受弟就原本重付剞劂。属再审定,又更正讹误若干处。"

二是《集唐诗》二卷,道光二十二年(1843)初刊,同治六年(1867)丁卯重刊。南京大学图书馆藏。李兆洛、刘嗣绾订定。周仪暐《双白燕堂集唐诗序录》云:"劭文年二十余自泗上归,馆于外族庄氏,忽好为集唐诗。余时在家课弟,居相近也,每一篇出,即欣然过从,互为吟讽,以相怡悦。……今劭文已归道山,而余亦就耆焉,求往日携诗相质歌呼自乐之境,尚可得乎?校其全稿竟,得此卷,因为序而刊之。"陆祐勤《志后》云:"《古今体诗》八卷、《集唐诗》二卷,经刘芙初、李申耆两先生订定,我季父子受府君曾两刊之。"《古今体诗》即陆耀遹《双白燕堂诗集》。

三是《双白燕堂文集》二卷,凡二册,光绪四年(1878)戊寅季春兴国州署开雕,南京大学图书馆藏。前有道光己亥孟春陶澍《序》,按,该《序》实为《诗集后序》移录于此。上卷录散文十六首,散文《段武功金石一隅序》叙金石源流、《纂修陕西咸宁县志凡例》述方志义例,二文颇佳;

下卷录骈文二十首,多应俗之作。

四是《双白燕堂外集》八卷。光绪六年(1880)五月刊版,题为《画墁剩稿》。南京大学图书馆藏。前有光绪四年夏四月巴陵杜贵《序》,云是集"邵文先生任书记之所为作也"。首二卷为奏折、卷三为祠版、卷四为公牍、卷五卷六为寿文、卷七为寿诗、卷八为哀祭,计一百一十余首,皆为陆耀遹游公卿间掌书记时所拟撰。附录五言排律五首。其孙陆祐勤《志后》云:"抄本于兵火后散失,兹录原稿三分之一,编诸外集。"

3. 存目著作

刘声木《桐城文学撰述考》卷三著录:陆耀遹撰《论语辨义》、《论语注》一卷、《迁政格》(注曰:"庄卿珊同撰。")、《乡党考》一卷、《咸宁县志》二十六卷(注曰:"董祐诚同修。")①、《长安县志》②、《姑射词人尺牍》十二卷③、《姑射词人客陕西抚部笺牍》六卷。

(三)陆繇恩

1. 生平与师承

1803—1874,字亚章,号紫峰,又号紫来、息庵,江苏阳湖(今属常州市)人。陆继辂族孙。道光十九年(1839)举人,拣选知县。师事李兆洛、陈景蕃、陆耀遹等,受古文义法。工诗、古文,名重乡里间。尝客江皖,所至皆有诗记游,感慨时事,抒写怀抱,一皆寓焉。高尚不仕,里居授徒,多成达者。刘声木谓其"文综古多该,波澜迤阔,宏深博洽,无体不备,颇似恽敬;诗亦溯源曹、刘,枕葄鲍、谢、陶、韦"(《桐城文学渊源考》卷九)。④

2. 现存撰述

陆繇恩诗文集二种:一是《读秋水斋诗》十六卷,凡二册,同治七年

---

① 按:或即是高延法、沈琮修,陆耀遹、董祐诚纂:《(嘉庆)咸宁县志》,嘉庆二十四年(1819)刻本。该志二十六卷二十三门目,分图、表、志、传。卷一至卷四为图,绘集历代疆域图七十五幅;卷五至卷九为表,列纪事沿革、职官、选举表;卷十至卷十六为志,分地理、田赋、祠祀、衙署、学校、陵墓、经籍、金石十目。卷十七至卷二十六为传十目。记事始于隋创建的新都大兴城,至清嘉庆二十三年。

② 按:或即由张聪贤修、董祐诚纂:《(嘉庆)长安县志》,三十六卷,参见"董祐诚"条。

③ 按:据《外集》陆祐勤《志》云:"《尺牍》十二卷,道光季年文登毕曼皋方伯刊于浙中,题曰《姑射词人尺牍》。近时亦不常见。"

④ 生平事迹参见王其淦等修、汤成烈纂:《(光绪)武进阳湖县志》,光绪五年(1879)刻本;张惟骧撰:《清代毗陵名人小传稿》,小双寂庵丛书本,卷七;刘声木《桐城文学渊源考》卷九小传。

（1868）刻本,南京图书馆藏。第一册录诗九卷,第二册录诗七卷,诗皆编年,分《集》编辑:卷一《涉沙集》录诗四十七首;卷二《溪南集》录诗九十四首;卷三《湖上集》录诗五十九首;卷四《海峤集》录诗三十首;卷五《绿嶂集》录诗六十九首;卷六《膏车集》录诗四十九首;卷七《白下集》录诗三十五首;卷八《三泖集》录诗六十二首;卷九《淮涘集》录诗九十首;以上为第一册。卷十《左蠡集》录诗一百一十六首;卷十一《柳邨集》录诗一百一十七首;卷十二《历亭集》录诗五十六首;卷十三《怀人集》录诗三十三首;卷十四《草间集上》录诗六十六首;卷十五《草间集下》录诗一百一十九首;卷十六《鹤归集》录诗三十九首;以上为第二册。后有族孙陆尔熙《后序》。又有《自序》,略云:"甲子之秋,城复南旋,所闻所见触绪皆非,聊仿香山居士作《新乐府》三十章,君子作歌,惟以告哀。"集中有《人食人》《掩白骨》《淘河夫》《冒学职》等,均极其悲愤沉痛。

二是《读秋水斋文》六卷,凡一册,光绪十六年(1890)孟春木活字本,南京图书馆藏。是集由其子陆鼎翰校印,前有张兆麟秋舫《序》。目录下有光绪十六年春陆鼎翰《识》。录文凡四十九首:卷一录说、辩、议十四首;卷二录书、檄文三首;卷三录记事三首、序跋五首;卷四录杂文三首,传、赞七首;卷五录志铭、墓碣六首;卷六录哀词、诔、祭七首,杂文一首。

3. 存目著作

刘声木《桐城文学撰述考》卷四著录:陆黻恩撰《说文引经异同考》、《字汇》五卷、《篆书四声今韵》四卷、《课徒草》四卷、《读秋水斋笔记》四卷、《陆氏嘉话》六卷、《自订年谱》一卷。

（四）董祐诚

1. 生平与师承

1791—1823,初名曾臣,字方立,号兰石,江苏阳湖(今属常州市)人。幼颖异,年十八始锐意于学,未及冠,与兄董基诚已蜚声士林。嘉庆二十三年(1818)举人,乡举后更今名。师事陆耀通。少工骈俪之文,稍长肆力于律历、数理、舆地、名物之学,嘉庆二十四年春见由杜德美传进的幂级数,乃"究其立法之原"。性狷急、讷于言,平居于世俗事,绝无所嗜,特善深沉之思,书之号钩棘难读者一览无不通晓。复出为新意。

闻隐曲,补罅漏。游陕西,成《西岳华山神庙赋》,名动西安。

2. 现存撰述

董祐诚主纂地方志著作一种:《(嘉庆)长安县志》三十六卷,嘉庆二十年(1815)刻本。该志由桐城人张聪贤主修,嘉庆十六年任长安县(今属陕西省)知县。此志卷首列修志姓氏、志例;卷一至卷四为图(疆域、山川、城郭、乡镇);卷五至卷九为表(晷度、纪事沿革、职官、选举);卷十至卷二十四为志(土地、山川、田赋、祠祀、学校、衙署、风俗、宫室、陵墓、寺观、经籍、金石);卷二十五至卷三十六为传(循吏、先贤、忠节、孝友、义行、逸民、艺术、列女、释老、叙传)。此志仿史家体例,设图、表、志、传,篇目或准正史,或旁及地理书。记事止于嘉庆十七年。该志内容翔实,严于考据,与《(嘉庆)长安县志》堪称"冠绝古今"的两部好志。

董祐诚著作全集:《董方立遗书》九种十六卷,凡六册。道光十年(1830)初刻于京师,"咸丰庚申粤逆陷常州,版毁于火。"咸丰九年(1859)乙未有董贻清成都再刊本。此系同治八年(1869)己巳八月屠梅君、缪筱珊重刻本,胡小石旧藏,南京大学图书馆藏。前有李兆洛撰《国史馆儒林董方立传》,又有道光十年六月张琦、道光三年十月董基诚、道光九年四月张成孙等《序》三篇。内有《割环连比例术图解》三卷,《椭圆求周术》一卷,《斜弧三编求角补术》一卷,《堆垛求积术》一卷,《三统术衍补》一卷,《水经注图说残稿》四卷,《文甲集》二卷,《文乙集》二卷,《兰石词》一卷。《割环连比例术图解》三卷,嘉庆二十四年(1819),董祐诚客居北京期间,与秀水朱鸿讨论数学,朱鸿将明安图的《割圆密率捷法》抄本出示给董祐诚,董祐诚据此撰写了《割环连比例术图解》一书,但董祐诚并不知道《割圆密率捷法》是明安图所撰,所以笼统冠以"杜氏九术"的名称。《椭圆求周术》一卷、《斜弧三编求角补术》一卷、《堆垛求积术》一卷,皆谓道光元年写成的算学著作。《三统术衍补》一卷,董祐诚遍览历代史书中的《历志》部分,从汉代的《三统历》到明代的《大统历》,共选出五十三部历法,计划将其历术一一通解,惜因英年早逝,仅完成

了《三统衍补》。《水经注图说残稿》四卷,卷首董基诚《序》谓董祐诚于嘉庆二十年前后,"节取《水经注》,证以今水道,分图系说,自成一书。为之累年,仅得四卷。卷中图、说俱备,惟河水自采桑津以下,有图而无说。图大者径数尺,小者亦径尺许"。董祐诚著此《图说》末及终卷,于道光三年英年早逝。道光十年,董祐诚兄董基诚,襄集汇刻其著述为《董方立遗书》,因为《水经注图》图幅过于阔大,刊刻困难,准备将来"别为一册",另行刊印,仅仅是以"水经注图说残稿"为名,在《遗书》中刊入其文字疏释内容。今见《水经注图说残稿》,侧重引证相关史籍笺释地理沿革,并多注解今地所在,正是编绘《水经注图》的前期必要工作。《董方立文甲集、乙集》是董祐诚的文集,《文甲集》二卷,《文乙集》二卷。前有董基诚《序》谓董祐诚"负用世才,不欲以文字自见,间为古文,存者亦绝少,初无所为集也,殁后乃从友人集录得文一十五首,定为二卷。……集中诸文多作于戊寅留居京师以后,惟《霸产考》为丁丑夏客西安时所作,至《夏小正释天》、《辨正沈彤周官禄田考古今度法》则癸酉冬客青浦以两夕成之者。"《甲集》卷上录文五首,卷下录文十首。《乙集》上录赋三首、书序十二首,下录文十二首。道光年间刻本称《兰石斋骈体文钞》。《续修四库全书》据此本影印。《兰石词》一卷,为董祐诚殁后友人集所录者。道光三年董基诚《兰石词序》谓:"《兰石词》一卷,方立遗书之九。方立既早弃辞赋之学,于词尤不常作,此亦于殁后友人所集录者,附存于遗书后,固知非方立意也。"此书录词四十三首。

董祐诚兄董基诚合撰文集一种:《杼华馆骈体文》四卷,清道光六年(1826)刻本,复旦大学图书馆藏。前有道光六年玉麟《序》,庄受祺《后序》。卷一录文九首、卷二录文二十五首为董基诚《董子文二编》。卷三、卷四为《董方立文乙集》。附董贻孙《偶存集》。

附　恽敬弟子江苏承传谱系表

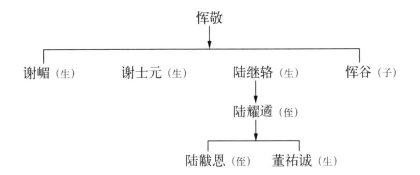

第二章　苏籍宗师之苏籍弟子及其撰述考（上）

第三章 苏籍宗师之苏籍弟子及其撰述考(中)

第一节 宜兴吴德旋之门属

恽敬、张惠言私淑刘大櫆,在武进阳湖一带传授古文,而宜兴吴德旋亦来自阳湖派,其与恽、张在亦师亦友之间,他在《送恽子居序》里自述道:"余年十五六岁时识子居于家,及来都,与子居交益亲。子居之友张皋文,予师友也。予之学为古文,得子居、皋文两人为助。"①并通过张惠言接触到姚鼐《古文辞类纂》,其《七家文钞后序》云:"余年二十余至京师,与武进张皋文同学为文,得桐城姚惜抱先生《古文词类纂》读之,而知为文不可不讲于法也。"②吴德旋与姚鼐初次见面是在嘉庆十二年(1807)的金陵钟山书院,"后于钟山见姚鼐而受业,自谓姚鼐以禅喻文,谓须得法外意……生平所极推崇者惜抱,次皋文,次子居。……所著《初月楼正续文钞》,惜抱而后言桐城家者尚焉"③,论文常与姚鼐相契合,包世臣《雪都宋月台(维驹)古文钞序》谓"近世古文,推桐城姚氏……门下士如陈石士侍郎,梅葛君户部,管异之孝廉,吴仲伦明经,皆亲承指挥而有得,然唯吴君为能真传姚氏之法也"④,一心宗桐城家法。

---

① 吴德旋:《初月楼文钞》卷四,光绪间周家楣刊刻本。
② 吴德旋:《初月楼文钞》卷五,光绪间周家楣刊刻本。
③ 张寿荣:《初月楼文钞跋》,见吴德旋:《初月楼文钞》卷末,光绪间周家楣刊刻本。
④ 包世臣:《艺舟双楫》,中国书店1983年版,第51页。

吴德旋由阳湖而入桐城,在江苏地区传播桐城派学术,并俨然成为一大家,章士钊称:"仲伦为桐城末流之东方启明……道光为文风趋于最低潮时代,仲伦左挈恽子居,右提吕月沧,一面质剂桐城、阳湖之矛盾,一面推广文学于珠江流域,不失为当时文坛之居间能手。"①吴德旋不仅在其家族内部传授桐城古文,还教授生徒二十余人,调剂阳湖与桐城古文矛盾,让桐城派在江苏地区的传播及扩散岭南区域做出了卓越的贡献。

一 宜兴吴氏族属桐城派弟子

(一)吴士模

1. 生平与师承

1751—1825,字晋望,号西斋,江苏武进(今属常州市)人。诸生。侍读学士吴中行六世孙。吴德旋族叔。少壮嗜学,至老弥笃。授徒养亲,接人以和。平常静默寡言,但论及前代理乱、当世利病,则调达本末,言之凿然。举孝廉方正,力辞。时学宗汉学治经术,而吴士模独发明濂、洛之说。为文原本经术,体格纯雅,颇得桐城家法,与明人唐顺之、归有光相上下,论文与吴德旋相契合。屡试不售。为邑中老师,以制举文名当世,从游弟子甚众。②

2. 现存撰述

吴士模经学著作一种:《诗经申义》十卷,道光十五年(1835)泽古斋刻本。是书略于考订而详于引申,大抵以《诗序》为宗,而于当时学者之说多取裁于李光地《诗所》。卷首有李兆洛《序》,谓士模沉潜于程、朱,而出入于诸家,一以躬行为本。是书亦探诸家之说以求其是,有所不通,则自出所见,皆原本圣贤之意,和平其性情,冲淡其言辞,于道德之际,性命之微,尤三致意焉。其说经多宗宋儒之说,不以汉学为准绳。又有光绪十六年(1890)重刻本。

吴士模诗文集一种:《泽古斋丛钞》六卷,光绪十九年(1893)刻本,南

① 章含之:《章士钊全集》,上海文汇出版社 2000 年版,第 1433 页。
② 生平事迹参见《续碑传集》卷七十一;张惟骧撰:《清代毗陵名人小传稿》,小双寂庵丛书本,卷五;刘声木:《桐城文学渊源考》卷六小传等。

京图书馆藏。凡六册,内有《文钞》三卷,《文钞补遗》一卷,《诗钞》一卷,《语录》一卷。《文钞》三卷,又《补遗》一卷,凡四册,前有嘉庆癸亥(1803)祖侄德旋、嘉庆戊辰同里庄鬐迻《序》各一首。前录有四书题制义百余首,次为《文钞》、《补遗》。《文钞》前有道光十九年(1839)姚元之《序》。上卷录论说、书后十二首;中卷录书、序三十三首;下卷录记、传、墓志铭、墓表二十二首。《文钞补遗》前有道光四年婺源程德赟《序》、道光七年李兆洛《后序》。《补遗目录》后其子涵一《跋》云:"先君子遗文三十首,庚子仲秋续刻于京寓。"《诗钞》一卷,前有道光己亥门人庄宝煊《序》,云"少作俱佚","此卷盖客长兴时作,先生仲子仪澄录存者也。"《语录》一卷,内含《愧人录》《警心录》两部分。《续碑传集》卷七十一载士模撰《谨心愧人语录》,盖亦指此。此前有道光四年、道光十八年两种刻本行世。

3. 存目著作

刘声木《桐城文学撰述考》卷三著录吴士模撰《白华山志》四卷[①]、《十家制艺》(注曰:"录王守溪等十人。")。

(二)吴瑞珍

生平与师承

生卒年不详,江苏宜兴(今属无锡市)人。师事族叔吴士模、族兄吴德旋,受古文法。撰述多散佚。[②]

(三)吴涵

生平与师承

生卒年不详,字纯夫,江苏武进(今属常州市)人。吴士模子。幼承家学,工诗、古文。任国史馆誊录官、顺天府通州吏目。刘声木谓其"所为诗、古文词能自成体势,可与桐城诸家相颉颃"。撰述多散佚。[③]

(四)吴谨

1. 生平与师承

生卒年不详,字研夫,江苏宜兴(今属无锡市)人。吴德旋子。诸生,师事吕璜,受古文法。据姚椿《吴仲伦先生墓志铭》云:"君卒于道光

---

① 按:吴士模友人毕应箕撰有《白华山志》四卷,或即此书。
② 生平事迹参见刘声木:《桐城文学渊源考》卷六小传。
③ 同上注。

二十年九月,年七十四。子二:长谨,县学生;次盈嘉。"①

2. 存目著作

据刘声木《桐城文学渊源考》卷六著录:吴谨撰有《爱月轩文钞》《爱月轩诗钞》《月沧藏书目录》。

（五）吴敬承

1. 生平与师承

生卒年不详,字笏墅,江苏阳湖(今属常州市)人。吴士模子,吴德旋族弟。诸生。师事吴德旋,吴德旋授以司马迁、韩愈古文义法,笃信不疑。②

2. 存目著作

刘声木《桐城文学渊源考》卷六著录吴敬承撰《读左史文》,且《补遗》谓:"吴敬承撰《论左传》数篇,虽少不逮子厚《非国语》,然亦自有佳境,其余亦多可存之。";又《读史记文》,《补遗》谓:"于太史公书治之加勤,往往能得其言外之意。"。

（六）孙励

生平与师承

生卒年不详,字庶翼,江苏阳湖(今属常州市)人。师事其舅氏吴德旋,受古文法。又获与程德赉、王国栋、吴谔等人交游,常以学问文章相切磋。撰述多散佚。③

（七）孙曾颐

1. 生平与师承

?—1860,字子期,江苏阳湖(今属常州市)人。孙励子,吴德旋外孙。监生。刘声木谓其"为诗寄意深婉,澹远有神韵,深得德旋衣钵"④。咸丰十年,阖门殉难。⑤

---

① 姚椿:《吴仲伦先生墓志铭》,见吴德旋:《初月楼四种》卷首,光绪九年(1883)张寿荣花雨楼刻本。生平事迹参见刘声木:《桐城文学渊源考》卷六小传。
② 生平事迹参见刘声木:《桐城文学渊源考》卷六小传。
③ 同上注。
④ 刘声木:《桐城文学渊源考》卷六。
⑤ 生平事迹参见刘声木:《桐城文学渊源考》卷六小传等。

2. 存目著作

刘声木《桐城文学渊源考》卷六著录孙曾颐撰有《楚游村居怀人草》六卷。

（八）杨传第

1. 生平与师承

？—1861，字听胪，又字汀鹭，江苏阳湖（今属常州市）人。包世臣婿，吴士模外孙。道光二十九年（1849）己酉科举人，两试春官不第，报捐知府，分发河南候补。入东河道总督黄赞汤幕。咸丰十一年（1861），奉母赴开封，未入城而捻军至，母死，自己也仰药自尽。黄赞汤以母烈子孝入奏，得旨旌恤，母祀节烈，杨传第祀孝悌。生平与叶名澧、尹耕云、李汝钧、吴怀珍、庄棫、谭献等名士交。长于文，私淑桐城文学，师事姚柬之，受古文法。亦能诗词，笃守常州一派。①

2. 现存撰述

杨传第诗文集一种：《汀鹭文钞》三卷，《诗钞》二卷，《诗余》一卷，同治十一年（1872）刻本，南京图书馆藏。前有咸丰十一年（1861）九月十二日，照例赐恤《上谕》，及东河道总督黄赞汤《题本》。又有同治十年南皮张之万《叙》，略云："其文根柢经术而博综子史"。又云："其友张午桥太史出守廉州，见过，刻其文集。"内有《汀鹭文钞》三卷，卷一录赋颂、论说、序跋、书启八篇；卷二录经说四篇；卷三录传志、行状、哀祭六篇，都为文十八篇。《汀鹭诗钞》二卷，录诗四十首。《汀鹭诗余》一卷，录词十一首。《丛书集成续编》据以影印。

二　及门弟子

（一）臧礼堂

1. 生平与师承

1776—1805，字和贵，江苏武进（今属常州市）人。臧庸弟。布衣。性孝友，以割股愈母疾而卒，学者私谥"孝节先生"。初从其兄臧庸学，

---

① 生平事迹参见张惟骧撰：《清代毗陵名人小传稿》，小双寂庵丛书本；谭献撰：《亡友传》，见《续碑传集》卷八十一，上海书店1988年版，第2975页等。

又师事卢文弨、钱大昕,喜校雠,精小学。古文师事吴士模,受古文法。[①]

2. 存目著作

据李桓撰《国朝耆献类征初编》卷三百九十二著录:臧礼堂撰有《尚书集解案》[②]六卷("摘录玉林先生《尚书集解》案语,为《尚书集解案》六卷。")、《南宋高宗御书石经孟子考》二卷、《古今孝子孝女孝妇传》一百余卷("阅纪传及所闻孝子孝妇,悉录之,自丙辰至乙丑,成百余卷。")、《增订孙星衍仓颉篇》三卷("增订阳湖孙渊如《仓颉篇》三卷。")、辑《臧荣绪晋书》二卷、《先考遗事》一卷、《拜经堂书目》、《爱日居笔记》("《爱日居笔记》者,记奉母时琐事,爱日居者,取《法言》以颜其居也。")。

据《清史列传》卷六十八著录:臧礼堂撰有《补严氏蔚左贾服注》三卷[③]、《三礼注校字》六卷、《春秋注疏校正》六卷、《重编说文系传》十五卷。("臧氏好许氏《说文》,以南唐徐氏兄弟治此,楚金尤专业,而世传小徐本,转写讹异阙者,据大徐本补之,益失真。得元板熊氏《韵会举要》所引小徐善本,重辑《说文系传》十五卷。")

据《清代毗陵名人小传稿》(张惟骧撰,小双寂庵丛书本)卷五著录:臧礼堂撰有《说文引经考》十三卷,谓其"好许氏《说文》,尝著《说文引经考》十三卷,段玉裁、王引之皆叹其精确。"又据严可均撰《臧和贵别传》著录:臧礼堂"慕古孝子、孝女、孝妇事,作《孝传》百三十卷",又纂"《通俗文》一卷",辑"《郑氏义门传志》二卷"[④]。

(二)邹澍

1. 生平与师承

1790—1844,字润安,号闰庵,江苏阳湖(今属常州市)人。家贫无力就傅,勤苦自励,于书无所不读。虽苦寒胜暑,手仍披览不辍。晓通天文、历法、地理之学。师事吴德旋,受古文法,与吴敬承、吴锃砥砺古

① 生平事迹参见《清史稿》卷四百八十一《儒林传》;《清史列传》卷六十八;张惟骧撰《清代毗陵名人小传稿》,小双寂庵丛书本,卷五;严可均撰《臧和贵别传》,见严可均:《严可均集》,浙江古籍出版社2013年版,第254—255页等。

② 按:《清史稿》卷四百八十一《儒林传》亦著录。

③ 按:李桓撰《国朝耆献类征初编》,光绪年间李氏初刻本,卷三百九十二谓其:"删补吴江严豹人辑《左传贾服注》三卷。"

④ 严可均:《臧和贵别传》,见严可均:《严可均集》,浙江古籍出版社2013年版,第255页。

文而不懈,故发为诗、古文词卓然可传。道光元年(1821)诏书举山林隐逸,乡人议以名上朝廷,固辞之。精医道以自养,所著多医书。①

2. 现存撰述

邹澍医学著作一种:《本经疏证》十二卷,附《本经续疏》六卷、《本经序疏要》八卷。是书以分析《伤寒论》《金匮要略》《千金方》等书医方中药物配伍的理论来注疏《神农本草经》,以神农《本草经》为主,别录和唐本图经为辅。凡某证宜用某药,某药适于某病,均以经方解释《本经》的主治,以《本经》分析古方的应用。卷首有《自叙》、同里周仪颢撰《邹润安先生传》及《例言》六则。《疏证》载药 173 种,《续疏》载药 142 种,共315 种。《本草序疏要》是对神农《本草经·序例》的注解说明。该书是学习中医的重要参考书目,今有上海卫生出版社 1957 年排印本。

3. 存目著作

据周仪颢《邹润安先生传》著录:邹澍撰有《明典》五十四卷②、《伤寒通解》四卷③、《伤寒、金匮方解》六卷、《医理摘钞》四卷、《契椸录》四卷、《医经书目》八卷、《医书叙录》一卷、《医书杂说》一卷、《沙溪草堂文集》一卷④、《沙溪草堂诗集》一卷⑤、《沙溪草堂杂著》一卷⑥。刘声木《桐城文学撰述考》卷三著录:邹澍撰《明鉴》、《常州府忠义祠录》五卷、《读医经笔记》三卷⑦、《长沙方疏证》六卷⑧。

(三) 吴铤

1. 生平与师承

1799—1832,字耶溪,江苏阳湖(今属常州市)人。将弱冠,补邑诸生。师事吴德旋,吴德旋传授其桐城派古文"义法",吴铤最为笃信,为第一入室弟子。口吃,壮岁走京师,应顺天试,日为制举文一首,效当时

---

① 生平事迹参见周仪颢撰:《邹润安先生传》,见邹澍:《本经疏证》,上海卫生出版社 1957 年排印本,第 4 页。
② 按:王其淦等修、汤成烈纂:《(光绪)武进阳湖县志》,光绪五年(1879)刻本,卷二十八亦著录。
③ 按:清人曹禾撰:《医学读书志》,中医古籍出版社 1981 年版,谓:"家藏未刻稿。"
④ 按:王其淦等修、汤成烈纂:《(光绪)武进阳湖县志》,光绪五年(1879)刻本,卷二十八亦著录。
⑤ 同上注。
⑥ 同上注。
⑦ 按:清人曹禾撰:《医学读书志》,中医古籍出版社 1981 年版,谓:"家藏未刻稿。"
⑧ 同上注。

得高第者所为,绝肖之。应乡试不获,经岁卧病武阳会馆中,一日大呼坠于床下而死。刘声木《桐城文学渊源考》谓"其为文夷犹冲淡,所见极深,最得师法,足以力追古人"。①

2. 现存撰述

吴铤文论著作一种:《文翼》三卷,道光十六年(1836)刊本。有道光十六年丙申秋日新安王国栋题跋,谓其"道光某年至京师应乡试不获,遂愤郁成疾,卒于旅舍,年三十三"。是书采撷前人论文诸说,颇附己见,亦有折中。论文推尊桐城文法,如卷一谓:"方望溪、恽子居、张皋文,皆精与谨细而未能自然神妙者也。若由精与谨细而几于自然神妙者,惟姚惜抱、吴仲伦时近之。"卷二云:"国初之文浮廓而不真,方望溪以古法振之。……国朝诸公处,然门户不如望溪之正大而音节胜之,笔力不如子居之坚劲而气味胜之,此才分固有不同,不能兼长者也。"文论观点多有得之言。另有钞本一种,中国国家图书馆藏。

3. 存目著作

据《清代毗陵书目》(张惟骧编,1944年常州旅沪同乡会铅印本)著录:吴铤撰《绍韩书屋文集》②《吴耶溪遗文》③二种。刘声木《桐城文学撰述考》卷三著录:吴铤撰《耶溪经义》。

(四)吴谔

1. 生平与师承

生卒年不详,字少蕚,一字藉庭,江苏宜兴(今属无锡市)人。监生。少好诗古文,师事吴德旋,吴德旋告以所受于其师姚鼐古文义法,又语其应从归有光入,上溯司马迁,得古文正宗。平居以经教授乡里,与阳湖孙励、程德赍以古文相砥砺。诗学晚唐,画能入品,兼工书法、医学。④

2. 存目著作

道光《重刊续纂宜荆县志》卷九载吴谔撰《水西山房诗文草》三卷。⑤

---

① 生平事迹参见谢应芝撰:《吴耶溪墓表》,见吴铤:《文翼》卷首,道光十六年(1836)刻本等。
② 按:"绍韩书屋"为吴铤书室名。
③ 按:李兆洛道光十五年(1835)撰有《吴耶溪遗文序》。
④ 生平事迹参见顾名等、龚润森等修,吴德旋纂:《重刊续纂宜荆县志》,道光二十年(1840)刻本,卷九;刘声木:《桐城文学渊源考》卷六小传等。
⑤ 清顾名等修,吴德旋纂,道光二十年(1840)刻本。

（五）陆与乔

1. 生平与师承

? —1860，字子卿，江苏宜兴（今属无锡市）人。师事吴德旋，得桐城古文义法。早岁丧偶，不复娶。生平未尝应有司试。工诗、古文词，诗尤工，能引其芬芳悱恻之致，以达幽愤抑郁之情。贫而好古，善鉴别名人书画，字体奇逸。号所居楼曰"匣琴楼"。①

2. 存目著作

据光绪《宜兴荆溪县新志》卷十著录：陆与乔撰有《匣琴楼诗集》②。

（六）陈景藩

1. 生平与师承

生卒年不详，字切斋，江苏阳湖（今属常州市）人。诸生。师事吴士模，受古文法。③

2. 存目著作

刘声木《桐城文学渊源考》卷六著录：陈景藩撰《杂著》三种。

（七）张若曾

生平与师承

生卒年不详，字雨棠，江苏阳湖（今属常州市）人。诸生。师事吴士模，受古文法。撰述多散佚。④

（八）黄怀孝

1. 生平与师承

1824—1902，字武香，号存斋，江苏武进（今属常州市）人。诸生。官候选训导。博学详识，师事吴士模，受古文法。所作古文峻洁廉悍，自成一家。⑤

2. 现存撰述

黄怀孝等重辑家谱一种：《浮桥黄氏宗谱》二十卷，咸丰二年（1852）

---

① 生平事迹参见施惠等修，吴景墙等纂：光绪《宜兴荆溪县新志》，光绪八年（1882）刻本，卷十小传。

② 施惠等修，吴景墙等纂：《（光绪）宜兴荆溪县新志》卷十，光绪八年（1882）刻本。

③ 生平事迹参见刘声木：《桐城文学渊源考》卷六小传。

④ 同上注。

⑤ 生平事迹参见张惟骧撰：《清代毗陵名人小传稿》，小双寂庵丛书本，卷九；刘声木：《桐城文学渊源考》卷六小传等。

木活字本,日本东洋文库藏。卷首有黄怀孝《重修宗谱序》。

黄怀孝文集一种:《存斋古文》一卷,续编一卷,光绪十四年(1888)《粟香室丛书》刻本。黄怀孝撰述遭乱多散佚,仅存《存斋古文》一卷、《续编》一卷。收录《重修宗谱序》《宣之三兄家传》《节孝屠孺人传》诸文,义法谨严。

(九) 刘框

生平与师承

生卒年不详,江苏宜兴(今属无锡市)人。师事吴德旋,受古文法。撰述多散佚。[1]

三 私淑弟子

(一) 陈赋

生平与师承

1770—1846,字时夏,号晓榭,江苏宜兴(今属无锡市)人。幼聪慧,过目成诵。嘉庆六年(1801)拔贡廷试,钦取二等部选广文教职,托疾不赴,家居教授生徒,以著书为乐。与吴德旋、李兆洛等友善,常一起切磋诗、古文。撰述多散佚。[2]

(二) 汪士侃

1. 生平与师承

1774—1854,字晋之,号写园,一作写阮,江苏金匮(今属无锡市)人。乾隆五十八年(1793)秀才,嘉庆九年(1804)举人,十四年进士,官双流县知县,入赀为工部员外郎。性耽读书,研究经术。改官时以俸钱买书数千卷,寝馈不离。主讲月湖书院。好古文词,梅曾亮《赠汪写园序》谓"无锡汪写园先生好古文词之学,自韩、欧数公外,于熙甫尤深好之",称赞汪写园壮年弃官,饱游东南佳山水,"与李申耆(兆洛)、吴仲伦(德旋)诸君相期文章复古道为事"[3]。刘声木谓其"私淑归有光,尤为笃

---

① 生平事迹参见刘声木:《桐城文学渊源考》卷六小传。

② 同上注。

③ 梅曾亮:《赠汪写园序》,见梅曾亮著,彭国忠、胡晓明点校:《柏枧山房诗文集》,上海古籍出版社 2012 年版,第 61—62 页。

好。与冯登府、吴德旋以文字相切摩,得姚鼐古文词义法"。①

2. 现存撰述

汪士侃主修县志一种:《(嘉庆)双流县志》四卷,嘉庆十九年(1814)刻本。嘉庆十四年,汪士侃进士及第,同年出任双流县知县,到任后,稽寻旧志,延集县中人士重为续修,订旧采新,于嘉庆十九年纂辑成书,付梓刊行。双流县古志无考。乾隆八年(1743),知县福建将乐黄锷修《志》为七卷,号为创修。汪士侃修《志》四卷,十九节,图六幅,其中双流县水堰图、八景图,绘制精巧,更为醒目。参加编修的有邑人刘潪、刘沅弟兄等。该志对前双流县志从内容上加以纠正、丰富、补充。嘉庆十九年书成时,《四川通志》总纂杨芳灿著有序文,刊于卷首,高度评价该志书云:"瞻而不繁,详而有理。"②

(三)刘仪

1. 生平与师承

生卒年不详,字翰俶,号五山,江苏武进(今属常州市)人。嘉庆六年(1801)举人,官长兴县知县。主讲琴冈书院等。工诗、古文,尤喜治古文,与陈善、吴德旋、王璥、庄仲方、周凯、高澍然等友善,以古文相切磋。③

2. 存目著作

刘声木《桐城文学渊源考》卷五著录:刘仪撰有《五山诗稿》《五山文稿》二种。

(四)刘晓华

1. 生平与师承

1821—1843,字廉方,江苏武进(今属常州市)人。刘仪子。幼时一应督学试,以病投卷去,遂弃制举业。于书无所不窥,自天文地理人官物曲之繁,以及诗画技艺,皆能原原本本言其利病。尤嗜为古文词,文

① 刘声木:《桐城文学渊源考》卷一。生平事迹参见秦缃业纂:《(光绪)无锡金匮县志》,光绪七年(1881)刻本,卷二十二《文苑》;刘咸荣纂、刘佶修:《(民国)双流县志》,民国十年(1921)铅印本,卷二《政绩》中小传。

② 参见成都市双流区地方志编纂委员会编:《双流县志(1911—1985)》,四川科学技术出版社2016年版,第791页。

③ 生平事迹参见刘声木:《桐城文学渊源考》卷五小传。

好学恽敬,而其父令学吴德旋,遂以为宗。家贫,出游于浙,校书于西湖苏文忠祠,暴病而卒。包世臣《书临平原祭侄稿后》附记曰:"廉方好学治古文,工北朝书,于仆笔法,尤为笃嗜,而忽以癸卯夏,旅化于浙,年廿三岁。"①

2. 存目著作

据《毗陵文录》(赵震辑,1931 年铅印本)卷四著录:刘晓华撰《廉方文稿》若干卷,并选其文二篇。

(五)王齑

1. 生平与师承

生卒年不详,字瑶舟,江苏阳湖(今属常州市)人。嘉庆诸生。以授徒终其身。性狷介好洁,学宗高攀龙。治经不倚传注,但取经文触类旁通。一生用力于《周易》《春秋》之学。与吴德旋、陈善等友善,以文学相切磋。嘉庆中卒。②

2. 现存撰述

王齑经学著作二种:一是《学易五种》十四卷,清抄本,装订四册。清王兆骐校并题识。《学易五种》分别是《周易半古本义》八卷、《周易象纂》一卷、《周易图剩》二卷、《周易辨占》一卷、《周易校字》二卷。卷首有嘉庆十五年(1810)庚午仲春王齑《自序》谓自己少即喜读《易》,"苦无崇绪,积读成疑,积疑成信,博采儒先,汇归己见"。二是《春秋王氏义》十五卷,清抄本。卷首王氏自序谓治《易》,作有《学易五种》后,即从事《春秋》,博采晋、唐、宋诸儒论议,取裁之而有得,因本《春秋》有书法,无褒贬,隐无正,桓无王,及书人书国,皆经阙文,以此为宗旨,去取先儒成说,间附臆见而成此书。

王齑文集一种:《梨云阁杂文稿》二卷。道光二十九年(1849)黎云阁刊本,国家图书馆藏。录文五十篇。应俗之作占据大半。末附《读国风》一卷,列举各篇大义,不废序说,兼宗旧诂。

---

① 生平事迹参见谢应芝撰:《刘廉方墓表》,见谢应芝:《会稽山斋全集》卷十一,光绪十四年(1888)重刻本;包世臣:《书临平原祭侄稿后》,见包世臣:《艺舟双楫》,商务印书馆 1929 年版,第 52 页。
② 生平事迹参见《续碑传集》卷七十一;张惟骧撰:《清代毗陵名人小传稿》,小双寂庵丛书本,卷五等。

3. 存目著作

《清代毗陵书目》(张惟骧编,1944 年常州旅沪同乡会铅印本)卷四著录:王龣撰有诗集《梨云阁诗抄》六卷。

(六)任朝桢

1. 生平与师承

生卒年不详,字维周,号午桥,江苏宜兴(今属无锡市)人。善为古文辞,与吴德旋师友兼资,平日论文悉与其合。万应馨《午桥存稿序》云:"午桥先生以潘、陆之鸿词,运韩、苏之浩气,凡邑中有文章之事,非先生莫属也。"①李兆洛《午桥存稿书后》称其古文"平夷洞达,自抒所得,绝去畦町,读之如见其把袂奉手,俯仰咲语"②。碑传尤淡远有生气。③

2. 现存撰述

任朝桢文集一种:《午桥存稿》三卷,附《俪体》一卷。嘉庆间活字本,中国科学院图书馆藏。又名《锦石书屋古文》,附《俪体》一卷。嘉庆丁卯(1807)莫晋《序》曰:"余同年友任跂园以其从父《午桥先生文集》示余,余发而观之,觉其结构中度,不尚钩棘,无意于摹古而自不悖乎古,非世之貌似大家者可比。"又有万应馨《序》。卷后嘉庆甲戌(1814)路应廷《跋》曰:"《任午桥先生文集》三卷,皆吴君仲伦(德旋)是正,而先生仲子煙所校刻也。"知是集为吴德旋编定,其子任煙纂辑校刻。又道光十年(1830)树滋堂刻本,南京图书馆藏。卷首道光丙戌(1826)陶澍《序》云:"西夏,余自皖移苏,得《午桥存稿》一卷,为辗转者久之,乃书于其后曰:古文不传于世也久矣……然则若午桥者,乃真为于举世不为之日而夷然不知将传不传也。午桥全集既多散失,今所刻数十篇,乃同邑吴仲伦(德旋)所次者。"据此知《午桥存稿》此前有一卷本流传,今所刻本乃经过吴德旋编次。又李兆洛《书后》曰:"先生令子煙辑先生遗文三卷,刊而行之,余始得读焉。"吴辰《跋》云:"午桥先生……善为古文辞,平生

---

① 万应馨:《午桥存稿序》,见任朝桢:《午桥存稿》卷首,嘉庆间活字本。
② 李兆洛:《午桥存稿书后》,见任朝桢:《午桥存稿》卷末,嘉庆间活字本。
③ 生平事迹参见顾名、龚润森等修,吴德旋纂:《重刊续纂宜荆县志》,道光二十年(1840)刻本,卷七十一小传。

所作不下数百篇,率多散佚,其存诸箧衍者仅数十首而已。先生谢后,其次君宇昭哀而辑之,就正于家仲伦为掇其尤者三十篇,梓以问世。江右陈公视学江苏,访求遗集,学官以任氏遗书数种上,此其一也。前刻字迹尚多讹舛,己丑(1829)之冬,宇昭细加校雠,重付剞劂。"知先生文原数百篇,是集收古文三卷三十余篇。又附《俪体》一卷,存骈体文二首:《姜天生江南纪游序》《送沈晴川归怀兼题其诗集序》。其子任煃后题曰:"先君子雅不喜骈体,然兴到时偶一为之,兹于旧箧中复检得二首,续刻于卷末。"又有道光二十年(1840)刻本,其子任煃《跋》云:"《午桥遗稿》三卷,旧以聚珍活字录刻,未及刓板,且雠校疏略,谬误间出。今岁始全行授梓,刊讹订误,颇为精审。"又有同治八年(1869)重刻木活字本,其孙任光熊等《跋》云:"先王父《午桥遗文》若干卷,先君子(煃)曾锓板刻之,校刊极精。今岁秋觏得一集,乃嘉庆时聚珍旧本也。因仍旧本,用活字板刻二百部。"又有光绪九年(1883)聚珍本,其孙任光奇《跋》云:"先大父古文存稿,兵燹后旧本尽失。光奇等遍处搜访,得嘉庆间初印聚珍之本,而讹误甚多,各家序言亦皆缺略,重加雠较,仍以聚珍板先印若干部。"

附　吴德旋弟子江苏承传谱系表

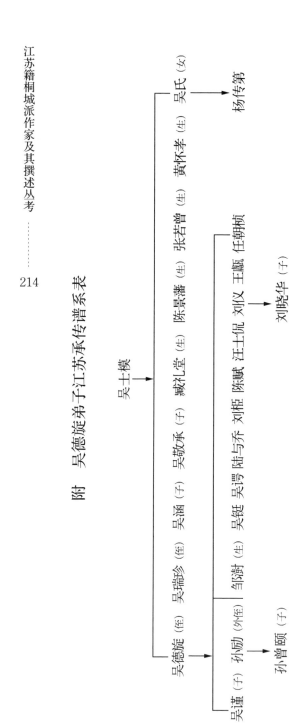

第二节　娄县姚椿之门属

嘉道时期,姚鼐的江苏籍弟子主要有吴德旋、姚椿二人。与吴德旋生于常州、长于常州,主要活动范围都在江浙之间不同,姚椿则过了大半生的游幕生活,在绝意仕途之后,主要从事书院教育事业,这秉承的是姚鼐的传学路径。与吴德旋又不同的是,姚椿生于豪贵之家,其父姚令仪官至四川布政使。嘉庆十年(1805),听从父命,师从桐城派集大成者姚鼐,此时的姚椿学问已小有所成,姚鼐谓:"子之业几成矣,然亦当从事程朱之学乎。"①随后跟从姚鼐在钟山书院问学。道光十一年(1831),姚椿至河南夷山书院担任山长,掌教书院,"以实学励诸生,朝夕淳淳,惟成就人才是急。遇才高行美者奖借不容口,有孤寒无以自立,必资给焉"②。道光十八年,林则徐时任湖广总督,聘姚椿主讲湖北荆南书院,时间达七年之久。道光二十五年,姚椿回到家乡娄县,主松江景贤书院,直至病逝。姚椿投身书院教育近三十年,培养出沈曰富、陈克家、陈寿熊等一批杰出弟子,生徒遍布大江南北,对培养桐城派后学、扩大学派影响贡献巨大。

一　及门弟子

(一)何其超

1. 生平与师承

1807—1875,字超群,又字古心,号古贤,江苏青浦(今属上海市)人。室名枣花书屋、枣花老屋、春煦室。何世英子,何昌梓父。受业于陆德良,与陈渊泰、沈莲结二卯文社,旋学医于从兄何其伟。道光丙申(1836)见姚椿,以师礼事之,诗文深得指授。扶沟知县延主明道书院。赴京师,游嵩山而归,构枣花书屋。王庆勋《同人诗录题辞》曰:"何古心

明经以医术世其家,求治者常满坐,而活人之外,不废啸歌,诗学精深,寝馈于古,风骨雅炼,当于大历十子间,高置一座。"①以儒医显。②

2. 现存撰述

何其超医学著作二种:一是《春熙室医案》十卷。卷首有《何古心传略》。全书分医论、医案两部分。内容包括春熙室记、医学杂论、八卦配脏腑阴阳图、病情调摄论等。系《何氏历代医学丛书》之一。1989年上海学林出版社出版何时希编校本。二是《藏斋医案》不分卷。《青浦谱》著录,抄本,一册,雪斋藏。系《何氏历代医学丛书》之一。1989年上海学林出版社出版何时希编校本。

何其超诗集二种:一是《枣花老屋集》一卷,清咸丰间刻本,南京图书馆藏。收四十岁以前之作,王庆勋辑入《诒安堂全集·同人诗录》。《同人诗录》,王庆勋辑,咸丰八年刊,分高锡藩《朱藤老屋诗钞》一卷、石景芬《诵清阁诗钞》一卷、袁翼《邃怀堂诗集》一卷、黄富民《过庭小草》一卷、黄燮清《倚晴楼诗集》一卷、何其超《枣花老屋集》一卷、张文虎《舒艺室诗》一卷、江湜《伏敔堂诗集》一卷、杨焌《修竹轩诗钞》一卷。

二是《藏斋诗钞》六卷。同治七年(1868)家刻本,南京图书馆藏。《自序》曰:"爰检旧稿,命门人李龄寿、男昌梓编校付刊。第一卷《枣花老屋集》,四十岁以前之作也;第二卷《梁园集》,游梁入都登嵩山之作也;第三、四卷《玉宝集》,山居之作也;第五卷《知生集》,避难由浦东回郡寓沪之作也;第六卷《澱南集》,自沪至金泽之作也,总名《藏斋诗钞》。"《枣花老屋集》收诗一百三十一首,《梁园集》收诗一百五十二首,《玉宝集》收诗二百五十二首、《知生集》收诗一百八十六首,《澱南集》收诗一百七十七首。末附门人李龄寿《序》曰:"余师藏翁将刊其诗,既命龄寿以编校之役,复命为之序。"

何其超编纂地方诗歌总集一种:《青浦续诗传》八卷,光绪三十一年(1905)刻本。乾隆五十九年(1794)王昶曾编有《青浦诗传》三十四卷。

---

① 王庆勋:《同人诗录题辞》,见王庆勋:《诒安堂全集·同人诗录》卷首,清咸丰间上海王氏刻本。

② 生平事迹参见徐达源撰,黎里古镇保护开发管理委员会、吴江市档案局编:《黎里志》两种之《黎里续志》卷首,广陵书社2011年版,第304页;刘声木:《桐城文学渊源考》卷六小传等。

此书继王昶《青浦诗传》而编,所收始自明万历间张文模、崇祯间张希謇,终于清同治间仲恒省、潘信籽,共九十九人。既存邑人之诗,复传其人。是集光绪二十七年由青浦人熊祖诒在滁州长官任上加以勘定,卷前有熊氏《序》,又有罗忠德《后序》,二人皆言是书八卷,但行世只有六卷,第六卷目录与正文又相舛谬,未知何故。

(二) 沈曰富

1. 生平与师承

1808—1858,字沃之,一作沃子,号南一,江苏吴江(今属苏州市)人。沈烜之子,沈曰寿之弟。道光十九年(1839)举人。曾官署西安。十六即能为古今体诗。师事平湖方坰、顾广誉,又受业于姚椿,尽得方苞、姚鼐之传。顾广誉《序》称其诗文,"才气肆应,常沛然而有余;变化屈伸,与道大适"[①]。姚椿《跋》则谓:"其经术渊深,辞气朴茂,议礼文字尤为精谨"[②]。论学以有恒有渐为归,故即以名其斋。[③]

2. 现存撰述

沈曰富撰年谱一种:《沈端恪公(近思)年谱》二卷,光绪二十二年(1896)江苏书局《沈馀遗书》本。内封署"沈馀遗书""光绪丙申四月江苏书局重刊",附光绪二十二年赵舒翘《沈馀遗书序》,是书牌记署"光绪丙申三月江苏书局重刊"。首有谱主沈近思像并姚椿撰《像赞》、彭启丰《题辞》、杭世骏《神道碑铭》、彭启丰《墓志铭》、《本传》、全祖望《题沈端恪公神道碑后》,卷端题"沈曰富南一撰"。年谱后附谱主二子玉麟、玉莲,朱轼,雷铉,杭世骏等为沈近思集所作序跋。谱主沈近思(1671—1727),字位山,号阃斋,又号俟轩,浙江仁和(今杭州)人。康熙三十九年(1700)进士,由河南临颍知县官至都察院左都御史,谥端恪。撰有《天鉴堂集》八卷等。此谱后收入北京图书馆藏珍本年谱丛刊第 90 册,北京图书馆出版社 1999 年影印。

---

① 顾广誉:《受恒受渐斋集序》,见沈曰富:《受恒受渐斋集》卷首,咸丰九年(1859)弟沈曰康刻本。
② 姚椿:《受恒受渐斋集跋》,见沈曰富:《受恒受渐斋集》卷末,咸丰九年(1859)弟沈曰康刻本。
③ 生平事迹参见金福曾修、熊其英纂:光绪《吴江县续志》,光绪五年(1879)刻本,卷三十七小传;顾广誉:《受恒受渐斋集序》;徐达源撰,黎里古镇保护开发管理委员会、吴江市档案局编:《黎里志》两种之《黎里续志》卷首,广陵书社 2011 年版,第 303 页;刘声木:《桐城文学渊源考》卷六小传等。

沈曰富史部撰述又一种:《杨园渊源录》四卷,附于清严辰纂《(光绪)桐乡县志》后,光绪十三年(1887)刻本。严辰平生敬仰张杨园(即张履祥,字考夫,号念芝,世居炉头杨园村,学者称杨园先生)道德文章,在修志时特意将沈曰富编纂的《杨园渊源录》四卷附录在后,为后世研究张履祥留下了珍贵而系统的史料。

沈曰富诗文集一种:《受恒受渐斋集》十二卷,咸丰九年(1859)弟沈曰康刻本,南京图书馆藏。卷首顾广誉咸丰九年八月《序》曰:"沃之既卒,其弟曰康安之将哀其《受恒受渐斋集》付梓,属震泽陈君献青编定,凡为文六卷、外集四卷、诗若干卷。"知此集由陈寿熊编定,其弟沈曰康刊行。又有光绪十三年(1887)其孙沈葆光续刻本,首都图书馆藏。别本《受恒受渐斋集》六卷,中国国家图书馆藏咸丰九年刻本,南开大学图书馆藏同治八年(1869)刻本,南京图书馆藏民国间钞本。

3. 存目著作

黄体芳《札吴江学》称沈曰富又撰有:"《读诗笔记》、《读三礼笔记》一卷、《耻躬录》、《夏峰学录》、《夏峰门人录》①……《当湖弟子传》……《国朝名臣言行录稿》、《学案稿》。《管幼安年谱》、《王右军年谱》、《文中子年谱》、《元鲁山年谱》②、《元次山年谱》③……《壬癸日记》、《矧汝轩诗录》、《霈园诗稿》"④刘声木《桐城文学撰述考》卷三又著录沈曰富撰《集禊帖诗》、《霈园词稿》、《金陵游记》、《观潮日记》、《绿意庵诗稿》三卷、《吕塔沈氏族谱稿》⑤、《国朝文海》、《明御史李谟年谱》一卷(注曰:"翁敦书同辑。")。

---

① 按:《夏峰门人录》或即是《夏峰弟子传》的别称。据《清儒学案》第六册卷一百五十七《夏峰弟子传序》记载沈曰富作《国朝学案》情况云:"道光己酉岁,余承娄县姚先生命,从事《国朝学案》。……退而读诸所著书,有见则录,因造端于孙征君,而征君弟子姓名见于《年谱》凡二百二十余人,有事迹可载者三之一,睢州、嵩阳数钜公外,类皆笃守师说,卓然有以自信,不能悉附于《学案》中,于是别为一编,掇取《谱》中往来之迹,问答之语,并他书中颇涉及者,仿小传体,件系其人之下,名之曰《夏峰弟子传》。"见徐世昌等:《清儒学案生斋学案》,中华书局 2008 年版,第 6110—6111 页。

② 按:谱主元鲁山,盖即元德秀(696—754),字紫芝,号鲁山,私谥文行先生,河南人。

③ 按:谱主盖即是唐代诗人元结(719—772 年),字次山,号漫叟、聱叟、浪士、漫郎,河南人。

④ 黄体芳:《黄体芳集》,《温州文献丛书》,上海社会科学院出版社 2004 年版,第 102 页。

⑤ 按:沈曰富《受恒受渐斋集》录有《辑吕塔沈氏族谱稿自序》一篇。

（三）陈寿熊

1. 生平与师承

1812—1860，一名寿，字献青[1]，一字子松，江苏吴江（今属苏州市）人。陈杲子。以震泽籍补府学诸生，与沈曰富同登姚鼐弟子姚椿之门，尽受桐城古文义法。深湛经术，博学多闻，平日授经，诱掖后进唯恐不及。其学兼综汉宋，尤精《易》学。其为文主于立诚，不仅以修辞见长，义法尤精。张文虎《昭忠录列传》称其："登娄县姚椿之门，与吴江沈曰富、元和陈克家齐名。古文辞简严似王安石，所为诗尤取精用宏，然皆不苟作。"[2]咸丰十年（1860）殉难莘塔。[3]

2. 现存撰述

陈寿熊易学著作二种：一是《陈氏易说》四卷，附录一卷，凡二册，光绪二十一年（1895）活字印本。陈氏弟子凌淦家存《献青治易稿》一种，是就《注疏》本蚁书之，眉列旁行，冗杂复沓，又就疏文而节乙之，麤以散稿，涂改漫漶，不可辨次。凌淦请其友人诸福坤等为之编次。诸福坤以其中正驳注疏之言与节乙疏文为一类，即《正义举正》。其余厘次缮录，去复存疑，订为四卷：卷一、二为《经》，卷三《系辞上下传》，卷四《说卦》、《序卦》、《杂卦传》。又别为《附录》一卷。题为《陈氏易说》。书中意旨，以推衍虞翻"变既济定"之说为主。二是《读易汉学私记》一卷，附《补钞》一卷，一册，清《聚学轩丛书》第五集本。丛书内封署"聚学轩丛书第五集"，卷端题"吴江陈寿熊著 贵池刘世珩校刊"。前有陈氏自题曰："《易汉学》八卷，惠氏栋所撰，盖于汉儒象数之说，颇涉其源流者也。顾规模略具，考核实疏，经生家以惠氏世治汉《易》，罔悟其失，将恐后来者惑焉，辄举正之如左，至于义理，非其所长，间为纠摘，亦不尽。"附录《读易汉学私记补钞》一卷，后有小《跋》谓："右所记有惠氏元文，颇长，而今止摘数语订正之者，则不复

---

[1] 按：方宗诚撰有《陈献青传》，见陈寿熊：《静远堂集》卷首，光绪十八年（1892）苏州五亩园刻本。

[2] 张文虎：《昭忠录列传》，见陈寿熊：《静远堂集》卷首，光绪十八年（1892）苏州五亩园刻本。

[3] 生平事迹参见《清史列传》卷六十七；张文虎：《昭忠录列传》，《静远堂集》卷首；方宗诚：《陈献青传》，《静远堂集》卷首；徐达源撰，黎里古镇保护开发管理委员会、吴江市档案局编：《黎里志》两种之《黎里续志》卷六，广陵书社 2011 年版，第 434—435 页；《桐城文学渊源考》卷六小传等。

录其全文,非苟省卷帙,亦非有所去取于其间,第欲便观览耳。"又有清王先谦钞本、清缪氏艺风堂抄本。

陈寿熊诗文集一种:《静远堂集》三卷,光绪十八年(1892)苏州五亩园刻本,中国社会科学院历史研究所、南京图书馆藏。受业弟子施绍书题为《静远堂集》二卷,但实为三卷。《序》云:"震泽陈献青先生《静远堂集》二卷,秀水陶子方军模辑为文四十九首、古今体诗一百二十首、诗余十八首。震泽蔡介眉君丙圻续辑文十五首、古今体诗四十首。光绪十八年三月付梓,十九年二月讫工。"卷首录南汇张文虎《昭忠录列传》、桐城方宗诚《陈献青传》、秀水陶模《陈子松先生行略》。卷一为文四十九首,续十五首;卷二为古今体诗一百二十首,续四十首;卷三为诗余十八首。

3. 存目著作

黄体芳《札吴江学》称陈寿熊又撰有:"《周易集义》、《周易本义笺》……《读易启蒙私记》一卷、《诗说》一卷、《考工记拾遗》一卷、《明堂图考》一卷。"[1]《黎里志》两种之《黎里续志》卷六著录:陈寿熊撰《周易集解疏》《冬官补亡说》《云簑馆诗词集》[2]。刘声木《桐城文学撰述考》卷三著录:陈寿熊撰《冬官补亡》、《参同契注》、《蛾术编注》、《补辑国朝文征》、《周易九家疏》、《李氏集解注》、《周易正义举正》九卷、《周易集义补》、《静远堂札记》数种。

(四)何长治

1. 生平与师承

1821—1889,后名昌治,字补之[3],号鸿舫,晚年自号横泖病鸿,江苏青浦(今属上海市)人。何其伟子。少从姚椿学古文,得古人步骤,一洗绮靡芜秽之习。工诗能画,尤擅书法,胎息平原,坚拔浑厚。其于医道,声誉名震,家设寿山堂药店,常免费救护病人。曾游寓宝山,宝山求医

---

① 黄体芳:《黄体芳集》,《温州文献丛书》,上海社会科学院出版社 2004 年版,第 102 页。
② 徐达源撰,黎里古镇保护开发管理委员会、吴江市档案局编:《黎里志》,广陵书社 2011 年版,第 435 页。
③ 按:于源《一粟庐诗二稿》卷二载:"道光己酉闰四月二十五日,借青浦何补之(昌治)、海昌李壬叔(善兰)住访。"

者络绎不绝。①

2. 现存撰述

何长治医学著作二种：一是《何鸿舫医案》二卷，系《何氏历代医学丛书》之十一，由何时希编校、上海中医研究所辑，上海学林出版社1982年影印本。又名《横泖病鸿医案》，何长治晚年自号横泖病鸿，是书封面有永嘉戴家祥时年七十又六题签"横泖病鸿医案"。卷首有程门雪、胡常德、陆晋笙《序》，程门雪题咏《诗》以及何时希撰《清代名医何鸿舫先生传略》。是书收录何长治门弟子所记医案二百余条。二是《何鸿舫先生手书方笺册》，系《何氏历代医学丛书》之二十四，由程门雪鉴定、何时希编校，上海学林出版社1984年影印本。此书将何长治不同时期的手写处方六百五十七张，以编年的方式重新影印编排，医理与书法并存。

3. 存目著作

上海市青浦县县志编纂委员会编《青浦县志》第三十四篇《人物》著录：何长治撰有《续医人史传》《通波惰农诗稿》《还如阁诗存》三种②。又《青浦县续志·艺文》著录：何"《医人史传》，何其伟著，长治续。""《还如阁诗存》二卷，何长治著，鹿邑王树菜序，已刊；长治初有《瞻嶂山庐诗稿》，经乱而散佚。"③

（五）姚之烜

生平与师承

1824—?，字叔元，号壮之④，因行八，故又号南八，江苏娄县（今属上海）人。江苏松江府廪膳生。官荆溪县训导。师事族叔姚椿，受古文法。撰述多散佚。⑤

① 生平事迹参见何时希撰：《清代名医何鸿舫先生传略》，见《何鸿舫医案》卷首；徐达源撰，黎里古镇保护开发管理委员会、吴江市档案局编：《黎里志》两种之《黎里续志》卷首，广陵书社2011年版，第305页；刘声木：《桐城文学渊源考》卷六等。

② 上海市青浦县县志编纂委员会编：《青浦县志》第三十四篇《人物》，上海人民出版社1990年版，第782页。

③ 何时希编著：《何氏八百年医学》，学林出版社1987年版，第106页。

④ 按：刘声木《桐城文学渊源考》卷六谓"字壮之"，顾廷龙《清代硃卷集成》，台北成文出版有限公司1992年印行，之江苏贡卷"同治癸酉年补行庚午科"谓"号壮之"。

⑤ 生平事迹参见刘声木：《桐城文学渊源考》卷六；顾廷龙：《清代硃卷集成》，台北成文出版有限公司1992年印行，之江苏贡卷"同治癸酉年补行庚午科"等。

（六）韩应陛①

1. 生平与师承

? —1860，字对虞，一字鸣唐，又字绿饮，号禄卿，江苏娄县（今属上海市）人。室名"读有用书斋""读未见书斋"等。韩璜子。师事姚椿，得古文"义法"。善西人点线面体之学。道光二十四年（1844）举人，官内阁中书舍人。家藏书颇富，有四百多部善本，大半为士礼居黄丕烈旧物。太平军陷苏州，仓皇走避，卒于道。张文虎《读有用书杂著序》称："君少好读周秦诸子，为文古质简奥，非时俗所尚。既而从姚先生春木游，得望溪惜抱古文义法。"②

2. 现存撰述

韩应陛杂著一种：《读有用书杂著》二卷，同治九年（1870）古娄韩氏刻本，南京图书馆、复旦大学图书馆藏。沈铦篆题，张文虎编定。卷首同治二年南汇张文虎《序》云："《读有用书杂著》者，吾友韩鸣唐遗稿也……去夏君之子阳生以遗稿来属，予为编分上下二卷……君著述放失，所存止此。"又有稿本，上海图书馆藏。

3. 存目著作

据上海市松江县地方史志编纂委员会编著《松江县志》卷三十二"文献"类著录：韩应陛编纂《松江韩氏藏书目》③一卷，民国十九年（1930）石印本。原书今未见。

（七）陈克家

1. 生平与师承

? —1860，字子刚，又字梁叔，号桂门，室名蓬莱阁，江苏元和（今属苏州市）人。陈鹤之孙。少英异，家贫力学。道光二十四年（1844）举于乡，久困一第，遂出游军旅间。咸丰三年（1853）大挑以教职用，为提督

---

① 按：刘声木《桐城文学渊源考》卷六小传，作"韩应升"，盖误，因为其藏印有"韩应陛鉴藏宋元名钞名校各善本于读有用书斋印记""读有用书斋藏善校本""应陛""应陛手校""应陛手记印"等字样。

② 张文虎《读有用书杂著序》，见韩应陛：《读有用书杂著》卷首，同治九年（1875）古娄韩氏刻本。生平事迹参见《清史稿》卷五百零七。

③ 何惠明、王健民主编，上海市松江县地方史志编纂委员会编著：《松江县志》，上海人民出版社1991年版，第1121页。按：松江韩氏藏书丰富，不乏黄丕烈、汪士钟、顾广圻旧物，宋元旧刻多达四百余种。

张国梁掌书记,咸丰十年军溃,适在张忠武幕府,殉难。诏赠知府衔。师事姚椿、毛岳生、潘德舆,受古文义法。为学抗心希古,文章自许北宋,俪体宗六朝,诗学黄庭坚,所作简茂清深,近中唐诸家。古诗文辞为桐城姚莹所器重。李慈铭《受礼庐日记》称其"梁叔为姚春木弟子,与潘四农交好,其古诗颇刻挚,亦与四农相近"①,《桃华圣解庵日记》又称其古文"庄雅有法度"。②

2. 现存撰述

陈克家与其祖父陈鹤合著史学著作一种:《明纪》六十卷,同治十年(1871)江苏书局刻本。卷端题"赐进士出身工部候补主事虞衡司行走陈鹤纂 恤赠知府衔给云骑尉世职内阁候补中书孙男克家参订"。前有同治十年冯桂芬《序》、陈克家《明纪序》、目录,正文后有应宝时《跋》。是书陈鹤身前手辑至五十二卷,其后八卷有陈克家续成。该书仿李焘《续资治通鉴长编》体例,博采《明史》、《明史稿》及诸家传记,上起元至正十一年(1351),下迄明末福、唐、桂三王,逐年纪事。卷一至六太祖纪,卷七惠帝纪,卷八至十成祖纪,卷十一仁宗纪,卷十二宣宗纪,卷十三至十四英宗纪,卷十五至十六景帝纪,卷十七英宗后纪,卷十八至二十宪宗纪,卷二十一至二十三孝宗纪,卷二十四至二十七武帝纪,卷二十八至三十六世宗纪,卷三十七至三十八穆宗纪,卷三十九至卷四十八神宗纪,卷四十九光宗纪,卷五十至五十一熹宗纪,卷五十二至五十七庄烈纪,卷五十八福王始末,卷五十九唐王始末,卷六十桂王始末。目录中各卷均称"纪",且注明起讫年份,惟三王称"始末"。是书是清代最早刊行于世的私家撰修的明代编年史著作。

陈克家诗集一种:《蓬莱阁诗录》四卷,凡二册,同治二年(1863)癸亥五月刊,南京图书馆藏。内封署"蓬莱阁诗录四卷 海宁蒋光煦书于鄂城廨舍"及"同治二年癸亥五月绣梓"。其诗本有千余首,是集为宁都

① 李慈铭:《越缦堂日记说诗全编》,凤凰出版社 2010 年版,第 304 页。
② 生平事迹参见王柏心:《梁叔陈君传》,见王柏心:《百柱堂全集》,崇文书局 2016 年版,第 796—797页;《晚晴簃诗汇》卷一百四十五小传,见徐世昌编:《晚晴簃诗汇》,中华书局 1990 年版,第 6345 页;盛泽镇人民政府、吴江市档案局编:《盛湖志》之《盛湖志补》卷三小传,江苏广陵书社有限公司 2011年版,第 492 页。

彭氏录其道光庚寅(1830)至己酉(1849)所作。同治二年,海宁蒋光焴为刊于鄂州。前有咸丰七年(1857)吴江沈曰富、同治八年吴县潘曾玮《序》各一首。又有姚莹、梅曾亮、曹懋坚等《题辞》。诗编年,始自庚寅,讫于己酉,凡二十年间所作。后有同治二年宗稷辰、洪子彬《跋》各一首。沈《序》云:"其诗先有定本,昨岁在金陵军中,宁都彭公许为之刊刻,遂取道光中所作,复删汰之,编为四卷,盖所存十之四五而已。寻以大营溃散,其所缮之本遂失去,幸余为之录副。"是书卷一诗七十九首,卷二诗七十三首,卷三诗六十四首,卷四诗八十四首,共收录陈克家道光十年至二十九年(据洪子彬跋所言庚寅至己酉)间的三百首诗作。曹懋坚《题辞》云:"作者从杜、韩、苏、黄四家入手,韩多于杜,黄多于苏,故语警意奇,调古兴郁。"又有清刘履芬评校抄本,四卷,一册,上海图书馆藏。

3. 存目著作

刘声木《桐城文学撰述考》卷三著录:陈克家撰有《桂门初稿》①、《桂门续稿》②、《溪盎室诗集》③、《蓬莱阁骈体文》。

(八)陆日爱

1. 生平与师承

生卒年不详。字曦叔,号雪亭,江苏青浦(今属上海市)人,占籍吴江。少孤,师事娄县姚椿、太仓毕华珍,得古文义法。与陈克家、沈曰富、陈寿熊、凌淦等以古文理道相切磋。举人,累官浙江候补府同知。同治三年(1864)母丧,旋卒。④

---

① 按:陈克家的祖父陈鹤撰有《桂门自订初稿》十卷,嘉庆十年(1805)刻本,凡文九卷、诗一卷,或即指此书。

② 按:陈克家的祖父陈鹤撰有《桂门续稿》三卷,清归安两罍轩钞本,或即指此书。

③ 按:1935年10月30日作人致钱玄同书信中曾谓见过"仁和陈梁叔之《溪盎室诗集》","有王鹄撰小传,陈诗有四三页,有批校云藩刻如何,系已入潃喜斋之类"。见北京鲁迅博物馆编:《鲁迅博物馆藏近现代名家手札》,福建教育出版社2002年版,第51页。

④ 生平事迹参见《(光绪)吴江县续志·文苑传》,见陆日爱:《梦通草堂劫余稿、补遗、文剩》卷首,民国十六年(1927)苏斋刻本;《青浦县志·文苑传》,见陆日爱:《梦通草堂劫余稿、补遗、文剩》卷首,民国十六年苏斋刻本;徐达源撰,黎里古镇保护开发管理委员会、吴江市档案局编:《黎里志》两种之《黎里续志》卷首,广陵书社2011年版,第305—306页;刘声木:《桐城文学渊源考》卷六小传等。

2. 现存撰述

陆日爱诗文集二种：一种是《守拙斋未定稿》不分卷，钞本，上海图书馆藏。长洲宋来凤《守拙斋未定稿序》称其与陈克家、沈曰富、陈寿熊、江湜交善。又《自序》曰："好吟咏，有所作辄请春木姚先生评改……继乃穷日夜之力，且习闻师友言论，稍知义法所在。迄今七年，所作益积，今年长夏无事，汰其十六七，倩陈君子松删存若干首。"此集自定，并请陈寿熊删汰。二是《梦逋草堂劫余稿、补遗、文剩》，分《梦逋草堂劫余稿》九卷、《补遗》一卷、《文剩》一卷，陆明桓辑入《松陵陆氏丛著》，民国十六年（1927）苏斋刻本，南京图书馆藏。版心下镌"苏斋栞本"。前有咸丰二年（1852）姚椿《题词》、毕华珍《守拙斋诗评》、朱来凤《守拙斋未定稿序》、陆日爱《守拙斋未定稿自序》《吴江县续志文苑传·陆日爱》《青浦县志文苑传·陆日爱》。毕华珍《守拙斋诗评》称陆日爱"五言格调最高，操纵离合胎息杜陵野老，卓然可传。五古短章最近陶柳，此由师法之正。次则歌行磊落，妙极自然。……七律七绝，不失中唐矩矱，间有歌谣，俱饶古韵。"又作者自《跋》曰："同治元年（1862）……至十一日游戎领兵击退逆贼，遣人至家，梦逋草堂窗棂已无藏书，亦散拾归残，编数百册，内有所作诗一册，敝帚自享，不觉狂喜，聊跋数语。"咸丰十一年腊月金泽被冲，作者避难至同治元年正月中旬归家，于劫后残编中获所作诗一册，即此书。《梦逋草堂劫余稿》卷一杂言一首、四言一首、五言八首、七言十七首，卷二五言十三首、七言二十一首，卷三五言五十首，卷四四言八首、五言七首、七言二十三首，卷五五言十五首、七言五十三首，卷六五言十三首、七言五十首，卷七五言九首、七言四十首，卷八五言三首、七言五十一首，卷九五言二十首、七言三十八首。《补遗》杂言一首、五言二十一首、七言五十首，计五百一十三首。《文剩》收序跋二篇、哀辞一篇、记一篇、书三篇，计七篇。

陆日爱辑录诗文总集三种：一是《古柏重青图题识》不分卷，陆明桓辑入《松陵陆氏丛著》，民国十六年（1927）苏斋刻本，安徽省图书馆藏。版心下镌"苏斋栞本"。此书是陆日爱辑录题图诗集，前有阮元题字及王冈龄古柏重青图，正文后有道光二十八年（1848）陆日爱识。是书录陆任思、汪廷楷、唐仲冕、孙原湘、陈文述、陆元珪、姚椿、潘曾沂、沈曰富、翁广平、陆嵩等十一人为古柏重青图题识,计十一篇。据陆日爱识谓:吴郡齐门外陆宣公营葬时,所植古柏于乾隆中重青。时宣公后裔醒叟太守,倩王冈龄绘古柏重青图,遍请长于诗古者题咏并装册。嘉庆十年(1805),陆任思从骨董肆购得此图,记其颠末,惜题咏不存。道光十年,陆元珪从鬻古者手中再次购得,请诸君子题咏并识其由来。道光二十八年,此图传入陆日爱家。二是《寿萱集》不分卷,民国十六年(1927)苏斋刻陆明桓辑松陵陆氏丛著本。版心下镌"苏斋栞本"。前有道光二十九年(1849)陈克家《寿萱集序》、陈古弼《陆母沈太恭人七十寿诗后序》,正文后有陆明桓为辑刻松陵陆氏丛著全书《跋》。是书收姚楗、董兆熊、杨象济等六十六人为陆母沈太恭人七十寿作序二篇、跋一篇、记二篇、诗八十六篇。三是《松陵诗征续编》十四卷,咸丰七年(1857)梦逋草堂刻本。清乾隆时期江苏吴江诗人袁景辂曾编纂了一部诗歌总集《国朝松陵诗征》,选录清代前期吴江四百四十一位诗人之作。陆日爱续其志业,辑纂《松陵诗证续编》,选诗精当,以诗存人,以人存诗,为保存地方文献功不可没。

3. 存目著作

嘉庆《松江府志》(宋如林修、孙星衍等纂,清嘉庆二十二年刊本)卷二十七著录:陆日爱撰《梦逋草堂诗文集》十二卷,早佚。

(九)叶兰笙

1. 生平与师承

生卒年不详,字湘秋,江苏娄县(今属上海)人。师事姚椿,受古文法。客扬州,两淮盐运使曾燠甚器之。咸丰八年(1858)中顺天乡试举人。居钱泾桥,莳花种竹,颜其居曰养真园,年六十二卒。[①]

2. 现存撰述

叶兰笙赋集一种:《红林擒馆赋草》不分卷,同治年间刻本,凡三册。天一阁博物馆编《清防阁藏书目录》集部著录。叶兰笙《邹忌窥镜赋》《上医医国赋》《李太白赋清平词赋》《韩潮苏海赋》等,多为赋坛名篇。

---

① 生平事迹参见汪坤厚等修、张云望纂:《(光绪)娄县续志》,光绪五年(1879)刻本,卷十七人物志下;刘声木:《桐城文学渊源考》卷六小传。

（十）李龄寿

1. 生平与师承

1833—1890，字辛垞，一字君锡，号匏斋，又号初白，江苏吴江（今属苏州市）人。诸生。咸丰三年（1853）补邑弟子员。曾参与纂修光绪《吴江县续志》。古文受知于姚鼐弟子姚椿，与沈曰富、凌泗、柳以蕃、庄庆椿、何其超等亦以古文相切劘。凌泗《匏斋遗稿序》曰："君才气通敏，为文操笔立就……今存者皆合于桐城义法，诗趣胜于东坡。"[1]

2. 现存撰述

李龄寿诗文集一种：《匏斋遗稿》五卷，光绪二十二年（1896）五亩园刻本，南京图书馆藏。录《文》一卷、《诗》四卷，沈景修编定。卷首凌泗《序》谓"我友李君辛垞之卒，沈君蒙叔（景修）哀遗著寄柳子屏，子屏病甚却还，蒙叔乃以书抵余"，序之。次为何其超、沈曰富、柳清源、庄庆椿、陈其元、陶淇、柳以蕃等人《题词》。卷末沈景修《跋》曰："匏斋既殁，子屏寓予书，属搜辑其诗文谋授梓，而以编定之责自任"，然后分致凌泗、李道悠"两君各操选政为之编定诗文各若干首，曰《匏斋遗稿》"。又有《匏斋存稿》一册，内诗词文皆备，清稿本，国家图书馆藏。

3. 存目著作

据《秀水县志稿》著录：李龄寿医学著作《古今医案》。据《苏州民国艺文志》著录：李龄寿撰《李儒人表贞录》一卷，光绪十五年（1889）杭州刻本，今未见。

（十一）张尔耆

1. 生平与师承

1815—1889，字伊卿，号符瑞，江苏娄县（今属上海市）人。诸生。家世擅文学，富藏书。师事姚椿，得其衣钵之传。爱好评校秘籍，手钞超过数十箧，尤喜好《全唐诗》，用丹黄紫墨分类标示。刘声木《桐城文

---

[1] 凌泗：《匏斋遗稿序》，见李龄寿：《匏斋遗稿》卷首，光绪二十二年（1896）五亩园刻本。生平事迹参见徐世昌：《晚晴簃诗汇》，中华书局1990年版，卷一百六十七；徐达源撰，黎里古镇保护开发管理委员会、吴江市档案局编：《黎里志》两种之《黎里续志》卷首，广陵书社2011年版，第306页；刘声木：《桐城文学渊源考》卷六小传等。

学渊源考》谓其"为文宗法欧、曾,诗喜韦、孟诸家"①。

2. 现存撰述

张尔耆诗文集三种:一是《省愚诗草》一卷、《夬斋近稿》一卷、《藤寮初稿》一卷、《藤寮续草》一卷,计一册,手稿本。王欣夫《蛾术轩箧存善本书录》谓:"此稿大都作于道光、咸丰间,正国家多难之秋,故率感慨纪事之作。……马其昶《抱润轩文集》有《序》一篇,则应其子锡恭而作。曾选刻若干首,此则其手写稿,极工整。"②二是《庚申纪事诗》一卷,一册,手稿本。有《庚申纪事诗》七绝六十首,《续纪事诗》四十首,每首有附注,大体记载咸丰十年太平天国攻克松江事。王欣夫《蛾术轩箧存善本书录》谓:"作者在流离奔走中,据所闻见,虽涉琐屑,大都翔实。……大抵前人记载太平天国史事者,阶级局限固无论也,而节取其反映实事真相,则莫非珍贵之资料矣。"③三是《夬斋诗集》七卷,民国三年(1914)刻本,一函一册。内分《省愚诗草》一卷、《味道轩诗钞》一卷、《夬斋近稿》一卷、《藤寮初稿》一卷、《藤寮续草》一卷、《浮家小草》一卷、《悲秋集》一卷。三是《夬斋杂著》不分卷,一册,手稿本。存文六十四篇,题上有朱点者四十六篇。又有民国七年刻本,二卷,由其嗣张锡恭刊刻。

3. 存目著作

据上海市松江县地方史志编纂委员会编著《松江县志》卷三十二"文献"类著录:张尔耆编纂有《夬斋书目》一卷、《夬斋劫后重编书目》一卷,稿本,各一册④。刘声木《桐城文学渊源考》卷六著录:张尔耆撰有《夬庵集》六卷。

---

① 生平事迹参见顾莲:《张尔耆墓志铭》,见顾莲:《素心簃文集》卷三,民国间金山高氏寒隐草堂刻本;刘声木《桐城文学渊源考》卷六小传。

② 王欣夫:《蛾术轩箧存善本书录》,第305—306页。

③ 王欣夫:《蛾术轩箧存善本书录》,第306—307页。

④ 何惠明、王健民主编,上海市松江县地方史志编纂委员会编著:《松江县志》,上海人民出版社1991年版,第1121页。

二 续传弟子

（一）陶然

1. 生平与师承

1830—1880，字藜青，号芑孙，先世自维扬徙居长洲县（今属江苏苏州市），遂为吴人。其父以商贾起家。咸丰十一年（1861）拔贡生。少而才，笃于气谊，性倜傥不羁，不附权贵。师事陈寿熊，受古文法，于文章无不好，尤以赋自鸣，师从震泽陈寿熊，学益进。名在苏、松、常、润四郡间。①

2. 现存撰述

陶然词赋集三种：一是《味闲堂词钞》不分卷，凡一册，民国间中华书局聚珍仿宋版印本，南京图书馆藏。前有陈去病《陶芑孙先生词集叙》、吴梅《味闲堂词钞叙》、诸宝元《味闲堂词钞叙》。末有陶小沚、王謇、陶善钟《跋》。又附柳以藩《陶君芑孙墓志铭》。吴梅《叙》云："先生词皆称心而出，不傍门户，自发蕴结。其于韵律若不深求然。而雕镂物态，摹拟人理，假闺房婉娈之私，寓身世侘傺之感。斜阳烟柳，绿芜台城。故乡先哲实未容多让焉。"二是《味闲堂赋钞》，分《前集》一卷、《续集》一卷，各一册，光绪三年（1877）初夏刻本，南京图书馆藏。牌记题"长洲陶藜青作 味闲堂赋钞 本宅藏版"，"光绪丁丑初夏开雕"。《前集》卷首录有咸丰九年（1859）、咸丰十年四月十九日陈寿熊《识语》两则，又有同治五年（1866）《自序》一篇。《前集》录试体律赋三十首，有圈点及评语。陈寿熊谓陶然赋"就中最胜之作，语妙如环，深得唐人骨髓，兼之格律骏整，气度雍容，直欲突过前贤，何止压倒时辈？"《续集》录赋十四首，卷首有同治八年《自序》，谓："丙寅冬，同人为余刻赋钞四卷，率系少作，其中律赋雕琢多而真气少，于时下习染亦未尽脱，顾颇行于时，益自愧。年来卖文郡城，复肄业书院，所作颇夥，同人争相传钞，谓视前刻格律较严，而笔更变化，往往用法而得法外意。是耶？非耶？余无以自信

---

① 生平事迹参见柳以藩：《陶君芑孙墓志铭》，见陶然：《味闲堂词钞》卷首，民国间中华书局聚珍仿宋版印本。

也。凌君磬笙砺生昆李敦劝续梓,且赠梨枣赀。余重违其意,姑选十余篇,录付手民,惟大雅君子教以所不逮,则幸甚。"三是《味闲堂课钞三刻赋》二卷,凡二册。光绪四年长洲陶氏刻本。卷首有光绪四年陶然《识》。是书系作者手定同治八年以后未刻存稿,上下卷各收赋三十篇,计六十篇。每篇题名下标注用韵,文中用典稍僻处辄加眉注,文后附师友评点。

3. 存目著作

吴江柳弃疾辑《养馀斋松陵书目》卷四著录:陶然撰《十愿窝词录》一卷,旧写本①。吴秀之等修、曹允源等纂《吴县志》(民国二十二年[1933]铅印本)卷五十七《艺文考》著录:陶然撰《味闲堂诗文集》(稿本)、《蚬江渔唱》(又名《味闲堂词钞》)。刘声木《桐城文学撰述考》卷三著录:陶然撰《食古斋集》、《无双谱诗》("与凌淦同撰,各百首。")。

(二)庄庆椿

1. 生平与师承

生卒年不详,字子寿,又字介眉,号幸翁,别号更生居士,江苏震泽(今属苏州市)人。庄兆泺长子。监生。幼颖悟,稍长出游,获交沈曰富、陈寿熊等,以古文相切磋,卓然成一家言。性伉爽,须髯如虬,善饮,爱朋友若性命。咸丰十年(1860),太平军据邑城,庄庆椿居于乡。光绪《苏州府志》卷一百三十八载:"庆椿伤亲故交游多死难者,为《鹃碧集》一卷。奔徒窜伏,知交零落,为《感逝》《怀人》二集。又悼其爱女,为《黄河集》一卷。自此不复有作,前作散佚几尽,然犹手写王仲瞿、彭甘亭集成帙。卒,年六十二。"②

2. 现存撰述

庄庆椿诗文集二种:一是《冬荣室诗钞》一卷,光绪三年(1877)刻本,南京图书馆藏。其弟庄元植编定,辑入《震泽庄氏家集》。卷首光绪

---

① 柳弃疾辑:《养馀斋松陵书目》,见张明观、黄振业:《柳亚子集外诗文辑存》,上海人民出版社2011年版。

② 生平事迹参见李铭皖、谭钧培修,冯桂芬纂:《(光绪)苏州府志》卷一百三十八小传,光绪八年(1882)江苏书局刻本;徐达源撰,黎里古镇保护开发管理委员会、吴江市档案局编:《黎里志》两种之《黎里续志》卷首,广陵书社2011年版,第305页;刘声木:《桐城文学渊源考》卷六小传。

三年合肥吴毓芬《序》，又庄元植《跋》谓庆椿集："奈值庚辛之乱，旧稿惜皆散佚，兹命犹子人宝广为搜检，得诗百数十首，谨为辑录。"二是《间气集》一卷，光绪三年刻本，南京图书馆藏。其弟庄元植编定，辑入《震泽庄氏家集》。卷首光绪三年合肥吴毓芬《序》。是集多记战乱巾帼士女之行，咸丰辛酉(1861)庄庆椿《自序》云："遭家不造，偏观乱离，间气所钟，尤多巾帼，属有闻见，辄形篇章。"又同治七年(1868)乔松年《跋》曰："今读君此集，吾知震泽士女必传无疑，君诚才人，其用心抑何远哉！"卷末光绪三年庄元植《跋》曰："余既辑先仲兄《冬荣室诗钞》后，复于行箧中检得《间气集》一编，盖尝就正于乔宫保、殷谱丈者，此皆纪戚友族人殉难实事，亟为付梓，用彰桑梓士女义烈。"

3. 存目著作

据光绪《苏州府志》(李铭皖、谭钧培修，冯桂芬纂，光绪八年[1882]江苏书局刻本)卷一百三十八载：洪杨乱后"庆椿伤亲故交游多死难者，为《鹃碧集》一卷"；"奔徙窜伏，知交零落，为《感逝》《怀人》二集"；"悼其爱女，为《黄河集》一卷"。又柳亚子《磨剑室文录》载："《黄河集》一卷，震泽庄庆椿子寿著。……顾生无咎自江城县志局抄得，顷属其写副成此。中华民国九年八月二十八日。"[1]

(三) 张锡恭

1. 生平与师承

1857—1924，字闻远，一字殷南，号炳烛，江苏娄县(今属上海市)人。张尔耆子。名其轩曰"茹荼"，取《诗》"谁谓荼苦，其甘如荠"之义。光绪二年(1876)秀才，光绪十一年拔贡。时江苏督学黄漱兰建南菁书院于江阴，张锡恭就学于此。光绪十四年举人。师事沈曰富，得古文法。与曹元忠、元弼交最密，切磋砥砺，古文益进。潜心研究三《礼》，以郑玄为宗，兼攻百家之说，以经学负盛名，张之洞尝延之任两湖书院经学分教。光绪三十四年(1908)任礼学馆纂修。辛亥革命后回乡，筑室小昆山东麓，以清遗老自居，毕生精力用于读书著述。[2]

① 柳亚子：《柳亚子文集·磨剑室文录(上)》，上海人民出版社1993年版，第615页。
② 生平事迹参见刘晓辉主编：《松江文化志1992》，上海百家出版社2001年版，第十五章《人物》篇等。

2. 现存撰述

张锡恭礼学著作四种：一是《修礼刍议》二卷，《茹荼斋文集》手稿本，又收录在北京设"礼学馆"修《大清通礼》中。光绪三十三年（1907），北京设礼学馆修《大清通礼》，召张锡恭为纂修官，分任纂订丧礼部分，《修礼刍议》二十篇，堪为其平生议礼之弘纲。二是《礼学大义》一卷，金山姚氏抄本。此书于《三礼》大义，提要钩玄，为张锡恭礼学著作之纲领。书中多精确不刊之论，卷末有王大隆《跋》，如谓诸公之地封疆方五百里云云，首云凡建邦国，建者立也，谓周公摄政斥大九州，制礼成武王之意，其时所建立者也，若鲁若卫若齐若宋，其封域岂不足五百里哉？若夫所因殷之诸侯，则固无此廓大。是以周世有爵尊而国小、爵卑而国大者，则所建与所因之异也，郑玄注王制已明言之，此可释陈澧《广周官征文》之疑惑。是书所论均确有依据，"可为先生著述之纲领"，"诚为后学治礼之津梁"。又有《庚辰丛编》本。三是《丧服郑氏学》十六卷，吴兴刘承幹刻《求恕斋丛书》本。光绪三十三年，北京设礼学馆修《大清通礼》，召张锡恭为纂修官，分编《凶礼》，于时短丧废物之说，沸腾朝野，张锡恭力排邪说，阐明礼教，撰成此书。卷首有刘承幹《序》，谓张锡恭自言曰："经有十三，吾所治者唯《礼》经，《礼》经十七篇，吾所解者唯《丧服》，注《丧服》者众矣，而吾所守者惟郑君一家之言。"张锡恭礼学一以郑氏学为尊。四是《丧礼郑氏学》，光绪三十三年，北京设礼学馆修《大清通礼》，召张锡恭为纂修官，分编《凶礼》，撰成《丧服郑氏学》十六卷，后又广及《士、丧礼》诸篇，旁逮载记，续成《丧礼郑氏学》三十余册，王大隆任校字之役。因该书卷帙浩繁，刊未及半，抗战爆发而中止，原稿藏吴县王欣夫处。王欣夫《蛾术轩箧存善本书录》之《未编年稿》卷一著录有《丧礼郑氏学》四十四卷附《通礼案语》一卷，三十五册，稿本，谓："至一九二二年秋而削稿始就，越二岁归道山，遗稿藏其甥封君衡甫所。一九三六年吾师金松岑先生主持国学会，议刊前贤遗书，以广其传。……乃撰启筹赀，促衡甫清写定稿，于吴中付梓，而余与汪君柏年任校字之役。此即衡甫所寄写本。……清修通礼，先生任凶礼一门，《案语》一卷，附于此。"①又著录有《丧礼郑氏学》十卷,十册,1936 年中国国学会会刊,蓝印样本。《丧礼郑氏学》四十四卷在刊印过程中,因日寇来犯,刊工星散,事遂中顿,"当时仅印蓝格本三分,呈复礼、松岑二师外,自留一分。暨二师逝世,皆从师母乞得,则不知何故,各缺一册,疑陈海泉并未送去,至完者只此一部而已。"②

张锡恭日记一种:《茹荼轩日记》,不分卷,二十六册,手稿本。第一、二册,始于光绪二十六年(1900)庚子正月至十二月。第三册,自光绪二十七年辛丑正月至七月,题名《困衡录》;十月至十二月,题名《蹇反录》。以上皆在湖北两湖书院任教而有丧明之痛。第四册,自光绪二十八年壬寅八月至十月,题名《端忧录》,署名"东江眇鲽",为自鄂归里,馆姚之烜家课徒所记。第五册,自光绪二十九年癸卯正月至十二月,里居时期所记,亦题名《端忧录》。第六册,自光绪三十一年乙巳正月至五月,用松江府中学堂格纸。以上皆用红格原装。之后二十册,自光绪三十一年乙巳六月九日至一九二三年癸亥十二月,中间无缺,其中戊申年题名《炳烛录》,用素纸无格,则其甥封衡甫所编订并附目于首,王欣夫《蛾术轩箧存善本书录》甲辰稿卷三有著录③。

张锡恭文集二种④:一是《茹荼斋文集》,先有手稿本,复旦大学图书馆藏,不分卷,装订四册。又《茹荼斋文集》十一卷,民国十二年(1923)华亭封氏精刻本,南京图书馆、安徽省图书馆藏。牌记题"宣统癸亥孟春之月开雕 华亭封氏箕进斋藏版"。曹元弼《云间两征君集序》云:"《茹荼斋文集》由封君衡甫校刊。"卷首有民国十三年封章烜题《张征君遗象》及民国十四年朱运新《题张征君遗象》。是书卷一赋二篇、骚体一篇、五言诗六首、七言诗十一首,卷二修礼刍议第一至十,卷三修礼刍议第十一至二十、议二篇、考一篇,卷四释服第一至十一,卷五释服第十二至二十一,卷六释服第二十二至三十三,卷七释服第三十四至三十八、

① 王欣夫:《蛾术轩箧存善本书录》,第 1433—1434 页。
② 王欣夫:《蛾术轩箧存善本书录》,第 1435—1436 页。
③ 王欣夫:《蛾术轩箧存善本书录》,第 1338—1340 页。
④ 按:张锡恭善诗,惜诗不传,章末编《淞文传》(不分卷,清刻本)录有张锡恭诗九首:《书禹贡合注后》《病起》《读齐策》《读楚世家》《平原东》《剑》《发》《书近事》《不寐》。

辨七篇,卷八解释七篇、论说三篇、考述一篇,卷九解释八篇、考述二篇、论说二篇、读胡氏礼经正义第一至三,卷十解释二篇、辨一篇、考二篇、论六篇,卷十一论说八篇、解释二篇、考辨二篇、赞三篇、骈文一篇,计诗十七首、文一百二十四篇。是书后十卷文字,除《留穷文》乃游戏之篇外,皆说经、议礼之作。

二是《茹荼轩文续集》六卷,附《炳烛随笔》一卷。严昌埁辑入《云间两征君集》二种十一卷之一种。1949年铅印本,南京图书馆、安徽省图书馆藏。"两征君"即张锡恭与华亭钱同寿。曹元弼《云间两征君集序》云:"二君者,海内贤士大夫,望之若景星庆云,后进英髦,仰之若泰山北斗。今其同乡里好德有道君子……将闻远《茹荼轩文续集》及《复初待烹生集》合刊以嘉惠士林。"卷首列陈宝琛《茹荼斋文集序》。为何将《茹荼斋文集序》置于《茹荼轩文续集》前呢? 严昌埁解释云:"初征君从甥封庸庵直刺取征君文,刊成《茹荼斋集》十一卷。大都论礼、说经之作,他诗若文仅十之一二,既梓行未有弁言,后乃乞太傅作《序》,遂不及补列卷首。顾征君尚有《续集》藏于家,则皆序、跋、志、传、书札之属及古今体诗若干首……埁近向直刺嗣君耐公段读,亟为录副。"又有曹元弼《纯儒张闻远征君传》。末附《炳烛随笔》一卷,首有张锡恭《自序》。又有钞稿本,王欣夫《蛾术轩箧存善本书录》谓:"封君衡甫既刻闻远先生说经之文,为《茹荼轩文集》十一卷,又续得诗古文若干篇,辑《续集》六卷,附《炳烛随笔》,未及付梓。余从其嗣耐公假得录副。一九四九年,其乡人集资与钱复初先生《待烹生文集》合刊为《云间两征君遗集》,各有删汰,此集凡删去十三篇。"①

3. 存目著作

刘声木《桐城文学撰述考》卷三著录:张锡恭撰《大清通礼器服》②一卷、《丧服异谊驳》、《释服》礼学著作三种。

① 王欣夫:《蛾术轩箧存善本书录》,第667页。
② 按:清光绪三十三年(1907),北京设礼学馆修《大清通礼》,召张锡恭为纂修官,这本书盖成于此时。

三 别省再传江苏籍桐城派弟子

（一）董兆熊

1. 生平与师承

1806—1858,字敦临,一字梦兰,江苏吴江(今属苏州市)人。本姓王,父早逝,由其母董云鹤抚养成人,母家无后,遂冒姓董。诸生。咸丰元年(1851)举孝廉方正。专意著述。与顾广誉①、沈曰富等师友兼资,受古文法。又获交游黎庶昌、柳以蕃、柳兆薰等,所学益进。②

2. 现存撰述

董兆熊诗文集三种:一是《味无味斋骈文》二卷,同治十三年(1874)刻本,南京图书馆藏。卷首杨象济撰《董征君墓志》称其曰:"好为骈语,积百余篇曰《味无味斋稿》。"次道光己亥(1839)任廷旸《序》曰:"董君梦兰以其所著骈体文若干首,俾旸序之。"是集参阅校订者有黎庶昌、杨象济、柳以蕃、柳兆薰等。二是《味无味斋杂文》一卷。光绪元年(1875)刻本,南京图书馆藏。有道光二十二年(1842)江湜《序》,收古文十八首,醇雅有法度。三是《味无味斋诗钞》七卷,光绪元年刻本,南京图书馆藏。门生徐本元编校。道光二十二年徐本元《序》曰:"不无枌榆之思,大有椒兰之作,遂于壬寅之冬,先编其诗若干卷,属元编校。"又有《味无味斋诗钞》,残存二卷,钞本,上海图书馆藏。

董兆熊笺注著作一种:《厉樊榭诗注》二十卷。厉樊榭,即清人厉鹗(1692—1752),字太鸿,号樊榭,浙江钱塘(今属杭州市)人。《厉樊榭集》四十卷:凡正集十卷,内诗八卷词二卷,续集十卷,内诗八卷词一卷北曲小令一卷,文集八卷,集外诗《游仙百咏》《续游仙百咏》《再续游仙百咏》三卷,集外词《秋林琴雅》四卷,集外曲《迎銮新曲》套数二卷,又集外诗一卷,又集外词一卷,集外文一卷。厉鹗学识渊博,读书极多,故其

---

① 按:刘声木《桐城文学渊源考》卷六谓:"顾广誉,字惟康,号访溪,平湖人。……师事姚椿,受古文法。复与陈寿熊、陈克家、沈曰富等以文学相切摩。其为文原本经术,高简有法,气适理足,纯用桐城义法。"

② 生平事迹见杨象济:《董征君墓志》,见董兆熊:《味无味斋骈文》卷首,同治十三年(1874)刻本;徐世昌编:《晚晴簃诗汇》,中华书局1990年版,卷一百五十九;刘声木:《桐城文学渊源考》卷六小传等。

诗中常有异闻轶事，为人所不及知。道光、咸丰年间，董兆熊将厉鹗自编的正集、续集十六卷诗加以笺注，参考百数十种书，以注典事为主，对厉鹗诗歌的用典出处笺注颇详。1992 年上海古籍出版社出版今人陈九思标校的董兆熊注本《樊榭山房集》。

董兆熊编纂总集一种：《南宋文录》二十四卷。光绪十七年（1891）苏州书局刻本。为南宋文章之选集，与庄仲方《南宋文范》相互补。道光间，董兆熊与庄仲方各自编纂南宋诗文选集，互不相谋。董兆熊《南宋文录》原分十编，每编之中，各体皆备，因董氏家贫，文章多由借读抄阅，或于书肆求书而得，随得随录之故。董兆熊殁后三十余年，费延厘始由董氏族人得见《南宋文录》稿本，时江苏书局已刊行《南宋文范》，比对之下，两者选文重复者不少。乃删除已见于《南宋文范》之文，十存五六，依文体重加编次，以便阅览。更名《南宋文录录》，凡分三十七类三百八十余篇。卷一为赋八篇；卷二为赋六篇、七一篇、辞一篇、对问一篇；卷三为德音一篇、制诰九篇、诏十一篇、批答二篇、奏疏五篇；卷四为奏疏九篇；卷五为奏疏十六篇；卷六为奏疏九篇、表一篇、书五篇；卷七为书十二篇；卷八为书七篇、箴三篇、铭七篇；卷九为颂四篇、赞七篇、碑四篇、对策三篇、策问二篇；卷十为记二十二篇；卷十一为记二十篇；卷十二为记十八篇；卷十三为记十九篇；卷十四为序十七篇；卷十五为序二十三篇；卷十六为序二十一篇；卷十七为论十五篇；卷十八为论十八篇；卷十九为论十篇；卷二十为说十二篇、辨一篇、考一篇、题跋七篇；卷二十一为题跋九篇、祝文一篇、劝谕文三篇、吊文二篇、祭文六篇、谥议四篇；卷二十二为行状四篇、传四篇、书事二篇；卷二十三为墓铭九篇；卷二十四为墓铭四篇、墓表三篇、墓碑三篇、墓碣一篇。1975 年台湾鼎文书局影印《南宋文范》上、下二册，是书附刊于下册之后。

3. 存目著作

黄体芳《札吴江学》著录董兆熊撰"《新唐书注》……《明遗民录》十二卷"①。刘声木《桐城文学撰述考》卷三亦有著录。

---

① 黄体芳：《黄体芳集》，《温州文献丛书》，上海社会科学院出版社 2004 年版，第 102 页。

（二）闻福增

1837—1884，字新甫，号挹卿，又号眉川、退庵，江苏太仓（今属苏州市）人。肄业于苏州正谊书院，上海龙门、敬业书院。曾设帐冯桂芬家。光绪二年（1876）丙子科进士，改庶吉士。三年散馆，授四川庆符知县。九年御篆，赴省就医。师事顾广誉①，受古文法。善书法，见称于时。②

2. 现存撰述

闻福增诗集一种：《退庵诗稿》不分卷，光绪三十二年素美轩刻本，凡二册。前有闻福圻《序》，后有闻锡奎《跋》。如《临江寺》等诗，气势宏阔，意气激昂。

（三）章耒

1. 生平与师承

生卒年不详，原名汝梅，字韵之，号耘之，又号次柯（树），江苏娄县（今属上海市）人。少读书，过目成诵，及长，潜心力学。同治十二年（1873）拔贡，官候选教谕。后九应省试，五荐而不售。晚年馆张泽徐复熙（字恪斋）家，专以诱掖后进为己任。卒年五十五。与贾敦艮③以师友兼资，砥砺古文，得桐城方、姚"义法"。通经史之学，旁及天文、算术、舆地、兵谋、医药、占卜、壬遁家言，广为甄综。④

2. 存目著作

据刘声木《桐城文学撰述考》卷三著录：章耒撰《国朝学略》（据曹秉章谓：该书是章耒仿《宋元学案》《明儒学案》，撰《国朝学案》一百卷，"所著《学略》已刻已印及手写底稿共祗六册，别有全书草目二纸，志传一册"，手稿今不见，印出有《柏乡学略》，"得其中《柏乡学略》一卷，出以见示其体例颇与现辑之《学案》相仿，卷后其孙跋中云'其祖素不足于唐确

---

① 按：顾广誉师事姚椿。
② 生平事迹参见徐世昌编：《晚晴簃诗汇》，中华书局1990年版，第7442页，卷一百七十；刘声木：《桐城文学渊源考》卷六小传等。
③ 按：据潘衍桐编纂《两浙輶轩续录》"敦艮……学古文于震泽张履、娄县姚椿，故所作诗文，皆有法度。"夏勇、熊湘整理，浙江古籍出版社2014年版，第11册第3189页。
④ 按：刘声木《桐城文学渊源考》有传，但署名"章来"，盖误，据《淞文传》（不分卷，清刻本）题"娄县章耒次柯集"，内收顾广誉《章斗山先生家传》称："次即耒，松郡廪生……读章耒《状》，又事简文核，因不辞而摭其要者著于篇。"据此知章耒为章斗山次子，撰有其父《行状》一篇。又根据古人名、号相关原则，"耒"与"耘之"意近，故称"章耒"较妥。

慎《学案小识》之简陋,因有是作'。"①)、《兴化学略》、《娄县志》、《华亭县志》、《分纂松江府志》。又据《张泽诗征》(清光绪八年封氏刻本,南京图书馆藏)存章末撰《自序》一篇,有谓:"光绪癸未季春,吴孝廉介眉以其乡诸先生诗示末,且属末择其近古者,以行于世。"《张泽诗征续编》(吴昂锡增订,清光绪八年封氏刻本,南京图书馆藏)存章末诗四十首。

(四)王家桂

1. 生平与师承

1843—1913,字辛益,一字冬花,江苏吴江(今属苏州市)人。诸生。工诗善书,习古文。师事贾敦艮,受古文法。陈锐撰《传》称:"先生生而颖异,少游贾芝房前辈之门。著有《冬花遗集》等。芝房治古文学以桐城为宗,时与顾访溪、沈南一诸贤论学,先生获领绪论。"②

2. 现存撰述

王家桂诗文集一种:《冬花遗集》五卷,民国九年(1920)铅印本,南京图书馆藏,钤柳亚子先生赠书印。是集陈锐编辑,卷首民国七年秀州沈云《序》云:"冬花先生既殁之五年,陈子次青袞辑其诗文五卷授予。"次陈锐撰《传》,又张嘉荣、费廷桂、黄鼇、顾无咎、冯秉钧等五人《题辞》。集中《文》二卷,录四十篇;《诗》三卷,辑诗三百八十八首。卷末有民国九年浮山居士仲颐《书后》。又后记曰:"《冬花遗集》五卷,印刷五百部,釀赀助刊者绸业公所金七十,郑咏春、王应人、沈之蕃各金十,柳亚子金八,吴凤臣金五,合一百十三金,民国九年十月印讫。"

四 吴江凌氏族属桐城派弟子

(一)凌泗

1. 生平与师承

1832—1906,字断仲,号磐生,晚号莘庐,江苏吴江(今属苏州市)人。凌淦从兄。同治十二年(1873)副贡生,候选内阁中书。师事同邑潘纬、陈寿熊,受古文法。自同治十一年至光绪三年(1877),与凌淦等

---

① 曹秉章书,徐世昌批:《清儒学案书札》,《名家书札墨迹》第13册,线装书局2007年版,第9、30页。
② 生平事迹参见陈锐撰:《冬花先生桂传》,见王家桂:《冬花遗集》卷首,民国九年(1920)铅印本;刘声木:《桐城文学渊源考》卷六小传等。

编《松陵文录》、修《吴江县续志》。光绪三十一年废科举、兴学堂，出任学务公所总理事。主讲切问书院。沈廷镛《凌磬生府君行述》称其古文，为陈言之务去，同邑沈曰富、陆日爰、柳兆薰咸折辈行与之交。后为境所迫，诗益工，古文亦简严峭折。①

2. 现存撰述

凌泗与谢家福同辑志书一种：《五亩园志馀》一卷，民国十三年（1924）苏城徐文艺斋刊本，为《五亩园小志题咏合刻》本之一。"五亩园"在桃花坞一带，因汉张长史植桑于此而得名。是书成于光绪十六年（1890），辑历代名人所撰志乘、诗文、杂著、轶闻，间加按语。末有凌泗《五亩园志馀后叙》谓："谢君绥之（即谢家福）……为《五亩园小志》，既竣事，客玉峰，见城北遗民及木居士遗著，易代之际，闻见异词，足资参考，而桃花坞之遗闻佚事存焉。……会君以书抵余，喜得未见书，约同纂辑，因复刺取他书，略依时代，并考沿革，间有辨正，各缀案语，而桃坞七百余年之事实，粗具于此。"

凌泗诗文集四种：一是《桃坞百咏》一卷，光绪二十二年（1896）刻本，与谢家福等《五亩园题咏》《五亩园怀古》合刻，南京图书馆藏。卷首《自序》称：谢家福辑《五亩园小志》，凌泗因是以成百咏，谢君存且谓与志相发明，别为一卷，附刊于后。又有民国十三年（1924）修补本，民国十三年季夏昆山王德森《书后》曰："余于光绪丙申岁（1896）……先生以所刻望炊楼丛书数种见贻，此书在焉。"盖是光绪二十二年刻本。又曰："去年春，同学诸子……偕先生从孙正叔……就访于余，余出是书示之，惊为创获，遂索书板于先生故第，漫漶不堪收拾者十之七八，而是书之板只缺二十有四片，正叔与诸君子集资补刊以印行之。"二是《松陵水灾新乐府》一卷，稿本，存清吴燕阑编《吴氏囊书囊甲编》卷十三，又《黎里续志》卷十二《杂录》录有全诗②。三是《莘庐遗诗》六卷，民国三年刻本，南京图书馆藏。《莘庐遗诗》卷首有张人骏宣统二年（1910）《序》、沈廷

① 生平事迹参见沈廷镛：《凌磬生府君行述》，见凌泗：《莘庐遗诗》卷首，民国三年（1914）刻本；徐达源撰，黎里古镇保护开发管理委员会、吴江市档案局编：《黎里志》两种之《黎里续志》卷首，广陵书社2011年版，第306页；刘声木：《桐城文学渊源考》卷六小传等。
② 清徐达源撰，黎里古镇保护开发管理委员会、吴江市档案局编：《黎里续志》，广陵书社2011年版。

镛《凌罄生府君行述》。卷后有陆廷桢《跋》云："明年（1907）沈君咏韵辑其（凌泗）遗诗若干卷，并撰《行状》，以书来属为参校。"又沈廷镛民国三年撰《后跋》曰："莘庐先生捐馆后，廷镛既以通家之谊，诠次行述。越二年，其嗣孙光祖以先生所作诗草凡八册，属为编录付梓。其中先生手自钞正者仅庚申至甲子少作一小册及《桃坞百咏》《浮梅日记》两种，余悉以日用短簿为稿纸，随作随改，涂乙几满或无题断句，重见叠出……（廷镛）竭数月之功，汇录成一册，共得诗五百五十余首……今第先生诗就廷镛所知者，定为编年四卷，其题图杂咏及失题或自他处钞集，不能确定年次者杂存一卷，而以《桃坞百咏》自为一卷，共遗诗六卷。"六卷：卷一为庚申至甲申古今体诗八十四首；卷二为丁亥戊子古今体诗八十八首；卷三为乙丑古今体诗九十五首；卷四为庚寅至癸卯古今体诗五十八首；卷五为杂存古今体诗八十四首；卷六为《桃坞百咏》。四是《莘庐遗著》三卷，民国十年沈廷镛刻本，南京图书馆藏。此集计《浮梅日记》一卷、《诗余》一卷、《遗文》一卷。《浮梅日记》有《自识》云："浮梅者，俞曲园先生西湖舫名也，制椭圆而四亚，其窗网灯挂，及酒枪茗盎之属，皆象梅瓣为之。今邓尉之游舫曰浮梅，署曲园书，赝迹也。而主客五数，同舟探梅……因名日记曰浮梅。"又宣统辛亥（1911）春沈廷镛《跋》曰："《浮梅日记》者，光绪辛卯（1891）春正，莘庐先生与吴郡谢绥之（家福）、姚凤生（孟起）、同邑施邑昌（绍书）、任友濂（艾生），诸先生探梅邓尉所作之诗……其体例以诗系日，备记游事，始末自柬约首途至归程为止稿，经先生手定而自题于后。"《浮梅日记》后沈廷镛《后跋》又曰："《浮梅日记》为先生所自题名，用仍其旧，列之集外遗著，附以《诗余》《遗文》，辛亥春夏间编校方竣，陆续付梓……今岁乃得趱工卒刊，盖越先生逝世已七八年矣。"

3. 存目著作

柳弃疾、薛凤昌编印《吴江文献保存会书目》卷二《垂虹识小录》卷七著录：凌泗著《苏灾录》一卷[1]。刘声木《桐城文学撰述考》卷三著录：凌泗著《游杭日记》《后悼亡诗》《五亩园百咏》若干卷。

---

[1] 吴江区档案局、吴江区方志办编：《垂虹识小录》卷七，广陵书社2014年版，第170页。

（二）凌淦

1. 生平与师承

1832—1895，字仲清，号砺生，又号东海季连，晚年别号退庵，室名退修室。江苏吴江（今属苏州市）人。凌泗从弟。师事陈寿熊，受古文法。又课《日知录》，潜心玩索，文境大进。咸丰六年（1856）岁试，补苏州府学生。九年，恩科江南，借浙闱乡试中举。援例候选郎中，应试礼部，屡不得志，不久因为母亲去世，归里守丧。晚年颇好西学，兼精医学。从兄凌泗评其文云："古文义法宗桐城，故不多作。"（凌泗《从祖弟砺生行略》）①

2. 现存撰述

凌淦医学著作一种：《退庵医案》一卷，抄本，上海中医药大学图书馆藏。有李龄寿批注。成书于清光绪二十二年（1896）。本书共载医案五十二则，包括风疹、咯血、咳呛多痰、乳泣、经事、感冒、痫证等病证。又有段逸山、童舜华点校本，上海科学技术出版社2004年版。

凌淦与从兄凌泗合辑总集一种：《国朝松陵文录》二十四卷，同治十三年（1874）刻本，苏州图书馆藏。属地方文献总集，弘扬乡邦文化。附《姓氏考》一卷，《刊误》一卷。

3. 存目著作

刘声木《桐城文学撰述考》卷三著录：凌淦撰《退庵文稿》《退庵诗稿》《狂言》（注曰："三册，署名东海季连。"）②。

（三）凌宝树

1. 生平与师承

1865—1887，字荫午，号敏之，江苏吴江（今属苏州市）人。凌泗长子。弱冠，与其弟凌宝枢同补吴江县学生，有大小宋之目。光绪十二年（1886）客凤烊堂黄氏。故黄出也，时方哭其弟，有《移居》及《哭弟》诗，甚哀，一时传诵。次年正月，后弟一月卒。士林惜之。世其家学，得古文义法。③

---

① 生平事迹参见凌泗：《从祖弟砺生行略》，见《莘庐遗著》卷首，民国十年（1921）沈廷镛刻本；刘声木《桐城文学渊源考》卷六小传等。

② 按：又名《狂言谵语》，署名"东海季连"，当是以鲁仲连之弟自命。

③ 生平事迹参见柳以蕃：《凌敏之密之家传》，见凌宝树《第六水村居稿》卷首；《平望续志》，见吴江市平望镇人民政府、吴江市档案局编：《平望志》，广陵书社2011版，卷八《人物》二小传。

2. 现存撰述

凌宝树诗集一种:《第六水村居稿》一卷。此集附于凌泗《莘庐遗著》,民国三年(1914)沈廷镛刻本,南京图书馆藏。卷首有光绪十四年(1888)柳以蕃撰《凌敏之密之家传》谓:"光绪于亥三月,凌君磬生过余,箧其二子敏之、密之之遗稿以来,曰愿赐甄择,且请为家传。"柳遂《跋》曰:"得敏之丈遗诗十六首,密之丈遗诗二十五首、词五首,辑为两卷,并冠以旧名,将附刊于《莘庐诗》后。"

3. 存目著作

刘声木《桐城文学撰述考》卷三著录:凌宝树撰有《制义》若干卷。

(四)凌宝枢

1. 生平与师承

1866—1886,字拱辰,号密之,江苏吴江(今属苏州市)人。凌泗次子。弱冠,与其兄凌宝树同补吴江县学生,有大小宋之目。习闻其父绪论,工诗古文辞。究心舆地之学,尝为毕沅补辑《晋太康地志》《王隐晋书地道记》等。[①]

2. 现存撰述

凌宝枢诗词集一种:《小茗柯馆诗词稿》一卷。此集附于凌泗《莘庐遗著》,民国三年(1914)沈廷镛刻,南京图书馆藏。柳遂《跋》曰:"得敏之丈遗诗十六首,密之丈遗诗二十五首、词五首,辑为两卷,并冠以旧名,将附刊于《莘庐诗》后。"此集中有《读红楼梦歌》《咏怡江公子》《咏潇湘妃子》等诗,又有《满江红》(寅伯巳仲两表兄以手评红楼梦诗词见示漫填此解用辛幼安韵)等词,是被忽略的红学文献。

3. 存目著作

刘声木《桐城文学撰述考》卷三著录:凌宝枢撰《补辑太康三年地记》一卷、《王隐晋书地道记》一卷、《吴疆世表》一卷、《吴疆年表》一卷、《春秋地名考》一卷、《郦氏水经注清水洪水疏》、《吴疆域图说》、《□□水道记》。

---

① 生平事迹参见柳以蕃:《凌敏之密之家传》,见凌宝树:《第六水村居稿》卷首;《平望续志》,见吴江市平望镇人民政府、吴江市档案局编:《平望志》,广陵书社 2011 版,卷八《人物》二附《凌宝树小传》后。

附 姚椿弟子江苏承传谱系表

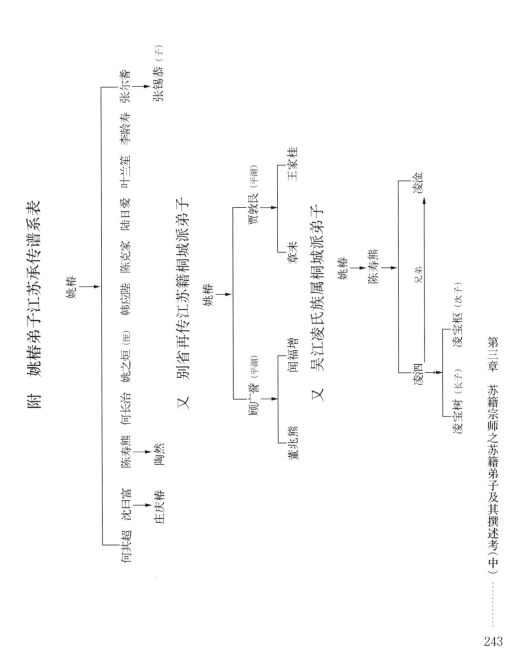

又 别省再传江苏籍桐城派弟子

又 吴江凌氏属属桐城派弟子

第四章　苏籍宗师之苏籍弟子及其撰述考(下)

第一节　上元梅曾亮之门属

上元梅曾亮作为姚鼐的四大弟子之一,是清代道咸间的文坛盟主,因长寿、长居京师、长于雅集,在文坛声名隆盛。朱琦在《柏枧山房文集书后》一文中说梅氏"居京师二十余年,笃老嗜学,名益重,一时朝彦归之,自曾涤生、邵位西、余小坡、刘椒云、陈艺叔、龙翰臣、王少鹤之属,悉以所业来质,或从容谈谦竟日。"①故邵懿辰称梅氏"声名虽阒有千秋,密友深谈推主盟"②,曾国藩称梅氏"单绪真传自皖桐,不孤当代一文雄"③,"方姚之后无孤诣,嘉道之间又一奇"④,梅曾亮是桐城派中上承方姚、下启曾吴的重要古文家,更是作为江南士林的翘楚,将桐城派之影响由江南远播到河朔、湖外与岭西的关键人物,其在江苏的生徒也成绩卓著。

---

① 朱琦:《怡志堂文初编》卷六,同治四年(1865)运甓轩刻本。
② 邵懿辰:《刘宽夫侍御藏沈启南画像绝类伯言戏简》,见《半岩庐遗集》遗诗,光绪三十四年(1908)邵章刻本。
③ 曾国藩:《赠梅伯言二首》之二,见《曾国藩全集》,岳麓书社2011年版,第14册,第51页。
④ 曾国藩:《送梅伯言归金陵三首》之三,见《曾国藩全集》,岳麓书社2011年版,第14册,第71页。

一　及门弟子

（一）管栎

1. 生平与师承

1763—1845，字美中，号云木、卓庵，晚号卓翁、琢翁，江苏如皋（今属南通市）人。廪贡生，候选训导。师事梅曾亮、管同受古文法，专力于诗古文词。善学桐城姚鼐，以文学教授乡里，远近从游者先后百数十人。刘声木谓"其古文纪律谨严，词旨雅洁，淡而絜，简而有法，不敢浮肆"。①

2. 现存撰述

管栎文集一种：《春永堂文存》一卷，凡一册，民国十四年（1925）管国璋辑，铅印本，南通市图书馆藏。前有沙元炳《序》，后附《墓志铭》。据沙《序》，管栎著有《诗稿》八卷、《文稿》十六卷，道光二十八年（1848）其稿为乡人某携至掘港，潮涨堤溃，稿沉于海。又刘声木《桐城文学渊源考》卷七载管栎曾"撰《春永堂文稿》十六卷，《诗集》八卷，皆蔼然仁人之言，惜没于水。元孙国璋搜集丛残，得文三十五篇刊之"。

（二）张岳骏

1. 生平与师承

1812—1846，字端甫，庠名兰言，江苏无锡人。少工词章，雅喜艳体。道光八年（1828）补邑诸生。后师事上元梅曾亮，从学十余年，称高第弟子，受古文法，一变原作。又获与侯桢、秦缃业交游，砥砺古文，学益进。诗学李义山、黄山谷，于平易中寓奇崛，多有感喟生计之作。古文出语高洁深邈，沉郁有奇气，颇似归有光，尝云："非经济无裨于世，文虽工未善也。"赴南北试者五被黜。其家向有中人产，至端甫之父而贫，母丧不能归，后入河南粮道幕，乃得归葬其祖以下数丧。道光二十六年四月自河南抵京，暴病卒于京西佛寺。②

---

① 生平事迹参见沙元炳：《管栎墓志铭》，见管栎：《春永堂文存》卷首，民国十四年（1925）铅印本；刘声木：《桐城文学渊源考》卷七小传。

② 生平事迹参见姚福增：《张端甫家传》，见张岳骏：《张端甫遗稿》卷首，道光二十七年（1847）初刻本；秦缃业纂：《无锡金匮县志》，光绪七年（1881）刻本；徐世昌编：《晚晴簃诗汇》，中华书局1990年版，第6629页，卷一百五十二小传等。

2. 现存撰述

张岳骏诗文集一种:《张端甫遗稿》二卷,凡一册。道光二十七年 (1847)初刻本,其友侯桢,秦缃业刻其文集《张端甫遗稿》。又有无锡市 图书馆藏手抄本。又有民国七年(1918)十月无锡吴礼让堂铅印本,南 京图书馆藏。前有民国七年钱基博、龚敬钊、吴铠等撰《重刊张端甫先 生遗稿序》三首,道光二十六年上元梅曾亮、常熟王宪成、代州冯志沂及 道光二十七年朱琦等所撰《叙》四首。又载常熟姚福增撰《张端甫家 传》、无锡秦缃业撰《张端甫哀辞》各一首。末有道光丙午常熟许洛、阳 湖章岳、侯桢等《跋》三首,民国戊午许可、侯学愈、吴豫昶等《跋》三首。 卷一为诗,录诗四十二首;卷二为文,录文三首。其中《八达岭》《简陈懿 叔》《祀窖夜宣南寓斋即事》诸诗,尤为绝妙。

(三) 朱荫培

1. 生平与师承

1815—1868,字熙芝,号澹庵,江苏无锡人。诸生。任职幕府文案, 善笔札。客死济南。师事梅曾亮,受古文法。其为文简炼古质,敛才就 范,鉴于古人立言之旨,严于义法,能得其师门户。周作人评《澹庵文 存》云:"今读一过,简炼可取,而其屈就义法处恒失之略或夸,此盖是桐 城派文必然的短长也。"①

2. 现存撰述

朱荫培文集一种:《澹庵文存》二卷,同治间芸香阁刻本,中国国 家图书馆藏。尹继美编选,收其文十余篇。卷首有潘曾莹、尹继美 《序》。又何绍基评其文曰:"义法炯然,笔力简劲,多作以充其气,卓 然成家也。"尹继美《跋》叙及交往,称其"己巳二月谢世",即同治八年 (1869)。

3. 存目著作

刘声木《桐城文学撰述考》卷三著录:朱荫培撰《半园支谱》《山左纪 忠备采》。

---

① 徐从辉编:《周作人研究资料》,天津人民出版社 2014 年版,第 55 页。生平事迹参见刘声木:《桐城 文学渊源考》卷七小传等。

（四）汤天麟

1. 生平与师承

1815—1851，原名蓉镜，字鉴斋，一字小庚，号石民，江苏金匮县（今属无锡市）人。刘声木《桐城文学渊源考》谓其："少好侧丽文字，及侯桢自京师，授以梅曾亮古文义法。"与侯桢、张岳骏同治古文辞，号"花庵三子"。①

2. 存目著作

据《张端甫遗稿》吴镗《序》载：汤天麟撰《寒香馆诗文集》六卷，"未及刊"②。刘声木《桐城文学撰述考》卷三著录：汤天麟撰《印谱》二卷。

（五）侯桢

1. 生平与师承

1816—1863，字子勤，一作志勤，号二亸，江苏金匮县（今属无锡市）人。道光二十六年（1846）举人。博通经史、方舆、水利诸书。善为诗古文辞，与姚鼐交。师事梅曾亮，受古文法。秦缃业《古杍秋馆遗稿序》谓其："本朝二百年来，吾邑少有治古文者，先侍郎少即有志乎此，后交桐城姚姬传先生，由方望溪氏、归震川氏，上溯欧、曾二家，遂为古文正宗。诗亦取法王孟韦柳，一洗侧艳。"又曰："子勤秉梅先生之教，文固宗桐城，诗亦在义山、山谷之间。"③长期授徒京师，后南归筑古杍秋馆，杜门著书。太平军战役后，退隐以终。④

2. 现存撰述

侯桢经学著作二种：一是《禹贡古今注通释》六卷，咸丰元年（1851）辛亥古杍秋馆自刻本。是书是侯桢在京师姚福增寓所作，自丙午（1846）迄庚戌（1850），凡五年，纂成。前有侯桢道光三十年（1850）《目录序》谓："桢幼即喜读胡渭、阎若璩、顾栋高三家之书，初未得其要领，后从吴江迮青厓先生游，相与讨索，因取历代史地志、山经、舆图，辨其

---

① 生平事迹参见侯桢撰：《墓志铭》，见侯桢：《古杍秋馆遗稿》卷一，同治十二年（1873）吴景堂初刻本；刘声木：《桐城文学渊源考》卷六小传等。

② 张岳骏：《张端甫遗稿》卷首，道光二十七年（1847）初刻本。

③ 秦缃业：《古杍秋馆遗稿序》，见侯桢：《古杍秋馆遗稿》卷首，同治十二年（1873）吴景堂初刻本。

④ 生平事迹参见《古杍秋馆遗稿·自传》，见侯桢：《古杍秋馆遗稿》卷首，同治十二年（1873）吴景堂初刻本；刘声木：《桐城文学撰述考》卷七小传等。

异同,参互考订,纂成《禹贡注》六卷。"卷一:冀州、兖州、青州、徐州;卷二:扬州、荆州;卷三:豫州、梁州、雍州;卷四:导山;卷五:导川;卷六:定赋弼服。又有光绪六年(1880)侯复曾活字本,卷末有光绪六年侯桢从侄侯瑽森《跋》谓:"从叔子勤著有《禹贡古今注释》镂板行世,发逆之变版毁,拓本亦无一存者……今夏吾族纂修宗乘工竣,族侄复曾即以聚珍版印行。"二是《考定古文孝经集注》一卷,民国六年(1917)年刊本。又名《注评孝经集注》。侄孙《序》云:"一时风行,各塾转相传抄。"

侯桢编纂年谱一种:《侯给谏公年谱》一卷,咸丰元年(1851)刻本。谱主侯先春(1545—1611),字元甫,号少芝,无锡侯氏八世祖。万历七年(1579)举人,八年进士,授太常寺博士,擢吏部给事中。万历二十八年任兵部给事中,故称侯司谏或侯给谏。二十九年以言事得罪权贵,谪广西按察司知事七年,转推官,南京吏部主事。遂卧家不出。卒后,天启二年(1622)赠太仆少卿。著有《侯给谏奏疏》等。

侯桢诗文集二种:一是《古杼秋馆诗集》三卷,同治元年(1862)石印本,南京图书馆藏。卷首侯学愈《序》云:"道光中,吾族子勤先生以诗古文辞擅名于时,《遗文》三卷,从兄荫庭偕先生甥吴景堂以聚珍版排印,一时不胫而走。顾其书仓猝编排,校雠未审,读者病之。阅二十年,景堂季弟俊甫先生校正讹脱,寿之贞木……甲寅春,余得《梁溪文抄》于从姪菊潭家,既为重订付梓。"一日者"于其家敝簏中蒐得先生手书《古杼秋馆遗书》三卷,虽线墨黯没而字画端劲,手泽如新,不觉欣喜过望,亟遇俊甫先生谋所以永其传者。先生哲嗣日永君劬学嗜古,与余有同志力任刊资,用海上石印法镂版行世。"次何桂瀛《题辞》、顾曾煦《序》、秦昌煜《跋》。又末附《劫余集》一卷,诗若干,页左侧均题"求放心斋"字样。又《古杼秋馆诗草》四卷,民国四年(1915)手稿影印本,复旦大学图书馆藏。

二是《古杼秋馆遗稿》四卷,同治十二年(1873)吴景堂初刻本,中国社科院图书馆藏。卷首有秦缃业《序》曰:"余求其遗文累年未得,一日者余从子臻以子勤《古杼秋馆遗稿》文一卷、诗一卷,寄余乞序。盖其从孙荫庭所藏本,而其甥吴景堂以聚珍板为之印行者也。"次秦榛《序》云:"同治癸西夏子勤之姪孙荫庭将以是集付之梓,先出而问序于余。……

翻阅两过，多曩时所习见，而集外有某传一篇，其人既无足传，而文当在子勤已削之列……急语荫庭曰：'子勤诗文不登是集者，皆勿付之梓，是子勤志也。'"又丁培《序》曰："侯君既没之十年，其甥吴景堂茂才刻其《古杼秋馆》文二卷、诗一卷，嘱为编次而序之。"末附周士锦《跋》云："先生……所存诗文三卷，及所著书目一叶，皆先生所手写也，今先生甥吴景堂茂才以聚珍版刷印二百部。"又，光绪二十三年(1897)无锡吴氏礼让堂重刻本，中国国家图书馆藏。吴朓《序》，凡序、记、书、墓志铭、传、行状等三十八篇，诗六十四首。又，民国四年重印光绪刻本，南京图书馆藏。增刊文补遗五篇，侯学愈《序》谓："后族兄荫庭仅收得诗文遗稿四卷，用聚珍排板印行……同邑吴丈俊甫先生……请之其兄景堂学博将其遗稿，重加校订，寿之梨枣。……今秋复于华陶二氏宗谱中得先生金石文数首，亟为抄录，以视吴丈哲嗣日永君……乃续付手民纂为补遗，而先生之文乃大备。"是集又名《燹余遗稿》。

3. 存目著作

刘声木《桐城文学撰述考》卷三著录：侯桢撰《诗经笺雅》八卷[1]、《古本大学章句》一卷、《礼经翼》十六卷、《汉书地理注今释》二卷、《复性书》三卷、《忠臣传略》六十卷、《畿辅水利志》四卷、《死事诸贤传状碑志》一卷、《漕运志》四卷、《花罋三子诗钞》六卷，皆谓"已佚"。

（六）朱士焕

1. 生平与师承

1869—1930?，字燮辰，一字念陆，号远明，江苏江宁（今属南京市）人。梅曾亮从女之子，少治古文，义法多得之外家，其所撰《梅伯言先生家传》云："先生于士焕为外大父行，既见遗稿，寻其点窜，邈然而悟斯文之旨者，先生贻也。……昔陶渊明之传孟长史，苏子瞻之记程公，率以外孙为之传述，敢窃取斯意，诠次之归诸舅氏，并以告后之言古文者。"[2]光绪二十八年(1902)应经济特科之征，廷对触时忌。以运同衔试用同知。以不和于时，遂弃官受聘为山东都讲。因山东巡抚杨士骧等荐，宣

---

① 按：《古杼秋馆遗稿》卷一载有《目录序》一篇，自谓在京师居冯桂芬家，始纂成之。是书以《诗》为经，《尔雅》为纬，分撰《释草》《释木》《释虫》《释鱼》《释鸟》《释兽》六篇，其中《释草》《释兽》各分上下卷。

② 许宏泉：《近三百年学人翰墨》，黄山书社2009年版，贰集，第131页。

统二年(1910)任学部参议官。历主山东济南大学堂、师范学堂、法政学堂、女师范学堂等校。民国以后,寄寓天津。①

2. 现存撰述

朱士焕文集二种:一是《远明文集》六卷,一册,熊希龄题签,民国二十一年(1932)天津文岚簃铅印本,南京图书馆藏。前有丁未仲春荣成孙葆田《序》。后有甲子春上虞罗振玉《后序》,壬申夏四月胶西柯绍忞《书后》,壬申仲夏顾斑《跋》各一首。又有王闿运、唐文治、马其昶、范铠、章钰等题词。卷一录论、辩、说六首;卷二录序、后序、跋、书十一首;卷三录书、简七首;卷四录家传、别传、小传、墓志八首;卷五录记、告文、祭文七首;卷六录论、序、书后、赠序、记、箴、铭九首。每文题下用干支标记著作年代。孙《序》云:"东南古文家咸称桐城方灵皋、刘海峰、姚姬传诸先生为一代正轨……振姚先生之业而光大者,又推梅伯言郎中……朱子燮辰,郎中之外孙也,言论风旨有外氏风,自少治古文,义法多得自外氏。"又有河南图书馆藏光绪三十三年(1907)铅印本《远明堂文集》六卷,及民国梅兆僖铅印本。二是《远明堂诗草》二卷,一册,民国二十五年仲秋刊,天津鼎盛印字馆铅印本,南京图书馆藏。前有乙酉孟春高密单荫堂、同里魏家骅《序》各一首。后有甲子夏六月丁锺吴《跋》。上卷录古今体诗七十首,下卷录古今体诗八十首。编年诗,有自注。诗中除记游、记事外,尚有记当时时局者。末附《小万卷斋十龄课草》一卷。

朱士焕编辑其历世家集一部:《上元朱氏一家言》二卷,《附编》一卷,《续编》一卷。清宣统元年(1909)石印本,南京图书馆藏。《上元朱氏一家言》卷首有陆润庠辛丑年(1901)序,有云:"《上元朱氏一家言》,乃朱燮辰征士集其历世家集之所存也。庚戌之夏,出此编属为之序。书凡四卷,作者十有六人,诗不一格,人不一情。"又有朱士焕乙未年(1895)序谓:"吾朱氏世居采石,先侍御于有明起家谏垣,闻人辈出。迨迁居上元,代传儒雅,著述寖多……乃家藏遗稿,百不存一,爰征诸戚族

---

① 生平事迹参见周云编:《朱徵君周甲录》(一题《朱徵君年谱》),民国铅印本;刘声木:《桐城文学渊源考》卷七小传等。

故旧,间更旁搜题咏见诸他书者,高曾而下,降至世父行,得古今体诗若干首,编为一集。"《续编》卷末有高密单荫堂己酉年(1909)跋。《上元朱氏一家言》卷一收录:朱良翰诗一首,朱式毅诗四十八首,朱裕观诗一首,朱廷葵诗一首,朱应坊诗二十七首、词二首,朱珏诗二首,朱彦通诗一首,朱彦华诗六十一首,朱云连诗二十二首,朱云路诗八十五首、词六首,朱云逵词二首;卷二收录:朱庆祺诗十七首、词五首,朱庆元诗九首,朱庆瑞诗九首。《一家言附编》收录朱庆祺妹朱韵棠诗一首;梅曾亮从女,朱庆元室梅佩蘭诗一首。《一家言续编》由朱士焕撰,其子朱履敬、朱履端、朱履和辑,收诗五十六首。

3. 存目著作

刘声木《桐城文学撰述考》卷三著录:朱士焕撰《论语述罗》《儒行大义》《宋学类编》数种。

二 无锡薛氏族属桐城派弟子

(一)薛福辰

1. 生平与师承

1832—1889,字振美,号抚屏,祖居江苏无锡县西漳寺头,后迁城内前西溪。薛福成之长兄。幼年聪慧过人,七岁试作文章,其父薛湘奇爱之。年稍长,博览经史,旁通诸子百家,兼习《素问》《灵枢》等书。师事杨彝珍①,受古文法,兄弟复以古文词相切摩。道光三十年(1850)考取秀才,咸丰五年(1855)参加顺天乡试,中举人。后在北京任工部员外郎。咸丰八年,因父病故,扶柩归里。咸丰十年,太平军攻克无锡,与母、弟避居苏北宝应县,又去李鸿章幕府供职。后提任为候补知府,到山东补用。光绪六年(1880),慈禧太后患重病,下诏遍征名医,薛福辰由李鸿章等保荐,应召入宫为慈禧治病。光绪八年十二月,时慈禧病体痊愈,薛福辰因治病有功,加赏头品顶带,调补直隶通永道。光绪十二年,升顺天府尹,翌年冬调宗人府丞,一年后又

---

① 据刘声木《桐城文学渊源考》卷七谓:"杨彝珍,字季涵,一字性农,武进人。……学文于梅曾亮,尽得桐城古文义法。"按:杨非武进人,乃湖南武陵人。

授都察院左副都御史。①

2. 现存撰述

薛福辰医学著作二种:一是《素问运气图说》不分卷,清同治六年(1867)钞本,浙江大学图书馆藏。全书绘运气图二十幅,每图均有文字注明,拟通过运气图谱查找何运、何气,应见何病,治以何法。二是《重广补注黄帝内经素问》,故宫博物院藏,卷末薛福辰朱笔批注:"同治九年岁在庚午(1870)夏四月无锡薛福辰校阅点句于武昌节署。"1922年恽铁樵(1878—1935)套印于上海,2009年学苑出版社据以影印出版,封面烫金文字曰:"清代御医薛福辰批阅句读""影宋本"。

3. 存目著作

据俞志高《吴中名医录》著录,谓薛福辰:"所著《文集》及《风劳臌膈试验良方》《医学发微》《临证一得》等遗稿,俱未及写定,世多惜之。"②刘声木《桐城文学撰述考》卷三著录薛福辰撰《北行日记》一卷。

(二)薛福成

1. 生平与师承

1838—1894,字叔耘,号庸庵,江苏无锡人。少负经世之志,同治六年(1867)中江南乡试副贡生,后官至湖南按察使,出使英、法、意、比四国,赏加二品顶戴,以三品京堂候补,光绪二十年(1894)殁于上海出使行台。薛福成与吴汝纶、张裕钊、黎庶昌曾同居曾国藩幕,以师礼事曾氏,后又入李鸿章幕,掌笺奏之事。学为古文辞,为"曾门四大弟子"之一。黎庶昌谓"叔耘辞笔醇雅有法度,不规规于桐城论文,而气息与子固、颍滨为近"③,对桐城派古文之学,持尊重而不以自限的态度。④

2. 现存撰述

薛福成全集:《庸庵全集》,自光绪十三年(1887)丁亥起,逐年开雕

---

① 生平事迹参见苏州市地方志编纂委员会办公室、苏州市档案局编:《吴中名医录》,1985年内部发行,第284—285页;江苏省地方志编纂委员会编:《江苏省志·人物志》,凤凰出版社2008年版,第1193页等。

② 苏州市地方编纂委员会办公室、苏州市档案局编:《吴中名医录》,1985年内部发行,第285页。

③ 黎庶昌:《庸庵文编序》,见黎庶昌:《黎庶昌全集》,上海古籍出版社2015年版,第157页。

④ 生平事迹参见《清史稿》卷四百四十六;《清史列传》卷五十八;钱基博:《薛福成传》,见钱仪吉等编:《清代碑传全集》下册,上海古籍出版社1987年版,第1340页;黄树生:《薛福成文学评传》,东南大学出版社2010年版等。

刊刻,至二十四年戊戌完成,无锡薛氏传经楼家刻本,无锡市图书馆藏。共四十七卷。收录有:《庸庵文编》四卷、《庸庵文续编》二卷、《庸庵文外编》四卷、《庸庵海外文编》四卷。此外,还收有《筹洋刍议》一卷、《浙东筹防录》四卷、《出使奏疏》二卷、《出使公牍》十卷、《出使英法意比四国日记》六卷、《出使四国日记续刻》十卷。《庸庵文编》四卷,选文共五十五篇,由薛福成于光绪十三年自订。是编分类纂次,首奏疏、次论议、次书、次赠序、次序跋、次传状、次书事、次碑志、次记、次铭赞,其得四卷,各类按年月先后为序,而以代作者附后。卷一为疏四篇,卷二为论、议、书、序等十四篇,卷三为书序、家传等十四篇,卷四为事略、碑记、墓志等十九篇。卷一奏疏,除刊载有薛氏于光绪初年震动朝野的《应诏陈言疏》外,还有一些代李鸿章草拟的奏稿等。所载如策治治平者六、筹海防者十、叙练兵者一、论治河者一、议铁路者一、议援越南者四、论传教者一、论援朝鲜者一、论海防总司者一,书僧忠亲王、曾文正、胡文忠、程忠烈遗事者十,其文自是与清末政局大有关系。《庸庵文续编》二卷,收文十九篇,由薛福成于光绪十五年亲自编订。上卷收代李伯相奏疏五篇及《书编修吴观礼论时事疏后》一篇,下卷收书事九篇及《母弟季怀事状》《宁波府学记》《笠山宏远炮台铭》《云石铭》共十三篇。各篇均标撰写时间,体例与《庸庵文编》相似,文后也有评语暨自识之语,或叙作文之由,或书后来事实,颇足与文中意义相发明。《庸庵文外编》四卷。薛福成亲自编订、萧穆校订。是编分类与正编稍异,首论说、次书后、次序、次书续,次赠序(附寿序)、次传、次书事、次碑、次墓志铭、次记、次哀辞祭文,无奏疏,收录自甲子至壬辰文作,共收七十一篇。前有光绪十九年薛福成写于伦敦使馆的《自序》。《庸庵海外文编》四卷。由薛福成子婿、浙江萧山陈光淞(根儒)校理。卷末有光绪二十一年陈光淞《跋》。此书共七十二篇,收光绪十五年至二十年薛福成出使欧洲期间所作。是编分类纂次悉依文编原定体例:首奏疏、次序跋、传状、书事、碑志、记,各类按年月先后为序。多述各国政艺之情状,可为治近代史实者取资。《筹洋刍议》一卷,凡一册,卷首有光绪十一年薛福成《序》,谓:此书之成,以当时国家外敌环伺,边防多忧,福成遂"窃不自揆,网罗见闻,略抒胸臆,笔之于书",并上呈李鸿章,达总理各国事务衙门备采择,意欲助治国图强。全书收十四篇,分别为:约章、边防、邻交、利器、敌情、藩邦、商政、船政、矿政、利权四篇、变法。《浙东筹防录》四卷,凡三册,卷首有光绪十年黎庶昌日本东京使署《序》,光绪十三年邓濂《跋》。此书所辑为薛福成光绪十年镇守浙东,抗击法军入侵期间公牍。所录凡九类,分四卷,分别为:禀、详一卷;书牍一卷;咨、移、札、照会、告示一卷;电报一卷。各类中以时间先后为序。《出使英法意比四国日记》六卷,凡三册,卷首有光绪十七年薛福成《自序》,光绪十七年十二月二十日薛福成呈进总理各国事务衙门日记奏疏。卷末有光绪十七年薛福成《跋》。此书各卷所记起止时间如下:卷一为光绪十六年正月十一日至闰二月二十九日;卷二为光绪十六年三月朔至五月二十日;卷三为光绪十六年五月二十一日至八月初十日;卷四为光绪十六年八月十一日至十月二十日;卷五为光绪十六年十月二十一日至十二月三十日;卷六为光绪十七年正月朔至二月三十日。《出使日记续刻》十卷,凡六册,目录后有光绪二十三年福成子薛莹中《序》。薛福成《出使英法意比四国日记》的记载止于光绪十七年二月,此续刻自光绪十七年三月朔起,至光绪二十年五月止共四十个月,分为十卷,每卷四月。薛福成的日记及续刻与其文外编、海外文编及出使公牍互见。薛莹中序述及薛福成日记编刻始末:"是年(光绪二十年)冬复丁继母忧,旋又患病经岁,久置未刊。乃先取海外文编、出使奏疏交姊婿萧山陈君光淞、先君子门下士鄞张君美翊刻之。因日记 皆系手稿,独无副本,不敢轻付写官。丙申秋,疾既愈,乃躬自校录,厘为十卷,阅一年而工竣,于是出使日记始末完具。"此全集又有光绪二十三年丁酉上海醉六堂石印本。光绪二十四年戊戌上海涵芬楼刊本。光绪二十七年辛丑上海书局石印本。光绪三十四年戊申刻本。1971年台北华文书局据上海涵芬楼本影印出版《庸庵全集》。1999年起,顾廷龙主编《续修四库全书》,由上海古籍出版社影印,第1562册。

薛福成舆地著作二种:一是《滇缅分界疏略》一卷,《小方壶斋舆地丛钞》(再补编)第七帙,苏州大学图书馆藏。此书乃薛福成在授权处理滇缅领土争议时,关系国界划分问题的思考,以及上奏朝廷的奏疏和公牍的专题文件之汇编。二是《滇缅划界图说》一卷,光绪二十八年壬寅

（1902），薛慈明校理，传经楼石印家刻本，苏州大学图书馆藏。此书乃薛福成在授权处理滇缅领土争议时，关系国界划分问题的思考，以及上奏朝廷的奏疏和公牍的专题文件之汇编。二书又有光绪二十九年癸卯（1903）上海书局石印本《皇朝藩属舆地丛书》第五集第三十五册、1967年台北成文出版社《中国方志丛书》本。

薛福成日记一种：《薛福成日记》三十九卷，稿本，藏南京图书馆。此集乃薛福成自同治七年（1868）正月初一到光绪二十年（1894）五月二十八日之间的日记，包括《出使英法义比四国日记》和《出使日记续刻》的全部手稿。封面题名是《薛福成日记》，扉页名为《薛叔耘日记》。

薛福成书信集二种：一是《薛福成书札》未刊稿。此集收薛福成自光绪元年乙亥（1875）至十年甲申间书牍三十四封，另附薛氏兄弟薛福辰致友人书牍一封、薛福祁致友人书牍五封、薛福庚致友人书牍一封。1986年12月中国社会科学院近代史研究所近代史资料编辑组编《近代史资料》（总六十三号）铅印标点本。二是《薛福成致盛宣怀信札》六封。此为中年丧偶的薛福成于清光绪七至八年（1881—1882）间致信盛宣怀，对其妹"实深企慕"而决计与其订姻结缡之序曲。上海图书馆历史文献研究所编：《历史文献》（第一辑），上海社会科学院出版社1999年第一版。

薛福成文集四种：一是《庸庵文别集》，光绪二十九年（1903）上海醉六堂石印本，南京图书馆藏。共六卷。是集为薛莹中校理，乃"庸庵文编"与"出使日记"等系列之未收薛福成文稿，多为薛氏在曾国藩、李鸿章幕府期间代拟之奏疏与书牍一类。福成以为："幕府代拟，除奏疏外，唯书牍一类为尤多，亦可藉以考核时事，表里史学。今因曾、李两相幕中所拟书牍卷帙不少，拟另选刻《别集》。"但其生前《别集》未曾编就，直至光绪二十九年才有其三子薛莹中辑纂成书。卷首有光绪二十九年薛莹中《凡例》，卷末有光绪癸卯薛莹中《跋》云："今所出曰《别集》，大抵皆左太傅李公幕时所得，附以箧中晚出者，得八卷。例视《文编》，不敢违"。《别集》分类纂次谨依文编体例，首奏疏，次书牍，此论说，此书后，次记，次序，此家传，各类仍按年月先后为序。今有施宣圆、郭志坤标点本《庸庵文别集》，上海古籍出版社1985年版，系据醉六堂光绪癸卯石印本标点整理。删去了卷六之《论古今教宗》一文，共532字。二是《庸庵笔记》六卷,光绪二十三年(1897)遗经楼刻本,南京图书馆藏。又有《笔记小说大观》《清代笔记丛刊》本等。此书是其在同治四年(1865)至光绪十七年间所作的随笔见闻删存编集而成,体例分类和编目皆作者亲手所定,分"史料"两卷、"轶闻"一卷,"幽怪"二卷。然生前未及刊行,后由其子薛慈明将遗稿交薛氏门人萧山陈光淞校理,并于光绪二十三年由遗经楼刊行于世。后有陈光淞光绪二十四年三月《跋》。该书被视为晚清笔记之范本,李审言之《药裹慵谈》即被"时人拟之为薛庸庵之笔记云"(李稚甫语)。又有宣统二年庚戌(1910)上海席氏扫叶山房刊本。比较二本,前者较后者多出四篇,即卷六中之:《人鬼对谈》《旧鬼玩月》《怪物幻形》《蒙阴狐报仇》,其余文字出入不大。1935年上海文明书局《清代笔记丛刊》石印校本(七),(清)刘献廷等辑。今有南山点校本《庸庵笔记》,江苏古籍出版社2002年版,以遗经楼刻本为底本,参校以扫叶山房本和清代笔记小说丛刊石印本。三是《庸庵文九则》,乃选录薛福成所著《庸庵笔记》笔记九则编辑而成。民国九年(1920),辜鸿铭、孟森等人编著《清代野史》,成都昌福公司排印本,第四编第三十册。四是《薛福成选集》,1987年9月上海人民出版社标点铅印本,丁凤麟、王欣之编。以年代为序,选《庸庵全集》中十种部分代表性的作品编校而成,既有政论文章,也选取了他有关记史、论史和反映社会风气的文章,散文、日记也有收入,基本上反映了薛氏论著的全貌。

薛福成编纂总集二种:一是《浙东课士录》四卷《后编》二卷。清光绪十三年丁亥(1887)宁波甬上崇实书院刻本,浙江省宁波市图书馆藏。光绪十年,薛福成在宁绍台道任上,于署西隙地(今中山广场西侧)创建后乐园,在园南设崇实书院。此书汇编学子张美翊、戴鸿祺、陈星庚等近二十人所作九十七篇优秀诗文、杂著,其体例、目次、内容等,皆由薛氏生前亲自编订。卷首有薛福成序。二是《论文集要》四卷,有光绪二十八年壬寅(1902)农学报馆石印本,浙江省宁波市图书馆藏;又有民国五年(1916)八月上海有正书局石印《文学津梁》本(七至八),陈光淞校理,苏州大学图书馆藏。是集之内容、目次等由薛福成生前亲自编订,收录有韩愈、柳宗元等人的论文书,有方苞、姚鼐、刘大櫆、方东树、梅曾亮、曾国藩等论文摘要,以及归震川《史记圈识凡例》、恽敬《大云山房文稿通则》等。

(三)薛福保

1. 生平与师承

1840—1881,字季怀,号端季,江苏无锡人。薛湘四子,薛福成弟。咸丰六年(1856),从李联琇受古学。咸丰七年诸生,同治六年(1867)副贡,官浙江候补同知。佐山东巡抚丁宝桢幕,授四川候补知府,遽卒。曾与兄薛福成同入曾国藩幕,受古文义法。薛福成《青萍轩文录序》云:"季怀好攻古文辞,潭思不辍。"并引季怀语曰:"夫文之至者通乎道,古文于文体最尊。"①黎庶昌《青萍轩诗稿序》谓薛福保:"文虽不多,颇具古人藩篱,卓然有以自立,且亦闻桐城遗风而兴起者。"②

2. 现存撰述

薛福保文集一种:《青萍轩文录》二卷、《诗录》一卷,光绪八年(1882)江苏刻本,南京图书馆藏。正文前有光绪八年其兄薛福成《序》。书封有许承尧手题"青萍轩文诗录　艺草琅玕之室遗书",封底许承尧《题跋》。此书存古文三十八篇。薛福成《青萍轩文录序》云:"岁辛巳(1881)秋七月,余在天津,忽闻季怀噩耗,惊恸不可为怀。亟贻书诸弟,哀集季怀遗稿,仅得古文三十八首,厘为二卷,古今体诗一卷。"其文按类编次:论、说、序、读后、书后、序、书、寿序、书事、家传、碑铭、墓志铭、墓表、图记、祠记、哀辞。《诗录》一卷,录古体诗三十首,今体诗三十七首。徐世昌《晚晴簃诗汇》卷一百六十八谓薛福保"诗学甚深,奄有荆公、涪翁风味。遗集仅存数十篇,精悍坚栗,多非凡语"③。

---

① 薛福成:《青萍轩文录序》,见薛福保:《青萍轩文录》卷首,光绪八年(1882)江苏刻本。

② 黎庶昌:《青萍轩诗稿序》,见薛福保:《青萍轩文诗录》卷首,光绪八年(1882)江苏刻本。生平事迹参见薛福成:《母弟季怀事状》,《庸庵文续编·季弟遗集序》;刘声木:《桐城文学渊源考》卷四小传等。

③ 徐世昌编:《晚晴簃诗汇》卷一百六十八,中华书局1990年版,第7351页。

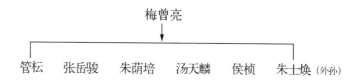

附 梅曾亮弟子江苏承传谱系表

又 无锡薛氏族属桐城派弟子

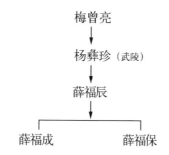

第二节　阳湖李兆洛之门属

刘声木在《桐城文学渊源考》卷九中称李兆洛"私淑姚鼐，自恨不得在弟子之列"①，将其作为宗师级的人物列入桐城派的学术谱系中；李兆洛在学界享受盛誉，龚自珍曾作《常州高材篇·送丁若士》诗云"天下名士有部落，东南无与常匹俦。所恨不识李夫子，南望夜夜穿双眸"②，表达对李兆洛的恨不相识之意。李兆洛恨不成姚鼐及门弟子，龚自珍恨不识李兆洛，二者的恨不相识之愿即是传承桐城文脉的意义所在。

李兆洛也如姚鼐一样，在书院中传承桐城学术，历主怀远真儒书院、安庆敬敷书院、江阴暨阳书院，足迹遍及粤东、安徽与江苏诸省。道光三年(1823)，李兆洛受江苏学政周系英之聘，来江阴主讲暨阳书院至道光二十年，在暨阳书院执教十八年，培养了数以千计的弟子，如其弟子蒋彤说"江阴人，(及)官于江阴督学使以下，命子弟受业，及远方来者，以千计"③。值得注意的是，李兆洛在暨阳书院时期曾编校《惜抱轩书录》，并为此书撰序；又有《桐城姚氏薑坞惜抱两先生传》，而刘声木谓李兆洛"自恨不得在弟子之列"之语也在此文中找到源头：

> 惜抱先生清明在躬，蓄云泄雨，文章为光岳于天下。两先生之躬行同也，故不言文而其言立，片语破惑，单义树鹄，有若著蔡。其发而为文，则明晰黑白，流示孚尹，穆然和顺于道德也。读先生遗书，求得行事始末，恨不得在弟子之列，故私录其概，时观省焉。④

李兆洛以姚鼐为师，并在书院教学中以桐城文章作为时时"观省"的对象，教授生徒，故姚莹称其为"东南讲席，惟先生一人而已"⑤。

① 刘声木：《桐城文学渊源考》，第 275 页。
② 龚自珍：《龚自珍全集》，上海古籍出版社 1975 年版，第 494 页。
③ 蒋彤：《养一子述》，见《续碑传集》卷七十三，江楚编译书局刊本。
④ 李兆洛：《养一斋文集》卷十五，道光二十三年(1843)活字初印、道光二十四年增修本。
⑤ 蒋彤：《养一先生年谱》卷三，道光二十一年(1841)洗心玩易室刊本。

一 及门弟子

（一）钱维樾

生平与师承

1748—1807，字荫湘，江苏无锡人。钱基博伯祖。师事李兆洛，帮助其辑《恒星图》。钱基博谓李兆洛"晚年主江阴暨阳书院；余伯祖荫湘公（讳维樾）、余祖榕初公（讳维桢）皆受业为弟子。《跋恒星图》云：'命江阴六生承如、宋生景昌、六生严、徐生思锴、无锡钱生维樾，谨遵《钦定仪象考》，成《岁差加减表》'"①。撰述多散佚。《赋海大观》（清鸿宝斋主人编，光绪二十年上海鸿宝斋石印袖珍本）卷十五收录其《朋酒斯飨赋》（以"为此春酒称彼兕觥"为韵）一篇。②

（二）季锡畴

1. 生平与师承

1791—1862，字范卿，号菘耘，一作松云，别号菘畇居士、城南居士、东仓外史等。江苏太仓（今属苏州市）人。诸生。师事李兆洛，受古文法；私淑归有光，一意宗法，刘声木谓"其为文义法谨严，由方苞、姚鼐上溯归有光"（《桐城文学渊源考》卷一）。与常熟黄廷鉴、张大墉、王振声、顾湘、瞿氏父子、张璐、张瑛等交往密切，为常熟邵渊耀所推重。道光十五年（1835）起馆于常熟罟里瞿氏铁琴铜剑楼，得见善本书甚多，又得黄丕烈"士礼居"藏书为多，校书上千种，辨正异同，纠舛误，并一一作跋尾，收录于《铁琴铜剑楼藏书目录》，以精审见称。咸丰十年（1860）避兵乱居常熟李市，后抑郁以终。遗书多遭战火所焚。③

2. 现存撰述

季锡畴与毛庆善合编年谱一种：《黄仲则先生年谱》一卷。有道光二十七年（1847）本，又有附录于《两当轩集》，咸丰八年（1858）黄氏家塾

---

① 钱基博：《中国文学史》，上海书店出版社 2015 年版，第 1095 页。

② 生平事迹参见刘声木：《桐城文学渊源考》卷九小传。

③ 生平事迹参见张镜寰修、丁祖荫、徐兆玮纂；潘一尘、张礼纲续修、庞树森续纂：《民国重修常昭合志》，民国三十八年（1949）铅印本，卷二十；张星鉴：《怀旧记》，见叶昌炽：《藏书纪事诗》，古典文学出版社 1958 年版，第 355 页；叶裕仁：《季菘耘先生传》，见季锡畴：《菘耘文钞》卷首，光绪五年（1879）叶氏刻本等。

校刻本。谱主黄景仁(1749—1783),字汉镛,一字仲则,自号鹿菲子,江苏武进(今常州)人。季锡畴与毛庆善是好友,道光二十七年二人共同编纂《黄仲则年谱》,"纂刻于尚友斋中",此当是初刻本,因未见黄仲则手稿,故有些缺略讹舛。到咸丰八年,季锡畴亲见黄仲则手订稿,而毛庆善已经去世,遂对《年谱》重加删订编纂,雕刻刊行,附入《两当轩集》中,此当是重刻本。该谱主要记述其游历、作客、吟诗等事,兼述其交游活动,有重要文献价值。

季锡畴文集一种:《菘耘文钞》四卷,光绪五年(1879)叶氏刻本。是集由叶裕仁编定,卷首有其所撰《季菘耘先生传》。卷一为序、赠序十首;卷二为记七首;卷三为书三首;卷四为题跋、传、墓碣三十二首。目录后又有光绪四年十月既望叶裕仁撰《跋》,谓:"同治元年,菘耘先生避难昭文之李市,予时侨寓海门,邮书索其文集,得草稿一册,涂乙窜改,漫无铨次。予略为编定,倩友人录而存之。"

(三)蒋彤

1. 生平与师承

生卒年不详,字丹棱,江苏阳湖(今属常州市)人。诸生。居东堰,师事李兆洛最久,推首选弟子。淹雅宏通,笃家法,精于考《礼》,张常州今文学派遗绪。文章极研练。①

2. 现存撰述

蒋彤史部撰述二种:一是《养一子述》一卷。李兆洛(1769—1841),清代学者、文学家,字申耆,晚号养一老人,江苏阳湖(今属常州市)人。蒋彤是李兆洛及门弟子,《养一子述》是记录李兆洛学行的文章。《续碑传集》卷七十三著录全文,见江楚编译书局刊校本。二是《养一先生年谱》三卷,道光二十一年(1841)洗心玩易室刊本。又名《武进李先生年谱》《李申耆年谱》。谱主李兆洛。蒋彤是李兆洛及门弟子,李兆洛殂殁之当年,蒋彤即仿《二十家年谱》之例,编成年谱。此谱纪事不注出处,多载录原文集序跋语。《年谱》后附录《先师小德录》,主要记载蒋彤老

---

① 生平事迹参见张惟骧撰:《清代毗陵名人小传稿》,小双寂庵丛书本,卷六;《清儒学案》卷一百二十七等。

师李兆洛生平中的零星小事，"使谱主之言行略具，学者读其书，即可知其人"（刘承幹《跋语》）。此谱又有清光绪十三年(1887)嘉兴金吴馆《年谱集成》本、民国二年(1912)《嘉业堂丛书》本、刘师培编《历代名人年谱大成》本、台北"商务印书馆"《年谱集成》本等。

蒋彤子部撰述一种：《暨阳答问》四卷，道光二十二年(1842)洗心玩易室刊本。主要内容是李兆洛主讲暨阳书院时与生徒的交流记录。卷首蒋彤《序》称："从李夫子于暨阳也，急于求通，疑无不问焉。夫子喜其可教，问无不答，答无不尽辞焉。"此书总共有一百四十三条问答记录，其中"问"绝大多数是由蒋彤发出，李兆洛作"答"，保存了李兆洛许多重要的学术思想。

蒋彤诗文集一种：《丹棱文钞》四卷，道光二十二年(1842)活字排印本。文集卷一论、议、辨，卷二序、书后，卷三记、碑铭、传述、墓表、墓碣、赞，卷四书、文、喻，计录文八十九篇，中多收录论述经、史、诸子的文字，其中卷四《上养一子论方氏〈丧服或问〉书》一文，论及丧服，多深湛之思，对方苞的《丧服或问》多有订误。又有光绪间盛宣怀盛氏思惠斋刻《常州先哲遗书》本，末有光绪戊申(1908)盛宣怀《跋》，《丛书集成续编》据此本影印。

3. 存目著作

徐世昌等编《清儒学案》卷一百二十七《蒋彤传》、刘声木《桐城文学撰述考》卷四著录：蒋彤还撰有《丧服表》三卷、《丧服传异说集辨》一卷、《集传》六卷、《服术集义》一卷、《周官要论》一卷、《周官劄记》二卷、《史微》①三卷、《外藩事略》八卷，皆谓"佚"。

（四）薛子衡

1. 生平与师承

生卒年不详，字子选，又字芷选，江苏阳湖（今属常州市）人。廪生。少年时从同邑李兆洛学古文，习方志学。及长，负有盛名，推为兆李洛高第弟子，以文学名于一时。李兆洛晚年纂道光《武进阳湖县合志》，未

---

① 按：蒋彤文集《丹棱文钞》卷四《上黄南坡太守论志传书》谓自己：年三十一，即究心三史，日读数页，有所见则笔记之，集成数卷，题曰《史微》。

成稿而卒，薛子衡与汤成烈、洪龄孙续纂成书，编为三十六卷，刊于光绪十二年（1886）。后薛子衡又受同邑学者刘逢禄家族之聘，作为家庭教师，并整理刘逢禄遗稿，因而得见刘逢禄著作，遂私淑刘逢禄之学，进而研究经学，于《易经》《诗经》均有论著。后因游粤，客死于途。①

2. 现存撰述

薛子衡方志学著作一种：《辑志私言》一卷，收录于《武阳志余》②卷七《经籍补遗》，未见单行刊本。原文约一万余字，不分篇目。全文分九个部分：一论史志体例和修史志的难易；二论史志史料；三论方志首重舆图；四述地方赋役；五论修志用表；六论人物传；七论前志、后志对事物处理的轻重权宜；八论方志的艺文志；九论历修方志的增删情况。这是一部系统论修方志的专著，其主要内容是论述清代常州历修府县志书的得失，加以评论，并概述清代武进、阳湖人士的修志学识和经验。薛子衡的方志学识，从此书中可窥见一斑③。

3. 存目著作

据《清代毗陵书目》（张惟骧编，1944年常州旅沪同乡会铅印本）卷一著录：薛子衡撰《国风二南说》；《清代毗陵书目》卷二、刘声木《桐城文学渊源考》卷九著录：薛子衡撰《毗陵经籍序录》三卷、《序卦释义》（一作《卦序释义》）二卷、《杂著》若干种；《清代毗陵书目》（张惟骧编，1944年常州旅沪同乡会铅印本）卷四、刘声木《桐城文学渊源考》卷九著录：薛子衡撰《真正铭斋文集》④六卷；《清代毗陵书目》（张惟骧编，1944年常州旅沪同乡会铅印本）卷七著录：薛子衡撰史部传记类著作《薛氏手泽录》一卷。

（五）承培元

1. 生平与师承

1797—1858，字守丹，晚岁以耳失聪，自号受暄，又号斠淑居士，江

① 生平事迹参见张惟骧：《清代毗陵名人小传·薛予衡传》，小双寂庵丛书本；刘声木：《桐城文学渊源考》卷九小传。
② 庄毓铉、陆鼎翰纂修：《武阳志馀》，光绪十四年（1888）活字印本。
③ 按：参见陈光贻：《读薛子衡〈辑志〉私言书后》，见陈光贻：《中国方志学史》，福建人民出版社1998年版，第60—65页。
④ 按：李兆洛《养一斋文集》存薛子衡《李养一先生行状》一篇、臧庸《拜经堂文集》卷首存薛子衡《序》一篇、张缙英《澹菊轩诗稿》存薛子衡《序》一篇、吴士模《毛诗申义》卷末有薛子衡《跋》一篇、程沆《小堂四种》，道光二十九年（1849）颍上县署刻本，卷首有薛子衡道光二十六年《序》一篇。

苏江阴(今属无锡市)人。道光二十三年(1843)优贡生。从李兆洛学于江阴书院,称高第弟子。能文章,古文法欧、曾。工篆刻,篆隶宗汉魏。尝言读书必先识字,故精于《说文》之学。道光二十二年,曾受林则徐之聘,延至幕下,公私奏章简牍皆出其手,林则徐有赠其楹帖云:"许叔重说文解字,王伯厚困学纪闻",承氏之学,两言尽之。①

2. 现存撰述

承培元精于《说文解字》研究,现存相关著作三种:一是《说文解字系传校勘记》三卷,重刊影印宋本《说文解字系传》本。《说文解字系传》是南唐五代文字学家徐锴的著作,又名《说文解字通释》,四十卷,世称"小徐本",尊许书为经,以己注为传,讲述《说文》体例,阐发形义关系。但至清,学界久已难用,少见的汪氏刻大字本和马氏所刻袖珍本,均讹脱错乱,阅者苦之。祁寯藻访得顾千里所藏宋代《说文解字系传》影印本,请李兆洛、苗夔以及承培元等名家予以精心校勘,承培元服膺许慎《说文解字》,李兆洛嘱咐承培元撰《校勘记》三卷,附于《系传》后。承培元《后跋》谓:"是书贵能通辨经字,故《记》中于说经处校勘尤详。"今有1987年中华书局本徐锴《说文解字系传》附后。

二是《广说文答问疏证》八卷,光绪十八年(1892)广雅书局刻本。钱大昕著《说文答问》,举三百二十三字,申明经典之字与《说文》之字相异之故。薛传均认为钱氏之《说文答问》深明通转假借之义,遂博引经史,为之标字之有无,辨体之正俗,明迹之疑似,审义之虚实,及音韵之传讹及通转,著有《说文答问疏证》六卷。承培元本钱氏《说文答问》、薛氏《疏证》之例,自为问答,自为并疏证以广之,故又名《广潜研堂说文答问疏证》,得字四百三十七。卷首有黎庶昌《序》,颇为称颂是书。

三是《说文引经证例》二十四卷。承培元生前未刊,殁后,江阴夏勤邦缮录成帙。合肥李经畬谋刊未果,稿藏其家,陈名慎携之广东广雅书局,清光绪二十一年(1895)刊刻。是书录许慎《说文解字》引经条目1251条,收罗详备,超过清人同类著作。吴翊寅《识语》中谓:"因念许

---

① 生平事迹参见《清史稿》卷四百八十六《李兆洛传》附;卢思诚、冯寿镜修,季念诒、夏炜如纂:《(光绪)江阴县志·文苑传》,光绪四年(1878)刻本;陈熙治:《守丹公传》,见承泉兴修:《澄江承氏宗谱大分承家巷支谱》第6册"暨下支巷符祥巷支",广陵书社2007年版,第99—101页等。

书以引经为大端而例最踳驳,疑后人所删改,《校勘记》中已发其凡。别纂此书,疏通证明,冀复许旧,由形声以考训诂。今所引《说文》与二徐本时有不同,皆先生所谠正者也。"此书指明《说文》引经的作用,并在《说文解字系传校勘记》的基础上,对《说文》的校勘作进一步论述,尤为注重引经类例的阐发,是《说文》引经研究中一部具有较高学术价值的著作。

承培元诗词集二种:一是《江阴承守丹先生杂著》,又名"《受宣诗词》"。凡一册,民国十六年(1927)丁卯刻本,木樨香馆藏板,姚华题签。南京图书馆藏。题"受业弟子常熟钱令昌谨录,同邑后学谢鼎镕校正,常熟小门人钱锺瑜校刊"。前有民国十三年孟春门下晚学生曹家达《序》,又有民国十二年除夕同里学人谢鼎镕《跋》。《承守丹先生古近体诗》录诗九十余首,《杂录词》录词三十六首。钱锺瑜《跋》云:"守丹为李申耆先生高弟子,江阴县长寿镇符祥巷人也。所著古今体诗甚多,传钞半多遗失。光绪丁亥岁,先君子于旧箧之中,检得壮年坐其门下所钞诗词四十三页,命锺瑜装订成册,保存至今。"附刻常熟钱仲遑先生《劫灰集》、常熟钱锺瑾良玉《锦囊佳什诗抄》各一卷。二是《夫须山馆诗钞》一卷,民国二十六年(1937)阳湖吴氏木活字《敬修堂丛书》本。中国国家图书馆藏。由吴镛辑录。

3. 存目著作

刘声木《桐城文学撰述考》卷四著录:承培元撰有《籀雅》[①]、《经滞揭橥》[②]、《说文解字校勘记》一卷、《说文类考》[③]、《同文一隅》[④]、《夏小正集释》、《说文部目测》[⑤]、《管子弟子职注释》。刘声木《桐城文学渊源考》卷

---

① 按:《清史稿》卷四百八十六亦著录。
② 按:《清史稿》卷四百八十六亦著录,作《经传揭橥》。
③ 按:《中央大学国学图书馆年刊》1928 年第 1 期范希曾《南献遗征笺》载曰:"稿藏陈翔鹄,许是编类多佳证,埋蕴岁久,虑零佚也。"
④ 按:《贩书偶记》卷四谓:"《同文一隅》二卷,江阴承培元撰,光绪甲午季夏暨阳书院精刊。"此书二卷,光绪十四年(1888)暨阳书院刻本,凡一册。卷首有李兆洛《序》谓:"承子培元善许氏学,乃属其导源说文正鹄字典,去其支繁,剂其比合,抉剔讹谬,分别是非,形义条贯,分为三类,字虽不备而取用有余,不墨守许氏而六书之本约略可睹,因名之曰《同文一隅》而付诸梓。"《序》又见《养一斋文集》卷五。
⑤ 按:《清史稿艺文志拾遗》经部《小学类》著录,谓:"不分卷,承培元撰,钧录轩抄本。"

九著录:承培元撰《斠淑斋稿》。又据陈熙治《守丹公传》著录:承培元"长短句出入竹山、屯田之间,著《毗山牧笛词》若干卷。其未及脱稿者,则有《改四书改错错》《埤雅》若干卷,惜兵燹后大半散佚。"①

（六）夏炜如

1. 生平与师承

1799—1877,字永曦,号怡云,江苏江阴(今属无锡市)人。年十九补庠,久困乡举。以恩贡官直隶州州判。又以筹防功加同知衔。少孤,绩学,于书无所不窥。风格隽上,当文酒燕集,纵谈古今,得晋人风趣,闻者倾倒。李兆洛主讲暨阳书院,从之游,称高第弟子。光绪三年(1877)重游泮水,学使林天龄给"思乐重庚"匾额,邑令延主修志,未竟而卒。工诗、古文辞,深入古人堂奥。其文气劲以直,辞朴而茂,乃学人之文。②

2. 现存撰述

夏炜如主纂方志一种:《(光绪)江阴县志》三十卷首一卷。卢思诚、冯寿镜主修,夏炜如与季念诒主纂。光绪四年(1878)刻本。卷首有旧序、修辑姓氏、凡例、江阴县志全图、马家圩图说。书中篇目设置基本同于道光志,唯增《冢墓》、《忠义总纲》(附寇变纪略)各一卷。书前载有江苏督学使者林天龄及卢思诚、沈伟田、冯寿镜、李文耀《序》。新增道光二十年(1840)以后共三十八年内容,如减民赋、广学额、设水师等"维新之治",以及治河成绩与疏浚年份,沙洲涨坍升豁等皆备载详悉。③

夏炜如诗文集一种:《釩录斋稿》四卷,民国二年(1912)刻本,南京图书馆藏。前有民国二年七月缪荃孙《序》,并录《江阴县志·文苑传》所载传记。卷一录赋、序、跋、记十六首,卷二录家传三首,卷三录墓志铭、祠堂铭、寿序、颂、赞、诔辞、杂文十六首,卷四诗集,录古今体诗一百首。后附夏孙桐所撰《家传》,同邑学人金武祥、其子夏勤邦《跋》各一

① 承泉兴修:《澄江承氏宗谱大分承家巷支谱》第 6 册"暨下支巷符祥巷支",广陵书社 2007 年版,第100 页。
② 生平事迹参见卢思诚、冯寿镜修,季念诒、夏炜如纂:《(光绪)江阴县志·文苑传》,光绪四年(1878)刻本;夏孙桐撰:《家传》,见夏炜如:《釩录斋稿》卷末附录,民国二年(1912)刻本等。
③ 参见钱建忠:《无锡方志辑考》,世界知识出版社 2006 年版,第 187 页。

首。夏勤邦《跋》云："先君子著述甚富，经粤逆之乱，遗失殆尽，邦遍搜行箧，仅得数十篇什，袭藏之。五妹文素亦密录副本，以防散佚。嗣后，逐年收葺，又得百数十篇，厘为四卷。"

（七）宋景昌

1. 生平与师承

生卒不详，字冕之，亦字勉之，江苏江阴（今属无锡市）人。道光十年（1830）经岁科两试，名列前茅，入县学为生员，廪生。学问渊博，能古文，精天文历数之学。师事李兆洛，曾助李兆洛辑《历代地理志韵编今释》。①

2. 现存撰述

宋景昌算学著作四种：一是《开方之分还原术》一卷，《聚学轩丛书》第五集第九本。卷首有道光二十一年（1841）辛丑十二月无锡邹敬甫《识语》谓："《开方之分还原》见于《四元玉鉴》，余友江阴宋冕之为补细草写以见贻，因为补二图，并系以说附于草后。"是书由贵池刘世珩校刊，江阴夏孙禨绘图并校。后中华书局《丛书集成续编》本据以影印。

二是《数书九章札记》四卷。道光二十二年（1842）上海郁松年刻《宜稼堂丛书》本。《数书九章》，宋人秦九韶撰，是中国古代应用数学的巨著。道光初，沈钦裴曾校勘《数书九章》，以老病未卒业，其弟子宋景昌汇合各家校注本，"其文字互异，义得两通者存其旧；其传写错落无乖算术者，随条改正；其术草纰缪，或误后学者，采众说而折衷之，别为札记以资考证。"后《古今算学丛书》本、商务印书馆《丛书集成》本均据此影印。

三是《详解九章算法札记》一卷，道光二十二年（1842）上海郁松年刻《宜稼堂丛书》本。《详解九章算法》十二卷，宋代数学家杨辉的数学著作。郁松年《序》谓："《九章》为算经之首，诸家立术，皆自此出，而世传《永乐大典》及孔氏微波榭二本，均不免脱误。钟祥李尚书细草图说，多所改正。……因属宋君冕之，取孔、李二本，校其讹脱，别为《札记》。"

---

① 生平事迹参见《清史稿》附《李兆洛传》后；阮元《畴人传》三编卷三，商务印书馆 1935 年版，第761 页。

后中华书局《丛书集成初编》本据以影印。

四是《杨辉算法札记》一卷。道光二十二年(1842)上海郁松年刻《宜稼堂丛书》本。《杨辉算法》六卷,宋代数学家杨辉的三种后期数学著作的总称,这三种著作是《乘除通变算宝》卷上下、《田亩比类乘除捷法》卷上中下、和《续古摘奇算法》。卷首郁松年《识语》谓《杨辉算法》的"写本多残阙脱讹,属江阴宋君冕之为之校核,可补者补之,讹者改之,并作《札记》"。后中华书局《丛书集成初编》本据以影印。

3. 存目著作

据《清史稿·李兆洛传》后附《宋景昌传》、刘声木《桐城文学撰述考》卷四著录:宋景昌撰有《星纬测量》。

(八)六承如

1. 生平与师承

约生于嘉庆末,卒年不详,字赓九,江苏江阴(今属无锡市)人。少孤,安贫力学,作文不竞时趋①。咸丰二年(1852)恩贡生。师事李兆洛,为其高第,助其编辑《地理韵编》,手绘舆地图。②

2. 现存撰述

六承如史学著作二种:一是《历代纪元编》三卷,同治间合肥李氏刻本。上卷纪元总载,排列汉至明历代帝王的建元名称及年数,并附有《历代僭窃年号》《外国年号》等五种;中卷纪元甲子表,详载汉武帝刘彻建元元年(前140)至清穆宗载淳同治十年(1871)年间帝王纪元年数的干支,并附有《建元以前历代甲子表》;下卷纪元编韵,以年号字数多少,从二字到六字分别排列,又在每一字数相等的年号中,以平水韵为序,取每个年号的末字编排。六承如《历代纪元编跋》云:"吾师(按:指李兆洛)既为叶两垞明府校刊《纪元通考》,因别为部分,命承如集录,立表以顺时代,编韵以便寻阅,而先辑总类,以清表韵之源,使彼此互稽,不致参差讹漏。于是经纬粲然,约而弥赅,亦继事者易为功也。"又有1933年商务印书馆《万有文库》本、中华书局《四库备要》本。

---

① 按:今未见其诗文集,仅《江上诗钞》卷八录其诗九首。见顾季慈辑、谢鼎容补辑,《江上诗钞》,上海古籍出版社2003年版。

② 生平事迹参见《清史稿》附《李兆洛传》;刘声木:《桐城文学渊源考》卷九小传。

二是《历代地理沿革图》,同治十一年(1872)重刻本。原图共有二十三幅,有散失,后补绘重刻。现存有禹贡九州图、殷九有图、职方九州图、尔雅释地图、春秋列国图、战国七雄图、秦卅六郡图、汉地理志图、东汉郡国志图、三国疆域图、晋地理志图、北宋州郡志图、南宋州郡志图、北魏地形志图、隋地理志图、唐地理志图、五代职方考图、宋地理志图、辽地理志图、金地理志图、元地理志图、明地理志图。是图属于历史图集,古地名与今地名以红色与黑色分别书写,在当时是比较详明的地图集。

(九)六严

生平与师承

生卒年不详,字德只,号逊主宅主人,江苏江阴(今属无锡市)人。六承如侄。诸生。师事李兆洛。佐李兆洛辑《历代地理志韵编今释》二十卷,十得七八成于严,又佐辑《恒星图》《皇朝舆地图》《皇朝舆地韵编》三种。撰述多散佚。[①]

(十)徐思锴

1. 生平与师承

?—1860,字康甫,江苏江阴(今属无锡市)人。诸生。沉潜经训,尤精《说文》。师事李兆洛,帮助其辑《历代地理志韵编今释》《恒星图》《皇朝舆地韵编》三种。咸丰庚申(1860)江阴城陷,自缢身亡。[②]

2. 存目著作

刘声木《桐城文学渊源考》卷九著录:徐思锴撰有《历代史晋书地名长编》[③],若干卷。

(十一)高承钰

1. 生平与师承

1797—?,字式之,自号半士,江苏阳湖(今属常州市)人。年十六,

---

① 生平事迹参见刘声木:《桐城文学渊源考》卷九小传。

② 生平事迹参见陈思修、缪荃孙纂:《(民国)江阴县续志·忠义传》,民国十年(1921)刻本;刘声木:《桐城文学渊源考》卷九小传。

③ 按:徐思锴的老师李兆洛编完《历代地理志韵编今释》后,又曾拟编《历代史地名长编》,将各《地理志》所未收的地名,按韵编入,以补此书不足,后仅徐思锴成《晋书地名长编》一种。此书未刊。

从唐承翰学为诗古文词。嘉庆二十五年(1820)姚文田拔其入学,辞云:"读书人手笔,惟字迹太丑"。从李兆洛学文最久,辑李兆洛诗文稿成《养一斋文集》二十六卷。咸丰十年(1860),因洪杨起义陷常州,举家被害,仅一子存,身被创残,远依外亲。至同治二年(1863)南返,未详所终。①

2. 现存撰述

高承钰诗集一种②:《半士吟》一卷,凡一册,同治二年(1863)刻本,南京图书馆藏。录诗若干首。前有同治二年作者于盐城寓舍所撰之《自序》,略云:"庚申四月,粤寇陷吾郡,戚属被残,予创甚,出门仅焉获免。幸以吴甥廉生开藩陕西,遂往依之……因念贼于壬子之冬,始入江南,犯岁不祥。迄今星纪将周,贼恶已盈,民劫渐免,慨然南还。检寻行箧,偶存诸作,哀鸿满耳,旧事增欷,其涉诸世故,见闻切实,足供考镜之资焉。"集中《忆旧》六十九首,沉痛悲怆。

(十二) 郑经

1. 生平与师承

1799—1874,字守庭,江苏江阴(今属无锡市)人。幼读书,目数行下。家贫无书,广借勤诵,一夕辄尽数十卷。师事李兆洛,佐编《地理韵编》,称高第弟子。道光十七年(1837)领乡荐第一,上春官不第。咸丰元年(1851)举孝廉方正,固辞不就。学务实践,敦行孝友。主讲泰兴延令书院、旌德毓文书院等,陶镕士类,以经史为根底,作文力矫时趋,一宗先正,尤以训俗型方为己任。朔望宣讲乡约,创设义塾,鬻产赈饥,开凿沙洲套港以防旱涝,均身体力行。为学主张汉宋兼采,师宋而不可废汉。年七十五,奉吏部援恩例,授太常寺博士衔于家。③

2. 现存撰述

郑经著作一种:《燕窗闲话》二卷,凡二册,光绪十七年(1891)刻本,

---

① 生平事迹参见刘声木:《桐城文学渊源考》卷九小传。
② 按:高承钰文集未见,李兆洛《养一斋文集》卷首存高承钰《序》一篇;《补遗》有高承钰《补遗序》一篇;《续编》前有高承钰《序》一篇;《养一斋诗集》前有高承钰《序》一篇。
③ 生平事迹参见周慰曾撰《皇清勒授文林郎太常寺博士衔郑公墓志铭》,见郑经:《燕窗闲话》卷首,光绪十七年(1891)刻本。

南京图书馆藏。内封正面牌记镌"光绪辛卯/中夏校刻",背面署记镌"江阴郑守庭先生著/燕窗闲话/板藏本宅"。前有光绪八年虞山潘欲仁《序》,门人周慰曾撰《皇清勅授文林郎太常寺博士衔郑公墓志铭》,后有光绪十六年门人陈美棠《跋》。该书系郑氏晚年依据其日记删削而成,述自幼及长之学问经历、师生问答以及其立定乡约等事。潘《序》云:"去秋欲人门下士曾君……以先生日记一册见示,且嘱为序,读之觉其诚意恳至,古道照人,虽设施多方,绝无矜才衒异之概。"陈美棠《跋》曰:"右《燕窗闲话》二卷,盖吾师守庭先生偶然涉笔,遂概生平。"

3. 存目著作

据刘声木《桐城文学撰述考》卷四著录:郑经撰《乡约直解》若干卷。

（十三）汤成烈

1. 生平与师承

1805—1880,字果卿,晚号确园,江苏阳湖（今属常州市）人。道光十一年（1831）举人。大挑以知县发浙江,官武康、永康、永嘉知县,玉环、仁和同知。道光二十九年任浙江乡试同考官。咸丰十一年（1861）奉命负责淞沪等地防务。同治二年（1863）归常州掌延陵书院。晚年修邑志。师事李兆洛,授以作文之法。为学强记,潜心经世之学,娴掌故,憨直好面折人。精史学,工诗词。张曜孙称其词"每以全力运转,有约千篇于一阕,蠫万历于寸径之概。声情激越,感遇深远,尤为可歌可泣"[1]。

2. 现存撰述

汤成烈诗文集三种:一是《清淮词》二卷,凡一册,同治元年（1862）刻本,南京图书馆藏。有壬戌六月张曜孙写于沪上寓邸的《跋》谓:"客邸相逢,日事吟诵,俯仰身世,悲从中来……行将分袂,因书数语归之。"二是《古藤书屋诗稿》四卷,一册,手稿本。蓝格。版心下方有"古藤书屋钞本"六字。王欣夫《蛾术轩箧存善本书录》谓:"其诗才华绮丽,并多涉时事,体恤民隐。……综其诸作,不愧为道、咸间一作手。"[2]三是《古

① 张曜孙:《清淮词跋》,见汤成烈:《清淮词》卷首,同治元年（1862）刻本。生平事迹参见庄毓铉、陆鼎翰纂修:《武阳志馀》小传,光绪十四年（1888）活字印本;张惟骧辑:《毗陵名人疑年录》,民国三十三年（1944）刊本,卷四小传等。
② 王欣夫:《蛾术轩箧存善本书录》,第649页。

藤书屋集》二十六卷。未刊。有稿本,天津图书馆藏。前有光绪五年(1879)应宝时《序》。计有《古藤书屋文甲集》十二卷、《乙集》六卷、《诗稿》六卷、《词稿》二卷。又,常州图书馆亦藏有二十六卷抄本。

汤成烈编纂总集一种:《缙云文征》二十卷又《补编》一卷。民国二十七年(1938)铅印本。卷首有道光五年(1825)汤成烈《缙云文征序》,民国二十六年阮西震《重刊缙云文征序》,末有民国二十七年王凝《重刊缙云文征跋》。汤成烈《序》曰:"余于辑志之暇,详披旧载,在宋元明,名臣硕儒,著作如林。乃访求故口,鲜有藏本,大半失之兵燹,之后后昆不克世守,以至阒寂无征,良可浩叹。逮求之终年,间有时髦以先世遗编来献,类残阙失次,余皆录而还之,仅得十余种。因复网罗群集,搜剔遗翰,得什一于千万中,裒而成集,凡诗十卷,文十卷,都为二十卷,名之曰《缙云文征》。"汤成烈于道光间任缙云县知县,辑录宋元明清间缙云人诗文成《缙云文征》二十卷,其中诗十卷,一千七百一十四首;文十卷,三百一十四篇。其后,编辑《缙云文征》的续编,补收唐至民国期间缙云人士撰写的诗文佳作成一卷。

汤成烈杂著四种:一是《汤成烈杂著》一卷,清龚橙钞本,中国社会科学院文学研究所藏,后附有《张曜孙节用议》。二是《退园随笔》一卷,稿本,上海图书馆藏,有张曜孙批语并《跋》。三是《淳则斋杂录》一卷,稿本,上海图书馆藏,有张曜孙批语并《跋》。四是《典训恭记》一卷,稿本,上海图书馆藏,有张曜孙批语并《跋》。

3. 存目著作

刘声木《桐城文学撰述考》卷四著录:汤成烈撰《汤将军怀忠录》八卷、《季汉书》"□十□卷"①。

(十四)王堃

1. 生平与师承

1806—1852,原名斌,字简卿,号翼清,又号载甫,江苏江阴(今属无锡市)人。少警悟,操笔即警其长者。师事李兆洛,受古文法,李兆

---

① 按:梁启超《中国近三百年学术史》谓:"清则咸同间有汤承烈著《季汉书》若干卷,吾未见其书;据莫郘亭友芝称其用力尤在表志,凡七易稿乃成。争正统为旧史家僻见,诚不足道,若得佳表志,则其书足观矣。"

洛"尤心契先生,尝题其《书帷雪影》图云:'青眼吾垂老,素心子自知。'盖不啻有衣钵相授之意焉"①。道光十二年(1832)壬辰举人。四试礼部不第,大挑二等,道光二十九年任崇明县教谕。咸丰二年(1852)改高淳县训导,会太平天国起义军窜陷金陵,逼近县境,协助邑令守城,募勇酬饷,以积劳成疾,卒于官。其为文根极理要,町畦独辟,可施实用。诗喜温、李,典雅瑰丽。生平喜书,搜藏三万卷。身后萧然,所藏书籍皆散佚。②

2. 现存撰述

王堃诗词集一种:《宛委山房剩稿》,一作《宛委山房诗词剩稿》,一卷,凡一册,王堃孙王家枚辑刻入《重思斋丛书》中,民国刻本,南京图书馆藏。前有光绪二十六年(1900)闰八月同邑学人缪荃孙《序》,录诗若干首,词十阕,附其子王泰阶《青箱室诗钞》一卷。后有其从子王润生《跋》。缪《序》云:"王简卿先生多读书,工校雠,并善为温、李之诗,素为暨阳李养一院长所甄赏。"又云:"长篇巨制,不复可见,只七言律十余首,典雅环伟,犹可想见才气之盛,锻炼之工。"

3. 存目著作

据《宛委山房剩稿》王润生《跋》载:王堃还撰有《宛委山房制艺》《读书摘要》《防海备览》《守望辑要》等书,"旧刻制艺,从兄景韩学博曾上之学使者长沙王祭酒(江苏学政王先谦)刊入《江左制艺辑存》"③。

(十五)陆初堂

1. 生平与师承

1807—1866年后,字文泉,江苏阳湖(今属常州市)人。为名诸生。李兆洛弟子。工诗古文、辞赋,刘声木在《桐城文学渊源考》卷四中称:"其为记序论传,修洁简质,多夷适之致,颇得古人义法"。平时沉静缄默,及一聆其谈论,则俯仰古今,滔滔若决悬河。屡不得志于有司,家贫,橐笔走四方,又复遭丧乱,流离转徙于关山戎马之间,极人世所难堪

---

① 王润生:《宛委山房文稿跋》,见王堃:《宛委山房剩稿》卷末,民国刻本。

② 生平事迹见王堃:《宛委山房剩稿》,民国刻本,其从子王润生《跋》。

③ 王润生:《宛委山房文稿跋》,见王堃:《宛委山房剩稿》卷末,民国刻本。

之境。年七十余卒。①

2. 现存撰述

陆初堂诗文集一种:《怀白轩初稿》十五卷,凡四册,同治五年(1866)皖城合刻本,南京图书馆藏。前有同治乙丑(1865)钟秀、许丙椿《序》各一首,道光三十年(1851)徐燮钧《序》一首,崔书黼、姚华国《序》各一首。计有《怀白轩诗集》八卷;《词钞》二卷,前有袁起《序》;《南北曲》一卷,录《题罗两峰鬼趣图》、《秦淮感旧》曲各一首;《文钞》二卷,录文二十八首;《骈体》一卷,录骈文七首;《赋钞》一卷,录赋六首。康发祥《文钞跋》云:"其文简而赅,曲而达,其顿折潆回尤与六一居士为近。"费开绶《诗钞跋》云:"文泉抱旷世才,优于学,长于识。其沉雄似杜文贞,峻整似玉溪生,而淡咏幽回更擅陶、韦之趣。"袁起《词钞序》谓其词:"兼有苏、辛之豪放,周(邦彦)、史(达祖)之清真,秦、柳之纤秾。"

(十六) 吴以辰

1. 生平与师承

1808—?,又名以淳,字云甫,号固溪,别号永安居士,江苏昆山(今属苏州市)人。贡生。少而嗜学,从青浦陈维礼游,讲求性理之学,维礼卒,以辰为行状。精通《易》学,了然古今,发为议论,多切中肯綮。好古文词,师事李兆洛,受古文法。诗好用古韵,力矫甜庸。咸丰间,兵事起,各督抚令民自相团练。吴以辰论之曰:"孝、友、睦、姻、任、恤,圣人教人善其乡党者,平日无教,急则驱市人而使之战,势必至土崩瓦解。饥馑之害先及贫者,寇盗之祸先及富者。今则人人怀利以相接,官与民二心,贫与富二心,所以酿此巨灾也。……其后,粤匪至,团练果不足恃。"后避洪杨之乱至上海,病卒。②

2. 现存撰述

吴以辰诗文集一种:《固溪漫稿》,一是手写稿,已佚去《诗抄》前四

---

① 生平事迹参见庄毓铉、陆鼎翰纂修:《武阳志馀》,光绪十四年(1888)活字印本,卷七;刘声木:《桐城文学渊源考》卷四小传。

② 生平事迹参见陈其元等修、熊其英等纂:光绪《青浦县志》,光绪五年(1879)刻本,卷二十二流寓传;金吴澜、李福沂修,汪堃、朱成熙纂:《昆新两县续修合志》,光绪六年刻本,卷三十一文苑传;博润修、姚光发等纂:光绪《松江府续志》,光绪十年刻本,卷二十七寓贤传。

卷;另有缮录定本,盖为后人重写待刊刻者。卷前有自序、目录,后有光绪二年(1876)青浦陈思贤题跋,谓乃写定待梓之稿。后附年谱一卷,知其生于嘉庆戊辰(1808),以廪膳生优游乡里。又有《昆山先哲遗书目录》著录、北京大学图书馆藏咸同间昆山吴氏抄本,存卷五至十六。又有民国二十九年(1940)抄本,上海图书馆藏。是集十六卷,诗六卷、文十卷,为写定未刊稿本。

3. 存目著作

据《昆新两县续修合志》著录:吴以辰还撰有《周易朋来录》《诗述训》《尚书释》《论语弟子言行录》《大学古本说》数种①。

(十七)冯桂芬

1. 生平与师承

1809—1874,又名仪凤,字林一,号景亭,一作景庭,又号邓尉山人,江苏吴县(今属苏州市)人。自幼于书无所不读,尤留意天文、地舆、兵制、盐铁、河漕诸政,道光十二年(1832)中举,道光二十年进士及第,改庶吉士,授翰林院编修。二十三年,充顺天乡试同考官。二十四年,充广西乡试正考官。咸丰三年(1853),太平天国定都金陵,奉旨于苏州办团练,因收复苏、松等地有功,赏五品顶戴。六年,迁右春坊右中允。十年,太平军攻占苏州,避居上海。同治元年(1862),入李鸿章幕。二年,协助李鸿章创设上海同文馆,培植翻译人才。三年,诏求贤才,安徽巡抚乔松年复荐冯桂芬,因疾不果行。六年,以苏、松办团练等叙功,赏加四品卿衔。晚年先后主讲南京惜阴书院、上海敬业书院、苏州紫阳书院、正谊书院。古文师事李兆洛,受古文法,肆力于古文,探源《左传》《国语》,下及唐宋诸家。论文注重内容,散文颇多论政之作,文笔通俗流畅。②

2. 现存撰述

冯桂芬小学撰述一种:《说文部首歌》一卷,《许说丛书》本。刘声木

---

① 金吴澜、李福沂修,汪堃、朱成熙纂:《昆新两县续修合志》卷三十一文苑传,光绪六年(1880)刻本。
② 生平事迹参见《清史稿》卷四百八十六;《清史列传》卷七十三;李鸿章:《墓志铭》,见冯桂芬:《显志堂集》,光绪二年(1898)冯氏校邠庐刻本,卷首;左宗棠:《中允冯君景庭家传》《续碑传集》卷十八;熊月之:《冯桂芬评传》,南京大学出版社2004年版等。

《桐城文学撰述考》卷四著录,有注曰:"孙世澄注。"其孙冯世澄逐条加按语解释,后末有冯世澄《跋语》谓:"右《说文部首歌》一篇,为先大父遗著。岁癸亥避寇沪上,乔寓敬业讲舍,时世澄年才十四,大父出其是篇授读。……旧有手书是篇遗稿,世澄恒携之箧中,为道光甲辰旅寓京邸时所书,计阅四十年矣。……大父是编为韵语,成诵在口,尤便检寻。"1985 年中华书局《丛书集成初编》本据此影印。

冯桂芬主纂方志一种:《(同治)苏州府志》,一百五十卷首三卷。清李铭皖、谭钧培修,冯桂芬纂。同治十三年稿本,又光绪八年(1882)江苏书局刻本,所以又名《(光绪)苏州府志》。此志是冯桂芬晚年移居苏州郊外木渎时所纂。卷首有谭钧培序、郜云鹄序、毕保厘序、李铭皖序,继载修志凡例、修志姓名、校刊姓名、图、巡幸。卷一为星野;卷二为疆域(建置、沿革、形势);卷三为风俗;卷四为城池;卷五为坊巷;卷六至卷七为山;卷八为水;卷九至卷十一为水利;卷十二至卷十九为田赋;卷二十为物产;卷二十一至卷二十四为公署;卷二十五至卷二十七为学校;卷二十八为军制;卷二十九为乡都(村镇、圩图附);卷三十至三十二为乡都;卷三十三至三十四为津梁;卷三十五为古迹;卷三十六至三十八为坛庙;卷三十九至四十四为寺观;卷四十五至四十八为第宅、园林;卷四十九至五十一为冢墓;卷五十二至五十八为职官;卷五十九至六十七为选举;卷六十八至七十三为名宦;卷七十四至一百八为人物;卷一百九至一百十为艺术;卷一百十一至一百十二为流寓;卷一百十三至一百三十三为列女;卷一百三十四至一百三十五为释道;卷一百三十六至一百三十九为艺文;卷一百四十至卷一百四十二为金石;卷一百四十三为祥异;卷一百四十四至卷一百四十九为杂记;卷一百五十为旧序。

冯桂芬数学著作两种:一是《西算新法直解》四卷,上海冯氏校邠庐刻本。卷一:代数一、代数二;卷二:代数三平圆、代数四抛物线;卷三:代数五椭圆;卷四:代数六双曲线、代数七。此书是中国第一部高等数学著作。二是《丈田绘图章程》一卷,上海冯氏校邠庐刻本。冯桂芬在李鸿章幕府,曾在苏松地区组织土地清丈,设计了定向尺等测量工具,并编写此书,被称为"冯氏丈田法"。

冯桂芬政论一种:《校邠庐抗议》不分卷,同治元年(1862)稿本,题为《校邠庐初稿》,湖南省图书馆藏。收文四十二篇,有四十篇均写在咸丰十年(1860)至十一年,另两篇为旧作,《用钱不废银议》作于咸丰二年,《以工巧为币议》作于咸丰五年。曾国藩于同治元年九月十七日《日记》中写道:"冯敬亭名桂芬,寄《校邠庐初稿》二册,共议四十二篇,粗读十数篇,虽多难见之施行,然自是名儒之论。"①此书至冯氏去世,未尝刊行,但传抄甚广,《曾文正公复冯宫允书》云:"大著珍藏敝斋,传抄日广,京师暨长沙均有友人写去副本。"②至光绪九年(1883),天津广仁堂刊行《校邠庐抗议》,是为最早刻本,其稿或为其长子冯芳缉提供。所谓抗议,"即位卑言高之意"(《自序》)。又有光绪十年豫章刻本,其时冯氏次子芳植为江西饶州府署知府,其稿由芳植提供。二种版本,文字有异,冯芳植《跋》称:"各有所本,而非意为增损也。"后又有光绪十八年潘氏敏德堂刻本;光绪二十三年王韬"弢园老民"石印本、丰城余氏刻本、文瑞楼石印本;光绪二十四年冯氏孙冯世澄家刻本、北洋石印官书局本、上海石印本;光绪三十年甘肃官书局刻本等。今有陈正青标点本,上海书店出版社 2002 年版,系为近代文献丛刊之一种,以光绪二十三年弢园老民石印本为底本。

冯桂芬诗文集四种:一是《显志堂集》十二卷。草稿、抄稿、誊清稿本,上海社会科学院历史研究所资料室藏。此稿用纸不一,冯氏修改痕迹清晰可见。其中一册抄写在每页九行的黑色稿纸上,封面署"清稿、林一初稿、同治三四年(1864、1865)"字样。还有几册抄在红线稿纸上。每册均有冯氏浮签。又,光绪二年(1876)冯氏校邠庐刻本,南京图书馆藏。冯氏殁后其长子冯芳缉刊刻。扉页张之万题名"显志堂集"。前有吴云、俞樾、吴大澂《序》,李鸿章《墓志铭》,陈倬、许庚曜、朱培源、夏从镐、叶昌炽等《祭文》,潘遵祁等十二人《请奏建专祠呈》,李鸿章《奏建专祠片》,江苏巡抚吴元炳所题崇祀乡贤录以及袁潮绘《校邠先生遗像》。书凡十二卷,收文二百三十三篇:卷一"论、释、序"二十六篇;卷二"序"三十五篇;卷三"记"二十五篇;卷四"记"十篇;卷五"启、赋、书"二十七

① 曾国藩:《曾国藩日记类钞》,安徽人民出版社 2013 年版,第 172 页。
② 曾国藩:《曾国藩全集》第 28 册,岳麓书社 2011 年版,第 153 页。

篇；卷六"传"二十三篇；卷七"碑铭、墓表"十二篇；卷八"墓志铭、行述"八篇；卷九"拟、疏、说"十篇；卷十"议"七篇；卷十一"议"十五篇；卷十二"题辞、书后、论后、表后、跋、序、书"三十五篇。

二是《显志堂制艺》不分卷，残稿抄本，上海社会科学院历史研究所资料室藏。目录上标明七十七篇，实存五十四篇。所抄录的稿纸，为红色或黑色方格纸，每页九行，每行二十一字。抄稿下署"乙亥春日录汇"，盖为光绪元年(1875)即冯氏去世后第二年抄录。

三是《梦奈诗稿》不分卷，光绪二年(1876)冯氏校邠庐刻本，南京图书馆藏。扉页张之万题名"梦奈诗集"。由其长子冯芳缉刊刻，为冯氏唯一诗集，收诗一百零七种，一百二十八首，不分卷。卷首有蒋德馨《序》曰："今乃读冯君林一之诗，而益信君受才雄骜，洞观古今。平生刻意厉行，务为有用之学。"

四是《显志堂稿外集》三卷，《补遗》一卷，清钞稿本。《外集》本为四卷，亦为其后人所辑，佚第四卷。《补遗》一卷，为王大隆补辑，王大隆《跋》，复旦大学图书馆藏。王大隆曰："所著《显志堂集》《校邠庐抗议》，久已风行。此《外集》四卷，为其后人所辑录，惜已佚去第四卷。其文有涉忌讳者，有酬应者，亦有出自代庖者。先生手稿，曾归余从兄韶九，乃经吴平斋手订，即今所行《集》本。《外集》所收，如《两罍轩彝器图释序》、《宋本说文解字韵谱跋》，考证极精，不应刊集时删遗，必由手稿不具，未及搜采也……故友孔君陟岵，偶于冷摊得之，携以见示。素知先生曾为曾王父秋樵府君《墓表》，访之未获，不期于斯遇之，为之狂喜。因从借录副本。陟岵更怂恿付印，即以为赠。余旧有《辑佚》一卷，今去其复重，补卷四所遗。"

3. 存目著作

刘声木《桐城文学撰述考》卷四著录：冯桂芬撰《说文解字段注考证》十四卷、《弧矢算术细草图说》、《校正李氏恒星图》、《使粤行记》、《测定咸丰纪元中星表》、《两淮盐法志》[①]数种。

---

① 按：道光年间，陆建瀛在扬州设局，整顿盐政，聘请冯桂芬修《两淮盐法志》。

（十八）余治

1. 生平与师承

1809—1874，字翼廷，号莲村，一号晦斋，晚号寄云山人，又署木铎老人，江苏无锡人。去世后，其门人私谥其孝惠先生。师事李兆洛，受古文法。幼时家贫，十五岁即训蒙里中，以馆谷养亲。道光十五年（1835）补金匮学附生。十九年肄业江阴暨阳书院。科举屡次失意，至咸丰二年（1852）绝意于进取。太平军进据南京，曾向官府进献镇压之策，未被采用。工诗古文辞，自谓："九岁入塾……时有读古文者，心窃好之……十九岁澄江薛晴岩（城起）馆同里顾氏（登鳌），乃往受业……先生为讲古文，发明理道，辄如合符节嗣。又执贽元和张咏仙（肇辰）、晋陵李申耆（兆洛）师，二师古文名世，因得略闻绪论，稍识指归。"（《古文观止约选跋》）①

2. 现存撰述

余治编纂慈善章程总汇善书一种：《得一录》十六卷。同治八年（1869）苏州得见斋刻本。余治亲手编订之本。封面题有"同治己巳秋八月，苏城得见斋板"字样，书名由吴云以篆体题写。首列冯桂芬、吴云和许其光《序》，后附吴宗瑛和余治本人的《跋》。余治广施善举，并将平日施行或所见著有成效、足资仿办的善举章程，汇编成集，于道光二十九年（1849）编成《得一录》一书。然在刊刻过程中，"剞劂过半，旋罹劫火"，半途而废。同治六年，余治前往上海，欲再谋付梓，并重为补辑，后在友人吴宗瑛、粤商蔡桂培等人的帮助下，终竟心愿，于同治八年，刻成全书，凡十六卷。《得一录》之名，取自《中庸》"得一善则拳拳服膺"之句。该书收录的主要是各类善堂善会的章程，同时也包括一些乡规族约、家训格言、官府有关善举的文书以及教化论说。又有光绪十一年长沙宝善堂刻本，八卷，这两种版本内容基本相同，差异主要表现在目次的编排上。

余治诗文集一种：《尊小学斋集》八卷，附《家训》一卷，《年谱》一卷。

---

① 生平事迹参见俞樾：《例授承德郎候选训导加光禄寺署正衔余君墓志铭》，见余治：《尊小学斋集》卷首，光绪十年（1884）古吴得见斋刻本；彭慰高：《梁溪余君墓表》，《尊小学斋集》卷首；吴师澄编：《余孝惠先生年谱》，《尊小学斋集》卷末等。

光绪十年(1884)古吴得见斋刻本,南京图书馆藏。此集录《尊小学斋文集》六卷,《诗集》一卷,《诗余》一卷,附《家训》一卷,《年谱》一卷。卷首光绪十年俞樾《序》云:"余既铭其墓矣,其生平所著《庶几堂今乐府》又序而行之矣,然其他著作则未之得见也。今年夏尤子鼎甫(先甲)以君所著《尊小学斋集》见示,都凡《文》四卷,《诗》二卷,《家训》一卷。"据俞樾所说,比是集少《文》二卷,《年谱》一卷,未知何故。《文》六卷,卷五《祭李申耆师文》,尤见其师徒情深,真切感人。《诗》二卷:实为《诗》一卷,录诗二十五首;《诗余》一卷,录词三十五首。附录《家训》一卷,十二则,门人薛景清《跋》曰:"右先师莲村余先生手辑《家训》十二则,词意显浅,明白如话,朴实真恳,字字金玉……爰亟付梓以公诸世云。"又过人远《序》称:"所著《得一录》《庶几堂今乐府》久已梓行,诗文则及门薛霁塘(景清)手录成帙,今夏李秋亭太守倡捐谋刊。余门秦生曙村,先生之女夫也,编校为六卷,寄余作序。"次沈汇堂摹治遗像,熊其英题《像赞》一首。卷末复吴师澄编《余孝惠先生年谱》。

余治剧本集一种:《庶几堂今乐》,光绪六年(1880)得见斋刻本。又名《劝善杂剧》。《庶几堂今乐》,名字取自《孟子》:"王之好乐甚,则齐其庶几乎?"收有《碌砂痣》《魁星现》《治民记》《活佛图》《阴阳狱》《回头岸》《风流鉴》等京剧剧目二十八种。内容多表现善恶果报,世称"善戏"。此集剧目不按传统杂剧或传奇的体制创作,无曲牌,剧本中只有科介的提示语以方便演员发挥演技,且在每篇作品标题下面,都标明其主题。又望炊楼主人《庶几堂今乐跋》云:"《庶几堂今乐》四十种……原刊备优伶肆习……及门薛君景清、李君金镛、方君仁坚搜罗遗稿,得原刊本九种,钞本十一种,残稿十四种。"其余作品或已散轶。

(十九)夏灏

生平与师承

1811—1843,字忍庭,一字慎庭,江苏省江阴(今属无锡市)人。廪贡生,后官江苏试用训导。师事李兆洛,称高第弟子。工文学[1],善词

---

[1] 顾季慈辑、谢鼎容补辑:《江上诗钞》卷一百六十八收录其诗数首,上海古籍出版社 2003 年版,第1425 页。

章,经术深湛,能辟汉儒之误,与承培元、吴永康合撰有《说文解字系传校勘记》三卷。兼喜岐黄,堪称儒医。撰述多散佚。①

（二十）曹宗玮

1. 生平与师承

生卒不详,字蔗畦,江苏江阴(今属无锡市)人。道光七年(1827)廪贡生。姿性颖敏,博览群书,然口吃不善朗诵。师事李兆洛,受古文法。攻研各种学问,尤肆力于濂洛关闽之学。工帖括,精思锐笔,直破题篇。②

2. 存目著作

据民国《江阴县续志》卷二十、刘声木《桐城文学渊源考》卷九著录:曹宗玮撰有《观复堂文稿》若干卷③、《观复堂赋稿》若干卷、《花雨填词草》若干卷、《暨阳曹氏仅存稿》④若干卷。

（二十一）杨梦篆

1. 生平与师承

生卒年不详,字师韩,江苏阳湖(今属常州市)人。诸生。幼承家学,好学深思,肆力于经史,兼通天文历算。受知于阳湖县令张作南,补县学生。又学古文于李兆洛。撰述甚富,惜多散佚。⑤

2. 存目著作

据光绪《武阳志余》⑥卷七、《清代毗陵书目》(张惟骧编,1944 年常州旅沪同乡会铅印本)著录:杨梦篆撰《护花轩古文》⑦六卷、《护花轩诗》一卷。刘声木《桐城文学撰述考》卷四著录:杨梦篆撰《礼记述疑》二卷、《汉书摘微》二卷。

---

① 生平事迹参见刘声木:《桐城文学渊源考》卷九;《江苏艺文志·无锡卷》等小传。

② 生平事迹参见缪荃孙纂:《(民国)江阴县续志》,民国十年(1921)刻本,卷二十;刘声木:《桐城文学渊源考》卷九小传等。

③ 按:清金缨著《格言联璧》(民国十五年[1926]重刻石印本)有其《序》一篇。

④ 按:此书为曹宗玮、曹毓瑛合撰著作。

⑤ 生平事迹参见庄毓铉、陆鼎翰纂修:《武阳志馀》卷七,光绪十四年(1888)活字印本;刘声木:《桐城文学渊源考》卷九小传等。

⑥ 庄毓铉、陆鼎翰纂修:《武阳志馀》,光绪十四年(1888)活字印本。

⑦ 按:"护花轩"为杨梦篆室名。

（二十二）徐其志

1. 生平与师承

？—1860，字伯宏，号谌人，自号瑞云山人，江苏宜兴（今属无锡市）人。诸生。保举训导，曾入杨以增幕作《治河总略》，洞悉利弊。师事李兆洛，为入室弟子。性通敏，博极群书，工诗古文辞，尤讲经世之学。①

2. 现存撰述

徐其志词集一种：《瑞云词》一卷，咸丰四年（1854）刻本。一卷，一册。徐其志自号瑞云山人，故名"瑞云词"。词后有自加评语，高自称许，以《唐多令》《风流子》尤著。

3. 存目著作

据光绪《宜兴荆溪县新志》卷十见著录：徐其志撰有《叩囊韵语》一卷、《听雨楼古文》二卷、《听雨楼诗集》二卷、《汶上缘曲》一卷②。

（二十三）路廷立

生平与师承

生卒年不详，字参之，江苏宜兴（今属无锡市）人。师事舅氏李兆洛，受古文法。善篆刻，工书法。撰述多散佚。③

（二十四）缪尚诰

1. 生平与师承

生卒年不详，字芷卿，江苏江阴（今属无锡市）人。道光二十年（1840）举人。李兆洛江阴书院弟子。博闻强记，凡书一经手录，则终身不忘。致力于三史、《文选》，博综经术，更精求六书、古韵，旁及天文地理诸书。④

2. 存目著作

据《清史稿》卷四百八十六《文苑传》三著录：缪尚诰撰《古韵谱》《双声谱》《经星考》数种。刘声木《桐城文学渊源考》卷九谓其"撰杂著数

---

① 生平事迹参见清施惠等修，吴景墙等纂：光绪《宜兴荆溪县新志》，光绪八年（1882）刻本，卷十；刘声木：《桐城文学渊源考》卷九小传。

② 施惠等修、吴景墙等纂：《（光绪）宜兴荆溪县新志》卷十，光绪八年（1882）刻本。

③ 生平事迹参见刘声木：《桐城文学渊源考》卷九小传。

④ 生平事迹参见《清史稿》卷四百八十六《文苑传》三；缪荃孙纂：《（民国）江阴县续志》，民国十年（1921）刻本，卷十五《人物》；刘声木：《桐城文学渊源考》卷九小传等。

种，皆不传"。

（二十五）缪仲诰

生平与师承

生卒年不详，字若芳，江苏江阴（今属无锡市）人。缪尚诰孪生兄弟。诸生。师事李兆洛，尝以李兆洛教人读书之法告人，谓"李先生常训人'读书，读必校，校必精。始而句读，继而考订，楷书其眉，以为日课，自能渐知大义，以底于通人。'真确论也"。[①] 撰述多散佚。

（二十六）顾瑞清

生平与师承

生卒年不详，字河之，江苏元和（今属苏州市）人。顾广圻孙。咸丰二年（1852）举人，官拣选知县，师事李兆洛，受古文法。性好聚书，善承家学，于《七略》源流耳濡目染，既博且精，尝辑《通鉴》历代战争冲要之地汇为一编，未及成书。其学极有原本，撰述甚富，惜多未成书。[②]

（二十七）沈锺

1. 生平与撰述

？—1873，字伯揆，号牧唐[③]，江苏江阴（今属无锡市）人。诸生。师事李兆洛，受古文法，从游最久。肆力书传，撮举大要，观其会通，诗、古文别具妙谛。[④]

2. 现存撰述

沈锺诗集一种：《奚囊巢剩》二卷，光绪年间刻本。版心刻"牧唐吟草"字样。凡二册，中国社会科学院文学研究所藏。[⑤]

（二十八）吴汝庚

生平与师承

生卒年不详，字巽先，江苏吴江（今属苏州市）人。吴育子，承家学。

---

① 生平事迹参见缪荃孙纂：《（民国）江阴县续志》，民国十年（1921）刻本，卷十五《人物》；刘声木：《桐城文学渊源考》卷九小传。

② 生平事迹参见刘声木：《桐城文学渊源考》卷九小传。

③ 刘声木《桐城文学渊源考》卷九谓"号收唐"，盖误。

④ 生平事迹参见刘声木：《桐城文学渊源考》卷九小传。

⑤ 按：刘声木《桐城文学渊源考》卷九谓其"诗、古文别具妙谛，惜原稿散佚"。

师事李兆洛,受古文法。丰仪古雅,工篆书。祁寯藻影刊宋钞小徐本《说文系传》于江阴书院,吴汝庚与承培元、夏灏等为之订正讹脱,成一善本。著述多散佚。①

二 续传弟子

顾湘

1. 生平与师承

1779—1850,字翠岚,一字兰江,又字兰生,自号东郭顽夫,别号石墩山民,江苏常熟(今属苏州市)人。仕履不详。性敏慧坦荡,遗弃声利,为清代著名藏书家,筑有珍艺堂、小石山房、玲珑山馆,储宋元明旧籍千余万卷,多稀世奇珍。师事季锡畴,受古文法历二十年,称高第弟子。喜蓄古印,精篆刻,尤嗜搜集未刻之书。②

2. 现存撰述

顾湘辑录篆学及印学著作二种:一是《篆学丛书》,凡三十种四十卷,道光二十年(1840)海虞顾氏刻本。又名《篆学琐著》。收有自唐代以迄清朝篆学及印学著作,其编次为:唐李阳冰撰《论篆》、唐韦续撰《五十六种书法》、元吾丘衍撰《学古编》、明徐官撰《古今印史》、明赵宦光辑《篆学指南》、明甘旸撰《印章集说》、明何震撰《续学古编》、明程远撰《印旨》、明朱简撰《印经》《印章要论》、清袁三俊撰《篆刻十三略》、明方以智撰《印章考》、清吴先声撰《敦好堂论印》、清许容撰《说篆》、清高积厚撰《印辨》《印述》、清徐坚撰《印戋说》、清孙光祖撰《六书缘起》《古今印制》《篆印发微》、清夏一驹撰《古印考略》、清桂馥撰《续三十五举》《再续三十五举》《重定续三十五举》、清陈炼撰《印说》《印言》、清吴骞辑《论印绝句》、清冯承辉撰《印学管见》、清周亮工撰《印人传》、清汪启淑撰《续印人传》。有通论篆刻的、有论技法实践的、有篆刻欣赏的,还收录有旧时文人的论印诗等,基本包括了印学的方方面面。值得注意的是,书中还

---

① 生平事迹参见王其淦等修、汤成烈纂:《(光绪)武进阳湖县志》,光绪五年(1879)刻本,卷二十七《寓贤·吴育传》附录;刘声木:《桐城文学渊源考》卷九小传等。

② 生平事迹参见刘声木:《桐城文学渊源考》卷一;江苏省常熟市虞山镇志编纂委员会编:《虞山镇志》,方志出版社2017年版,第210页,小传。

收有方以智考证印学的专文《印章考》，辑自方氏《通雅》。此书是中国印学史上第一部印学丛书，首次将历代论印文字综合、集中起来，绝大多数堪称篆刻史上的经典之作。二是《学山堂印存》四卷凡四册。成书于道光二十九年，1925年由扫叶山房出版发行。此谱所录系顾氏搜集得明末张灏《学山堂印谱》明代印人原印钤拓而成。卷首有季锡畴《序》及顾湘《自序》。据顾氏《自序》云：明清易代之际散出，顾氏从太仓陆氏、毕氏及吴郡刘氏收得其中部分印章，"核之原谱，几十之三四，欣赏之下，汇而拓之。"版面为墨色框格，每面钤一印至四印不等，均注有释文，总计有一百五十六方印。

顾湘、顾浩兄弟合辑印人印谱二种：一是《小石山房印苑》，为顾湘、顾浩兄弟合辑元明清诸家印谱，十二卷。均为顾湘、顾浩兄弟藏石。据庞士龙《云斋旧藏善本印谱目忆录》记顾氏后人云，辑谱甫成，适太平军起，未及拓行，所流传者，俱同（治）光（绪）间本也。板格墨刷，每页前幅一印至四印，自元人朱伯盛，迄清道光程椿止，收印四百余方。注有释文及边款，并辑录各家小传，有邓传密、王学浩、潘遵祁《序》，季锡畴《跋》。二是《小石山房印谱》，为顾湘、顾浩兄弟合辑明清印人印谱，此谱所录均为顾氏藏印，因先后辑拓不同，内容亦有所不同。先是道光十年（1830）初版本，正谱四卷，又别集一卷，附集一卷，凡六册。第一至第四册录明清名家印作三百四十六方，每页前幅自一印至四印不等。下注释文，有吴映奎、赵允怀、王学浩等人《序》。季锡畴《跋》，顾湘、顾浩《自述》；第五册为别集一卷，录顾氏于吴门所得未署名款之《归去来辞》石印五十三方。其缺印延程椿补刻者，有顾湘《跋》。第六册为附集一卷，录程椿所刻《桃源行》《四时读书乐》《读书十八则》三组印，有王羲《序》、顾湘《跋》、程椿《自跋》。后又有同治八年（1869）顾星卿重辑本，仍为六册。正谱四卷四册，别集一卷一册，集名刻一卷一册。此因太平天国战后，旧印失去十之三四，故以别印补入，以足卷帙，将赵允怀《序》，引申改刻，又增赵金灿《序》一篇。别集一卷，印尚无恙，故如旧；原附集之程氏手制铜印三种，散失过半，以集名刻一卷补之。1985年中国书店据此本影印。

附 李兆洛弟子江苏承传谱系表

李兆洛

第五章　非苏籍宗师之苏籍弟子及其撰述考

据刘声木《桐城文学渊源考》载录，除方苞、刘大櫆、姚鼐外，其他非苏籍的宗师级人物还有桐城方东树、武昌张裕钊、桐城吴汝纶、江西邱维屏、建宁朱仕琇、新城鲁九皋等，其中除邱维屏、鲁九皋外，均教授有苏籍弟子及再传苏籍弟子，故专列一章，对这些苏籍弟子及其撰述略作考述。

第一节　张裕钊、吴汝纶之门属

刘声木《桐城文学渊源考》卷十将武昌张裕钊、桐城吴汝纶归为一个宗师门属，且谓："此卷专记师事及私淑张裕钊、吴汝纶诸人"。之所以将张、吴二人合为一个门属，是因为二人同出曾国藩之门，同主莲池书院讲席，刘声木谓张裕钊"师事曾国藩，受古文法，最为笃爱。……历主凤池、鹿门、三原、莲池等书院讲席，造就人才甚众"，又在《补遗》中说"主讲经心、江汉等书院，自少即笃嗜方苞、姚鼐之说，常诵习其文"；谓吴汝纶"师事曾国藩，受古文法，刻苦励学。……官深、冀二州，锐意兴学，亲教课之。弃官主莲池书院讲席十余年，教泽播遍畿辅，为历来所未有"，又在《补遗》中说"自曾国藩故后，汝纶与张裕钊以文章负重名，世称'张吴'，教授弟子亦极盛"。张裕钊自咸丰三年(1853)进入曾国藩幕府中，成为著名的曾门四子之一，"武昌先生讳裕钊，受知湘乡曾公最久"①。吴汝纶入曾国藩幕稍晚于张裕钊,同治三年(1864)五月二十七日曾国藩在日记中记云:"阅桐城吴汝纶所为古文,方存之荐来,以为义理、考证、词章三者皆可成就,余观之信然,不独为桐城后起之英也。"②因方宗诚之荐,曾国藩对吴汝纶有了印象,恰曾国藩主持这年乡试,吴汝纶此科入闱,二人遂有"师生"关系,其后入曾幕府。从光绪九年(1883)至二十七年,张裕钊、吴汝纶先后主持莲池书院近二十年,"河北风气,因以大开,于是占侰揣摩之所,一便为储才研籍之地矣"③。

同治十年(1871),张裕钊应两江总督曾国藩之邀,来南京主讲凤池书院,直到光绪九年(1883)应直隶总督李鸿章之聘去主讲莲池书院,在南京凤池书院连任山长十二年,张謇、范当世、朱铭盘为其高第。卢冀野先生曾记述凤池书院旧事曰:"武昌张裕钊讲学于是,张謇、范当世、朱铭盘相偕谒凤池书院,裕钊大喜,自诧一日得通州三生,时以为佳话。"④而范当世称自己"自吾束发读书,慕思曾文正公之为人,而愿睹当时之亲炙者,若张廉卿先生,若吴冀州"⑤,光绪十一年至十三年、光绪十七年至二十年,范当世分别寓居冀州、天津,与吴汝纶诗文切磋,自言"吾诗大抵皆有挚父先生评"⑥,二人交往密切,创作也逐渐趋于成熟。如此,张、吴弟子播迁江苏大地,形成广泛影响。

一 通州范氏族属桐城派弟子

(一)范当世

1. 生平与师承

1854—1905,初名铸,字铜士,后更字无错,号肯堂,又号伯子。江苏通州(今属南通市)人。少孤贫,力学。同治十年(1871)岁贡生,与弟钟、铠合称"通州三范"。师事张裕钊,受古文法。与同邑朱铭盘、张謇

---

① 灈山:《谈谈以往的莲池》,《河北月刊》第5卷第2期,1937年2月15日。
② 曾国藩:《曾国藩全集·日记》,岳麓书社2011年版,第58页。
③ 灈山:《谈谈以往的莲池》,《河北月刊》第5卷第2期,1937年2月15日。
④ 丁帆编:《金陵旧颜》,南京出版社2014年版,第359页。
⑤ 范当世:《故湖南巡抚义宁陈公墓志铭》,见《南通范氏诗文世家(玖)》,河北教育出版社2004年版,第88页。
⑥ 范当世:《〈三百止遗〉自序》,见《南通范氏诗文世家(玖)》,河北教育出版社2004年版,第126页。

合称"通州三生"。北游冀州,吴汝纶为之主,讲学于保定莲池书院,与吴汝纶门生贺涛齐名,故有"南范北贺"之称。范氏丧妻,由吴汝纶为之介,续聘桐城姚莹孙女为妻,益探研古文,学大进。不久入北洋李鸿章幕,以诗文课其子。后南游,客鄂、沪。晚年,倦归乡里,谋乡邑教育,筹办南通小学。为文宗尚桐城,然有摒弃凡俗,不为桐城"义法"拘囿,辞气昌盛;为诗尤为有名,才力雄健,多沉郁苍凉之作,桐城人吴闿生选《晚清四十家诗》,以范当世冠首,选录最多。福州曾履川曾称,近世为诗者"则通州范肯堂先生为第一,以足上嗣遗山也"①。

2. 现存撰述

范当世诗文集三种:一是《范伯子文集》十二卷,又《集外文》一卷,《附》一卷。民国二十一年(1932)至二十二年浙西徐氏刻本。卷首有达县黎玉玺《范伯子全集序》,桐城姚永概《范肯堂墓志铭》,马其昶《范伯子文集序》,义宁陈三立《范柏子文集序》,海盐徐文霨《校刻范柏子集序》。《清史·张裕钊传》后所附《本传》及《南通县志》所载本传,并《范伯子先生行实编年》等。此集共十二卷,收文九十六篇;又《集外文》一卷,收文十二篇;《附》一卷,收书信八篇。卷末有姚依云《跋》。集中多酬应之作,寿序、书序、碑传、志状最多,无论政、论学之篇。

二是《范伯子诗集》十九卷,光绪三十四年(1908)浙西徐氏校刊本。卷首有范伯子木刻坐像。福州曾克耑于"太岁在阏逢执徐陬月(1904年正月)"所作《范伯子诗集序》。无篇目,按年代顺序分卷排列:卷一为光绪四年戊寅至九年癸未仅存之作;卷二为光绪十一年三月初至冀州至七月南归作;卷三为光绪十一年十月再至冀州至十二年十月南归作;卷四为光绪十三年四月三至冀州至十四年七月南归作;卷五为光绪十四年十月就婚安福至十五年六月还家作;卷六为光绪十六年十月再至安福至七年正月还家作;卷七为光绪十七年二月至天津至十九年六月作;卷八为光绪十九年六月至十二月作;卷九为光绪二十年正月至十一月南归送女湖北作;卷十为光绪二十一年里居及江宁至二十二年里居

---

① 黎玉玺:《范伯子文集序》,见范当世:《范伯子文集》卷首,民国年间浙西徐氏刻本。生平事迹参见《清史稿》卷四百八十六;金鉽:《范肯堂先生事略》,《续碑传集》卷八十;姚永概:《范肯堂墓志铭》,见范当世:《范伯子文集》卷首,民国年间浙西徐氏刻本;刘声木:《桐城文学渊源考》卷十等。

作;卷十一为光绪二十三年里居至二十四年广东作;卷十二为光绪二十五年八月至广东不果留滞上海作;卷十三为光绪二十五年迟粤修不至遂留上海度岁至二十六年三月还家作;卷十四为光绪二十六年至桐城及闰八月至南昌作;卷十五为光绪二十六年九月自南昌至扬州及十月还里后作;卷十六为光绪二十七年里居及四月至淮安复还里作;卷十七为光绪二十七年六月至二十八年六月作;卷十八为光绪二十八年七月至二十九年十二月往来江宁作;卷十九为光绪三十年里居病中作。十九卷都为古近体诗一千一百七首。《续修四库全书》据此本影印。又有民国刻本《范伯子诗集》十九卷并附其妻桐城姚倚云《蕴素轩诗》四卷行世。

三是《范当世诗文选钞》一卷凡一册,姚永概绿格选钞本,安徽省图书馆藏。版心上方为"大学堂日记"。佚名朱墨笔批注。此本所钞大多可见于《范伯子诗文集》,题名为本著录者自拟。姚永概选钞范文十余篇,有《吴挚甫先生行状》《答桂生书》《孙芸轩先生哀辞》等;诗数十首:《伯岩为桐城二老诗余亦各赠一首以示之(壬寅)》《〈徐先生宗亮〉〈萧先生穆〉》、《莫春金陵城北见桃李花有感(癸卯)》等。

3. 存目著作

据刘声木《桐城文学撰述考》卷四著录:范当世撰《范伯子手札》一卷,有注曰:"石印手迹本。"

范当世编撰家集一种:《通州范氏诗钞》四卷①,范当世作为通州范氏的第九代诗人,自二十岁开始,历史二十年搜集从明代范应龙起十代先人的古近体诗五百一十四首,于光绪二十四年(1894)甲午四月编辑成是书,卷首有范当世《自序》。《自序》见《范伯子文集》卷六。

(二)范钟

1. 生平与师承

1856—1909,字仲林,又字中木、中子,号辰君,斋号蜂腰馆,江苏通州(今属南通市)人。范当世弟。光绪二十四年(1898)进士。曾做过陈衡恪的老师,光绪十九年任两湖书院教习,二十四年充河南巡抚文案,

---

① 按:刘声木《桐城文学撰述考》卷四著录,卷数不清,可补。

并任大学堂教习,三十一年充山西巡抚文案,并任山西省学务处坐办(主管),山西大学堂、山西农林学堂教习;三十三年任河南鹿邑县令,卒于任上。工书法,尤精楷书。师事张裕钊、吴汝纶及其兄范当世,受古文法。工诗,尝与陈散原、易顺鼎游庐山,成《庐山诗录》合刻。①

2. 现存撰述

范钟日记一种:《范钟日记》五册,手稿本,范曾先生收藏。光绪二十四年(1898)范钟中进士,签分河南。自从这年十月至光绪三十二年,范钟所记官旅生涯合为此集。

范钟诗文集三种:一是《蜂腰馆诗集》四卷及附词一卷,现存三种版本:一为范钟手稿本;一为友人誊稿,所录诗自庚寅至癸巳(1890—1893)范钟客湖北武昌时诗作,系从友人处传抄,故非全本;一为民国八年(1919)刻本,是范钟殁后十年,弟子徐鸿宝与其友人张允亮合刻其遗诗,弟子陈衡恪附《跋》于后。二是《范钟诗稿附文集》一卷,范钟手稿本。此集是范钟于辛卯年(1891)三四月间,客次武昌闲暇时,追忆杂抄往作诗文,收录诗六十首、词一首、文九篇、书信三封,并存目诗四首:《癸未出都门》七古一首、《至顾埭》五古一首、《赠王殿甫》五古四首、《南潦北旱叹》一首。三是《南通范氏诗文世家·范钟卷》,2004 年范曾主编的家族丛书《南通范氏诗文世家》二十一卷,由河北教育出版社付梓发行,汇集范氏十三代诗文作品。其中第十卷《范钟范铠卷》,收录并点校范钟《蜂腰馆诗集》四卷附词及跋、《范中子外集》一卷及跋、《范钟诗稿附文集》及序,独家收录范钟家书十七封,即《禀父翁书》一封、《与兄范伯子书》一封、《与三弟范铠书》十四封、《示嗣子范况书》一封。

范钟与陈三立、易顺鼎、罗运崃四人诗歌合集一种:《庐山诗录》四卷,四册,光绪十九年(1893)刻本。范钟于癸巳年四月,与陈三立、易顺鼎、罗运崃自武昌抵九江游庐山,后四人结集《庐山诗录》,每人各一卷。

(三)范铠

1. 生平与师承

1869—1924,字秋门,一字冑门,号西君,江苏通州(今属南通市)

第五章　非苏籍宗师之苏籍弟子及其撰述考

①生平事迹参见刘声木:《桐城文学渊源考》卷十小传。

人。范当世弟。光绪二十三年（1897）拔贡。二十四年，范铠以朝考一等授试用知县签发山东。二十六年秋，入山东巡抚袁世凯幕府；二十八年复入山东巡抚张人骏幕府；三十年在山东省警察局掌文案；三十一年署理山东寿光知县。宣统三年（1911）署理河南濮阳知县。1912 年，弃官还乡。师事张裕钊、吴汝纶及其兄范当世，受古文法。①

2. 现存撰述

范铠编纂方志二种：一是《南通县图志》范铠修纂，张謇续纂，孟森增订。二十四卷。民国间南通翰墨林印书局铅印本。此志成书过程比较复杂。1912 年，张謇出资聘清范铠主笔编纂《南通县图志》。1914 年范铠初稿未竟，因与张謇意见不合，辞职离通，修志亦停。1921 年张謇改聘孟森参与续纂、增订。将《南通县图志》编定 24 卷，并陆续付印。书末有民国十年张謇《续纂后叙》，云："右之为志成于民国三年范君铠之手。……（今）既延武进孟君森校订前失，謇复排百冗，日校为课，分次弟，诸弟子任辑纂之役……今之所续者，皆铠书以后发见之事；而铠书所本未详未及者，并校书牍，以补以掇，俾具首尾。属铠编者表'前纂'，别于今续. 亦有一篇大体属铠而今续订补增损之者，以'前纂''续纂'合注明之，归以较然不欺而已"。

二是《通海垦牧乡志》，范铠、张謇合纂方志，一卷。1921 年至 1925 年南通翰墨林印书局铅印本。垦牧乡在今江苏省南通市境内。是书系自《南通县图志》录出单行，内容主要展示张謇创办通海垦牧公司历二十年垦荒而卓有成效的发展史，是近代盐垦史的珍贵史料。

范铠编纂讲义一种：《山东省高等学堂明儒学案讲义》不分卷，光绪三十三年（1907）山东高等学堂石印本。版心下印"山东高等学堂"。据范铠《师说》后序文知：因以《奏定学堂章程》举宋元明清四朝学案为伦理课本，作为德育之基。各省学堂同遵此行，各节删以教学。范铠与其他数君受命于周立之监督，承担《明儒学案》讲义撰写。《明儒学案》为清初黄宗羲学术史著作，范铠选其中若干学案以讲授大义。内容有：师说、崇仁学案、白沙学案、河东学案、三原学案、姚江学案、浙中王门学

---

① 生平事迹参见刘声木：《桐城文学渊源考》卷十小传。

案、江右王门学案、南中王门学案、楚中王门学案、北中王门学案、粤闽王门学案、止修学案、泰州学案、甘泉学案、诸儒学案、东林学案、蕺山学案各篇。

范铠文集一种：《南通范氏诗文世家·范铠卷》，2004 年范曾主编的家族丛书《南通范氏诗文世家》二十一卷，由河北教育出版社付梓发行，汇集范氏十三代诗文作品，其中第十卷是《范钟范铠卷》。

（四）范罕

1. 生平与师承

1875—1938，字彦殊，江苏通州（今属南通市）人。范当世长子，范曾祖父。幼承家学，年少时游学日本，返国后执教席于上海。一生行迹与其父相似，穷困牢愁，兼多病，凡所抒怀皆寄之于诗。陈散原评其诗云："与乃翁固自大同而小异。"汪东则称其诗云："劲气直达，肆而不野，求尝拘唐、宋门户，而骎骎与古争驱。"①

2. 现存撰述

范罕诗集一种：《蜗牛舍诗》②四卷，陈师曾题签，民国十二年（1923）石印本。卷首陈衡恪《序》云："彦殊今年五十，自选定所为诗将付印，亦曰吾家事不可以无存也。留学日本时，旅馆不戒于火，旧稿焚去，归国后嘿记录之，益以近作，都为四卷……诗实不常作，作辄佳，秉性然耶。"又有《蜗牛自序》。四卷分为四集：卷一《浪游集》录少作至游历日本东京及回国时诗，四十首。卷二《归云集》录自丙辰北京回里养病至戊午重游北京时诗，五十一首。卷三《落瓠集》录辛酉重编诗稿移居观音寺至壬戌秋再迁南通馆一年间作，二十六首。卷四《回顾集》九十一首。卷末有作者《附记》。2004 年河北教育出版社《南通范氏诗文世家》第十一册收录《范罕卷》。

范罕诗话理论著作一种：《蜗牛舍说诗新语》一卷，民国二十五年（1926）铅印本。《蜗牛舍说诗新语》后记曰："《说诗新语》一卷，系民国

---

① 转引自范曾：《范曾自述》，百花文艺出版社 1988 年版，第 23 页。生平事迹参见《南通范氏诗文世家》（河北教育出版社 2004 年版）第十一册《范罕卷》卷首陈衡恪撰《序》。刘声木《桐城文学渊源考》未收，可增补。

② 按：书斋名"蜗牛舍"。

十二年后,自北京返里教授南通学院时讲演之稿,略加修饰,成为兹编上卷。"是书仅一万四千字,形式上较散漫随性,然究其所述,反映了时代性的"通变"思想,如预见新诗将作为诗中一体而存在等。2004年河北教育出版社《南通范氏诗文世家》第十一册收录《范罕卷》。

二 及门弟子

(一)叶昌炽

1. 生平与师承

1849—1917,字兰裳,又字鞠常、鞠裳,自署歇后翁,一号缘裻,自题缘裻庐主人。原籍浙江绍兴,后入籍江苏长洲(今属苏州市)。早年就读正谊书院,助冯桂芬修《苏州府志》。光绪二年(1876)举于乡。光绪十五年会试以魁选成进士,改翰林庶吉士,散馆授编修。张之洞密疏荐,赏侍读衔,充会典馆帮总纂、国史馆提调,迁国子监司业、翰林院撰文。京察一等,记名以道府用,赏戴花翎,加三品衔,升授侍讲。光绪二十七年,奉命督学甘肃。为官期间,到处访求古迹,最早重视敦煌藏经洞所藏文献。不久,清廷废科举,引疾归里。后充礼学馆顾问官。师事张裕钊,受古文法。辛亥之后,悲天悯人,忠愤沉郁,发为诗歌。以校勘学冠当世。为名家巨室校书众多,瞿氏《铁琴铜剑楼书目》、潘氏《功顺堂丛书》皆其手校。①

2. 现存撰述

叶昌炽方志学著作一种:《寒山寺志》三卷,凡二册,民国十一年(1922)苏州吴县潘氏刊本。内封题"壬戌夏历四月 寒山寺志 吴县潘氏刊本"。首有宣统三年(1911)叶昌炽《序》及民国元年寂鉴遗民《序》、叶昌炽《与何筱雅太守书》、识文二篇。是书是叶氏应江苏巡抚程德全之邀而作。从1911年6月18日开始发凡起例,至28日即完成初稿。然初稿完成后,叶氏不满结构体例而被搁置,直到次年8月才重开旧稿,重新订正修改而成。是书凡十篇:志桥、志寺、志象、志钟、志碑、志僧、

---

① 生平事迹参见曹元弼撰:《皇清诰授通议大夫翰林院侍讲甘肃学政叶公墓志铭》,见钱仲联编:《广清碑传集》卷十七,苏州大学出版社1999年版;刘声木:《桐城文学渊源考》卷十。又此条撰写亦参考金振华:《叶昌炽研究》,吉林人民出版社2005年版。

志产、志游、志事、志诗。附录两篇：寒拾事迹、寒山诗集解题及诸家书牍诗话序跋考证。

叶昌炽金石学著作二种：一是《语石》十卷，宣统元年（1909）苏州振新书社印行。是书创稿于光绪二十六年（1900），至次年十月下旬完成初稿，此后十年间，叶昌炽不断对其进行增补修改，直至刊印。全书共十卷，共 274 条 484 则。卷一总论历代石刻；卷二论各地碑刻，包括海外的朝鲜、日本、安南、欧非两洲等；卷三至卷五详论碑刻形制；卷六述碑文义例，包括撰书体例、撰人、书人、选石等；卷七论历代著名书写者；卷八述书碑者群体及书碑留存情况；卷九论碑文的书写体例；卷十论拓本的分类与收藏。又有《国学基本丛书》本、《万有文库》本。二是《邠州石室录》三卷，民国五年（1916）刘翰怡刊刻本。收录唐、宋、金、元人题名一百零三通，其中唐二十二通，宋六十四通，金一通，元十六通。是书仿刘喜海《三巴香古志》体例，将拓片按一定比例缩临为书版而成。叶氏又于每通拓片之后各作题名跋一首，"年月、姓氏、职官、郡邑详载无遗"。《续修四库全书》据此影印。

叶昌炽校勘学著作一种：与华亭杜肇纶合撰《宋蜀大字本史记校勘记》不分卷，二册，手稿本。王欣夫《蛾术轩箧存善本书录》谓："宋淮南路转运司刊《史记集解》，世所称蜀大字本者，刘丈翰怡所藏，特精为摹刻以饷世，延吾乡叶菊裳先生为校勘，松江杜君经侯佐之。……时在丁巳春夏间。至九月，先生逝世。此即所撰《校勘记》手稿，盖绝笔也。"[①] 出自叶氏之手的校勘记有《六国年表》《秦楚之际月表》《高祖功臣侯年表》《惠景间侯者年表》《建元以来侯者年表》等。有"吴兴刘氏嘉业堂藏书记"朱文长方印。

叶昌炽日记二种：一是《梨云仙馆日记》不分卷，稿本，上海图书馆和上海社会科学院图书馆藏有残本。系叶昌炽同治七年（1868）至九年的日记。因记载简略，时间也短，故不为人重视。二是《缘督庐日记》不分卷，手稿本，凡四十三册，苏州图书馆藏。系叶氏同治九年（1870）闰十月十三日至民国六年（1917）九月十五日的绝笔日记。这部日记记载

① 王欣夫：《蛾术轩箧存善本书录》，第 463 页。

叶氏四十八年间的主要事迹,以及这段时间的社会生活、学术兴衰以及风俗政治景况,被公认为是中国近代史上最著名的日记之一。又有民国八年、二十一年石印本,1990 年江苏广陵古籍刻印社影印本。又有王季烈摘抄《缘裻庐日记抄》十六卷,民国二十二年(1933)上海蟫隐庐影印本,安徽省图书馆有藏。牌记题"癸酉孟冬夏心葵属上海蟫隐庐印行"。卷首有民国二十年吴郁生《序》、民国八年王季烈《序》、编年目录及目录后王季烈《识》。王季烈是叶昌炽同窗好友王颂蔚之子,他取得日记遗稿,加以编辑。原稿四十三册,编辑时将已梓行之古今体诗,无关宏旨之言,以及叶昌炽遗嘱中所谓"臧否时人、规诲亲故"不愿示人以伤忠厚者皆节去,成书约得原稿十之四。王季烈谓:"年丈外和而内介,学博而行修,辙迹半天下,交游尽当世之贤,其为学之勤、内行之厚、立品之卓、藻鉴之明、取予之严、见闻之广皆见于日记中。此一编者,非第仰止先贤、关心文献者所宜亟读,欲知近数十年中之学术兴衰、风俗隆替、政治得失皆当于此探求。"

叶昌炽目录学著作一种:《滂熹斋藏书记》三卷,民国十四年(1925)陈乃乾刻本。"滂熹斋"是清末学者潘祖荫在江苏吴县的藏书楼名,是记是一部反映潘祖荫部分藏书的解题书目,卷端虽题"吴县潘祖荫",但该书真正的作者是叶昌炽。潘氏是叶氏居停,又是其会试座师,鉴于叶氏在古书版本和目录方面的深厚功力,潘氏嘱其为滂熹斋藏书编目。又有民国十七年潘祖荫侄孙潘承弼在光绪版基础上注明版本,加序目的新版本;1985 年江苏广陵古籍刻印社据陈乃乾慎初堂原本影印再次出版发行。在编排上,按照经、史、子、集四部归类,计收书一百三十部:宋本五十八部,金刻本一部,元刊本二十九部,明刊本十九部,顺治刻本一部,旧刻本二部,日本与高丽刻本十四部,影宋抄与旧抄本六部。收录藏书版本等级极高,对考订古书版本源流大有好处。

叶昌炽藏书研究著作一种:《藏书纪事诗》七卷,宣统二年(1910)长洲叶氏自定刊本。叶氏自光绪十年(1884)开始撰写是书,历时七年,至光绪十六年完成初稿,编成六卷,光绪二十三年其弟子江标将是书收入《灵鹣阁丛书》付梓刊刻,是为初刊本。但这个本子"引书繁芜,举例踳驳","亥豕之讹亦多沿而未削",叶氏对此不满,于是亲自校定,自刻于家。是书为研究藏书史的专著,收录自五代末至清代七百三十九位私人藏书家史实事迹,加按语说明,每家赋诗一首,意在为藏书家立传,是中国藏书研究的发凡之作,在中国藏书史上具有重要地位和影响。又有吴县王欣夫补正手稿本,王欣夫《蛾术轩箧存善本书录》之《未编年稿》卷三谓:"余好流略之学,尤喜探讨藏书家故事,于菊裳先生是书,不离案头,几于十读三复。……遂于循览之余,随加补正,积久眉端穰穰,不下六七百条。……他日有重刊是书者,或附补正于末,亦聊有功于读者多闻博见也耶?"①又有 1958 年古典文学出版社(上海)排印本,1987年上海古籍出版社排印本,附《补正》。

叶昌炽诗文集二种:一是《奇觚庼文集》三卷,又《文外》一卷。凡四册,民国十年(1921)辛酉冬月吴县潘氏刻本,南京大学图书馆藏。前无序,后有王季烈《跋》。卷上录序、跋三十四首,其中代作十四首;卷中录跋、书后、辨五十一首,其中代作一首;卷下录墓志、祭文、诔文三十一首,其中代作三首。《文外集》录寿序十一篇,其中代作三篇。《续修四库全书》据此版影印。二是《辛壬稧诗谳》三卷,一册,民国十二年刻本。作者原署"今日烂柯叟当年鬻髫生",即叶昌炽隐名。有吴县王欣夫录归安朱祖谋、江阴夏孙桐、仁和叶景葵、长洲王季烈、乌程刘承干、吴江费树蔚、湘潭翁廉、丰润张志潜、元和顾彦聪、杭县沈祖绵十家笺识。王欣夫谓:"盖以诗多讥刺时人,故不列真姓名。本名《春明观物篇》,后更曰《诗谳》者,以七言律体,隐纪清末甲午、戊戌、庚子诸朝政也。……惜时移事往,加以词旨隐晦,读者多已不了其本事。于是朱古微诸老各据所知,加以笺释。"②《奇觚庼诗集》三卷,又《前集》一卷、《补遗》一卷、《遗词》一卷。民国十五年刻本,国家图书馆藏。前有民国十五年同邑章钰《序》。《诗集》卷上录壬寅至乙巳"陇鞀中作";卷中录丙午至辛亥"归田后作";卷下录壬子至丁巳"避世时作"。《前集》录丙子至庚子所作诗。《补遗》录壬寅至丁未所作诗。《遗词》录词长短调凡十阕。据章钰《序》,叶诗生前未结集,系潘仲午、汪星台、王君九等从《日记》手稿中抄

---

① 王欣夫:《蛾术轩箧存善本书录》,第 1582—1584 页。
② 王欣夫:《蛾术轩箧存善本书录》,第 1071 页。

出。《续修四库全书》影印《诗集》《前集》《遗词》而未录《补遗》。

（二）朱铭盘

1. 生平与师承

1852—1893,字佽僩,原字日新,号曼君,通州泰兴(今属江苏泰州市)人。光绪八年(1882)优贡,同年中举。曾客吴长庆、张光前幕,保举知州。工诗古文辞,受知于张裕钊、方浚颐,与李兆洛、龚自珍、魏源等交善。章炳麟《桂之华轩诗文序》云:"泰兴朱曼君先生,少倜傥,善属文。既壮事武昌张公,张公以古文辞著。而先生善为俪语,犹申耆出于姬传之门也。"①方浚颐《桂之华轩诗集序》谓:"曼君诗五言善学太白,七律亦有奇气,五七古歌行则与昌谷少陵为近。"②

2. 现存撰述

朱铭盘史学著作三种:一是《历代四裔朝献长编》五十六卷,分订八册,约二十万言。依据参考书籍一百余种,辑录自汉元年,至于明季,凡二十五朝的、少数民族朝贡中央政府的故事。依年份条纪述,各注参考书名。《桂之华轩文集》卷九录有《序言》。二是《两晋会要》八十卷,抄本,计十册,约二十五万言。分帝系、礼、乐、舆服、文学、术数、封建、职官、选举、民政、食货、兵、刑法、方域、蕃夷等十五门,分目列举史实,记载晋代朝章典制、经济文化、职官设置、户籍赋税、兵制刑律、州郡城郭以及符瑞灾异等。征引资料以《晋书》为主,并参以《三国志》《宋书》《隋书》《册府元龟》《资治通鉴》《文献通考》等,皆注明资料出处,对研究晋史有重要的参考价值。三是《南朝宋齐梁陈会要》,记载公元420至589年间"偏安江左"的宋、齐、梁、陈四个王朝典章制度及其沿革的断代典制史籍。国家图书馆收藏其稿本,由其外甥郑肇经献入。此部史籍依宋徐天麟所撰《西汉会要》《东汉会要》之例,又取材于传世史籍,分门别类,采撷成书。共一百六十卷,其中《宋会要》五十卷,抄本计八册,约二十五万言;《齐会要》四十卷,抄本计六册,约十五万言;《梁会要》四十卷,抄本计六册,约十五万言;《陈会要》三十卷,抄本四册,约八万言。

---

① 章炳麟:《桂之华轩诗文序》,见《桂之华轩遗集》卷首,民国二十三年(1934)泰兴郑余庆堂刻本。
② 方浚颐:《桂之华轩诗集序》,见《桂之华轩遗集》卷首,民国二十三年(1934)泰兴郑余庆堂刻本。生平事迹参见《清史稿》卷四百八十六;郑肇经:《曼君先生纪年录》,见《桂之华轩遗集》卷末等。

其内容主要取材于梁沈约撰修《宋书》、萧子显撰修《南齐书》、唐姚思廉撰修《梁书》和《陈书》、唐李延寿撰修《南史》以及魏征等撰修的《隋书》等,对研究南朝的政治、法律、军事、经济及文化制度等方面,有重要的史料价值。1984 年、1985 年上海古籍出版社以国家图书馆收藏的朱氏《南朝宋齐梁陈会要》稿本为底本,参照中华书局的点校本《宋书》《南齐书》《梁书》《陈书》《隋书》《南史》,逐条校订、补充,出版了点校本《南朝宋会要》《南朝齐会要》《南朝梁会要》《南朝陈会要》。

朱铭盘诗文集四种:一是《桂之华轩文集》九卷,清钞本,桂林图书馆藏。二是《桂之华轩诗集》四卷,钞本,中国社会科学院文学研究所藏。三是《桂之华轩文集》九卷,光绪三十二年(1906)南通翰墨林书局铅印本,南京大学图书馆藏。扉页张謇书端曰:"桂之华轩骈文"。无序跋、题辞。收赋、铭、碑、赞、表文若干。《桂之华轩赋》曰:"余家自天启中营宅于县南城之钺街,岁逾二百年,相袭凡十余世。所居宅五间,其东有桂树一,本先大夫所手植也。余以同治十三年遭父丧,明年树亦萎谢,追惟君子手泽之义,韩宣嘉树之叹,因以名轩。"四是《桂之华轩遗集》十五卷,民国二十三年(1934)泰兴郑余庆堂刻本,南京大学图书馆。扉页题有:"此乡先辈遗转赠祖菜姊阅之。"又九四叟马良(相伯)题"桂之华轩遗集"。卷首有新安程璋(瑶笙)绘"桂之华轩著书图",次章炳麟篆题《朱曼君先生像赞》,次朱曼君先生墨迹《与张季直昆仲致袁世凯慰廷函稿》,次韩国钧《桂之华轩遗集题辞》。收《桂之华轩诗集》四卷、《文集》九卷,附郑权伯辑《补遗》一卷、《纪年录》一卷。金铽《重编桂之华轩遗集序》曰:"泰兴郑权伯君重刻其舅氏朱曼君先生《桂之华轩诗集》四卷、《文集》九卷,并郑君增辑《补遗》一卷、《纪年录》一卷。……先生所著书,先后手自缮写,未及杀青。殁后,其侧室赵孺人囊负以归。既孺人挈其孤子投依南通张季直、范肯堂两先生,出其遗墨。张先生因取诗文集稿畀翰墨林书局,用活字版印行。"后郑氏以母寿,"进谋为舅氏之书刊行寿世……是集初刊本无序跋、题辞。"

(三)张謇

1. 生平与师承

1853—1926,乳名长泰,初名吴起元、元方,字季直,号啬庵,一作啬公,江南通州(江苏南通市)人。光绪十一年(1885)顺天府乡试举人。光绪甲午恩科状元及第,官翰林院修撰,不久即以父丧归。师事张裕钊,受古文法,为文彬雅有法。据其《外录》自序云:"二十三岁客浦口军中,乃师武昌张先生,始读《史记》、两《汉书》、《三国志》、《通鉴》、《文选》,治三传注疏。"诗亦雄放,肖如其人,属江左派诗家著称于近代。与范当世、朱铭盘合称"通州三怪"。张謇系清末著名立宪派,曾参与预备立宪公会、谘议局、国会请愿等活动。他又是清末著名实业家,曾创办大生纱厂及实业银行等。还开办了通州师范、更俗剧场、图书馆和博物馆等文化教育机构。①

2. 现存撰述

张謇与王豫熙、王文炳纂修方志一种:《(光绪)赣榆县志》十八卷,光绪十四年(1888)刻本。内封题"光绪赣榆县志十八卷"及"光绪十四年九月刊通州张謇署端"。首有光绪十三年王文炳《叙》、光绪十四年钱应溥《叙》、光绪十四年王豫熙《叙》。末有光绪十四年王元烺《跋》及校补二则。此书由县令王豫熙属县教谕王文炳纂次,后又延请张謇撰成。卷一为图说,卷二为疆域,卷三为建置,卷四为山川,卷五为食货,卷六为学校,卷七为贡举,卷八为武备,卷九、十为官师,卷十一、十二为人物,卷十三、十四为列女,卷十五为古迹,卷十六为艺文,卷十七为杂记,卷十八为叙述。

张謇自订年谱一种:《啬翁自订年谱》,其子张孝若(怡祖)续编。二卷,附《南通张季直先生传记》,民国十九年(1930)上海中华书局铅印本。谱主张謇(1853—1926),号啬庵,人称啬翁。是谱自编至1922年谱主七十岁时止;其子孝若乃仿其笔法续补至1926年谱主逝世时止,并对自订部分略作增删,但补益不多。

张謇日记一种:《张謇日记》,手稿本,凡二十八册。始于清同治十二年(1873)农历九月初四日,迄民国十五年(1926)农历六月廿四日。张謇生前,曾据以撰成《啬翁自订年谱》。20世纪40年代末,是书手稿

① 生平事迹参见其子张孝若(怡祖):《南通张季直先生传记》,见张謇:《啬翁自订年谱》附录,民国十九年(1930)上海中华书局铅印本。

被分割成两半：前半部分（缺第十册）流通到香港地区，尔后，由前新亚书院图书馆馆长沈燕谋先生于 1967 年将其携至台湾地区，交由文海出版社影印出版，仍名《柳西草堂日记》；后半部分（连同第十册）留在南通，1962 年由中共南通市委供稿，江苏人民出版社照后半部分原件影印，即名《张謇日记》。今人祁龙威著《张謇日记笺注选存》（广陵书社 2007 年版）将两部分合笺注成书。

张謇诗文集三种：一是《张季子诗录》十卷，民国三年（1914）刻本，系其生前刊刻。卷首有金泽荣《序》云：“先生前后所著，有《诗录》《杂录》《政事录》《教育录》《实业录》《慈善录》《政治录》，比属门人束曰琯、李祯二君类次之，二君请刊自诗录，先生笑而从之。”所收诗以年编次，起同治三年（1864）讫宣统三年（1911），共辑诗六百余首。少于其后刊行的《张季子九录》中的《诗录》。《续修四库全书》据此影印。

二是《张季子九录》八十卷，民国二十年（1931）中华书局聚珍仿宋版印本。分《政闻录》十九卷、《实业录》八卷、《教育录》六卷、《自治录》四卷、《慈善录》一卷、《文录》十九卷、《诗录》十卷、《专录》十卷、《外录》三卷，故名《九录》。《政闻录》记录“凡关政事、经济、农工商、行政及水利计划盐务改革等项”。《实业录》记录“凡关手创之纱厂盐垦事业及其他实业事项”，较为集中地记述了张謇创办大生纱厂、举办通海垦牧公司、广生油厂、大达轮船公司、复新面粉公司、资生铁冶公司、淮海实业银行等实业活动，有较高史料价值。《教育录》记录“凡关手创之南通教育事业及其他对于教育文化之论议”。《自治录》记录“凡关手创之南通地方自治事业及其他对于自治之意见”。《慈善录》记录“凡关手创之南通慈善事业”。《文录》十九卷，“依体例分归七类：论说记述类，序跋类，赠序类，笺启类，碑传类，哀祭类，词赋铭赞类”。其所为文涉及面广，不为空言，文多实用，简明流畅。《诗录》十卷，“分年编次，歌词附入”，收录自清同治三年（1864）至民国十五年的诗作，较民国三年刊刻的《张季子诗录》所收，多出民国元年至十五年的诗。诗多描写旅途风光、山川见闻，以描绘自然景物与抒发性情为主，也有赠别、题图、咏物等作，与文的注重实用性互为补充。还有以新题材入诗者，如写日本经历，赋学校校歌等，其中还有词数首。《专录》收录“凡可成书单行之各著作”。

《外录》收录"科举文艺"。此书为张謇自定,其子张怡祖编校并作例言,束邵直、陈保之钞录汇存,许文清、孔得天相助。编法是"先分录,次编年。凡有关图表概行附入"。另有附编《张南通先生荣哀录》十卷,并附有张謇年谱。是书选编了张謇从事政治、经济、文化、教育等活动的有关文稿,并涉及当时重大政治事件和社会经济状况,史料价值极高。

三是《张謇全集》,江苏古籍出版社 1994 年版。由江苏省南通市组织专人编纂,在《张季子九录》的基础上增补张氏手牒、日记,为企业撰写的说略、账略,南通图书馆收藏的张氏未刊稿,以及散见于《申报》《通海新报》上张謇发表的函电、演说词、呈文、谈话、启事等佚文遗著加以整理而成。以张謇名义发布的公文及一般事务性便条,则择其重要者酌予收录。《全集》打破先前《九录》的体例格式,按内容分成政治卷、经济卷、实业卷、事业卷、艺文卷和日记年谱卷,共六卷七册,计四百余万字。又有新版《张謇全集》,系《国家清史编纂委员会・文献丛刊》本,由上海辞书出版社 2012 年出版。主要收录有张孝若:《张季子九录》(上海中华书局 1931 年);张謇:《张謇日记》(南通市图书馆);张謇:未刊函稿(南通市档案馆);大生企业档案资料中保存之张謇文稿(南通市档案馆);1895 至 1926 年期间《申报》《大公报》《时报》《通海新报》《东方杂志》等报刊刊载的张謇文电、演说词等;张謇:《啬翁自订年谱》(上海商务印书馆 1925 年)。分为八卷:卷一公文,卷二、三函电,卷四论说、演说,卷五艺文、杂著,卷六说略、账略、规约、告启,卷七诗词、联语,卷八日记、年谱。涉及政治、经济、实业、金融、教育、文学、科技等领域,内容广泛。全面收集整理了张謇的存世作品,为研究张謇生平和思想提供了全面的可靠的第一手资料。

(四)言有章

1. 生平与师承

1865—1907,字謇博、潜白,江苏常熟(今属苏州市)人。言家驹子。寄籍宛平。应光绪十五年(1889)己丑科乡试挑取誊录,十七年辛卯科优贡。十八年壬辰朝考一等,以知县发河南用,署虞城县。补汝阳县,未之任,丁母忧。服阕,署襄城县,补新安知县。光绪三十二年调署获嘉,次年卒于官。深于许氏《说文》、郑氏经学、《文选》学。工骈散文,尤长于诗。师事吴汝纶、范当世，尤久受古文法于范当世。又获与姚浚昌、姚永概、孙葆田、俞明震、文廷式等切磋古文。①

2. 现存撰述

言有章诗集一种：《坚白室诗草》不分卷，凡一册，民国十八年（1929）铅印本，南京图书馆藏。前有其弟言敦源《序》《常熟言氏家乘八十一世小传》，东阿周云《署河南获嘉新安县知县言君墓志铭》，又有范当世、吴汝纶等人十一人《题词》。集中呈赠范当世诗作居多，有《贺范肯堂师双寿》《敬步肯堂师问津书院忆姚姜坞先生用山谷武昌松风阁韵》《呈肯堂师用晁廖赠塔诗韵》《海水次姚慕翁韵呈肯师》等，尤见倾学于当世。次末有民国十八年其子雍然《跋》、雍毅《书后》。《书后》云："先子《诗草》原著十卷，经仲叔之校订，裁得十之四五。"附，言同霨（名敦棣，号百药甫）《从吾好斋诗草》《从吾好斋词草》，录诗词二十八首。

（五）廉泉

1. 生平与师承

1868—1931，字惠卿，号南湖、南园，又号扁笑，别号岫云山人、小万柳居士，江苏无锡人。十六岁中秀才，十九岁与安徽桐城吴芝瑛结婚。光绪二十年（1894）中举人。翌年在京会试时参与康有为的"公车上书"。二十二年出任户部主事，次年升任户部郎中。寓京期间，与苏曼殊、徐锡麟、秋瑾、孙中山等均有交游。光绪三十二年，在上海集股创办文明书局。1914年赴日本，1916年归国，1931年入北京潭柘寺为僧。精诗文，师事从舅吴汝纶，受古文法，又问业于孙葆田、萧穆、马其昶。善书法，嗜书画、金石，并以其诗文书画交游于王公贵人之间。②

2. 现存撰述

廉泉编纂书画著作二种：一是《小万柳堂明清两朝书画扇存目》，民国三年（1914）小万柳堂排印本。此书前有《廉氏小万柳堂藏画记》，述

① 生平事迹参见其弟言敦源撰：《常熟言氏家乘八十一世小传》，见言有章：《坚白室诗草》卷首，民国十八年（1929）铅印本；东阿周云：《署河南获嘉新安县知县言君墓志铭》，见《坚白室诗草》卷首等。

② 生平事迹参见廉建中：《南湖居士年谱》，稿本，上海图书馆藏；钱海岳：《廉南湖丈诔并序》，见卞孝萱、唐文权编著：《民国人物碑传集》，凤凰出版社2011年版；刘声木：《桐城文学渊源考》卷十小传等。

廉氏自高祖起至泉,皆嗜藏书画,尤癖宋元画。卷首有宣统三年(1911)五月端方序,宫本昂原序,徐寿琪、何家琪序。此编乃汇辑其家当时所存书画扇面之目,每品皆著录其作者姓名、书画名称及用纸,画则略述所绘内容,不录印章、题跋。所收始自明代王孟端、张懿简、王文成,以迄清代乾隆、嘉庆间诸家,凡得八百人。书分六集,每集按天干十字分册,凡六十册。末附其妻吴芝瑛的小楷《悲秋阁诗》。

二是《扇面大观略传》一册,民国四年(1915)小万柳堂排印本。此书是继其《小万柳堂明清两朝书画扇存目》后撰,因感前书于书画作者未能作介绍,所以补撰诸家小传,略叙作者行实。作者传记未注明材料采撷出处。

廉泉编纂教科书一种:《国粹教科书》前、后编,二卷。1906 年文明书局印行。卷首有光绪三十二年(1906)吴闿生《序》谓:"廉子惠清取先君写定《尚书》及圈识《论语》《孟子》,益以姚、刘、曾诸家评骘《诗》《礼》《左》《史》《汉书》等,裒为一册,名之曰《国粹教科书》行焉。"又有廉泉《自序》。前编:《论语》第一,桐城吴先生圈点本;《孟子》第二,桐城吴先生圈点本;《尚书》第三,桐城吴先生写定本并圈点;《诗经》第四,曾文正公选本廉泉录刘海峰先生圈点;《礼记》第五,廉泉选本并录姚姬传先生圈点;《左传》第六,曾文正公选本并评点。后编:《史记》第七,廉泉选本并录曾文正公评点;《汉书》第八,廉泉选本并录曾文正公评点。

廉泉诗集四种:一是《潭柘纪游诗》一卷,民国七年(1918)铅印本,中国社会科学院文学研究所藏。署记题"戊午九秋野侯书"。卷首有吴芝瑛民国七年《序》、民国六年廉泉《潭柘养疴图记》、《潭柘纪游诗题词》、目录,其中题词包括秦宝瓒《惠卿先生宦游京都,养疴潭柘山中之岫云寺。壬寅首夏,书来索画图,并寄新诗数十首及〈鸿雪因缘潭柘寻秋图〉一纸为稿本。予于画本不善作图,重以数千里书来,意不可却,勉力应命,终愧拘挛,图成媵以古歌一篇,布鼓雷门即希政之》、盛宣怀《奉题潭柘养疴图》、廉泉《潭柘纪游诗自题四首》。是集录诗起自光绪二十八年(1902)壬寅,系廉泉"往年农部为郎日,假此养疴而偶成者也",共存诗四十一首。二是《南湖东游草》五卷,民国七年(1918)铅印本,中国社会科学院文学研究所藏。署记题"南湖东游草 戊午九秋野侯书",卷首有孙寒厓《东游草题词》五首、目录并附廉泉夫人吴芝瑛《识》。正文后印"上海聚珍仿宋印书局印"。是书由其妻吴芝瑛校理而成,吴芝瑛谓是集录"外子南湖四度东游之作",即东渡日本所作诗《甲寅稿》七十七首、《乙卯稿》五十首、《丙辰稿》六十七首、《丁巳稿》六十六首、《戊午稿》一百二十二首,共三百八十二首。又说:"虽宾朋酬燕之篇,山水登临之赋,极佳丽之文寓悲凉之概,余独怪南湖年来遗世之想,日高而忧时之愤愈烈,不能于国内有所展布,独邀游瀛海,与彼邦所称懿贵者硕上下其议论,以诗酒相往还。南湖之隐衷岂如此也? 寒厓先生题词曰'坐隅忽作无声哭',悲乎! 抑何能将南湖之心大写真?"三是《南湖集》四卷,民国十三年上海中华书局铅印本。廉泉先有东渡日本所作诗集《南湖东游草》五卷,又有《潭柘纪游诗》一卷,存诗四十一首。后又辑有《南湖己未东游草》一卷、《南湖居士拈花集》一卷、《两重虚斋百咏》一卷。其好友孙道毅搜集其诗,并重新编定:合《东游草》之甲乙丙为第一卷,丁戊己为第二卷,《拈花集》《潭柘纪游集》及《蓟淞留影集》中之五十一首为第三卷,《拈花集》未刻之本壬戌至甲子诗一百八十二首为第四卷。后附《补遗》一卷。四是《南湖梦还集》一卷,《续集》一卷,1936年北平中华书局出版。《梦还集》起甲子残腊,迄戊辰六月止,存诗一百九十七首,其中甲子二首、乙丑七十首、丙寅六十四首、丁卯四十二首、戊辰十九首。1931年,廉泉病逝后,其友李作宾抄印其戊辰以后所作,得诗三十八首,为《梦还续集》,附刊《梦还集》后。

3. 存目著作

据刘声木《桐城文学渊源考》卷十著录:廉泉撰《岫云山人诗稿》若干卷。

(六)冒广生

1. 生平与师承

1873—1959,字鹤亭,一作鹤汀,号疚斋、疚翁、小三吾亭长,晚号水绘庵老人,别署松龄、瓯隐、钝宦,室名绎云楼、温语楼、红鹤山房、书钞阁。江苏如皋(今属南通市)人。明末冒襄(字辟疆)后裔。出生于广州,故名广生。年十二,从外伯祖周星誉受词章学。又十年,从外祖周星诒受校雠、目录学。光绪十六年(1890)补博士弟子员。二十年,中举人。清末任刑部郎中、农工商部郎中。民国后,任瓯海(温州)、镇江、淮安等地海关监督、南京考试院考选委员、高等典试委员、国史馆纂修。20世纪30年代末,中山大学任教,并兼广东通志馆总纂。40年代任上海太炎文学院等校教授。中华人民共和国成立后,任上海文物保管委员会特约顾问。与俞樾、孙诒让游,结为忘年交。读姚鼐《古文辞类纂》,乃知桐城派古文,有志学之。又从吴汝纶、萧穆学古文,所业大进。陈衍曾称其与吴汝纶、林纾为"海内三古文家"。①

2. 现存撰述

冒广生编撰年谱一种:《冒巢民先生年谱》,如皋冒氏丛书本,南京图书馆藏。谱主冒襄,字辟疆,号巢民,小名绳绳。谱主乃明末名士,与侯方域、陈定生、方以智称"明末四公子",善诗词文章,著有《朴巢诗选》《朴巢文选》等。冒广生是谱主二十世孙。谱前有孙诒让序一篇,有云:"其族远孙鹤亭孝廉始捊集其遗文及地志家牒,缉成年谱一卷。"谱中记家事、交游及诗文编年,谱以事为纲,并以单行较小字附录有关资料。

冒广生专著一种:《谢康乐集拾遗》一卷,附《谢康乐集校勘记》一卷、《和谢康乐集诗》一卷,《如皋冒氏丛书》本。卷首有冒广生《记》曰:"乙卯夏五从缪艺风丈借焦弱侯本《谢康乐集》,以校张天如《百三名家》本《谢集》一过,依一月为限,还书后,复检《北堂书钞》《太平御览》各书,得康乐逸文六十余条。"

冒广生诗文戏曲集四种:一是《小三吾亭文甲集》一卷,如皋冒氏丛书本,南京图书馆。是集为作者手定,录自光绪二十二年(1896)至二十七年之作,凡四十六篇。前有作者光绪二十七年十二月《自序》。有《与吴挚甫先生书》一篇,多有论述桐城古文法之辞。二是《小三吾亭诗集》四卷,如皋冒氏丛书本,南京图书馆。有光绪庚子安吉吴俊卿题签书名。有《留别叶兰台先生六首》《赠吴昌硕》诸诗,钱仲联谓其"虽与陈三立、陈衍诸人交游,而不染'同光体'习气","夫惟大雅,卓尔不群"(《近百年诗坛点将录》)。三是《小三吾亭词》一卷,如皋冒氏丛书本,南京图

---

① 生平事迹参见冒效鲁:《记我的父亲冒鹤亭》,香港《大公报》1979年11月21日等。

书馆。是集收录作者早年词作,凡九十八首,其中《金缕曲》九首,《满江红》四首,《念奴娇》十首。前有光绪二十年叶衍兰序,另有谭献、王鹏运评语。谭献谓其词"上接骚(《离骚》)、辩(《九辩》),下接诗歌",独辟蹊径,"有得于幽忆怨断之音"(《复堂日记》)。四是《小三吾亭词话》五卷,光绪三十四年发表于《国学萃编》,后编入《晨风阁丛书》。是书多记清季词家故实。对所记的词人,先予以简评,再录其词,少则二三首,多则十余首,存人存词。其中多有与自己交往颇密的词家作品,并作点评,也保留了一些难得的晚清词人作品及其行踪、词学思想。今唐圭璋主编《词话丛编》据《国学萃编》本收录。五是《疚斋杂剧》,民国二十四年(1935)广州登云阁书坊印本,又名《小三吾亭外集》,南京图书馆藏。前有陈衍(石遗)题签,又插图八幅,由广东画家赵浩公绘制。是集收录广生杂剧八种:《别离庙蕊仙入道》、《午梦堂叶女归魂》、《马湘兰生寿百榖》、《卞玉京死忆梅村》、《南海神》(一名《屈翁山》《海神庙》)、《云郸娘》、《廿五弦》、《郑妥娘》。前四种作于民国二十三年夏秋间,时在南京,与吴梅、卢前交游,曾请吴梅订正;后四种作于民国二十四年初,时在广州,曾以蓝色油印本寄赠友人。八种均是一折短剧,各自独立。六是《冒鹤亭词曲论文集》,由其孙冒怀辛整理,上海古籍出版社1992年8月版。竖排繁体,计930页、68.4万字,共四部分:一为论说,包括《小三吾亭词话》《仲吕反生黄钟说》等论著十四种;二为序跋,包括《草间词序》《重刻小山诗余序》《标志万氏词律序》等十一篇;三为校记,包括《珠玉词校记》《太和正音谱校记》等十一种;四为附录,包括《小三吾亭词选》和《小三吾亭曲选》二种。

3. 存目著作

据刘声木《桐城文学撰述考》卷四著录:冒广生撰《律学考》若干卷①。

---

① 按:据《枕碧楼丛书》第五册《刑统赋解·序跋》光绪二十八年(1902)如皋冒广生记曰:"《〈刑统赋〉》从《刑书会据》中录出,前后既无序跋,亦不列作者姓名,故人鲜知之。间有知者,亦疑其非全书,无复措意。壬寅夏余方撰《律学考》,谛审得之曰:此傅霖所作《刑统赋》也。"知《律学考》撰写于1902年夏。

三 续传弟子

(一)张攀桂

生平与师承

生卒年不详,字樵秋,江苏通州(今属南通市)人。同治二年(1863)进士,官当涂县知县。四十多岁时罢官,靠坐馆教书为生。与范当世友善,受古文法,以文学相切磋。刘声木谓其"所为序传碑志十余篇,多有矩法,其称述母行尤悲"(《桐城文学渊源考》补遗卷十)。著述多散佚。①

(二)姜良材

1. 生平与师承

生卒年不详,原名良金,字问桐,江苏六合(今属南京市)人。幼随父宦四川,读书颖异,回里改名咸,补博士弟子员。光绪十五年(1889)顺天乡试举人,二十年成进士,官候补知县。师事范当世,受古文法,以文学相切磋。刘声木谓其"尝与李刚己、刘乃晟共斋读书,以相切磋"(《桐城文学渊源考》补遗卷十)。诗学陆务观,兼出入陶、谢、韦、柳、白、苏诸家,多闲适之趣。性嗜酒,酒后辄吟咏。清狂脱略,不事修洁。②

2. 存目著作

据民国《六合县续志》卷十三《人物下》姜良材小传著录:姜良材撰《景坡山房诗集》十卷、《景坡山房词集》十卷、《寄影斋杂记》二卷。

(三)金铖

1. 生平与师承

1869—1950,字范才,一字式金,号蘅意,别号陶宦,祖籍安徽休宁,生于江苏泰兴(今属泰州市)。自小聪慧好学,师事朱铭盘。光绪十五年(1889),入南菁书院学习。十七年参加拔贡考试,优贡。两年后,赴江宁(今南京)乡试,中式举人。二十一年赴京参加会试,名列前茅,参加殿试,名列二甲第67名,赐进士出身。后经朝考取列一等,奉旨以知县用,选任翰林院庶吉士,三年后又被授为翰林院编修。二十八年任泰

① 生平事迹参见范当世撰:《樵秋哀辞》。
② 生平事迹参见郑耀烈修,汪昇远、王桂馨纂:民国《六合县续志稿》,南京出版社2013年影印本,卷十三《人物下》小传。

兴学堂总教习。三十年任如皋安定书院山长,同年至江苏全省高等学堂担任监督。民国初年,被乡人推为泰兴县民政长,主持县政两年。三十年冬,任江西省彭泽县知事。1916年弃官回家乡泰兴,隐居南草巷旧居"陶宦"。1918年秋供职江苏省长公署咨议,参与省通志局工作,先后担任协纂、复纂等职。1928年江苏省成立省通志编纂委员会,任编纂,被选为常委。①

2. 现存撰述

金铚主纂志学著作四种:一是《(宣统)泰兴县志》,《志续》十二卷首一卷,《志补》八卷,《志校》六卷。民国二十二年(1933)刻本。民国七年,江苏省长公署通令所属各县重修县志,王元章乃设编修,延沈文翰、金铚主其事。历三年采访事竣,时沈氏已病卒,由金氏主持编纂。最终于民国十九年定稿,至二十二年刊印。《志续》前有民国十三年王元章《序》、十九年李详《序》、二十年柳诒徵《序》、二十一年金铚《序》。记事起自上古,迄予宣统三年(1911)。门目以《光绪泰兴县志》为本,子目只续部分内容。《志补》系增补《光绪泰兴县志》之阙漏,时间迄至光绪末年。《志校》是校正《光绪泰兴县志》之舛误,门目基本同《志补》。柳诒徵《序》称:"续志虽仍旧目,而于其义所未安者多所更定。校、补两刻,贯穴群籍,箴伪辑佚,尤足以见学识所系逴先霄壤焉。"二是《(民国)泰兴县志稿》,稿本,凡4册,以"元""亨""利""贞"标识:元册为民政志(户口、乡聚)、区域志(四境、乡聚、分率、风俗、水道、河渠、津梁)、建置志(公所、教堂、防卫,警察、巡警局、邮政、义仓、善堂、仓厩、义冢)、区域志(古迹、寺观、赋利、屯田、海关、厘捐、书院、义学、学堂,学校)、食货志(物产、轮步);亨册为祭祀、官师志(印庄巡检)、人物志(科第、贡举、应例、效力、封赠、封荫、附贡、学校毕业、武达、武科、耆寿、方技、节妇、烈妇、孝妇、贤母、贞寿、贞孝)、志余;利册为孝友、忠烈、文苑、宦绩、武勋、义行、寓贤、方外;贞册为闺秀、烈妇、贞孝、孝妇、贤母、贞寿、灾异。每部分内容记述之后,注分纂人姓名。各门类迄止时间不一,最迟至民国

---

① 生平事迹参见柳诒徵:《江山小阁诗文集序》,见金铚:《江山小阁诗文集》卷首,1948年泰兴文化公司出版。

九年,主要内容为记民国改元后事。三是《(光绪)江苏通州志稿》十卷,稿本。较前志增加了清光绪间的内容,记事止于光绪三十三年(1907)。四是《江苏艺文志稿》,稿本,分经、史、子、集四部,是 1929 年前后金铽参与纂修《江苏通志稿》的一部分,收录有关江苏人之著作及江苏之事。《江苏艺文志·经部》得以公开出版,发表于《江苏省国立图书馆年刊》第六、七、八期(1933—1935 年),今南京图书馆藏,刊序例称:因感于近人修郡、县志,艺文不详书之版本,故力求省、县诸图书馆藏书目录,以为根据。其述录先国、省、县图书馆本,次近今收藏家之见存本,次旧《江南通志》艺文篇,次古今官私著录及名人鉴藏之已佚本。《史部》稿本共十九册,限于经费,未能刊印。《子部》《集部》尚未整理。柳诒徵与金铽曾共同参加纂修《江苏通志》,称"服膺先生所撰《江苏艺文志》,精博罕匹","知先生左右采获而尤有独造之境也"。

金铽诗文集一种:《江山小阁诗文集》,1948 年泰兴文化公司承印出版。此书实金铽八十寿辰的纪念集,收录其平时应酬之作,今泰兴图书馆有藏。该集由郑肇经发起,朱东润编目次,封面由吴稚晖题字,柳诒徵作序,戴为敷集资,殷佩斯与金瑾彝校对。柳诒徵《序》对金铽评价道:"同光间,通州、如皋、泰兴文运勃兴,震耀寰宇。高才硕学,若周彦升、若朱曼君、若范肯堂、若张啬公、若沙健庵诸先生,鼎鼎盛名,大江以南,莫之逮也。泰兴金蘅意先生稍后起,以南菁书院高材生登甲科,入词苑,其博通经史似彦升,散文盘郁似肯堂,骈体瑰丽似曼君,五七言诗闳深雅健似健庵,以文章施之政事,揆张乡治似啬公。盖奄有诸先生之长而不为诸先生所囿者也"。

(四)徐昂

1. 生平与师承

1877—1953,字益修,又字亦轩,通州(今属江苏南通)人。幼习《诗经》《易》《书》《礼》《春秋》及古文、唐诗。二十一岁,从从舅、方言学家孙伯龙学作古赋。二十二岁,州试列第一名。治经史小学,为经义策论,科试列一等第二名。二十三岁,肄业江阴南菁书院,补廪膳生,问业范当世,治诗、古文辞。二十五岁,始治外国文。三十二岁,任南通师范学校国文教师兼农科日文教职。三十四岁,任江阴南菁中学堂国文课教职。三十五岁,任通海公立中学国文、英文课教职。四十一岁,兼任江苏省教育厅检定小学教员委员会临时委员。四十二岁,兼任教育部国语统一筹备会会员、本邑国语讲习会声音学教师。四十三岁,兼任省教育厅筹备国语统一会会员。其间于南通各校授文字学、群经大意、国文典、修辞学。1934 年五十八岁秋起,任之江大学国文系教授,授《周易》《礼记》《诗经》《国语》《国策》《楚辞》等;1938 年六十二岁起,兼任无锡国学专修学校《史记》课,1946 年七十岁,兼南通学院经学讲座。刘声木谓其"笃嗜古文,尤精音学,耽思澄虑,穷极窈眇"。①

2. 现存撰述

徐昂撰述总集一种:《徐氏全书》共三十七种,十三册。分别为:第一种(第一册),《京氏易传笺》,三卷,民国三十三年(1944)冬月印;第二种(第二册),《释郑氏爻辰补》,四卷,民国三十五年南通翰墨林书局印;第三种(第三册),《周易虞氏学》,七卷,民国三十六年南通翰墨林书局印;第四种(第四册、第五册),《周易对象通释》,二十七卷,1953 年地方国营南通韬奋印刷厂补印;第五种(第六册),《河洛数释》,二卷,民国三十六年南通翰墨林书局印;第六种(第六册),《经传诂易》,一卷,民国三十六年南通翰墨林书局印;第七种(第六册),《爻辰表》,一卷,民国三十六年南通翰墨林书局印;第八种(第六册),《诗经形释》,四卷,民国三十六年南通翰墨林书局印;第九种(第六册),《诗经今古文篇旨异同》,一卷,民国三十六年南通翰墨林书局印;第十种(第七册),《诗经声韵谱》,八卷,民国三十六年南通翰墨林书局印;第十一种(第八册),《易音》,一卷,民国三十六年南通翰墨林书局印;第十二种(第八册),《楚辞音》,一卷,民国三十六年南通翰墨林书局印;第十三种(第八册),《石鼓文音释》,一卷,民国三十六年南通翰墨林书局印;第十四种(第八册),《说文音释》,二卷,民国三十六年南通翰墨林书局印;第十五种(第八册),《声纽通转》,一卷,民国三十六年南通翰墨林书局印;第十六种(第八册),《等韵通转图证》,四卷,民国三十六年南通翰墨林书局印;第十七种(第

---

① 生平事迹参见刘声木:《桐城文学渊源考》卷十小传;徐昂:《休复斋杂志》,1954 年地方国营南通韬奋印刷厂出版,卷七《自订年谱》等。

九册),《释小》,一卷,民国三十七年南通翰墨林书局印;第十八种(第九册),《音说》,一卷,民国三十七年南通翰墨林书局印;第十九种(第九册),《声韵学撮要》,一卷,民国三十七年南通翰墨林书局印;第二十种(第九册),《律吕纳音指法》,一卷,民国三十七年南通翰墨林书局印;第二十一种(第十册),《演玄》,一卷,民国三十八年南通翰墨林书局印;第二十二种(第十册),《遁甲释要》,四卷,民国三十七年南通翰墨林书局印;第二十三种(第十册),《六壬卦课》,一卷,民国三十八年南通翰墨林书局印;第二十四种(第十一册),《国学商榷记》,一卷,1949年孟冬月南通翰墨林书局印;第二十五种(第十一册),《课儿读书录》,一卷,1949年孟冬月南通翰墨林书局印;第二十六种(第十一册),《三教探原》,一卷,1949年孟冬月南通翰墨林书局印;第二十七种(第十一册),《道德经儒诠》,一卷,1949年仲冬月南通翰墨林书局印;第二十八种(第十一册),《佛学笔记》,一卷,1949年仲冬月南通翰墨林书局印;第二十九种(第十一册),《楞严咒校勘记》,一卷,1949年仲冬月南通翰墨林书局印;第三十种(第十一册),《普庵释谈章音释》,一卷,1949年仲冬月南通翰墨林书局印;第三十一种(第十一册),《读新约全书》,一卷,1949年仲冬月南通翰墨林书局印;第三十二种(第十一册),《马氏文通订误》,一卷,1949年季冬月南通翰墨林书局印;第三十三种(第十一册),《诗词一得》,一卷,1949年季冬月南通翰墨林书局印;第三十四种(第十一册),《英文不规则动词分类表》,一卷,1949年季冬月南通翰墨林书局印;第三十五卷(第十二册),《文谈》,四卷,1952年冬月南通区韬奋印刷厂印;第三十六种(第十三册),《休复斋杂志》,八卷,1954年地方国营南通韬奋印刷厂承印;第三十七种(第十三册),《易林勘复》,一卷,1954年地方国营南通韬奋印刷厂承印。

3. 存目著作

据徐昂《休复斋杂志》卷七《自订年谱》载,著有《物化篇》一卷、《古裔译言》一卷、《日文动字汇》一卷,皆"后自行焚毁"。

（五）费师洪

1. 生平与师承

1888—1967，字范九，一字知生，江苏通州平潮（今属南通市）人。州试第一，科举罢，改习法政，江宁法政学堂毕业。后参与办理两淮盐务。民国初年回到南通，任张謇秘书，协助督办水利保坍工程。1928年在上海商务印书馆等处任编辑。笃信佛教，承高僧印光大师开示，皈依后法名慧茂。师事张謇，受古文法，称高第弟子。重视地方文献的搜集出版，编纂有地方文献《南通平潮市曹公亭诗》《南通平潮市风景册》《平潮市丛刻》等，筹资影印有《南通金石志》《南通名画集》《南通书画大观》等。为保存地方文史资料，曾将收藏的书籍字画分赠南通博物苑、图书馆和师范学校。1954年从商务印书馆退休回南通，当选南通市各界人民代表会议代表、市政协委员和常委。嗜学，工文，喜为诗。①

2. 现存撰述

费师洪辑录地方文献总集四种：一是《南通平潮市曹公亭诗》，1921年石印本，一册，上海图书馆藏。曹公，指明嘉靖年间平潮人曹顶（1514—1557），是著名的抗倭英雄。嘉靖三十六年（1557）夏四月，曹顶与倭寇战于城北，深陷而卒。民国十年（1921），南通修路，北贯平潮而过，费师洪等人向张謇建言，建一亭纪念曹公。张謇应允，建亭、塑像、勒石，亭成，费氏征求海内文士为之题咏，凡得四十四人诗五十一首、词二首，遂编为此集。题咏者有：张謇、庄蕴宽、李详、陈衍、张一麐、唐文治、朝鲜金泽荣、徐昂、梁启超、韩国钧、柳诒徵、姚永概、陈三立、费师洪等。费师洪《题苦李画曹公亭图》云："战鼓声沉四百年，孤亭新起劫灰边。英雄血泪凭君写，今古愁云共一天。"二是《南通平潮市风景册》，1939年影印本，一册，上海图书馆藏。平潮，属通州地区（今江苏南通），古称单家店，清末称平潮市。此册封面页题"画意诗情"。卷首是吕瀛绘平潮风景十图：丰利寺、华藏禅院、经社、翔凤桥、亦陶园、曹公亭、西被闸、文峰阁、云台山、镇海关庙。每幅画各有解说一篇，图册每

---

① 生平事迹参见刘声木：《桐城文学渊源考》卷十小传；《南通市政协志》编纂委员会编：《南通市政协志》，江苏文艺出版社 2007 年版，附录小传等。

页右半部以小写意水墨笔法分别描绘十景山水画,左半部则为短跋题咏,诗画合璧,图文辉映。三是《平潮市丛刻》不分卷,1948 年净缘社石印本,一册,上海图书馆藏。是丛书包括:金泽荣《重修通明宫附设经社记》、南通费师洪《曹公亭记》、如皋宗孝忱《平潮市同善堂记》、东台蔡达《重修镇海关庙记》、南通范罕《河口镇海武庙歌》五篇,均是有关平潮的建筑物碑记,都是手书石印。这些碑记对了解南通本地的地方文化有重要的文献价值。四是《南通费氏淡远楼图咏》,1948 年南通费氏影印本,不分卷,一册,上海图书馆藏。费师洪其宅有南向楼三楹,为其藏书之所,取《淮南子》淡泊明志、宁静致远二语,名曰淡远楼,1937 年楼被日军占有。费师洪时时念及此楼,因请诸画家绘为图,凡数十幅。作画者有:孟竹盦、吴徵、狄葆贤、黄宾虹、戴谷荪、吕瀓、许树枌、汤涤、顾则扬、金业、王智、张允龢、吴宗海、吴湖帆、夏敬观、秦更年、王个簃等。内有乙酉(1945 年)七月潘然绘《淡远楼主人五十八岁像》。附录有方赜、朝鲜金泽荣作《淡远楼记》,李洋、赵熙、夏敬观、奚侗、徐昂、潘恩元等所作题咏淡远楼诗,朱师辙、夏承焘、冯雄等所作题咏淡远楼词。此书艺术文献价值极高。

费师洪诗文集五种:一是《延旭轩俪语》,民国十六年(1927)费氏本。钱基博为之作《序》谓:"其乡人费范九尝学诗于蒿老,近出《延旭轩俪语》相示","已足以继踵昔贤,俯视一代矣。"其对费氏楹联评价很高。1926 年丹徒陈星南亦为之作《序》,写道:"余客南通,与费君范九相过从,谈艺甚乐,近视此编,披阅既竟,询有余联外,盖于诗之格律,文之义法,扉又钻研而得焉。且亲炙于蒿翁者夙也。"二是《佣余杂墨》不分卷,民国二十年铅印本。三是《淡远楼诗集》二卷,民国二十三年铅印本。费师洪其宅有南向楼三楹,为其藏书之所,取《淮南子》淡泊明志、宁静致远二语,名曰"淡远楼"。与夏敬观、李拔可、郑海藏、叶恭绰、陈衍等著名诗人均有酬和。四是《淡远楼存笺甲乙集》不分卷,1935 年南通费氏影印本,二册。南京图书馆藏。本书辑录有关友朋致费师洪之书启,均据原稿影印。排名按姓氏笔画繁简为序排列,顺序由繁到简,甲集所收为:顾锡祥、顾公毅、严修、严复、萧蜕、谭泽闿、钱基博、樊增祥、潘色声、叶恭绰、张謇、张元济、冯雄、孙雄、黄宾虹、章炳麟、陈衡恪、姚永朴、徐乃昌、徐昂、柳诒徵、金泽荣、林纾、李祥、狄葆贤、弘一、古直、王个簃、王家黼、于振声等，计71人。乙集所收为：顾启我、顾似基、韩国钧、蒋维乔、黎元洪、熊希龄、张孝若、汤化龙、康有为、陈衍、梁启超、孟森、金天翮、王云五、于右任、于忱、丁福保等，计78人。五是《淡远楼联语》，1936年铅印本，一册，上海图书馆藏。对联分为包括题赠、寿挽两部分。题赠部分多与南通有关，如《题南通公园》《题南通县议会》《题南通教养公积社》《题平潮市经社》《题平潮市善堂》《题平潮市甲子元宵灯会》《题平潮市九华山》《题淡远楼》等。也有南通以外江苏其他地区的，如《题镇江绍宗藏书楼》等。寿挽联，也多与南通人物有关，如《挽张啬庵师》《代南通县议会挽张啬庵师》《代南通县农会挽张啬庵师》等。

四　别省再传江苏籍桐城派弟子

（一）刘心龙

生平与师承

生卒年不详，字子香，江苏吴县（今属苏州市）人。道光二十三年（1843）举人。师事孙葆田[①]，受古文法。著作多不存。[②]

（二）吴兆璜

生平与师承

1903—1962，字稚鹤，满族，江苏江宁（今属南京市）人。师事吴闿生，受古文法。与贺培新、潘伯鹰、曾克专、齐燕铭同窗受业，相互切磋。潜心研习经书、史籍、散文、诗词、书法。爱好金石，崇尚魏碑，尤善隶书。曾为吴闿生《古文范》作序；著有《读〈史记〉》一文，刊于1947年《民彝》；写有《漫谈清代的篆书》一文1964年4月刊于《艺林丛录》。[③]

---

① 按：刘声木《桐城文学渊源考》卷十谓："孙葆田，字佩南，潍县人。……师事张裕钊、单为鏓，受古文法。"

② 生平事迹参见曹允源、李根源等纂：《（民国）吴县志》，民国二十二年（1933）苏州文新公司铅印本，卷十五《选举表七》小传等。按：《桐城文学渊源考》卷十第309页阙名，阙籍贯，阙中举时间，今可补足。

③ 生平事迹参见刘声木：《桐城文学渊源考》卷十；章士钊：《柳文指要·补记袁滋》小传，见《章士钊全集》第9—10卷，文汇出版社2000年版，第1571页等。

附 张裕钊、吴汝纶弟子江苏承传谱系表

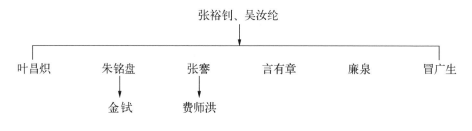

又 别省再传江苏籍桐城派弟子

又 通州范氏族属桐城派弟子

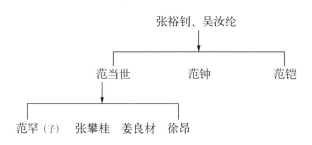

第二节　桐城方东树之门属

方东树(1772—1851),字植之,别号副墨子,晚年曾自号"仪卫老人",安徽桐城人。方东树属桐城鲁谼方氏,少承家学。乾隆五十八年(1793)赴江宁,受业于姚鼐,受古文法。嘉庆十二年(1807),又赴江宁书院为姚鼐长孙姚诵授课,之后在江宁太守幕中担任分纂编修府志。道光十三年(1833),应同乡好友姚莹之邀赴常州,担任幕僚,并着手编校姚莹曾祖姚范的《援鹑堂笔记》。方东树学宗程、朱,重"穷理、体道、省察、克制",力倡经世济民,是程朱理学克己复礼、修身进德的实践者,方宗诚谓:"桐城之文自植之(方东树)先生后,学者多务为穷理之学。"①据刘声木《桐城文学渊源考》卷八著录,方东树培养的江苏籍弟子有句容唐治,亦有政声兼有文名。

(一)唐治

1. 生平与师承

? —1854,初名沂,字鲁泉,江苏句容(今属镇江市)人。唐兆惠子。道光五年(1825)举人,任安徽桐城知县。岁发大水,按人口赈施,一月须发皆白。调任祁门知县,抵抗太平军,殉职,多有政迹。师事方东树,复与戴均衡、苏惇元、方宗诚、马三俊等以文学相切磋。②

2. 现存撰述

唐治诗文集一种:《唐鲁泉先生遗集(稿)》,眠云精舍钞本,桐城门人甘绍盘辑,南京图书馆藏。计一卷。卷首分录桐城方宗诚、戴均衡撰《祁门令唐君传》,次录作者《笔记二十三则示甘生愚亭》;诗二首:《乙巳春仲次舒伯鲁元韵》《壬子八月五日送愚亭归桐有感》;家书一首:《城陷前一日上伯母书》。后附录:方宗诚《书唐鲁泉明府墨迹后》署咸丰七年(1857)八月,其中云:"呜呼!此唐鲁泉府读书心得之言,手书之以付其门人甘君愚亭者也。"次江宁汪士铎《鲁泉唐君手书题后》,当涂夏炘《记

---

① 方宗诚:《柏堂集》次编卷一,光绪六年(1880)刻本。
② 生平事迹参见《清史稿》卷四百九十一;方宗诚撰:《祁门令唐君传》,见唐治:《唐鲁泉先生遗集(稿)》卷首,眠云精舍钞本;戴均衡撰:《祁门令唐君传》,见《唐鲁泉先生遗集(稿)》卷首等。

祁门令唐鲁泉先生殉难事》《书唐鲁泉先生与许益斋札后》。又有咸丰间刻本，与钞本内容同，南京图书馆藏。又同治四年（1865）刻本，南京图书馆藏。末附甘绍盘《跋》曰："先生殉节矣。予既属方舍人、戴孝廉为作传，因又搜罗先生遗书辑为一册，将付剞劂。"

第三节　建宁朱仕琇之门属

刘声木《桐城文学渊源考》卷十二著录建宁朱仕琇之门属，称"此卷专记师事及私淑朱仕琇诸人"，谓："朱仕琇……肆力诗、古文词……力主潍川、鳌峰等书院讲席，从游之士恒及千人，教授之盛几于姚鼐等相埒。"朱仕琇闽籍弟子众多，然据《桐城文学渊源考》记载，其没有直接的苏籍弟子，但朱仕琇弟子高腾"学卓文雄"，并"以从朱仕琇所受古文法"传授给其子高澍然。刘声木《桐城文学渊源考补遗》称高澍然又"师事陈绩、陈善，受古文法。……其文俯仰掩抑，情挚神远，可谓文载其质。盖真积其内，而宁静淡泊之修有以固其外故。生平致力韩子，而所得和易，乃近欧、曾"①。高澍然曾主讲杭州、厦门等地书院，有江苏籍弟子周倬奎。

周倬奎
生平与师承

生卒年不详，原名念祖，字绍修，一字星防，江苏无锡人。师事高澍然②，受古文法，高澍然有《周星防字说》《答周生倬奎书》诸文③。著述多散佚。④

① 刘声木：《桐城文学渊源考》卷十二，第359页。
② 按：其父高腾授以从朱仕琇所受古文法，又获从陈绩、陈善学古文。
③ 高澍然：《抑快轩文集》卷十二，光绪十三年（1887）谢章铤钞本。
④ 生平事迹参见刘声木：《桐城文学渊源考》卷十二小传。

第六章 私淑桐城文学之苏籍弟子及其撰述考

何为"私淑"？《孟子·离娄下》云："予未得为孔子徒也，予私淑诸人也。"赵岐注："淑，善也。我私善之于贤人耳，盖恨其不得学于大圣人也。"朱熹《集注》："孟子言予虽未得亲受业于孔子之门，然圣人之泽尚存，犹有能传其学者。故我得闻孔子之道于人，而私窃以善其身。盖推尊孔子而自谦之辞也。"① 后遂把未能亲聆其教而敬仰其人者，或未身受其教而敬仰其学术者，或未拜其人为师而从其著作中学习道德文章者，皆称为"私淑"。近代学者唐恩溥在《文章学》一文中论《文章源流》云："乾嘉以还，桐城一派，厥号正宗，溯其渊源，实出望溪，刘、姚衍其薪传，梅、曾张其后劲，百余年来，转相祖述，作者众矣。其间鸿篇巨制，亦自媲美前人，凌厉当代……猗欤休哉，斯亦一时之极盛也。"② 前后绵延二百余年的桐城派，宗师层出，服膺私淑者众多，或有并没有求学于桐城派前辈，但又服膺于某名家，于是自主学习者；或有并没有成为桐城派宗师弟子，但与桐城派名家交游密切，相互切摩砥砺者；或有并没有具体私淑某人，只称私淑于桐城古文或桐城派，不归属于某师门下者。对此，特辟一章，专门著录此类情况。

---

① 朱熹集注：《孟子》，上海古籍出版社 2013 年版，第 115 页。
② 唐恩溥：《文章学》，见王水照主编：《历代文话》，复旦大学出版社 2007 年版，第 8730 页。

第一节　鲁一同传衍弟子之门属

在人们的印象中,桐城派在江苏的影响力主要集中于南京、镇江、常州、无锡、苏州等苏南一带,在苏北地区的影响力不大。也因此,淮安鲁一同一支桐城派弟子的传衍就显得特别值得关注。鲁一同私淑桐城方苞,与姚鼐的侄孙姚莹是密友,受古文法,并传授其子鲁蒉。鲁一同亲授古文于乡里,弟子有沭阳(今属宿迁市)周韶音,淮安丁枢、吴昆田等,吴昆田又将所学古文法传授其子吴淶。桐城派之学在苏北区域勃兴一时,并在文坛形成广泛影响,形成桐城派鲁氏一门。

(一)鲁一同

1. 生平与师承

1804—1863,字通甫(一作通父),一字兰岑,一作蓝尘,寄籍山阳(今属淮安市楚州区),世居安东(今属淮安市涟水县)。生而颖悟绝人,六岁通五音,少长工为古文辞,年十七补博士弟子,道光二年(1822)副贡生,道光十五年举人。学长于史例,旁及诸子。诗文作品多系时世,不避时忌,尤以鸦片战争题材为胜。私淑桐城方苞,受古文法,曾自言:"少时曾见灵皋先生作而爱之。"鲁一同从兄鲁子秋说:"吾弟幼时刻苦学方桐城之文。"此后又与曾国藩、姚莹、朱琦、戴均衡等交游,所作古文气势充沛,笔力遒劲,富有阳刚之美。毛岳生见其文谓:"七百年来文患于柔,惟此为能得刚之美。"(吴昆田《鲁通甫传》)钱仲联先生称其诗"嗣响杜陵",是道光时代"江苏诗坛第一人"①。

2. 现存撰述

鲁一同纂修方志著作二种:一是《邳州志》二十卷,咸丰元年(1851)刻本。卷首叙目,卷一为疆域,卷二为沿革,卷三为建置,卷四为山川,卷五、卷六为民赋,卷七为学校,卷八为军政,卷九至卷十二为官师,卷

---

① 钱仲联:《论近代诗四十首》,见邴正、邵汉明主编:《雕文心之魂》,吉林人民出版社2004年版,第188页。生平事迹参见《清史稿》卷四百八十六;《清史列传》卷七十三;《续碑传集》卷七十九;吴昆田:《鲁通甫传》,吴昆田:《漱六山房全集》卷四,光绪十年(1884)刻本。汤纪尚:《鲁通甫先生传》,汤纪尚:《槃迈文乙集》卷下,清光绪刻本;陈衍:《鲁一同小传》,《近代诗钞》第1册,第15页等。

十三至卷十五为人物,卷十六至卷十八为列女,卷十九为古迹,卷二十为杂记,卷末有后序。此志详载本州疆域、山川、民赋、军政、官师、人物,对有关国计民生之风俗,物产、集镇、运道、河防、水旱灾害尤注意记述,而无关紧要之封建、贡举、艺文,仅作为附录,不单独立卷。此志的独特之处在于:不征长官序文,以为冠冕;不作凡例,仅于后跋说明类例标准及成书过程,志体显得简要而又完备;为文精炼,记叙简洁,自然顺畅;考证精详,引据皆注出处①。《续修四库全书提要》谓"此志盖咸、道间所称名志也,其文雅健深雄,不懈而及于古;其体简要而完备,笔繁而义无剩,故非他志所可及"②。

二是《清河县志》二十四卷,咸丰四年(1854)刻本。修于咸丰四年,同年成书。依次载有凡例、图说、疆域、建置、川渎、民赋、贡举、军政、官师、人物、列女、古迹、艺文、杂记。此志载述简核,体例与义法合理、精严。此志立川渎三卷,最为实用,深得修志之道。人物一卷削去子目,艺文一卷不录繁文,仅著书目,也值得称道。梁启超及《续修四库全书提要》皆称其为近代名志③。

鲁一同编订年谱二种:一是《王右军年谱》一卷,咸丰九年(1859)南丰谭祖同署刻本,南京图书馆藏。卷首有咸丰五年聊城杨以增《序》曰:"鲁通甫孝廉以所作《王右军年谱》见示,而乞为之序。余细阅之,其生卒之岁及与人书帖之年月,非独于张怀瓘、黄长睿诸人有所纠正,即史传之差误,亦因是而得之。"末有咸丰五年熊嘉澍《跋》曰:"其钩校年月,纠定讹谬多搜古人之遁义,手以示余,读而伟之。"据此知此书由熊嘉澍详加校订,并赞襄付梓。此谱谱主是著名书法家王羲之,考证王羲之的生卒年为公元307—365年。

二是《白苓山人年谱》,又名《阎尔梅年谱》《阎古古年谱》。一卷,附《寅宾录》一卷,民国四年(1915)吴兴刘氏嘉业堂刻嘉业堂丛书本。牌记"阎古古年谱一卷附寅宾录一卷"及"吴兴刘氏嘉业堂刊",版心下"嘉业堂校刊",卷端下"嘉业堂丛书"。有刘承干《跋》。谱主阎尔梅

① 按:参见林正秋主编《中国地方志名家传》,黄山书社1990年版,第193页相关论述。
② 按:参见黄道立编著《中国方志学》,巴蜀书社2005年版,第112页相关论述。
③ 按:参见林正秋主编《中国地方志名家传》,黄山书社1990年版,第193—194页相关论述。

（1603—1679），字用卿，又字调鼎，号古古，又白耷山人，明末清初诗人，清顺治四年（1647）披剃出家，称蹈东和尚。白耷山人具有民族之感，与各地抗清志士秘密联络，不与清廷合作。该书记述有关明末志士隐遁禅门抗清事迹，对读者了解明清鼎革史有所参考。所附《寅宾录》，乃编者集录白耷山人之友人投赠的诗文而成。末附录收阎圻撰《文节公白耷山人家传》、孙运锦撰《白耷山人别传》。此外，《白耷山人年谱》又有二卷本，张相文编，附于《阎古古全集》，民国十年刊行。

鲁一同诗文集五种：一是《通甫类稿、续编、再续编》，咸丰九年（1859）南丰谭祖同署刻本，浙江图书馆藏。《通甫类稿》四卷，卷首萧山汤修咸丰九年《序》曰："未几，先生以《类稿》寄示属序，修寻绎数过，见其通达治体，根极理要，洵非近今文章之士所能得其仿佛。"卷一论类，卷二书函类，卷三叙记类，卷四传略碑铭类，门人周韶音校。《通甫类稿续编》上、下二卷。又有南京图书馆藏咸丰九年南丰谭祖同署刻本，装订八册。《通甫类稿》四卷，首汤修《序》，次目录，次文四卷，次《续编》二卷，后无序跋。又有清光绪三年（1877）西腴仙馆排印本《通甫类稿》四卷，南京图书馆藏。卷首无名氏题曰："议论畅达，笔致疏隽，胜于姚惜抱文多矣。"次目录，文四卷。末附光绪三年陈三立《跋》曰："右鲁通甫先生文稿，凡四卷，家大人早岁购录于京师，归而藏于家有年矣。三立童子时即读而好之。既而随侍来湖南，间于时贤选集中得稍稍见先生所为诗，而持此编以语人，则别无刊本，未有能称述之者。今年春，湘中友人始以机器聚珍字法板行各书，工良而事易，于是三立为审校其文，梓而行之。"又有《通甫类稿》四卷，咸丰间鲁葵等刻，李慈铭《跋》，上海图书馆藏。又《通甫类稿再续编》二卷，钞稿本。王欣夫《蛾术轩箧存善本书录》曰："此《再续编》未刊稿与前二编一贯，非属删余……比见一九三六年淮阴徐钟令刻《鲁通甫集外文》，即据是编，而佚《谭桐舫太守五十叙》《陆小岩七十叙》《王寿岩明府四十叙》、代作《安徽巡抚蔚亭府君行状》《郭桥传》五篇，而溢《论文篇》《再致孔宥函书》《赏音图叙》三篇，并不载篇后诸家评语。当出段朝端所增删。"①

---

① 王欣夫：《蛾术轩箧存善本书录》，第652页。

二是《补过轩四书文》一卷,咸丰九年(1859)南丰谭祖同署刻《通甫类稿》本,装订七册,南京图书馆藏。此文集附录于《通甫类稿》后,卷首《自叙》,题咸丰元年十二月山阳鲁一同撰,曰:"时文之体势备矣,百余年来,益放秩流宕而不知返……(一同)十余年扃秘所作……自疑去古未远。其明年修《邳州志》成,剞劂余工,掇拾数篇,刊而布之。"无目录,收文十三首。又同是南京图书馆藏清咸丰九年南丰谭祖同署刻《通甫类稿》本,装订八册。附录的《补过轩四书文》一卷,首《自叙》,编有目录,收文二十七首,增十四首,未知何人编辑,文后皆有精评。

三是《通甫遗稿》不分卷,钞本,南京图书馆藏。无序跋、目录,文后或有自记,或有时贤、弟子评语。如《燕山话两图后序》文后自记曰:"是两宋人修洁之文,近人为桐城之学古,遂以此种为家法,而不知非古人之所尚也。"《书王慈雨遗札后》有毛生甫评曰:"抑扬顿挫,凄咽动人。"周止安评曰:"笔笔哀艳。"

四是《通甫诗存、诗存之余》,咸丰九年(1859)南丰谭祖同署刻本,浙江图书馆藏。《通甫诗存》四卷,首《自叙》曰:"起乙酉(1849)终戊午(1858),录诗三百二十二首。"门人周韶音、谭祖训、外甥安东黄虞、子鲁葵、鲁赍同校。末有周韶音《跋》曰:"右诗四卷,吾师通甫先生所手定也,于先生平生所作仅十之二三,而少作之存盖寥寥焉……先生文集将成,窃喜是编之初定也,亟出赀付诸梓。"《通甫诗存之余》上、下二卷。《续修四库全书》第1532册据此影印。

五是《通甫先生集外文》二卷,民国二十五年(1936)淮阴徐氏刻本,中国科学院历史研究所、南京图书馆藏。范耕砚署题。卷首民国二十五年淮阴学人徐钟令《校刻鲁通甫先生集外文弁言》曰:"世传《通甫类稿》暨《续编》均先生自定,凡从己意编定己制,未有不加取弃者。集外有文,余蓄疑久矣……张煦侯君得之于丁子久君,巍然先生遗文四十余篇,近三万言……赖吾友煦侯及范耕砚二君相助搜讨……余乃承剞劂氏任,顾不念先时取弃之意何在,文后间有先生自注,或时贤评语,疑先生欿然不自满足,斯其不录之所由也。"关于此集命名,徐钟令解释为:"循昔人续刊名称有曰补编、曰补遗、拾遗、曰遗文、曰续集、曰别集、外集、后集,种种不同,彼各有取尔,若用于先生自定之余,似俱未安,意当径名《鲁通甫先生集外文》较质实也。《方望溪全集》中尝有此名。"次为段朝端《序》和张煦侯《序》。末有鲁一同外曾孙丁保恒(子久)《跋》曰:"先慈授以一册曰:'此余之祖父,尔之外曾祖父手泽也。其《通甫类稿》正续两编久已梓行,传诵海内,此其未刊之作,世无传本,汝其诵习勿忘且什袭珍藏之。'"

鲁一同论杜诗一种:《通甫评杜》六卷,稿本,南京图书馆藏。《山阳县志》卷十四《人物》说:"《通甫评杜》,为先生未刊遗稿。"卷首鲁一同《自序》曰:"吾评无定则,意有所得,杂乱书之。其点化筋节处,亦有前人未阐之秘,或加深思,遂开奥窍。但吟过,自有鬼神来觑耳。浦氏读书何尝不细心,只是畦町太过,如刻舟求剑。庄子曰:'吾以神遇,不以目视。'读杜者,不可不知此言。咸丰庚申(1860)山阳鲁一同通甫识。"《通甫评杜》中批语多是针对浦起龙《读杜心解》而发,选各体杜诗计500余首,分为六卷,不录原诗,按编年顺序编排。又鲁一同受桐城派影响,多以古文笔法论述杜诗艺术。末附吴昆田《鲁通甫传》等。又有复旦大学图书馆藏1982年扬州古籍书店抄稿本。

(二)鲁蕡

1. 生平与师承

1831—1879,字仲实,江苏山阳(今属淮安市楚州区)人。鲁一同子。少颖异,天资高迈,诗文操笔立就,性乐闲放,不以文采自标。咸丰元年(1851)诸生,增贡。性喜古文辞,不喜制艺之文。三应乡试不中,遂绝意仕进。习闻其父绪论,工诗古文辞。又以孝称,曾国藩曾语人曰:"通甫有子矣,然世人率重其品与才,不知其为孝子也。"[①]

2. 现存撰述

鲁蕡诗文集二种:一是《仲实诗存》二卷。附于其父鲁一同《通甫类稿》后,咸丰九年(1859)南丰谭祖同署刻本,浙江图书馆藏。又同治间补修本,中国科学院图书馆、复旦大学图书馆藏。又光绪间重刻本,南京图书馆藏,卷首高延第《序》称其"诗文稿若干卷,去其自删与游戏不经意者,凡得《诗》二卷,《文》十七篇,付其子刊行之"。二是《鲁蕡文集》二卷。附于其父鲁一同《通甫类稿》后,咸丰九年南丰谭祖同署刻本,浙

---

① 生平事迹参见《清史稿》卷四百八十六;吴昆田:《鲁仲实传》,鲁蕡:《鲁蕡文集》卷末,光绪间重刻本等。

江图书馆藏。又同治间补修本,中国科学院图书馆、复旦大学图书馆藏。又光绪间重刻本,南京图书馆藏,卷首高延第《序》称其"诗文稿若干卷,去其自删与游戏不经意者,凡得《诗》二卷,《文》十七篇,付其子刊行之"。又附吴昆田《鲁蕡传》。

(三)周韶音

1. 生平与师承

生年不详,卒于咸丰九年(1859)①,字谐伯,江苏沭阳(今属宿迁市)人。家富,好施与,性狷介。增广生员,久困于乡举。入赀为户部郎中,选在福建司行走。诗宗陶杜,深思朴茂,触及现实。师从山阳鲁一同,受古文法。其为文多迈往不屑之韵。长于《易》,亦精于《诗》《书》《春秋》《三礼》研究。②

2. 现存撰述

周韶音经学著作一种:《易说》二卷,宣统二年(1910)刻本。卷首山阳鲁蕡《叙》曰:"吾友周君谐伯,博览群籍,喟然贯通,既屡踬于有司,乃益发奋,闭门覃精,求古人之所未及;所著《易说》二卷,辨而不凿,切而不拘,其义长于引申,旁征史例,不偎枉就。"末有其孙跋,谓:"先王父极矜慎,未肯遽出;弃养后始付梓。"是书为随笔体例,无甚次序,共计一百一十一条,以阐发义理为主,对程颐、朱熹之说多有驳议。民国《重修沭阳县志》称此书"长于引申,旁征史例,荟萃诸说,无所祖否"。③

3. 存目著作

据民国《重修沭阳县志》(戴仁修、钱崇威纂,民国间钞本)卷十二著录,周韶音撰有《谐伯文存》二卷④、《谐伯诗存》二卷⑤、《愤悱集》若干卷。

---

① 按:周韶音《易说》二卷,卷首有山阳鲁蕡《叙》作于同治五年(1866),且谓周氏已没七年,则周氏当卒于咸丰九年(1859)。

② 戴仁修、钱崇威纂:民国《重修沭阳县志》,民国间钞本,卷十二;徐世昌编:《晚晴簃诗汇》,中华书局1990年版,卷一百五十九;刘声木:《桐城文学渊源考》卷十一小传。

③ 参见潘雨廷著:《读易提要》,上海古籍出版社2006年版,第467页。

④ 按:周韶音曾为其师鲁一同的文集撰《通甫诗存跋》,叙其师说云:"凡文章之道,贵于外闳而中实。中实由于积理。理充而纬以实事,则光彩日新。文无实事,斯为徒作。穷工极丽,犹虚车也。"

⑤ 按:徐世昌编:《晚晴簃诗汇》,中华书局1990年版,卷一百五十九,录其诗四题七首。

（四）丁枢

生平与师承

生卒年不详,江苏清河(今淮安市清河区)人。诸生。刘声木《桐城文学渊源考》卷十一谓其"师事鲁一同,受古文法"。著述多散佚。①

（五）吴昆田

1. 生平与师承

1808—1882,其生年一说是嘉庆十年(1805)。原名大田,字云圃,号稼轩,江苏清河(今属淮安市)人。道光十四年(1834)顺天乡试举人,授中书舍人,改刑部河南司员外郎。咸丰十年(1860)主持清河县北部团练与太平军对垒。以赈灾有功,赐道员衔。辞,终身未尝服其职。晚年主讲于淮安府奎文、崇实书院,课子极勤。师事潘德舆,与鲁一同、高均儒、许宗衡等切磋古文。②

2. 现存撰述

吴昆田编纂方志著作三种:一是《安东县志》十五卷首一卷③,光绪元年(1875)刻本,又有民国二十年(1931)重印本。由吴昆田与鲁賡合纂。光绪间,安东知县金元烺请吴昆田主纂县志。此志卷首为四境图、四乡古河图考、潮河镇图、县城图、学宫图、县署图;卷一为疆域:沿革、四至、风俗、物产;卷二位建置:城池、公署、街巷(坊碑附)、坛庙、乡镇、圩砦、津梁;卷三为水利;卷四至卷五为民赋:户则、地亩、征额、解支、滩租、灾异(蠲振附);卷六为学校:学宫、学额、礼乐器、名宦祠、乡贤祠(艺文附);卷七为贡举:进士、举人、贡生、征辟、吏阶、贡监、武科、武阶;卷八至卷九为秩官;卷十至卷十三为人物:流寓(方外附);卷十四位列女;卷十五为古迹、杂记。前志刊行于雍正六年(1728),迄此次续修,已历147年之久。

二是《清河县志》二十六卷④,光绪五年(1879)刻本,民国十七年(1928)重刻本。此志由吴昆田与鲁賡合纂,文彬主修。吴昆田在此志

---

① 生平事迹参见刘声木:《桐城文学渊源考》卷十一小传。
② 生平事迹参见《清史稿》卷四百八十六;高延第:《刑部员外郎吴君稼轩墓志铭》,吴昆田:《漱六山房全集》卷首,光绪十年(1884)刻本;黄云鹄:《吴稼轩墓表》,《漱六山房全集》卷首等。
③ 按:刘声木《桐城文学撰述考》卷四著录,卷数不清,可补。
④ 按:刘声木《桐城文学撰述考》卷四著录,卷数不清,可补。

《跋》中称，"长白之公由东抚再履漕督之次年，命昆田引鲁仲实学博汇辑前志，并为一书"。全书分为二十六卷：图说、疆域、建置、川渎、民赋、学校、贡举、军政、秩官、仕迹、人物、列女、古迹、艺文、杂记（附祥梗）。文彬称此志"条理明白，殊流共贯"①。

三是《淮安府志》四十卷②，光绪十一年（1885）刻本。吴昆田主纂方志。1991年江苏古籍出版社据此书影印《中国地方志集成》本。此志由孙云锦主修，孙云锦，字海岑，安徽桐城人。全志分四十卷首一卷。卷首序、凡例、图说，正文为：郡县、建置沿革表、疆域（形势、四至、分星、风俗）、物产、城池（公署、坛庙、仓庾、驿铺、街市、乡镇、津梁、善堂、围砦）、河防（黄河、淮河、运河、海防附、支河湖荡，闸洞堤圩）、漕运（盐课、榷关附）、职官表、民赋（蠲赈附）、学校（学宫、学田、学额、名宦祠、乡贤祠、试院、书院、义学）、贡举表（征辟附）、军政、仕迹、人物、列女、古迹（丘墓附）、艺文、杂志（灾祥、寇乱附）。此志资料丰富，详简得当。

吴昆田诗文集一种：《漱六山房全集》十一卷，光绪十年（1884）刻本。卷首有高延第《序》，云："壬午冬，吴君稼轩既葬，其子涑以君所为诗文稿本数十册属为简校，披阅累日，得诗文札记若干卷，师友记属草未及半，以附文集之后，总题曰《漱六山房全集》。君生平撰著甚富，毁于兵火，今之所录，自道光庚戌迄今卅载所作也。"可知吴昆田著述甚富，大多毁于战火。《漱六山房全集》是在他去世以后，由其子搜集，并请高阳第加以校雠，是从道光三十年（1850）至光绪八年去世前所作的诗文。是集前四卷为诗，卷五至卷八为文，卷九、卷十为札记③，卷十一为师友记④。诗、文多酬应之作，札记多述友朋燕谈离合之事。

吴昆田撰述一种：《漱六山房读书记》，此书为一卷⑤，光绪十三年（1887）铅印本，收录在王锡祺辑《小方壶斋丛书》三集中。

---

① 荀德麟主编、淮阴市地方志编纂委员会编：《淮阴市志》，上海社会科学院出版社1995年版，第2533页。

② 按：刘声木《桐城文学撰述考》卷四著录，卷数不清，可补。

③ 按：刘声木《桐城文学撰述考》卷四著录为《漱六山房札记》，卷数不清。

④ 按：刘声木《桐城文学撰述考》卷四著录为《漱六山房师友记》，卷数不清。

⑤ 按：刘声木《桐城文学撰述考》卷四著录，卷数不清。

3. 存目著作

据刘声木《桐城文学撰述考》卷四著录:吴昆田撰《山阳县志》若干卷。

（六）吴涑

1. 生平与师承

1867—1920,字温叟,号季实,江苏清河(今属淮安市)人。吴昆田之子。晚清诸生,民国议员,曾至广州参与护法。幼承家学,又师事鲁贲、张兆麟受古文法。因得备闻鲁一同、孔继镛为文绪论,通经史百家之旨、工诗古文词。《桐城文学渊源考》卷十一称"其文导源经史,折衷理道,高古峻洁,精核典则;……诗亦朴厚近陶、韦,一铲浮艳剽滑之习,深有得于家学。"①

2. 现存撰述

吴涑诗文集一种:《抑抑堂集》十五卷,民国十二年(1923)刻本,国家图书馆藏。书名页为癸亥(1923)六月田步蟾署签。卷首刊壬戌闰五月金坛冯煦《吴温叟遗集序》,淮安段朝端《序》,江都陈懋森《吴君家传》,扬州李详《南清河吴君温叟墓志铭》。卷一至卷四为文集,以文体归类分卷;卷五至卷九为诗集,依次为《诗甲一》《诗甲二》《壬癸诗录》《甲戌诗录》《过岭诗录》;卷十至卷十五为《札记》,多有记清末遗闻。冯《序》称"其文折衷理道,精核典则,不丽淫以骋才,不虚嚣以使气,而於国闻乡故之是非利病足为法戒者甄叙尤详","诗亦朴厚近陶、韦,一铲浮艳剽滑之习"。段《序》称:"温叟天资高敏,记诵赅博。文字率导源经史,高古峻洁,直闯名大家之室,予私许为淮属第一手,而谦冲翕受不自满假,尤近人所罕见。"

---

① 生平事迹参见陈懋森:《吴君家传》,见吴涑:《抑抑堂集》卷首,民国十二年(1923)刻本;李详:《南清河吴君温叟墓志铭》,《抑抑堂集》卷首等。

附　鲁一同弟子江苏承传谱系表

第二节　谢应芝传衍弟子之门属

谢应芝是江苏阳湖人,习学桐城古文法,曾在《与胡念勤书》中称美姚鼐《古文辞类纂》谓:"《类纂》自《战国策》《离骚》以暨于方灵皋、刘才甫,其间可增损者,盖鲜矣。……所以为学之矩矱者,其意微矣。"①谢应芝一生未入仕途,以授徒为生,将桐城古文法传授给同在常州地区的谈秉清、宋嗣镶、张兆麟等人。张兆麟先后官宝应县训导、淮安府学教谕,署理淮安知府,将其师之学传授给盐城陈玉澍、淮安邱松生,形成桐城派谢氏一门。

(一)谢应芝

1. 生平与师承

1795—1862,字子阶,号浣村,晚号蒙泉子,江苏阳湖(今属常州市)人。廪贡生,品行严正,经术湛深,屡试不第,闭户著书。授徒以自给。深究六经,旁及诸子百家,尤精汉儒之奥,立身处世以宋儒为准。一生未进仕途,赁陶园自居,以研求经文自娱。工诗、古文辞,古文取法桐城。张兆麟《书谢宛村会稽山斋全集后》谓"先生以瑰玮俊杰之才,淹通沉博之学,毅然以恽大云、姚惜抱两先生自许,思有以继其后,作砥柱于中流"②。

2. 现存撰述

谢应芝著作全集一种:《会稽山斋全集》二十九卷,凡六册,光绪十四年(1888)重刻本,南京图书馆藏。有张兆麟《书谢宛村会稽山斋全集后》。据光绪十四年其子谢绍安《跋》云:"先君子所手定,刊于咸丰丁巳,中更兵燹,板毁于火。先君子于《诗》《书》《春秋》并有成书,惜遭乱散佚。未刊诗文若干首,分为七卷,又《蒙泉子》三卷,仿《柳子厚外集》例,附于后。"可知

---

① 王瑶:《王瑶全集》(第2卷),河北教育出版社2000年版,第535页。

② 张兆麟:《书谢宛村会稽山斋全集后》,见谢应芝:《会稽山斋全集》卷首,光绪十四年(1888)重刻本。生平事迹参见张惟骧撰:《清代毗陵名人小传稿》,小双寂庵丛书本卷七;刘声木:《桐城文学渊源考》卷十一;常州市地方志编纂委员会编:《常州市志》等。

咸丰初刻本无《文续》《诗续》。《会稽山斋文稿》十二卷,凡二册,录论辩八首、读经十二首、读子史九首、序十五首、书后十三首、书八首、记七首、赠序十首、事述九首、传十四首、碑表十二首、志铭哀词十三首,凡一百三十首。《会稽山斋诗》五卷、《会稽山斋词》一卷,凡一册,《诗》卷一录四言古体十一首、五言古体四十首,卷二录五言古体四十八首,卷三录七言古体五十一首,卷四录五言近体五十六首,卷五录七言近体六十六首。《词》录诗余二十八阕。《会稽山斋文续》六卷、《会稽山斋诗续》一卷,凡一册,《文续》录论五首、读经史九首、序九首、书后七首、书九首、记七首、赠序四首、书事二首、传五首、表志六首、哀词祭文四首。《会稽山斋经义》一卷,凡一册,录制艺五十二首:《论语》三十六首,《大学》二首,《中庸》四首,《孟子》十首。《蒙泉子》三卷,凡一册。

3. 存目著作

据刘声木《桐城文学撰述考》卷四、常州市地方志编纂委员会编《常州市志》著录:谢应芝撰有《书义》《诗义》《诗地理考》《诗说》《春秋义》[①]以及《王荆公诗义》[②]《夏小正观义》《宋史义》《元史义》《明史摭余》《旅史》《续古今人表》《郡国方舆通释》。

据刘声木《桐城文学撰述考》卷四著录:谢应芝还撰有《经义选》《近思录校勘本》《韩文纂要》《唐文类纂》《国朝八家文纂》数种。

（二）谈秉清

生平与师承

生卒年不详,字撰生,江苏武进（今属常州市）人。师事谢应芝,受古文法。刘声木谓"其文孤洁自好"。著述多散佚。[③]

（三）宋嗣镱

生平与师承

生卒年不详,字仁安,江苏阳湖（今属常州市）人。诸生。师事谢应

---

① 按:光绪十四年(1888)其子谢绍安《会稽山斋全集跋》云:"先君子所手定,刊于咸丰丁巳,中更兵燹,板毁于火。先君子于《诗》《书》《春秋》并有成书,惜遭乱散佚。"
② 按:《会稽山斋文集》卷四存《王荆公诗义序》一篇,称自己概叹王安石"《诗》《书》二经皆亡,而犹幸李迂仲、吕东莱诸书所采,《诗义》一二获存也,遂辑而纂之"。
③ 生平事迹参见刘声木:《桐城文学渊源考》卷十一小传。

芝,受古文法有十年之久。工诗、古文,尤以辞赋独推重于侪辈。著述多散佚。①

（四）张兆麟

1. 生平与师承

1843—1908,又名元度,字秋舫,江苏武进(今属常州市)人。所居堂曰寒松晚翠。贡生,官宝应县训导、淮安府学教谕,署理淮安知府,会办江南制造局。年少时便有志于学,偶落笔为文赋,往往奇峭惊人,一时名士皆仰慕于他,并争相与他交往。师事谢应芝,受古文法,又从陆蒇恩问学。厉实学,求所为有体有用。诗、古文辞各出机杼,能自达其心之所欲言。为文清真雅正,婉笃敦厚。②

2. 现存撰述

张兆麟诗文集一种:《寒松晚翠堂集》六卷,凡三册,光绪十七年(1891)阳湖千秋里刻本,南京图书馆藏。前有光绪丁亥钱福荪、顾云臣、徐嘉《序》各一首。又有孙云锦、谢元福、杨颐、溥良的题词。《初集》一卷,录文十四首。《外集》一卷,前有光绪庚寅刘庠《题辞》。《笔记》一卷,附录尺牍。《诗》二卷,编年,卷一始自庚申,迄于甲子;卷二始自甲子,迄于丙寅,其中《哭杨午楼》《官军屡捷志喜》诸诗,皆有磊落之气。《制艺》一卷③。集中有王先谦评语。末有杨志濂、郭宫桂、王者臣、金武祥等跋语。

3. 存目著作

据《清代毗陵书目》(张惟骧编,1944年常州旅沪同乡会铅印本)卷四著录:张兆麟撰有赋集《秋舫赋钞》一卷④。

（五）陈玉澍

1. 生平与师承

1853—1906,原名玉树,字惕庵,后更名玉澍,江苏盐城人。光绪十二年(1886)肄业南菁书院。十四年中举。后赴会试不第,大挑教谕不

---

① 生平事迹参见刘声木:《桐城文学渊源考》卷十一小传。

② 生平事迹参见刘声木:《桐城文学渊源考》卷十一小传等。

③ 按:刘声木《桐城文学撰述考》卷四著录《制义》一卷,盖即指此集。

④ 按:刘声木《桐城文学撰述考》卷四著录《赋草偶存》一卷,疑即此书。

赴。二十三年应本邑知县刘崇照之请纂修《盐城县志》，二十五年主讲尚志书院，二十八年主讲县学堂，三十年秋应两江总督周玉山聘，充三江师范教务长，三十一年佐广东布政使程仪洛幕，数月谢归；后复应两广总督岑春煊之招再度赴粤一年，以风痹归，不数月而卒。平居耽学乐道，不慕荣利。其父陈蔚林，善治《毛诗》，陈玉澍早年亦以治经为主，专《尔雅》。中年后浸渍历史、舆地、政治、掌故及百家之说，纬以经谊，驰辨博喻。刘声木《桐城文学渊源考》卷十一谓其"师事张兆麟，受古文法"，陈中凡《先叔父惕庵府君行述》称，其所为诗文，每关涉时事，"忧殷语迫，恒有《兔爰》《苕华》之慨，论者怪其无衣而戚。及甲午军兴，国势凌迟，端忧早计，发为文章，语益壮烈"。①

2. 现存撰述

陈玉澍经学著作二种：一是《毛诗异文笺》十卷，光绪十四年（1888）《南菁书院丛书》第五集刊本。陈玉澍"思先人未竟之志"而作此书，且于光绪十二年冬、十三年夏两次录稿呈送学政王先谦，王先谦"称其引证该洽，惟以体裁杂乱为嫌"，提出修改意见，陈玉澍于是"遵守矩矱，更定条例，芟剔繁芜，仅存十卷，易稿数四，书乃告成"。此书释义以《毛传》《郑笺》为准，以《说文》作为判别异文的依据，以字论字，极少涉及义理，极少征引宋学文献，守古文经学之立场，颇有皖派治学遗风。

二是《尔雅释例》五卷，书成于光绪十六年（1890），民国八年（1919）刊载于《国故》杂志一至四期。又有民国十年南京高等师范排印本。清儒于诸经多有释例之作，而于《尔雅》却未有；注《尔雅》者多，然讨论其释义之例者少。陈氏遂从光绪十四年十月至十六年九月，广涉《尔雅》今古注疏，历时二载，终成此书。是书卷首有顾实《校印〈尔雅释例〉序》、黄以周《叙》、陈玉澍《自序》和陈中凡《后叙》。全书计得《尔雅》释义之例四十五条，凡五卷。卷一、二主要探究《释诂》《释言》《释训》三篇释义之例；卷三主要探究《尔雅》其余各篇义例；卷四、五主要为校正《尔雅》脱衍误乱之例。

---

① 生平事迹参见《清朝续文献通考》卷二百五十八；李详：《大挑教谕拣选知县陈君墓志铭》，见《续碑传集》卷七十五；陈中凡：《惕庵府君行述》，见陈中凡著：《清晖集》，书目文献出版社1987年版，第120页；阿英：《陈玉澍传》，见《阿英全集》，安徽教育出版社2003年版，第251—252页等。

陈玉澍编撰年谱著作一种：《卜子年谱》二卷，民国四年（1915）上虞罗氏铅印《雪堂丛刻》本。卜子，即孔子弟子子夏。是谱旨在表彰子夏传经功绩。《自叙》有云："吾尝谓无曾子则无宋儒之道学，无卜子则无汉儒之经学。宋儒之言道学者，必由子思、孟子而溯源于曾子。汉儒之言经学者，必由荀、毛、公、榖而溯源于卜子。是孔子为宋学、汉学之始祖，而曾子、卜子为宋学、汉学之大宗也。"孔子年谱已多有所作，而卜子无专谱，故作是谱。是谱以年为经，以事为纬，排比事类，广集佐证，成此一编，子夏生平事迹，厘然可观。末附《西河考》一篇，亦翔实可据①。

陈玉澍纂方志著作一种：《盐城县志》十七卷。光绪二十一年（1895）刻本。刘声木《桐城文学撰述考》卷四著录，书名为"《盐城县志稿》"。此方志由知县刘崇照修。刘崇照知县事，请陈玉澍主纂县志，光绪二十一年告成。此志体例本赵宏恩《江南通志》，仅子目互有异同。卷首为凡例、舆图；卷一至卷二为舆地志：建置沿革考附表、疆域、里差、形势、城池、公署、街巷、庄镇、都图、冈阜、津梁、坛庙、古迹、丘墓、坊表、风俗；卷三为河渠志：湖、海、支河、堤、圩、闸、垯；卷四为食货志：蠲振、仓储、户口、田赋、物产、盐法；卷五为学校志：学宫、经籍、学额、学田、书院、试院、义学；卷六为武备志：邮递附、历代戎事附；卷七至卷八为职官志：历代官制表、历代职官表、国朝职官表、名宦；卷九为选举志：征辟表、科贡表、贡监、武勋（旧志弛封附、旧志乡宾附）；卷十至卷十四为人物志；卷十五至卷十六为艺文志：文、诗、书目；卷十七为杂类志：祥异、杂流、寺观、善堂、拾遗。是志较乾隆间程国栋所修十六卷志，更为简明扼要，资料征而有信，内容更加丰富充实②。

陈玉澍日记一种：《粤游日记》二卷，稿钞本，一册。华亭雷瑨手跋。记光绪癸卯应广东布政使程仪洛之聘入粤，自九月十三日启程，至岁暮而归。广州是通商大埠，但吏治腐败，赋税繁重，民风奢侈，赌博成性，日记对此记录甚详，可作晚清史料。王欣夫《蛾术轩箧存善本书录》谓："此册为雷君君曜所赠，曾印入所辑《文艺杂志》，只四之一，而原稿首廿页遂

---

① 参见舒大刚主编：《儒学文献通论》，福建人民出版社2012年版，下册，第1904页。

② 赵传仁、鲍延毅、葛增福主编：《中国书名释义大辞典》，山东友谊出版社2007年版，第880—881页。

阙。余即依《杂志》钞补于接笥处,尚阙半页,不免有白璧微瑕之憾矣。"①

陈玉澍文集二种:一是《后乐堂文钞》九卷,光绪二十五年(1899)铅印本。是集为作者手定,于说字、解经以及友朋论学之作,删汰为多。检其集,说经之作最少,仅卷六《与高鉴论尔雅书》、卷七《毛诗异文笺序》《尔雅释例序》诸篇略及经义。卷一《赵武灵王胡服骑射论》、卷三《论时文》《中国自古重工商论》《体操原始》以及卷五上左宗棠、张之洞诸书,指陈时政,激昂慷慨,皆有救世之志意。二是《后乐堂文钞续编》九卷,光绪二十六年十月铅印本,山东大学图书馆藏。卷一、卷二为经义,卷三、卷四为史论,卷五、卷六为论政之文,卷七为奏疏,卷八、卷九为书札及杂文。卷三有《〈史记货殖列传〉书后》强调士人学习货殖工商之学,并非"细故",而是关系"国势"强弱的大问题。卷四《汉文帝以贾生为长沙王太傅论》《诸葛武侯和吴伐魏论》等诸篇史论,饶有妙论。

3. 存目著作

据陈中凡《先叔父惕庵府君行述》载:陈玉澍撰有《民权释惑》二卷②、《教育刍言》三卷③、《后乐堂诗钞》一卷、《后乐堂文钞三集》六卷④、《米禁问答》一卷⑤、《汴游笔记》一卷⑥。又,据刘声木《桐城文学撰述考》卷四著录:陈玉澍撰有《经说》二卷、《后乐堂制义》二卷。

(六)邱崧生

1. 生平与师承

1858—1905,字于蕃,亦字海儿,号啬庵,后改名宪,江苏山阳(今属淮安市)人。诸生。官直隶候补直隶州知州,师事张兆麟,受古文法。

---

① 王欣夫:《蛾术轩箧存善本书录》,第 511 页。

② 按:陈中凡《先叔父惕庵府君行述》:"乙巳……更以两广总督西林岑春煊之招,再赴粤东一年。时鉴于世变日棘,国人之言民权者,号召徒众,期于旦暮急进;而官实则怵于祸变,务为深闭固拒,上下激荡,浸成相持之局,则引为深忧,著《民权释惑》二卷。思有以达民隐,澄官邪,取新旧两说并折之。"见陈中凡著:《清晖集》,书目文献出版社 1987 年版,第 120 页。

③ 按:陈中凡《先叔父惕庵府君行述》载:"甲辰秋,应两江总督周玉山聘,充三江师范教务长。莅事十七日,诸生凌蔑教条,怫然竟去,著《教育刍言》三卷。"见陈中凡著:《清晖集》,书目文献出版社 1987 年版,第 120 页。据此知,此书于光绪十九年(1893),陈玉澍应两江总督周馥之聘,任三江师范教务长,因该校校风不正而怫然辞职归乡而作,为"三卷"。刘声木《桐城文学撰述考》卷四亦著录,谓"二卷"。

④ 按:据陈中凡《先叔父惕庵府君行述》著录,谓"稿并家藏",见陈中凡著:《清晖集》,书目文献出版社 1987 年版,第 121 页。

⑤ 同上注。

⑥ 同上注。

刘声木谓"其文在柳州、眉山间"。①

2. 存目著作

据《民国续纂山阳县志》卷十三《艺文》著录"邱崧生辑《邱氏家集文献私记》"②。

---

① 生平事迹参见罗振玉撰：《直隶候补直隶州知州邱君墓志铭》，见罗振玉：《云窗漫稿》，民国九年(1920)贻安堂本，第13—14页；刘声木：《桐城文学渊源考》卷十一小传等。
② 邱沅、王元章修，段朝纲等纂：《(民国)续纂山阳县志》卷十三《艺文》，民国十年(1921)刻本。

附　谢应芝弟子江苏承传谱系表

第三节　诸福坤传衍弟子之门属

　　长洲大儒诸福坤私淑桐城文学，柳亚子之父柳念曾、叔父柳慕曾都是诸福坤门下弟子，在"吴江柳氏"一门中，已有考述，此不赘列。诸福坤又将其古文之学传授给从弟诸福履、儿子诸宝镛，并授生徒沈廷镛、沈廷钟、陈去病诸人，形成桐城派传衍诸氏一门。

　　（一）诸福坤

　　1. 生平与师承

　　1843—1902，字元吉，一字安贞，中年行医因号杏庐，晚号元简，江苏长洲（今属苏州市）人。其父诸文渊，擅长书画，精通医药。诸福坤幼学多通，有道能文。刘声木《桐城文学渊源考》卷十一谓其"私淑桐城文学，其为文，义法严正，情韵甚美，以显微阐幽扶翊名教为重。"年十七授徒昆山，明年因太平军之乱陷苏州，还家授徒自给。年二十三擢取苏州府学附生第一，五应乡试不售，补增广生。生平野服性适，希言寡笑。绝迹城市，专心著作。柳亚子之父柳念曾、叔父柳慕曾以及陈去病等均出其门下。①

　　2. 现存撰述

　　诸福坤主纂志书一种：《（光绪）淀湖小志》八卷首一卷末一卷，清末稿抄本。是书为光绪二十八年（1902）诸福坤纂，弟子陈庆林（字子赓、去病，吴江人）补修，稿成未刊，抄本为上海通志馆柳亚子所收藏，今存上海图书馆。卷首有陈庆林所作《序》及《凡例》；次为有开方全图、淀山图、淀湖八景图。正文设有疆域、山水、建置、兵防、人物（上、下）、杂记（上、下）六门八卷，卷末有补遗、叙录。主要记述淀山湖环湖市镇章练、朱家角、沈巷、金泽、商塌、西岑，及镇周村落地理、物产、历

---

① 生平事迹参见陶惟坻：《诸杏庐先生传》，见诸福坤：《杏庐遗集》卷首，民国十二年（1923）印本；沈维中：《诸杏庐先生墓志铭》，见《杏庐遗集》卷首；陈去病撰：《诸先生墓碑铭并序》，见《杏庐遗集》卷首；徐达源撰，黎里古镇保护开发管理委员会、吴江市档案局编：《黎里志》两种之《黎里续志》卷首，广陵书社 2011 年版，第 306 页；曹允源、李根源等纂：《民国吴县志》，民国二十二年（1933）苏州文新公司铅印本，卷五十七小传等。

史、名迹、人物、兵事、轶事等，其中记北宋赵贺，南宋刘颖、罗点，明海瑞的治水事迹，晋咸和元年（326）至清咸丰同治间兵事，掌故传说记载颇详。①

诸福坤诗文集一种：《杏庐遗集》十四卷附三卷，凡五册，九种。民国十二年（1923）印本，南京图书馆藏。前有民国十一年壬戌柳弃疾撰《杏庐遗集序》。又有民国十年陶惟坻撰《诸杏庐先生传》，民国十二年沈维中撰《诸杏庐先生墓志铭》，民国十一年陈去病撰《诸先生墓碑铭并序》。《杏庐文钞》八卷，前有光绪辛丑（1901）李超琼《序》。《杏庐诗钞》二卷，前有民国十一年陶惟坻《序》，编年诗，始自辛酉（1861），终于丙申（1896）。《杏庐词钞》一卷，前有民国十一年蔡寅《序》，录词十阕。《杏庐集外文》一卷，前有沈昌眉《序》，录文三十二首，其中有《淀湖小志》稿十余篇。《杏庐集外诗》一卷，前有沈昌直《序》，编年诗，始自庚申（1860），终于乙未（1895），其中《拟朱竹摩罳船竹枝词》尤佳。《杏庐投赠卷》一卷，其孙诸纯淦辑，录沈成章、凌泗等赠答唱和诗若干首。卷末有民国十一年诸福坤孙诸纯淦《跋》，云：“《文钞》刊于先祖身前，沈厔庐、跻庵二丈实赞其成。自《诗钞》以下，则跻庵丈暨柳君安如合赀付刻，从弟率初为校雠是正也。”故今传世尚有《杏庐文钞》八卷单行本。附其从弟诸福履《静斋诗剩》一卷，其子诸宝铺《弘肃文存》《弘肃诗存》各一卷。

3. 存目著作

据刘声木《桐城文学撰述考》卷四著录：诸福坤撰《南唐书陈序注》一卷、《杏庐书跋》二卷、《自订年谱》一卷、《唐人随录》四卷、《试帖拔萃》四卷（注曰：“门人笺注。诸福履注独多。”②）、《吴枚庵国朝文征选》③、《日记医案》、《医林改错辑要》二卷④、《西医略论揭要》一卷⑤。

---

① 参见姚金祥主编：《上海方志提要》，上海社会科学院出版社 2005 年版，第 552 页。
② 按：诸福履，诸福坤从弟兼门人，参见“诸福履”条。
③ 按：吴枚庵，盖即指吴翌凤（1742—1819），字伊仲，号枚庵，长洲（今江苏苏州）人。
④ 按：《医林改错》由王清任撰刊于清道光十年（1830），是我国中医解剖学方面的重要著作。是书盖是对《医林改错》的要点辑录。
⑤ 按：《西医略论》盖即是指 1857 年英国来华医生合信氏编译的著作《西医略论》，是西洋医学输入中国之权舆。是书盖是对《西医略论》要点的揭示。

（二）诸福履

1. 生平与师承

1864—1895，字旋庆，号绥之，别号静斋。祖籍元和县之杏邨，随父避粤难，假于吴县（今属江苏苏州市）之枫桥，定居于此。诸福坤从弟。师事福坤，受古文法，锐意治诗，为举子文深湛而有绮思。应试有司未售，以家贫母老，嗣父业经济煤炭商店，又外出为童子师。年过而立，以疾终。①

2. 现存撰述

诸福履诗集一种：《静斋诗剩》一卷。附于其从兄诸福坤《杏庐遗集》后，民国十二年（1923）印本，南京图书馆藏。吴江陈庆林辑。前有陈庆林《序》。又有诸宝镛撰《从叔绥之先生行略》，陈庆林撰《诸静斋墓志铭》。录诗十三首。为诗力追古人，务极其所造而后已。

（三）诸宝镛

1. 生平与师承

1877—1919，字弘肃，又字光廷，江苏长洲（今属苏州市）人。诸福坤子。幼承庭训，务为博览记诵之学，以故淹贯群籍，文学能世其家。元和县学附生。为人自负不羁。因父亲去世，未能参加科考，等丧期结束，而朝廷已废科举。后到上海，主笔《警钟报》，会该报因讥讽时政为当局查封，搜捕之中，以貌寝得脱。又在上海竞雄女校讲文选，授课时诸生环笑，愤而辞职。主笔《民意报》，与同事不和，去职。还乡家居。民国七年（1918）春，独携一盖一笞出门，沿火车轨道徒步至南京上书当道，言事不报。归而拜母，尽出其囊中七钱以献，因大哭。自此以后常卧病在床，或行吟雨雪之中。②

2. 现存撰述

诸宝镛诗文集三种：一是《弘肃诗存》一卷，附于《杏庐遗集》后。附于其父诸福坤《杏庐遗集》后，民国十二年（1923）印本，南京图书馆藏。收录编年诗若干首，始自丙申（1896），终于戊午（1918）。二是《弘肃文

---

① 生平事迹参见诸宝镛：《从叔绥之先生行略》，见诸福履：《静斋诗剩》卷首，民国十二年（1923）印本；陈庆林：《诸静斋墓志铭》，见《静斋诗剩》卷首；刘声木：《桐城文学渊源考》卷十一小传等。

② 生平事迹参见王德钟撰：《诸弘肃传》，见诸宝镛：《弘肃文存》卷首，民国十二年（1923）印本；刘声木：《桐城文学渊源考》卷十一小传等。

存》一卷,附于其父诸福坤《杏庐遗集》后,民国十二年印本,南京图书馆藏。卷首有民国十一年柳遂《序》、王德钟撰《诸弘肃传》。录文十八首。三是《倚云轩杂著》,遗稿,刊载于《江苏革命博物馆月刊》1930 年第 11、12 期。

(四)沈廷镛

生平与师承

生卒年不详,字咏韶,号屋庐,江苏吴江(今属苏州市)人。诸生。国学保存会会员。师事凌泗、诸福坤,受古文法,称高第弟子。刘声木谓其"自知文重义法"。整理并刻印其师凌泗《莘庐遗著》,撰有《凌磬生府君行述》《莘庐遗诗后跋》《桃坞百咏跋》《浮梅日记跋》诸文①。著述多散佚。②

(五)沈廷钟

生平与师承

生卒年不详,亦名维中,字根黄,亦字赓笙,号跻庵,江苏吴江(今属苏州市)人。诸生。师事诸福坤,受古文法,称高第弟子。刘声木谓"其文才气骏发,遒然远出"。著述多散佚。③

(六)陈去病④

1. 生平与师承

1874—1933,原名庆林,字佩忍,又字巢南、病倩,别名垂虹亭长,笔名有季子、醒狮、大哀、南史氏、有㵎血胤、东阳令史子孙等,江苏吴江(今属苏州市)人。师事诸福坤,受古文法,称高第弟子。光绪二十二年(1896)科试优等补廪。1903 年东渡日本。1904 年于上海创办《二十世纪大舞台》,开戏剧改良与舞台实践相结合之先声,先后加入光复会和同盟会,自此正式举起革命义旗。1909 年,与柳亚子、高旭于苏州创建南社。晚年潜心教育,于东南大学、上海持志大学等多所高等院校任教,后任江苏革命博物馆馆长,并主编《江苏革命博物馆月刊》。

---

① 凌泗:《莘庐遗著》,民国十年(1921)沈廷镛刻本。
② 按:生平事迹参见刘声木:《桐城文学渊源考》卷十一小传。
③ 生平事迹参见刘声木:《桐城文学渊源考》卷十一小传。
④ 按:陈去病,原名陈庆林,《桐城文学渊源考》卷十一单列出"陈庆林"条,盖误。

陈去病史学著作一种:《明遗民录》不分卷。上海国粹学报馆 1907 年印本。卷首有陈去病丁未季春《自序》,又有《凡例》六则。此书以地域为纲,首首都,其次南畿,其次青、齐、赵、代、秦、陇、汴、洛,其次川、蜀、荆、楚、闽、粤、滇、黔,最后是海外。这本书资料搜集非常丰富,明末遗民大略已具。

陈去病学术著作二种:一是《诗学纲要》,南京东南大学 1927 年印本。此书是陈去病最重要的诗学研究著作,完成于中华民国十六年(1927)。卷首有民国十六年陈去病《叙》谓:"……撰文十九篇。明诗学之递嬗,考古今之得失。或叙其人之品概,以兴尚友之怀;或揽作者之菁英,以达吟咏之趣。积岁五年,削稿粗定,名曰《诗学纲要》,俾诸生讲肄焉。"陈去病编写《诗学纲要》的时间跨度为 1922 至 1927 年,其目的是为东南大学等高校提供文科教材。提出学诗者的六个必备条件:(一)不可过事捃撦,渔猎工具书而作诗蠹;(二)不可堕入恶道,调笑俳优而作诗诨;(三)不可俯徇人意而作诗佣;(四)不可昧于小学而作诗盲;(五)不可轻于咏物,涂泽饾饤而作诗匠;(六)不可浪赋艳情而作诗淫。此书实质上就是一部中国诗史的研究著作。二是《辞赋学纲要》,南京东南大学 1927 年印本。卷首有民国十六年陈去病《自叙》,谓"肇自周秦,迄于唐宋,成书十五章,名曰《辞赋学纲要》"。十五章分为总论、荀卿、屈原、宋玉唐勒景差、楚辞杂评、西汉上贾谊、西汉中司马相如、西汉下扬雄、西汉诸名家合论、东汉上班固、东汉中王逸父子附冯衍蔡邕马融祢衡、东汉下建安七子、魏晋、六朝、唐宋。此书是我国第一部系统论述中国辞赋发展的赋学著作,具有开创之功。又有台湾台北文海出版社 1971 年排印本。

陈去病诗文集三种:一是《浩歌堂诗钞》十卷,吴江《百尺楼丛书》民国十三年(1924)本。卷首有民国十三年汪兆铭《叙》、侯鸿鉴《叙》,又有姚锡钧、柳弃疾、徐蕴华等人《叙》。卷一《东江集》(1892—1901);卷二《壮游集》(1903—1905);卷三《黔山集》(1903—1905);卷四《裛椎集》(1907—1908);卷五《岭南集》(1908);卷六《呻吟集》(1909—1911);卷七《光华集》(1912—1915);卷八《湖上集》(1916—1917);卷九《护宪集》

《近游集》(1918—1920);卷十《从征集》《南雍集》(1921—1923)。二是
《浩歌堂诗续钞》一卷,民国二十七年印本。卷首民国二十七年柳亚子
《序》:"巢南自刊《浩歌堂诗钞》十卷,断乎于十二年癸亥。越十年而有
龙蛇之厄。女公子绵祥获其续稿,携以归余,爰嘱魏塘顾康佛粗为排
比,辑成《浩歌堂诗续钞》一帙,上起十三年甲子,下讫二十二年癸酉,诗
一百九十九首。其后余复从他处,旁搜博采,张皇苴补。……乃穷三日
之力重为写定。以较初本盖增加四十六云(二百九十五首)。"三是《陈
去病诗文集》,殷安如、刘颖白编撰上、下编;郭长海、郭君兮编纂补编。
社会科学出版社 2009 年版。此书属于柳无忌总主编的《国际南社学
会·南社丛书》(第三套)之一。上、下编共九卷,卷一为《浩歌堂诗钞》附
录《巢南先生五十寿言》;卷二为《巢南词》;卷三为《巢南文集》;卷四为《巢
南集外文》;卷五为《明遗民录》;卷六为《杂著》;卷七为《诗学纲要》;卷八
为《辞赋学纲要》;卷九附录俞前、殷安如编《陈去病年谱简编》。卷末有刘
颖白、殷安如《编后记》,谓此书编纂"费十年搜集资料、校点、誊录之
功","共约 80 余万字"。《补编》共四卷,卷数续《上、下编》编排:卷十为
《浩歌堂诗钞外编》;卷十一为《浩歌堂诗钞后编》;卷十二为《百尺楼丛
书补辑》;卷十三为《巢南文集外编》。卷末有编者《补编后记》。

陈去病撰小说一种:《莽男儿》二十六章,民国四年(1915)印本。陈
去病 1915 年以辛亥革命时期富有传奇色彩,同时又极具争议的革命者
王金发为原型写的一篇传记式纪实小说。卷首有民国四年蟠螭山民巢
父《叙》。民国四年著者撰《凡例》五则。大哀撰《集唐十首题〈莽男
儿〉》、月到楼主人撰《吊逸庐》诗六首、忆云居士《题〈莽男儿〉传奇》五
首、中拳撰《前题》一首、亚子撰《题莽男儿一律》。

陈去病编纂总集四种:一是《正气集》三卷,凡三册,光绪三十年
(1904)刻本。卷首有光绪三十年陈去病《序》。是书三卷,共辑王夫之、
黄宗羲、顾炎武之文计一百零二篇,其中卷一收王夫之文四十一篇;卷
二收黄宗羲文二十二篇;卷三收顾炎武文三十九篇。二是《笠泽词征》
三十卷,上海国学保存会民国二年(1913)印本,又有上海广益书局民国
四年印本。卷首有胡韫玉《序》谓:"吴江陈巢南辑其邑中自宋至清之
词,凡二百余家,题曰《笠泽词征》,刊于歇浦。"又民国二年金祖泽《序》

谓:"吾友陈子佩忍既刊行《松陵文集》之二年,又次第刊行其所辑《笠泽诗征》。"又有蔡寅、柳弃疾、徐自华等人的《序》。陈去病自撰《序》云:"辑北宋谢绛以下,迄于近代,凡若而人,词若干首,为书二十卷。别闰秀、寓贤诸作,各得三卷,附之。都成集二十六卷,名曰《笠泽词征》,用副所纂《松陵文集》行焉。"此书由宋至清,凡七百四十余年,得人二百数十,为二十六卷。创稿于清庚子春仲,告成于民国二年冬,计十四年。其后,又增补四卷,补人、补词。卷目是:卷一至卷二十:录宋至清词;卷二十一至卷二十三:闺媛。卷二十四至卷二十六:寓贤。卷二十七:补人。卷二十八至卷三十:补词。三是《松陵文集》,《初编》四卷,《二编》六卷,《三编》五十五卷,民国十一年铅印百尺楼丛书本。《初编》前有光绪三十二年刘师培《叙》,宣统三年柳亚子《叙》,宣统三年陈去病《自序》并《凡例》七则;二编首有钱基博《松陵文集叙》,宣统三年金祖泽《叙》。松陵,吴江之别称,五代吴越建县,县治在松陵镇。《吴越春秋》谓其地在松江上,稍高如陵,故名。此书为陈去病故里吴江县之乡邦文献集,故名《松陵文集》。1911 年 3 月,陈去病仿明遗民潘柽章之例,辑录自汉以迄吴江置县前的吴江作者散文,即庄忌、庄助、张温、张俨、张放、张翰、陆云、顾昌伍、陆琼、陆瑜、陆龟蒙诸人文章,辑为《松陵文集》初编四卷;1917 年辑成《松陵文集》二编,汇集自宋迄元的吴江作者散文六卷;1922 年春又辑成《松陵文集》三编,汇集自明造清的吴江作者散文五十五卷。全书共计六十五卷,包括论、疏、序、跋、书、传、述、赋、表、行状、墓表、墓志铭诸体,收入著者一百六十余人,散文计千余篇。四是《吴江诗录》,《初编》四卷,《二编》二十二卷。吴江《百尺楼丛书》1927 年印本。《吴江诗录初编》卷首有民国十六年陈去病《自叙》:"去夏里居,婆娑浩歌堂上,发唐、宋、元、明人诗,吟啸自适,欣然有会,遂捃摭群籍,次而录之。肇自三国,以迄南明,成书六十卷,名曰《吴江诗录》。"又有《凡例》十二则,谓此书体例"仍前撰《松陵文集》之例,分未置县前为一编、宋元为一编、朱明为一编,共成三编。清以后,姑待后贤可也。"卷目为卷一:三国吴、晋、梁、陈;卷二至卷四:唐(卷四杂入陈朝沈炯《伤顾野王》一首)。《吴江诗录二编》卷目为卷一至卷七:宋;卷八至卷十:元;卷十一寓贤:宋、元;卷十二官师:宋、元;卷十三方外:宋、元;卷十四至卷十六游览:宋、元;卷十七、十八题咏:宋、金、元;卷十九酬赠:宋、元;卷二十、二十一杂载:甲:甄雅,乙:别伪,丙:怪异,丁:谣谚;卷二十二补遗:甲:前哲,录宋一人元一人;乙:寓贤,录宋一人元二人;丙:官师,录宋五人元二人;丁:方外,录唐一人宋二人;戊:游览,录宋八人元二人;己:题咏,录录宋四十七人元一人;庚:酬赠,录宋二人元二人;辛:杂载,录唐一人宋三人元一人。《二编》卷末有民国十八年柳弃疾《后序》谓:"巢南陈子既辑《笠泽词征》《松陵文集》二巨帙,复贾余勇为《吴江诗录》三编,大致依据殷氏而扩大其范围。于《吴江集》及《诗略》《诗粹》多所采撷,其他山经、海志、故书、雅记,涉猎尤众。由其弘览博物,故能左右逢源,百世以下,征我邑诗故者,莫能外是矣。全书六十卷,先成《初编》四卷,《二编》二十二卷行世,盖迄元代为断,朱明以下续俟《三编》。"

陈去病全集一种:《陈去病全集》,全六册,精装。张夷主编,上海古籍出版社 2009 年版。卷首有杨天石、王飈分别作《序》。收录《浩歌堂诗钞》十卷;《浩歌堂诗续钞》一卷;《浩歌堂诗补钞》一卷(多是录自报刊杂志上的诗作);《病倩词》附联语箴铭以及《序跋集》《启笺集》,以上第一册内容。第二册收录《政论杂著集》、《记史纪传集》、《明遗民录》、《清秘史》二卷(附录四篇:《吴三桂借兵始末记》《吴三桂歼明之原因》《永历皇帝遗吴三桂书》《吴三桂反正之檄文》)、《碑铭哀诔颂赞行述集》以及《遗文杂脞集一》中的《五石脂》《百尺楼脞录》。第三册收录《遗文杂脞集二》(包括《虎伥遗恨》《南社杂佩》)、《遗文杂脞集三》(包括《江城日札》《红板桥边琐记》《挥戈录》《尘网录》《浩歌堂近谭》《粤游杂记》)、《游记集》、《小说戏曲集》(包括《莽男儿》二十六章以及《二百年前之红胡子》《皇室之虚无党》《金谷香》)、《诗话词话集》(包括《巢南诗话》《镜台词话》《病倩词话》)、《诗赋论著集》(包括《诗学纲要》《辞赋学纲要》)。第四册收录《吴江诗录初编》四卷、《二编》二十二卷。第五册收录《笠泽词征》三十卷。第六册为《陈去病年谱》,记述陈去病生平思想、革命活动以及诗文著述为主,兼收与谱主有关的重要活动背景资料,属于谱主活动史迹范围的,收入正文。卷首有编者撰《前言》,谓此稿 1998 年初稿,2002 年 11 月改定。又有凡例八则。杨天石在《全集序》中谓:"此全集中的《浩歌堂诗抄》经陈绵祥校勘,《浩歌堂诗续抄》经柳亚子校勘,又是未刊稿,弥足珍贵。《浩歌堂诗补抄》《巢南诗话》《病倩词》《病倩词话》,以及巢南的政论杂著都是张夷先生辑录的……有了这些新增的内容,陈去病的生平创作就几近完备了。有了《全集》,今后的陈去病研究、南社研究、近代文学研究就方便多了。……此外,《全集》还编入了陈去病生前辑录的乡邦文献《吴江诗录》《笠泽词征》等书,也将大有助于吴江地方史的研究。"①

---

① 杨天石:《序》,见陈去病:《陈去病全集》,上海古籍出版社 2009 年版,第 1 册,第 18 页。

附　诸福坤弟子江苏承传谱系表

第四节　顾曾传衍弟子之门属

吴中顾氏一族是江南著名读书人家,其中顾曾与族人顾承、顾千里,文行兼佳,被并称之"吴中三顾"①。顾曾少好庄周、司马迁之文,中年博综群书,斟酌于韩愈、欧阳修、曾巩之文,并深造桐城"义法"之说而有自得,与蔡复午、亢树滋、陈纯诸人师友相资,以古文相切摩。其子顾元瑜、顾元伦亦能世其家学,工于古文,成桐城派顾氏一门属。

（一）顾曾

1. 生平与师承

生卒不详,字骏文,号少卿,亦号潜斋,江苏长洲(今属苏州市)人。诸生。历游鲁、燕、粤、越,主讲博罗书院。尝与同里陈纯、蔡复午、顾承等论古说诗,士林推服。其学邃于经,尤精于史,沉潜于《史记》《汉书》《后汉书》《三国志》及韩愈、归有光文集,专力于诗、古文词。"其为文雄深雅健,劲直蕴藉,深造自得,真得桐城家法。"②

2. 现存撰述

顾曾文集一种:《校经草庐文集》二卷,道光十九年(1839)己亥刻本,据《贩书偶记》卷十七著录,云:"考订之文。"顾廷龙《映雪楼藏书目录跋》谓:"惜《校经草庐诗文集》板已毁于咸丰间兵火。"③又日本有藏本,据《日本现存清人文集目录》著录。又有道光间映雪楼抄稿本,复旦大学图书馆藏。

顾曾鉴定总集一种:《南宋文范》七十卷,光绪十四年(1888)江苏书局刻本。据刘声木《桐城文学渊源考》卷十一载顾曾"晚年病南宋文漫无统纪,为之旁搜博采,积十余年之力,得三百余家,遴选成篇,为《宋文鉴补》《南宋文范》二书,门人庄仲方录有副本。"但据《南宋文范》吴德旋

---

① 顾震涛:《吴门表隐》卷二十,江苏古籍出版社1999年版,第333页。

② 顾震涛:《吴门表隐》卷二十,江苏古籍出版社1999年版,第333页;刘声木:《桐城文学渊源考》卷十一小传。

③ 顾廷龙:《顾廷龙全集》文集卷(上),上海辞书出版社2015年版,第182页。

《序》云："秀水庄芝阶学南宋之学于其师元和顾少卿,选《南宋文范》若干卷。"又有庄仲方自撰《体例》,末云："是书弃取皆与顾少卿先生酌定,不敢妄逞臆见。先生名曾,长洲诸生,绩学,工古文词,有诗文集传世。"是书每卷卷首都题有"长洲顾少卿先生鉴定"。卷首又有道光十六年(1836)姚椿《序》。其后分为赋二卷,骚、辞、乐章乐歌、四言一卷,乐府歌行一卷,五言古诗三卷,七言古诗二卷,诏、敕、册文、批答、赦文一卷,制诰、檄一卷,奏疏、缴指挥十四卷,进故事、经筵讲义一卷,表二卷,笺、启二卷,书五卷,箴、铭、颂、赞一卷,庙碑一卷,御试策一卷,试策一卷,策问二卷,记五卷,序五卷,策、议一卷,论五卷,说一卷,言、辩、解、史断、义、答问、讲义一卷,题跋二卷,劝谕文、祈谢文、上梁文一卷,祭文、哀词、谥议一卷,行状、传记、书事一卷,墓铭四卷,墓表、墓碣、神道碑二卷,共五十七类七十卷。所采录的书遍及经史子集四部,达二百六十三种,作者二百余人,作品一千七百零九篇,卷首还附有《南宋文范作者考》二卷。

3. 存目著作

据刘声木《桐城文学撰述考》卷四著录:有顾曾撰有《无锡金匮县志》(注曰:"张士元同修。")①、《宋文鉴续》一百卷②、《滋阳县志》、《醉易斋文集》。

(二)顾元瑜

生平与师承

生卒年不详,字朗甫,江苏长洲(今属苏州市)人。顾曾子。承其家学,工诗、古文。著述多散佚。③

(三)顾元伦

生平与师承

生卒年不详,江苏长洲(今属苏州市)人。顾曾子。承其家学,工

---

① 按:或即《(嘉庆)无锡金匮县志》,四十卷首一卷,韩履宠等修,秦瀛纂。嘉庆十八年(1813)无锡城西草堂刻本。嘉庆十七年,秦瀛受韩履宠之聘,后邀请吴江张士元、元和(今苏州)顾曾襄助编纂,张、顾二人因故半途而废,后由秦瀛一人汇辑而成。

② 按:刘声木《桐城文学渊源考》卷十一载顾曾"晚年病南宋文漫无统纪,为之旁搜博采,积十余年之力,得三百余家,遴选成篇,为《宋文鉴补》《南宋文范》二书,门人庄仲方录有副本。"或即此书。

③ 生平事迹参见刘声木:《桐城文学渊源考》卷十一小传。

诗、古文。著述多散佚。①

（四）蔡复午

1. 生平与师承

1763—1821，字仲兰，一字伫兰，号中来，江苏吴县（今属苏州市）人。幼有夙慧，过目成诵。嘉庆六年（1801）举人，官候选知县。喜游四方，历主宜山、平江、当涂、毓秀、西溪诸书院讲席。与钱大昕、顾曾、姚文田、李宗傅等相师友，得古文义法。姚文田《蔡孝廉传》曰："综其平生舟车所至甚多，发为诗文，故多跌宕有奇气，郡邑官师争迎以为式……为文本经术，力追古大家，制义善理法，尤足起衰式。"②

2. 现存撰述

蔡复午主纂地方志一种：《（嘉庆）东台县志》四十卷，嘉庆二十二年（1817）刻本。乾隆三十三年（1768）东台与泰州分疆，建立县治，至嘉庆十三年始由知县姚兆昌设局主修县志，惜志书未完成，姚兆昌就被罢职离任。嘉庆二十一年，时任东台知县周右聘请举人蔡复午在姚志基础之上重新修纂。此志凡四十卷，卷首为序、纂志者衔名；卷一为县境诸图；卷二为建置沿革表；卷三至四为职官表；卷五为选举表；卷六为建置沿革考；卷七为星野考；卷八为疆域考；卷九为城池考；卷十至十一为水利考；卷十二为学校考；卷十三为祠祀考；卷十四为官署考；卷十五为风俗考；卷十六为赋役考；卷十七为军政考；卷十八为盐法考；卷十九为物产考；卷二十为名宦传；卷二十一为忠节传；卷二十二为孝友传；卷二十三为仕绩传；卷二十四为儒林传；卷二十五为文苑传；卷二十六为笃行传；卷二十七为尚义传；卷二十八为寿耆传；卷二十九为隐逸传；卷三十为流寓传；卷三十一为方技传；卷三十二至三十三为列女传；卷三十四为古迹录；卷三十五为寺观录；卷三十六至三十八为艺文录；卷三十九为撰述录；卷四十为杂记录。此志资料丰富，内容详核，备受后人称道，周中孚谓："其书质而不俚，简而不疏，于是东台一县始有志，而灿然可

---

① 生平事迹参见刘声木《桐城文学渊源考》卷十一小传。

② 姚文田《蔡孝廉传》，见蔡复午《蔡孝廉诗文录》卷首，道光十二年（1832）蔡成辂刻本。生平事迹参见姚文田《蔡孝廉传》，《蔡孝廉诗文录》卷首。

观矣。"①1991 年 6 月江苏古籍出版社据此本影印。

蔡复午诗文集一种:《蔡孝廉诗文录》四卷,道光十二年(1832)蔡成辂刻本,南京图书馆、北京大学图书馆藏。又名《西碛山房诗文录》,收《诗录》二卷、《文录》二卷。卷首道光壬午(1822)陶山唐晁《序》云:"蔡孝廉佇兰之卒也,姚秋农(文田)先生既著之传,余又表其墓。其长君曼受从余之秦中官廨,复出其诗古文词若干卷,请为删定而序之。"又有林衍源《跋》,钱大昕、顾曾、陶梁《题辞》,姚文田《蔡孝廉传》以及桐城李宗傅《像赞》。卷末后记曰:"道光十二年五月,男成辂谨刊于四川成都省城之寓庐,华阳刘在亭刻字。"又有光绪二十八年(1902)石印本,中国国家图书馆藏。

3. 存目著作

据刘声木《桐城文学撰述考》卷四著录:蔡复午撰《经义典制考》《永兴元嘉之间南北朝十国表》《州县地理考》。

(五)亢树滋

1. 生平与师承

1817—1889,字個卿,号铁卿,晚号赘翁,江苏吴县(今属苏州市)人。早年习商贾之业,而好学不倦。道光末,同县顾承、顾曾以古文名于时,亢树滋得其传。又与常州韦光黻游,工诗。其文以汪琬、方苞为宗,趋向醇正,义法精湛。诗则俱近宋人,饶有理趣。吴嘉洤《市隐初稿序》谓亢树滋:"古今各体诗俱近宋人,有自得之趣,文则以汪、方为宗,而出入勺庭、青门诸家,条达邕茂,蔚然深秀而纯粹,其趋向之醇,盖可知矣。"②

2. 现存撰述

亢树滋诗文集五种:一是《丁我庐小草》,四册,同治间稿本,中国国家图书馆藏。素纸。卷前有潘钟瑞黄笔题识:"同治甲子(1864)鞠秋,麟生弟潘钟瑞拜读三过。于香禅精舍尤心醉者,僭加黄笔,并注眉评。

① 参见黄苇主编:《中国地方志词典》,黄山书社 1986 年版,第 146—147 页。
② 吴嘉洤:《市隐初稿序》,见亢树滋:《市隐书屋文稿》卷首,光绪三年(1877)刻本。生平事迹参见曹允源、李根源等纂:《民国吴县志》卷五十六下,民国二十二年(1933)苏州文新公司铅印本;刘声木:《桐城文学渊源考》卷十一小传等。

污卷为罪,尚希恕之。"左钤朱文"瘦羊居士""麠生"、白文"钟瑞"方印。又张鸿卓墨笔题识:"襟韵冲灵,笔致渊雅,事理通达,模范老成。是非学养功深,未易臻此绝诣。四月二十七日,张鸿卓复读一过,谨注。"下钤白方"张鸿卓印"。又袁学澜墨笔题识:"同治四年(1865)乙丑夏荷诞日,元和袁学澜拜读于双塔影园。采录佳篇,钞入《沪上题襟集》中,以志欣幸。"下钤白文"城居僻似沈先邨""适园"、朱文"文绮"方印。元和诸生袁景澜文漪辑有《沪上题襟集》五册,"所录为吴嘉淦、殷寿臻、刘禧延、张源达、潘钟瑞、蒋敦复、余岳、贝信山、肖承萼、叶廷琯、张宝仁、江宗泰、张锦文、吴重熙、袁柳、许锷、潘遵祁、王福祥、贝青乔、张鸿卓、沈诚焘、杨引传、石渠、孙瀜、凌镐、亢树滋、王彦超、袁钟琳、雷浚二十九家,因洪杨之乱侨居于沪上者,颇可考见当时兵戈状况及洋场掌故"①。

二是《市隐书屋文稿》十一卷,光绪三年(1877)刻本,南京图书馆藏。"市隐书屋"为其室名。卷首有吴嘉淦咸丰十一年(1861)《市隐初稿序》云:"君以所著《市隐初稿》造余寓,揖而言曰:'某学此有年矣。'"又卷一载《市隐初稿诗序》自谓:"故杜门息影,专得一意吟咏,久之遂辱春榆母舅见知,以为可存。继又为晋和弟许,谓迥异于世之称诗者……暇日因合前后所作,重加汰存,录为一帙,名曰《市隐初稿》。"据此知前有作者手定本《市隐初稿》。是集十一卷,其中《文说》《书方望溪甲辰示道希兄弟后》《醉易斋文集序》《国朝八家文钞序》等文,多古文理论。

三是《随安庐诗集》七卷,《补遗》一卷,光绪十二年(1886)刻本,南京图书馆藏。卷首分别为汪芑、潘钟瑞《题辞》。汪芑称亢树滋"平生工古文,足拍尧峰肩。取材抉理窟,树义超题巅。灵机匠心运,胜算国手先。"

四是《随安庐题画诗》二卷,光绪十二年(1886)刻本,南京图书馆藏。又名《随安庐诗集》,系题画诗。光绪十二年亢树滋《自序》曰:"近读秦君肤雨画赘百绝,喜其画中有诗,因仿而为之,未识能诗中有画否也?顾肤雨因画而成诗,余则假诗以征画……则又奚以画为姑录之,以自备神游云尔。"

---

① 董康著,王君南整理:《董康东游日记》,河北教育出版社 2000 年版,第 64—65 页。

五是《随安庐文集》六卷,光绪十六年(1890)刻本,南京图书馆藏。卷首光绪十六年常熟张瑛《序》云:"偶卿先生论文窥见本原,理积于中,气溢于外。"又谓"鄙见有可删者六篇",且指出为《义理论》《答魏子良》《与姚润生全荣》《答谢绥之》《祷城隍神文(代)》《祷城隍神文》。又亢树滋《自序》曰:"是集起于丁丑,终戊子,删存九十篇,盖以杂评遗嘱。去冬命嘉儿校定,呜呼!今不幸死矣……余心有憾焉。爰复手录成帙,编为六卷。"知是集为亢树滋手定,卷一"序"二十三篇;卷二"记、书"十六篇;卷三"论、议、传、传略"十七篇;卷四"书后、跋、题"三十一篇;卷五"九箴"下列"学箴、思箴、视箴、听箴、言箴、动箴、友箴、师箴、官箴","五戒"下列"戒酒、戒赌、戒妓、戒杀、戒烟","赞、铭、哀辞、墓志铭、墓表、自祭文"五篇;卷六"杂评""遗嘱"。

3. 存目著作

据《(民国)吴县志》卷五十六下著录:亢树滋撰《藏书目录》一卷、《卮言》一卷、《赘翁吟草》一卷①。据刘声木《桐城文学撰述考》卷四著录:亢树滋撰《明三家文钞》、《国朝八家文钞》、《卮言》二卷、《邓尉看梅诗》四卷。

(六) 陈纯

生平与师承

生卒年不详,字贞白,一字贞甫,江苏长洲(今属苏州市)人。诸生。工诗、古文,与顾承、顾曾、蔡复午、何学韩、陆鼎、林衍源相师友,以文学切磋。刘声木谓其"独于宋文家好尹师鲁。……善为古文辞,其议论不少下,得力于治经之余;辞粗而气平,乍观之若无以过人者,往复再三,即与大适,而味益不薄。"著述多散佚。②

① 曹允源、李根源等纂:《民国吴县志》卷五十六下,民国二十二年(1933)苏州文新公司铅印本。
② 生平事迹参见刘声木:《桐城文学渊源考》卷十一小传。

附 顾曾弟子江苏承传谱系表

第五节 其他私淑桐城弟子之门属

（一）沈闰

1. 生平与师承

生卒年不详，字师闰，号立斋，江苏吴江（今属苏州市）人。乾隆时曾预修《一统志》。沈彤友，沈彤《沈师闰韩文论述序》谓"今天下之善论古文者，吾得二人焉，曰方灵皋，曰沈君师闰。二人者皆能上下乎周汉唐宋元明名世之文，较其利与病之大小浅深而辨析之。……盖方公为成学者设，而师闰与始学者谋……其归之同也。"又《赠沈师闰序》云："吾兄师闰读古书四十年，于左、屈、司马、杜、韩之所为用力尤多，沈潜反复，至于千周。"①善古文义法，论述韩文用力尤深。《江苏府志》卷一百零二谓其"博学好古，不屑治举子业，善古文辞。尝以韩文为文章轨范，辑数十篇，详明其义法，成《韩文论述》一编。沈彤极重之，谓近世善论古文之法者惟桐城方苞与闰也"。②

2. 现存撰述

沈闰文论著作一种：《韩文论述》十二卷，乾隆年间刻本，南京图书馆藏。一名《唐韩文公文》，署"震泽沈闰论述"。卷首载雍正五年（1727）沈闰《序》、雍正十二年沈彤《序》以及乾隆四年（1739）徐大椿《序》。卷首有沈闰撰《韩文论述例》。沈闰《序》有云："年来以唐韩文公文，实祖述邱明、子长，而复平正明达。乃举若干篇，详其事，发其义，剖其辞，而标揭其法。"是书选韩文七十二篇，于韩文题目下系年，文中小批，文尾总评，并选录前人评语，论文核心在于"义法"。

3. 存目著作

据《（光绪）苏州府志·艺文志》著录：沈闰撰《杜诗笺注》，已佚③。

---

① 沈彤：《果堂集》卷五、卷六，乾隆十四年（1749）刻本。
② 生平事迹参见沈彤：《韩文论述序》，见沈闰：《韩文论述》卷首，乾隆年间刻本；刘声木：《桐城文学渊源考》卷十一小传等。
③ 李铭皖、谭钧培修，冯桂芬纂：《（光绪）苏州府志·艺文志》，光绪八年（1882）江苏书局刻本。

（二）陆鼎

1. 生平与师承

1756—?，字子调，一字玉调，号铁箫，室名"梅叶阁""梅叶山房"。藏印有"铁箫""陆鼎图章""曾在梅叶阁""陆鼎读过本"等。江苏吴县（今属苏州市）人。为陆游后裔，布衣，终身不娶。道光十八年（1838）年逾八十，尚为蒋光煦作《九峰雪霁图》。少厌帖括之学，肆力于古文辞。工画山水、人物、花卉，书则行草、大小篆，无不入妙。孙燮《吴中两布衣集序》称："陆先生文力矫肤庸，不肯作一世俗语。骤读之，如真文秘篆，莫辨其句读；徐徐录绎，其中有议论独辟之处，使人豁眼界而开心胸。盖其力猛，故其入之也深；其才雄，故其发之也怪，此真昌黎所谓惟古于辞必己出者。"①

2. 现存撰述

陆鼎诗文集二种：一是《梅叶阁诗钞》八卷，道光十八年（1838）海昌蒋氏别下斋刻本，南京图书馆、苏州图书馆藏。系《吴中两布衣集》之一种。《吴中两布衣集》为陆鼎、顾承二人合集，震泽王之佐、海昌蒋光煦辑。卷首孙燮《序》曰："予友王君砚弄（之佐）与两先生为忘年交，虑其文之散佚也，录而藏之，一日以书来告曰：'某为《两布衣集》募剞劂，奔走吴越间殆遍，今邂逅海昌蒋君生沐（光煦），幸有端绪矣。'"又朱绶《序》云："海昌蒋君生沐刊《吴中两布衣诗文集》成，震泽王征君砚农以余与两布衣同里闬，属为序。"陆鼎《梅叶阁诗钞》八卷，录古今体诗六百五十一首。王之佐《梅叶阁诗钞序》引铁箫先生语曰："周遫梅曾欲选刻，未敢轻许，今故人已宿草，悔无及矣，子能留意则甚善。然余老病日增，不能手录，因将丛残杂稿畀佐校录，编成《诗》八卷……今得蒋君生沐出赀刊成。"二是《梅叶阁文录》三卷，也系《吴中两布衣集》之一种。《文录》收古文四十三首。《梅叶阁文录》有张镛《与陆铁翁论文成古诗一首即题大集》曰："《梅叶》一集诚堂堂，尽扫名流孰颉颃？我来浪迹骇骎见，古文未坠赖以相撙撑。"

---

① 孙燮《吴中两布衣集序》，见陆鼎、顾承：《吴中两布衣集》卷首，道光十八年（1838）海昌蒋氏别下斋刻本。生平事迹参见刘声木：《桐城文学渊源考》卷十一小传等。

3. 存目著作

据《吴县志》卷五十六下《艺文考》二①、刘声木《桐城文学撰述考》卷四著录:陆鼎撰《吾知录》。

（三）林衍潮②

1. 生平与师承

生卒年不详,字孟韩,号太霞,江苏长洲（今属苏州市）人。林蕃钟长子,林衍源兄。幼孤,敏而好学,工书法,父所遗碑帖墨迹,临摹殆遍。工古文,长与弟林衍源以文学相切磋,文宗韩、柳,兼擅杂家之长。不喜为时文科举之业,母命就试,补长洲诸生。能诗,溯源六朝,下逮唐之韩愈、李贺、贾岛,以及宋之江西诗派,而融化出之。体弱多病,年二十六卒。③

2. 存目著作

据《吴县志》卷五十八上《艺文考》四著录:林衍潮撰有《碧海集》④。清人顾承《吴门耆旧记》:"林衍潮,字孟韩,号太霞,长洲诸生也。嘉庆元年,予识其弟仲骞,时孟韩病已剧。明年春,得其所为诗曰《碧海集》者,读而善之,造其庐而定交焉。"⑤又清人吴翌凤编《清朝文征》收录林衍潮《碧海集甲稿序》谓:"《碧海集甲稿》六卷,编次成始于壬子,迄于丙辰,凡五年,得诗三百九十二首。余爱杜甫'未掣鲸鱼碧海中'句,故名曰'碧海'。……吾向常与直卿言:'仆十五学诗,二十以后可以存录,岁五周为一集,将标以甲乙焉。揆厥始终,当寿七十。若更勿死,归余于闰,不自知其体之疾且殆,而眉寿是望,以就远业,不亦侈乎!'然余志如此。"⑥

（四）林衍源

1. 生平与撰述

生卒年不详,字仲骞,号慎斋,江苏元和（今属苏州市）人。先世自

① 曹允源、李根源等纂:《民国吴县志》,民国二十二年(1933)苏州文新公司铅印本。
② 刘声木:《桐城文学渊源考》第335页,阙名,今补足。
③ 生平事迹参见顾承:《吴门耆旧记》,道光十七年(1837)刻本,卷一;刘声木:《桐城文学渊源考》卷十一小传。
④ 曹允源、李根源等纂:《(民国)吴县志》卷五十八上《艺文考》四,民国二十二年(1933)苏州文新公司铅印本。
⑤ 顾承:《吴门耆旧记》卷一,道光十七年(1837)刻本。
⑥ 吴翌凤编:《清朝文征》,吉林人民出版社1998年版,第1524、1525页。

闽徙苏州。优贡生。善古文。与陈纯、顾士承、少卿兄弟友善,以古文相砥砺。为文平正通达,清夷简质,与桐城相近。诗以性情淡远,胸含道气,颇近陶、韦。因其父死于庸医之手,伤痛之余,乃究心医学。每治一病,必焦思苦索,以冀其愈。晚年医名颇著。①

2. 存目著作

同治《苏州府志》(李铭皖、谭钧培修,冯桂芬纂,同治十三年稿本)卷一百三十七《艺文二》、民国《吴县志》卷五十八上《艺文考四》、刘声木《桐城文学撰述考》卷四著录:林衍源撰有《毛诗笺》二卷、《本草补述》十二卷、《慎斋古文》十六卷②、《慎斋诗钞》若干卷。

(五)费庚吉

1. 生平与师承

1792—1842,字慕韩,号畊亭、迪甫,江苏武进(今属常州市)人。嘉庆二十四年(1819)乙卯恩科进士,授礼部仪制司主事。道光七年(1827)充任《大清通礼》纂修官,十七年补湖广道监察御史,五月出为河南汝宁府知府,二十二年调知开封府,抵任七日,有旨授福建粮储道,至则檄办泉州行营粮台兼翼长,因病卒于军中。擅诗、古文,刘声木引其言谓:“本朝之文,盛于桐城而传于阳湖,虽未亲受古文学,得闻乡先辈绪论,其于文辞真伪之说,独能辨析。”③

2. 存目著作

据缪荃孙《费庚吉传》著录:费庚吉“著有《毛诗约旨》三十卷、《历代名臣管见录》十二卷、《宗庙时享次第考》四卷。殁后,门人编其遗著,为诗文集十二卷,外集一卷,《治汝官书》四卷”④。《清史稿艺文志拾遗》著录:费庚吉撰有《墨诀》一卷,《逊敏堂丛书》本。⑤ 又《重修信阳县志》卷

---

① 冯李铭皖、谭钧培修,冯桂芬纂:同治《苏州府志》卷一百三十七《艺文二》,同治十三年稿本;曹允源、李根源等纂:《民国吴县志》卷六十八下《列传七》“林蕃钟”条,民国二十二年(1933)苏州文新公司铅印本;刘声木:《桐城文学渊源考》卷十一等有传。

② 按:刘声木《桐城文学渊源考》卷十一引有林衍源文论谓:“古文之学,非特义法求合古人,必性情能追古人而从之,然后有所自得。”

③ 生平事迹参见《清史列传》卷七十六《循吏传三·费庚吉》;缪荃孙:《费庚吉传》,见《缪荃孙全集》,凤凰出版社2014年版,第815—818页;刘声木:《桐城文学渊源考》卷十一小传。

④ 缪荃孙:《缪荃孙全集》,凤凰出版社2014年版,第818页。

⑤ 王绍曾主编、程远芬编:《清史稿艺文志拾遗》,中华书局2000年版,第1392页。

三十《艺文志·文征外篇二》录费庚吉《题何大复故里碑》诗一首①。《皇朝经世文编续编》卷二十八吏政十一收录费庚吉撰《请严定惩罚书役扰害章程疏（道光十七年）》一篇②。查彬《湘芗漫录》卷首存费庚吉《序》一篇③。

（六）王振声

1. 生平与师承

1799—1865，字宝之，一字保之，生于文村，因以为号，学者称文村先生，江苏常熟昭文（今属苏州市）人。幼孤，依族父以居。道光十七年（1837）举人。酷嗜桐城古文，王欣夫谓"吾乡张纬余星鉴谓文村……晚好桐城书，渐入宋儒。今稿中……序、记、传、赞诸作，则宗法桐城，而渊古之气盎然"④。勤于读书，经史百家、小学语录，无不涉猎，于校勘之学，贯穿精审，为他人校书极多，《中国古籍善本书目》著录其校、跋本七十余种。曾馆于瞿氏铁琴铜剑楼，与季锡畴同为瞿氏编《铁琴铜剑楼藏书目录》。晚年主讲游文书院，从学者百余人，邑中推为耆献。⑤

2. 现存撰述

王振声参撰目录学著作一种：《铁琴铜剑楼书目》二十四卷⑥。此书是清人瞿镛记载版本的家藏书目，收书一千三百余种，光绪二十四年（1898）刻本。此目所载全是瞿氏所藏宋元明旧刊及旧抄本。分经史子集四部所属各类序刊，每书著录其书名、卷数、作者姓名、版刻时代、地名、刻者和版本的行款，并与别种版本相校，说明它的异同，间录序跋，用以说明书的内容。先后延请黄廷鉴、王振声、王颂蔚、管礼耕、叶昌炽等名家讨论校订，或补阙文，或正讹脱，或附校勘，体例完善。

王振声诗文集三种：一是《鱼雅堂诗集》一卷。稿本，南京图书馆

---

① 方廷汉、谢随安修，陈善同纂：《（民国）重修信阳县志》卷三十《艺文志·文征外篇二》，民国二十五年（1936）铅印本。

② 贺长龄、盛康编：《清朝经世文正续编》，广陵书社 2011 年版，第 301 页。

③ 查彬：《湘芗漫录》卷首，道光十九年（1839）有怀堂刻本。

④ 王欣夫：《蛾术轩箧存善本书录》，第 1069 页。

⑤ 生平事迹参见《续碑传集》卷七十九；刘声木《桐城文学渊源考》卷十一等。

⑥ 按：刘声木《桐城文学撰述考》卷四著录，有注曰："季锡畴同编。"

藏。末有瞿希邦《跋》。鱼雅堂为王振声藏书室名，又名仙屏书屋、播琴山馆、守一处和之室。二是《文村先生遗稿》不分卷。旧抄本，复旦大学图书馆藏。王欣夫《蛾术轩箧存善本书录》曰："二十年前闻有虞贾捆载旧书来沪者，亟往访之于逆旅，乃北贾及顾客盈室，所携已悉售去。视其目多秘籍，知出自王文村家。及客散，索馔余于枕畔，得文村所著《切韵指掌图校勘记》及此《遗稿》二种，抱书而归，慰情胜无而已。此稿为黑格精钞，散装一叠。末叶有'同治六年岁在丁卯中秋后一日，是卷录毕，慕初手志'一行。又草订一册，封面有批注，末叶有'《文村先生遗稿》序、传记、跋、略、赞等，东虞氏书辑'二行。慕初与东虞氏不知是否一人。同治六年，则距文村之殁才二年。盖当日有为之辑录备刊者。后知叶揆初先生得遗文若干篇，曾相约互钞一本，卒卒未果。叶先生所藏今在上海图书馆。"[1]三是《王文村遗著》，稿本，上海图书馆藏，共十三种：《春秋左传校勘记补正》一卷、《宋余仁仲本公羊经传解诂校记》一卷、《公羊注疏校勘记补正》一卷、《吴音奇字跋》一卷、《急就章跋》一卷、《孟子音义校记初稿》一卷、《孟子音义校记》一卷、《切韵指掌图校记》一卷、《文村杂稿》一卷、《文村书跋》一卷、《文村笔记》一卷、《播琴山馆杂录》一卷、《诗稿》。此稿本书口有"海虞瞿氏藏本""恬裕斋"字样，知其与铁琴铜剑楼瞿氏有关。卷首附有王振声子王庆长所撰《行状》一篇、叶景葵《跋》一篇。

3. 存目著作

据《续碑传集》卷七十九著录：王振声撰《归文考异》《诗古文稿》若干卷。据光绪《苏州府志》（李铭皖、谭钧培修，冯桂芬纂，光绪八年[1882]江苏书局刻本）卷一百三十八及《常昭合志稿》卷三十载：王振声著有《鱼雅堂全集》。刘声木《桐城文学撰述考》卷四著录：王振声撰《十三经校勘记补正》、《读易札记》、《读书札记》、《读韩子札》、《小学考目录补正》二卷、《复古编校勘记》[2]。

① 王欣夫：《蛾术轩箧存善本书录》，第1069页。
② 按：《中国古籍善本书目》经部四《小学类》著录，谓"一卷""稿本"。《复古编》是宋张有文字学著作，为正《说文》传写讹谬并正王安石《字说》而作。

（七）管乐

1. 生平与师承

1833？—1884，字才叔，又字更生，号纯莱子，江苏阳湖（今属常州市）人。诸生。与兄晏合称"二管"。私淑桐城文学，与杨传第、方恮等以古文相切摩。知名公卿间。工诗文，纵谈豪饮，所至为诸巨公争相延请。明医术。久困屋场，以幕客终老。诗文隽永，多散佚。《武阳新志》列传多出其手。[①]

2. 现存撰述

管乐诗文集二种：一是《才叔遗诗》三卷，光绪间刻本，上海图书馆藏。光绪十年（1884），管乐去世后，其兄管晏为他编刻此诗集，版心下方镌"读雪山房"字样。二是《才叔遗文》二卷，民国十七年（1928）刻本，山东大学图书馆藏。原书二卷，今仅存卷下，录文十三篇。末附《诗余》八阕。另《词综补遗》卷七十六录其词三首，《全清词抄》卷二十六录其词二首。

3. 存目著作

据《清代毗陵名人小传稿》（张惟骧撰，小双寂庵丛书本）卷八著录：管乐撰有《游养心斋文集》若干卷。

（八）陆咸清

1. 生平与师承

？—1890，字庚星，江苏镇洋（今属苏州市）人。诸生，家贫。与唐文治为总角之交。私淑桐城文学，一意宗法。唐文治许其文为龙启瑞一流。享年不永。[②]

2. 现存撰述

陆咸清诗文集一种：《庚星遗稿》二卷，凡一册，光绪三十年（1904）刻本，国家图书馆、江苏师范大学图书馆藏。有光绪三十年甲辰唐文治撰《陆庚星遗稿序》。内有《庚星文稿录存》一卷、《庚星诗稿录存》一卷。《文稿录存》卷一首篇即是《书方望溪文集后》盛赞方苞与桐城派谓："惟

---

① 生平事迹参见张惟骧撰：《清代毗陵名人小传稿》，小双寂庵丛书本，卷八小传等。
② 生平事迹参见唐文治撰：《陆庚星遗稿序》，见陆咸清：《庚星遗稿》卷首，光绪三十年（1904）刻本；刘声木：《桐城文学渊源考》卷十一小传。

先生独擅其长,而言皆有概乎道,故世推为大家正宗,无异词。再穿而后,遂成桐城一派,自古以来,文章之传未有若斯之盛也。"

（九）缪荃孙

1. 生平与师承

1844—1919,字炎之,号筱珊、小山,晚榜所居堂曰"艺风",世称为"艺风先生",江苏江阴(今属无锡市)人。咸丰十年(1860)渡江避居淮安,就读于丽正书院,从丁俭卿学习。后举家迁居成都,从阳湖汤彦成研究文史。同治六年(1867)应四川乡试中举。后充总督吴棠、川东道姚彦士幕僚,遍历川东北各地,搜拓石刻。光绪丙子(1876)中进士,任翰林院编修、清史馆总纂,并历主南菁、泺源、龙城、钟山等书院讲席,创办江南图书馆和京师图书馆,被称为中国近代图书馆之父。学识渊博,著述繁富,刘声木谓其"论文奉桐城文家为古文正宗,其古文亦沿用桐城义法"(见《桐城文学渊源考》卷十一)。尤长于金石碑帖、版本目录之学,熟娴文史掌故,与王壬秋、张季直、赵尔巽齐名,被誉称"四大才子"。[①]

2. 现存撰述

缪荃孙史传著作三种:一是《续碑传集》八十六卷,宣统二年(1910)江楚编译局刻本。此书是缪荃孙从光绪辛巳(1881)起开始编纂,光绪二十三年(1897)编成。卷首缪荃孙《序》谓:"荃孙初自刻之,卷帙稍重,经费较多,刻至三十余卷,几欲中辍,陶斋制府归入书局刊行,两年方始成编。"另,缪荃孙还有补乾嘉诸名人传十四卷,因为江楚编译局裁撤,未及刊行。二是《续碑传集补》不分卷。稿本。北京大学图书馆藏。此书收录康熙、乾隆、嘉庆各朝九十位人物传记,盖即江楚编译局裁去未刊的补乾嘉诸名人传部分。1991年天津古籍出版社据此本影印出版。三是《缪氏考古录》不分卷,民国二十四年(1935)铅印本。卷首有缪振东《印行前言》谓:"余幼年肄业于江南水师学堂,谒江阴族长小山先生名荃孙于高等学校。先生清之名太史也,其时掌教该校。每相过从,殷

[①] 生平事迹参见柳诒徵:《缪荃孙传》,见卞孝萱、唐文权编著《民国人物碑传集》,凤凰出版社2011年版,第462、463页;缪荃孙撰:《艺风老人年谱》;夏孙桐撰:《缪艺风先生行状》等。又,此条撰写参考杨洪升:《缪荃孙研究》,上海古籍出版社2008年版。

殷以振兴门祚、勉力上进为勖。并嘱相助搜集各书,将历代族人之闻达者,如周之缪留……等罗列成册,以示子孙……迨民国九年,余创恳亲会于上海……席间,子彬赠以《兰陵缪氏考古录》一册,方知小山先生已独力纂辑,实践前言矣。但该《录》系附属于《江阴世谱》,并无单行之本。而欲广流传,光宗族,兼以表彰编者之苦心,是非特印单行本分赠各省族人不可。"

缪荃孙编撰年谱五种:前四种合刻,《孔北海年谱》《魏文靖公年谱》《韩翰林诗谱略》《补辑李忠毅年谱》,各一卷,光绪二十八年(1902)刻本。谱首行题"缪荃孙编","烟画东堂",牌记题"南陵徐氏刻"。其中《魏文靖公年谱》卷末有缪荃孙《题识》谓:"同治甲戌,荃孙在蜀帅吴勤惠公幕,公持旧钞《魏鹤山大全集》属校勘付梓,因魏公蜀人也。旧钞本出自梁溪安氏,脱误特甚,又无他本可校,仅取文字之完整者,及汲古所刻题跋与碑版之拓本对勘,刊成文钞四十卷。然空白尚多,未敢臆定。后于钱塘丁氏传钞一部,亦出梁溪安氏,以邛州高氏残刊本校过,较吴本较为完善。世有宋本,今归吾友孙问青编修,即钱辛楣所跋者。他日如能假读,以成完璧,或亦鹤山先生所许者乎?翻阅既多,因编为年谱一卷,分年隶事,容有讹舛,阅者教之。"《补辑李忠毅年谱》卷末缪荃孙《题识》谓:"丙申年为武进盛氏刊《常州先哲遗书》,采及吾邑缪文贞公《从野堂》、李忠毅公《落落斋》二集。《从野堂》有十世孙镕为之年谱,《落落斋》独无之。闻忠毅公之子肤公逊之曾编公事为年谱,求之海内藏书家不可得,求之赤岸李氏子孙亦不可得。因取《明史》列传,《江阴志》,钱牧斋、吴梅村两《墓志》重为编次,亦略存梗概耳。如肤公所编复出,当重为刊行,此数叶以覆酱可也。"第五种是缪荃孙自撰年谱《艺风老人年谱》一卷,民国二十五年(1936)北平文禄堂刻本。卷前有牌记题"丙子正月梓,文禄堂经印"字样。谱后附刊缪禄保、缪僧保题识及夏孙桐所撰《缪艺风先生行状》。

缪荃孙日记一种:《艺风老人日记》不分卷,稿本,北京大学图书馆藏。稿本黄纸绿格,半叶十一行,版心下刻有"云自在龛"四字。此书收缪荃孙从光绪戊子(1888)至民国己未(1919)三十二年间的日记。末有1958年中秋缪子彬《题记》谓:"此先严日记之最后一册。先严见背,为人窃去,至今将四十年,辗转复归余手,但已将一册分为二册,并伪印二方钤于首页,内有小方印作'小山'。先严次名实为筱珊,但友人书札往来,有作'小山'者,而先严实无此印,作伪者不得而详也。余虽善先人手泽,作延津之合,但捧读一过,不禁涕泗纵横。盖先严体质素强,好饮啖,所患实为胃病。今始知实为胃溃疡,当其时不但病家毫无医学常识,而医家亦若明若昧。所延医如黄钟系德医中之佼佼者,恽铁桥系中医而有新学识者,连诊数月。遑论割胃,亦未照 X 光,连胃液、大便均未检验。初次大发甫愈,亦未禁止病人不可乱吃,及食易于消化之物。于是先严又出门酬应,饮食一切与常人同,以致复发出血,不堪收拾矣。余今年六十六岁,患肺病已二十余年,至今未死者,实拜科学家之赐。科学日益昌明,今之所谓不治之症者他日皆得应手而愈。书此以贻后人,使知新时代之可贵。"1986 年北京大学出版社据此本影印出版。

缪荃孙目录学著作九种:一是《日本访书记》一卷。光绪间刻《日游汇编》本。此书记录缪荃孙在东游日本考察教育期间所访见罕觏之书数十种。卷末缪荃孙《跋》云:"荃孙东来,句留未久,所得见者仅此数十种,不足为方家一哂,然已有中土所未有,惺吾所未见者。"

二是《艺风藏书记》八卷,光绪庚子(1900)、辛丑间艺风堂刻本。卷首缪荃孙《序》谓:"庚子夏秋间,京师变起,南中亦岌岌,如李易安所云'四顾茫茫,盈箱溢箧,知其必不长为己物矣'。秋日酷暑,移笔砚于深竹荫中,清风泠泠,洒我襟袖。因思勒成一书。遂按籍编目,尽录题跋、印记。有《四库》未著录者,略举人之仕履,书之大意。得书六百二十七种,一万九百六十二卷,用《孙祠书目》例,分为十类,编成八卷。明知所得不足称收藏鉴赏之名,所编亦不敢希巨野、安吉之目。然如潘、李两师,治庵、松夫、再同、伯羲、荃生均谢世,莲生殉国难,所藏亦多散佚,而别无记载得以流传于世,真憾事也。今天下称瞿、杨、丁、陆四大家,目皆高尺许。荃孙一鳞片甲,第与拜经楼、平津馆相伯仲。他日书去而目或存,挂一名于艺文志,庶不负好书若渴之苦心耳。"

三是《艺风藏书续记》八卷,民国壬子(1912)、癸丑年间艺风堂刻本。缪荃孙在卷首《缘起》中谓:从光绪辛丑(1901)到宣统二年(1910)十年间所聚善本,"与前相埒,重循前例,再编八卷",即成该书,体例与

《艺风藏书记》基本相同。

四是《艺风藏书再续记》不分卷,民国二十九年(1940)燕京大学排印本。卷末田洪都《跋》谓:"往者,予读《艺风先生行状》,知先生著述未刻者有《再续藏书记》不分卷,每以不得一见为憾。本校教授邓文如先生与缪先生有姻戚之雅,近访得《艺风堂新收书目》一册,举以示予。受而读之,见书皮题有'即再续藏书记稿本'八字⋯⋯乃乞文如先生作介让与本馆,什袭维谨,珍同球璧矣。"又薛祈龄《跋》云:"本馆田主任举以授梓,属予校理。于是仿正、续记板式,高广均缩小一寸,增加行字,以期可合入本馆丛书,而又可与正、续记并传也。其编次大纲一依原稿,首自序,次目录,次各记。惟将各记依目录编分七类,每类首叶一行,循正、续记款例,以黑地白文标分'某某本第几'。各类均依原名,但以影宋本中有影元本、影毛抄本,似不概括,改为影写本。每类分记叶次,全书都四十五叶。原稿中所有讹夺,已经缪先生点审者,据以付印。其未经点审而显然可辨者,则为订正之。"

五是《清学部图书馆善本书目》五卷,民国间抄本,国家图书馆藏。此书是缪荃孙创立京师图书馆时所编,收录馆内所藏善本,包括清内阁大库、翰林院、国子监南学的部分旧藏。凡经部一卷,史部上、下两卷,子部一卷,集部一卷。体例与《艺风藏书记》类似,详记各书行款,注重版本考订。

六是《清学部图书馆方志目》一卷,民国元年(1912)国粹学报社《古学汇刊》排印本。此书系缪荃孙清点清皇宫内阁大库移交京师图书馆的地方志时所编,收录全国省、府、州、县志一千六百七十六部,其中明代志书二百二十四部,不全志书三百六十部。

七是《天一阁失窃书目》不分卷,民国间抄本,国家图书馆藏。卷首缪荃孙《序》谓:"天一阁藏书,自明嘉靖间至今几四百年,吾国藏书家当以此阁为最久矣。民国三年,有贼雇木工数人,夜登阁顶,去瓦与椽,缒而下,潜入阁中,为大规模之盗书,将书藏入皮箱中,至夜间运出。如是者数十日,将阁中书盗出约十分之八,售与上海各藏书家。其后范氏子孙获窃书贼,根究各书贾之买此书者,涉讼经年,一无所得。兹将调查此次天一阁所失各书,存其目录于左,以备参考,亦藏书家之一掌故也。"此目录收书一千三百余种,分经、史、子、集四部分,著录各书作者、版本,并指出其价值。

八是《湖北通志艺文志残稿》不分卷,残稿本,北京大学图书馆藏。与《艺风先生文》《金文钞》合订,系"艺风堂杂著三种"之一。存史部和集部各一部分。以时代先后为序排列,各书注明存佚,现存版本,见于何目,并对作者履历加以考证,他目有解题者录之,亦时加辨证。

九是《五家宋元书目》六种,民国二十七年(1938)燕京大学传抄本,北京大学图书馆藏。卷前附叶录邓之诚《题识》云:"此缪小翁所辑五家宋元书目录,盖欲以识辗转流传之迹,籍事搜求,可谓好事。然宋元本之直益腾贵,成为商品,竞输海外,利其多金也,好事者不能辞其咎焉。丁丑十月,之诚。"末有蓝笔题识一行:"据邓文如先生抄本传抄,每叶行数、字数均照原本。"朱笔题识一行:"中华民国二十七年四月四日赵凤歧钞,凡二十三叶,四千零五十七字。"此书目包括《稽瑞楼书目》《孝慈堂书目》《书钞堂书目》《宜稼堂宋元板书目》《张幼樵藏书》《结一庐原目》。

缪荃孙读书笔记一种:《云自在龛随笔》四卷,1958年商务印书馆铅字排印本。缪荃孙日以读书、校书为课,有所得辄笔录之,此书系缪荃孙的读书笔记之一。卷首邓之诚《序》谓:"此《云自在龛随笔》四卷,强半为晚年所录。录'毛恐不昌矣'一则时,曾指以相示,笑谓钱牧斋、毛子晋师生间利尽交疏也。其他往往足资参考。淹博虽未必足矜,日勤日恒,则信之矣。"四卷分类编次:卷一为论史,卷二为书画,卷三为金石,卷四为书籍。又有稿本,六卷,北京大学图书馆藏。签题"云自在龛随笔原稿本"字样。六卷依类编次:卷一为掌故,卷二为论史,卷三为书籍,卷四为金石,卷五为书画,卷六为杂记。卷二至卷五的内容,与1958年商务印书馆印本《云自在龛随笔》四卷相合,盖此书即为四卷本之稿本。第二册末有缪子彬《跋》谓:"昔光绪辛巳,先大父就养京师,以钞书为日课,每日一叶,寒暑无间,楷书不苟,至七十九岁犹完《三朝北盟会编》一部。彬今春养痾太平园,有南窗可供笔砚,因亦立志钞书。自春末至冬初,完先君子《云自在龛随笔》六卷。惟书至三、四两卷,适值盛暑,虽未停钞,因墨燥笔枯,不免心浮气躁,遂潦草不成字。意欲重缮，而待书之件尚多，爰识于此以自儆焉。癸巳冬至缪子彬谨识。"卷末附页又有陈祖壬手书《跋》一篇。

缪荃孙诗文集七种：一是《艺风堂文集》七卷，《外篇》一卷。光绪二十六年（1900）庚子艺风堂付刻，二十七年辛丑印行。此集由湖北黄冈陶子麟刻、缪荃孙校字。卷一收录碑、传、墓志；卷二、卷三收录考古之文；卷四收世表；卷五收序文和与友人论学书；卷六收金石题跋；卷七收书跋。《外篇》一卷，收录祭文、碑文、寿序等。《续修四库全书总目提要》称："集中骈体文居十分之二，靡不禀经制式，酌立言，与孙星衍《问字堂集》、阮元《揅经室集》内骈文可以鼎足而立。"①

二是《艺风堂赋稿》二卷，缪九畴光绪间抄本，南京图书馆藏。书衣有长沙李世典光绪辛丑（1901）秋七月题"艺风堂赋稿"一行，卷首钤"思范室"朱文长方印，边栏右有"思范室钞"四字。卷末缪九畴《跋语》谓："右族父筱珊太史律赋八十四篇，不署斋名，不分卷数，九畴假钞，以其篇帙重大，分为上、下两卷，并颜之曰'艺风堂赋稿'，沿其文集标题也。钞始于己亥，至去秋完上卷，嗣是遂疙，未克竣事。今六月，儿子庆禧由陆师学堂来此销暑，为钞余廿余叶，仍未完，余又接钞毕之。适长沙李君仲陵镌石章二方见赠，即以钤是跋之后。光绪辛丑中元节前三日，时客江宁钟山讲舍。"

三是《艺风堂文续集》八卷，《外集》一卷。宣统二年（1910）庚戌艺风堂付刻，民国二年（1913）癸丑印行。此集由南京姜文卿刻、况周颐校字。收录缪荃孙庚子至庚戌十年间所撰写之文，卷一、卷二收录碑、传、墓志；卷三收史表；卷四收录考证之文；卷五收序文；卷六、卷七、卷八收录书跋。《外集》一卷，收录书札、序、论等十五篇。

四是《艺风堂文漫存》十二卷，民国间艺风堂刻本。此集由南京姜文卿刻字，分为《辛壬稿》三卷、《癸甲稿》四卷、《乙丁稿》五卷，收录缪荃孙从辛亥年（1911）至丁巳年（1917）所作诗文，皆首卷为诗，次为碑、传、序、记之类，次为群书跋语。缪氏在《癸甲稿》卷二《陶庐续忆序》中说："余于庚子刻《文集》八卷，庚戌刻《文续》八卷，今犹子九畴请两年一刻，

① 傅璇琮主编：《续修四库全书总目提要》（集部），上海古籍出版社 2014 年版，第 307 页。

以免散佚，余又从之，刻《辛壬稿》三卷。文字结习，至老不衰。"

五是《艺风先生文》一卷，稿本，北京大学图书馆藏。与《湖北通志艺文志稿》《金文钞》合订，合称"艺风堂杂著三种"。此书系缪荃孙著作底稿，文体不一，有题跋、序文、传记、考证文等，且未加编排。各文多见诸文集和所刻书跋尾。中有为盛宣怀《常州先哲遗书》所撰写题跋二十余篇，皆署盛氏之名，但有缪荃孙校改痕迹，疑为缪氏替盛氏代作。

六是《艺风堂题跋》一卷，缪荃孙题跋集，宣统三年（1911）罗振玉编刻《国学丛刊》本。此书收录缪荃孙所撰题跋十五则，依次为《浙本沈文起两汉书疏证跋》《宋太宗实录跋》《重刊宋朝南渡十将传跋》《杨山松孤儿吁天录跋》《顺治科题名录跋》《性理群书句解前集二十三卷跋后集二十三卷跋》《西山先生真文忠公读书记甲集三十七卷乙集二十二卷丁集八卷跋》《夷坚志五十卷跋》《珊瑚木难八卷跋》《金石粹编残稿跋》《古泉山馆题跋残稿跋》《卢照邻集二卷跋》《贾浪仙长江集十卷跋》《朱泽民存复集续集跋》《圣宋名贤五百家播芳大全文粹一百五十卷目十卷跋》。

七是《艺风堂诗存》四卷，附《碧香词》一卷。民国二十八年（1939）燕京大学图书馆印本。此集收录诗系缪荃孙十二三岁时至宣统辛亥间所作，由其子缪子受刻。邓之诚《跋》谓："艺风先生尝刻所为诗，毁于辛亥国变。后复手订诗凡四卷，曰《萍心集》《巴歈集》《北马南船集》《息影集》，附《碧香词》一卷，未及授梓，遽于戊午冬下世。后十年，令子子受始再刻之而未印行。前年，之诚为作介以畀燕京大学图书馆。属中原板荡，艺风堂书版庋存国学图书馆者，已不可问，此集岿然独存，不可谓非厚幸也。"1985 年北京中国书店据此本重印。

缪荃孙词话一种：《艺风堂词话》一卷，抄本，一册，无锡图书馆藏。此书其实就是《常州词录》中之"先辈词论"一卷，后来为人抄出别行。该书系节取常州前辈词家经典词论而成，如万红友《词律范例》，周济《词辨序》《宋四家词论》，丁绍仪《听秋声馆词话》等，又附《纪事》二十三则，亦取自各家论词著作。

缪荃孙编纂总集五种：一是《辽文存》六卷，附《辽艺文志》一卷、《辽金石目》一卷。光绪二十二年（1896）云自在龛刻本，民国间来青阁据此本影印。缪荃孙因辽代文献存世甚少,文献难征,遂于光绪戊子(1888)七月开始编撰此书。卷首有缪荃孙《序》谓:"今辽人遗书止存《龙龛手鉴》《焚椒录》《星命总括》三种,而《焚椒录》尚有因与《契丹国志》不合,言其伪者,即记载辽事之书,正史外亦止《国志》一种。降而搜采金石文字,又仅仅得顺天府属易州、宣化一带,山西、奉天力所未及,及晨钞暝写,单词片语,靡不搜采,共得诗文二百余篇,不及金文十分之一,然其难十倍矣。辽时文学之士,如萧罕嘉努、李瀚、王鼎、马得臣、耶律孟简、张俭、沙门了洙均得其一二,吉光片羽,弥可宝爱。至于塔记有古雅者,有村俗者,凡可释文,均与编次,不得以文律绳之。"卷末附有荃孙所编的《辽艺文志》一卷,收书五十一种;《辽金石目》一卷,载辽金石二百种。二是《金文钞》一卷,稿本,北京大学图书馆藏。与《湖北通志艺文志稿》《艺风先生文》合订,合称"艺风堂杂著三种"。卷首有"麟嘉馆印"朱文方印,曾经李盛铎收藏。全书收录金人文章凡一百零五篇,分体编排:碑文二十六篇,塔铭十三篇,序四篇,记五十篇,跋五篇,铭七篇。三是《旧德集》十四卷,光绪二十二年《云自在龛丛书》本。卷首缪荃孙《序》云:"光绪己丑冬季修家谱毕,以聚珍字印行旧存诗文二卷,颇患漏略,因广为搜辑,编校成十四卷,谨雕梨版,以垂永久,丙申春初。"此书是缪氏家族的诗文总集,卷一至卷十一为诗;卷十二至卷十四为文。四是《常州词录》三十一卷,光绪二十二年《云自在龛丛书》本。清代常州文风极盛,词学也是名家辈出。卷首缪荃孙《序》谓:出于对往哲的景仰,手辑斯编,"得人四百九十八家,词三千一百一十阕",其中有闺秀八十三家,方外八家。所录之词,尤其是名家,多取自各家集;无集流传者,则从总集、词话、笔记等中辑得。五是《红雨楼题跋》二卷,峭帆楼民国三年(1914)刻《峭帆楼丛书》本。卷末缪荃孙《跋》谓:"顺治己亥,林吉人手抄题跋一百四十余条,并识缘起,装成四大册,藏费莫丈文冶庵所。荃孙录副藏箧中三十年矣,时时检阅,奉为导师。光绪丙午十二月,吾友况君夔生于金陵市中,得注韩居刻《红雨楼题跋》一册,荃孙借校,所刻仅八十七条,郑君昌英辑而序之,不但与林辑不同,并不知吉人曾钞行之者。荃孙因取两册,分类合编,共成上、下二卷,二百二十二条,虽非全集,然所藏美富,略见一斑。"

缪荃孙全集一种:《缪荃孙全集》,张廷银、朱玉麒辑校整理,凤凰出版社 2014 年版。本全集收录了缪荃孙的文集(包括诗、文、词、赋、词话)、史传、史表、碑传、日记、年谱、家谱、目录、金石、笔记、校记、辑佚等在内的全部著作,共六种十四册。《日记》部分,又称"艺风老人日记",为全集的重要部分,收录了缪荃孙从 1888 年至 1919 年 32 年间的日记;全书共四册,按年代分卷编排,详细记载了其学术、交游等活动;书后附有人名索引、书名索引。《笔记》部分收录其笔记类的著述:《云自在龛随笔》六卷、《云自在龛笔记》三卷、《艺风阁校书随笔》不分卷、《秦淮广记》三卷等四种著作。《诗文》部分,收入缪荃孙自撰诗文,包括《艺风堂文集》《艺风堂文续集》《艺风堂文漫存》《艺风堂诗存》《碧香词》《艺风堂赋稿》《艺风堂书札》等诗、文、词、赋、信札等内容,共九种;分两册,是首次辑录缪氏的诗词文赋、信札等撰著,为研究缪氏及其学术,提供了重要资料。《目录》部分,收入缪荃孙关于目录学的著作《艺风藏书记》《艺风藏书续记》《艺风藏书再续记》《清学部图书馆善本书目》《清学部图书馆方志目》《词小说谱录》以及《唐书艺文志注》《辽艺文志》共八种。《金石》部分,共收入缪氏《江苏艺文志》二册、《艺风堂金石文字目》一册、《金石分地编目》二册,共五册;所收金石碑目,皆为缪荃孙亲自访求而来,体现了缪荃孙在金石学方面的贡献和成就。《杂著》部分,收录缪荃孙所著校记、史传、年表、年谱、方志类著作多种,这些著述体现出大学问家缪荃孙涉猎广泛,知识渊博。《缪荃孙全集》的编定,对于深刻认识缪荃孙的人生经历和学术贡献,从而理清近代学术脉络,是非常有意义的。

(十)朱赓飏

1. 生平与师承

1848—1879,谱名宏绪,字小酉,号景庵,又号景安、敬安,江苏华亭(今属上海市)人。性孝悌,沉默寡言,笃志于学,能文辞,通经学古,以周、秦、《史》、《汉》、"唐宋八大家"文为法。工楷书,得二王(王羲之、王献之)、欧(阳询)、颜(真卿)诸家笔意。以拔贡生官吏部小京官,光绪三年(1877)成一甲三名进士,授翰林院编修,研精典籍,力求有用之学。

不二年病卒,远近惜之。①

2. 现存撰述

朱赓飏主修家谱一种:《朱氏家谱》,光绪四年(1878)刊本。江苏松江府华亭《朱氏家谱》,顺治十一年(1654)由朱国柱、朱国梁、朱国柄合纂,康熙三十七年(1698)朱从龙重修,道光十六年(1836)朱丙三修,光绪四年朱赓飏四修。

朱赓飏诗集一种:《小酉诗稿》三卷。其子朱久望辑入《征远堂遗稿》,民国九年(1920)华亭朱氏铅字排印本。收录诗作一百零九首,有常熟钱景高及其子朱久望《跋》。

---

① 生平事迹参见博润修、姚光发等纂:光绪《松江府续志》,光绪十年(1884)刻本,卷二十五古今人传;李恩露修、雷谱桐纂:民国《续纂华娄县志》,稿本,选举志、人物志。

余　论　江苏省桐城派文化资源的品格及"南派"的树立

　　桐城派雄踞有清及近现代文坛近三百年,是中国文学史上历时最长、影响最巨、规模最大的学术流派。袁行霈先生主编的《中国文学史》论桐城派谓:"桐城派以'义法'为基础,发展成具有严密体系的古文理论,切合古代散文发展的格局,遂能形成纵贯清代文坛的蔚蔚大派。……许多'文宗桐城者'并非都是桐城人,其规模之大,时间之久,为我国文学史所少见。"①王达敏先生也称:"桐城派是清文史上规模最大、绵延时间最长、流播最广、影响最为深远和成就至为卓著的流派。"②桐城派文脉薪火相传,逐渐成为一个全国性的学术流派,从地域来看,成员遍布全国 19 个省、市、自治区和境外日本、朝鲜等国;就时间跨度而言,自清初绵延至近现代,李诚先生即被尊称为"桐城派最后的人物"③。缘于学术、政治与经济等多方面的考量,近年来,各地有关桐城派的文化资源逐渐受到重视,被积极保护、发掘和开发,产生了很好的社会效益和文化效益。

一　江苏拥有丰富的桐城派文化资源

　　江苏省是桐城派一个最为重要的学术高地,在桐城派近三百年的

---

① 袁行霈主编:《中国文学史》,高等教育出版社 2003 年版,第 425 页。
② 王达敏:《姚鼐与乾嘉学派》,学苑出版社 2007 年版,第 1 页。
③ 李克强总理曾撰文《追忆李诚先生》,称自幼阅读恩师李诚先生推荐的《古文辞类纂》《经史百家杂钞》等桐城派典籍;2015 年 2 月李克强总理在与国务院参事、中央文史馆馆员及参事室特约研究员举行座谈时,也提到自己"受了点桐城派的影响"。

流衍过程中,呈现出宗师林立、作家层出、成果丰硕、影响巨大的特征,因此也就拥有丰富的桐城派文化资源。

文化资源是人们在历史发展过程中创造出来的各种文化形态的总和,是一种能够彰显区域特色、具有独特文化特质和多重价值魅力的重要资源。但一个区域的文化资源,往往是零碎而不成系统的,需要找到一条能贯穿始终、体现主题灵魂的脉络,这就需要以"文脉"来整合文化资源。文化资源整合就是把原本分散、零碎、不成系统的文化资源根据渗透其中的"文脉"来加以有效地集中、提炼与优化,使之形成具有社会价值的文化产业资源。

文化资源整合首先就是要对文化资源进行梳理和提炼。江苏省的桐城派文化资源非常丰富,但比较零散,时间上最早的要数宗师级人物归有光,他是苏州府太仓州昆山县(今江苏昆山)宣化里人;地域上最北的是铜山县(今属江苏徐州)王嘉诜;其余如宿迁有周韶音、淮安有吴昆田、盐城有陈玉澍……几乎分散在江苏的各个区、县,尤其是苏南地区更为丰富。我们要对这些文化资源加以开发、利用,就必须要对这些文化资源进行优化与选择。根据时间维度上的师承关系和空间维度上的地域分布,我们可以将江苏省的桐城派文化资源分成"六大组团":南京组团、常州阳湖组团、通州组团、无锡秦氏家族组团、无锡薛氏家族组团、苏州吴江柳氏家族组团。

(一)南京组团:以桐城派的开创者方苞和集大成者姚鼐为中心,围绕在这个中心周围的是各自的门生弟子与家族传人,从而形成了一个学术集团,其主要成员与撰述、文化遗存情况如下:

南京组团主要成员与撰述、文化遗存表

姓名	师承渊源	主要撰述	文化遗存
方苞 (1668—1749)	桐城派开创者;祖籍桐城,生于南京六合留稼村,长期居留南京	《周官集注》《周官析疑》《考工记析疑》《仪礼析疑》《礼记析疑》《丧礼或问》《春秋比事目录》《方望溪全集》	故居:将园、湄园、教忠祠、清凉山 墓:江宁县建业三图沙场村龙塘

姓名	师承渊源	主要撰述	文化遗存
姚鼐 (1731—1815)	桐城派集大成者；祖籍桐城，长期居留南京	《九经说》《三传补注》《老子章义》《庄子章义》《惜抱轩全集》《古文辞类纂》	主讲扬州梅花书院、南京钟山书院 逝世于钟山书院
邓廷桢 (1775—1846)	师从姚鼐于钟山书院	《说文解字双声叠韵谱》《双研斋诗钞》《双研斋词钞》《双砚斋笔记》《双砚斋词话》	故居：万竹园 墓：南京城东仙鹤门外灵山下邓家山
梅曾亮 (1786—1856)	师从姚鼐于钟山书院	《柏枧山房诗文集》	晚归主扬州梅花书院讲席
管同 (1780—1831)	师从姚鼐于钟山书院	《因寄轩文集》	

（二）常州阳湖组团：雍正二年（1724）拆常州府原辖县武进为二：一为武进县，一为阳湖县，二县同属今江苏省常州市。阳湖人恽敬、武进人张惠言都是桐城派"中祖"刘大櫆弟子、阳湖人钱伯坰的学生，且都私淑姚鼐。他们基本接受了桐城派的主张，致力于古文创作，形成了文学史上重要散文流派——"阳湖派"。这个组团的主要成员及其撰述与文化遗存情况如下：

阳湖组团主要成员与撰述、文化遗存表

姓名	师承渊源	主要撰述	文化遗存
钱伯坰 (1738—1812)	师事刘大櫆,传师说于同乡张惠言、恽敬	《仆射山房诗集》	
恽敬 (1757—1817)	受文法于钱伯坰	《大云山房文稿》	
恽谷	恽敬子	《子居年谱》	
谢士元	师事恽敬	《敬业堂文稿》	
张惠言 (1761—1802)	受文法于钱伯坰	易学著作十五种，文学著作八种	故居：德安街德安里。 张惠言纪念馆 墓：循理乡塘北桥

姓名	师承渊源	主要撰述	文化遗存
张琦 （1764—1833）	张惠言弟	《宛邻集》	
张成孙 （1789—?）	张惠言子。师事陆耀遹	《端虚勉一居文集》	
张𬙋英 （1795—1824）	张琦次女	《纬青遗稿》	
张曜孙 （1808—1863）	张惠言侄、张琦子、包世臣女婿	《惜分阴斋诗》《同声集》《阳湖张氏四女集》	
董士锡 （1782—1831）	从舅氏张惠言、张琦游	《遁甲因是录》《遁甲通变录》《齐物论斋集》	历主通州紫琅书院，扬州广陵、泰州两书院讲席
董祐诚 （1791—1823）	师事陆邵文	《董方立文甲集、乙集》	
董思诚	董士锡子，张惠言外孙	《蜕学斋词》	
陆继辂 （1772—1834）	私淑刘大櫆、姚鼐	《崇百斋诗文集》	
陆耀遹 （1771—1836）	陆继辂从子	《双白燕堂诗文集》	
陆黻恩 （1803—1874）	陆继辂族孙、师事李兆洛	《读秋水斋诗文集》	
李兆洛 （1769—1841）	私淑姚鼐，"恨不得在弟子之列"	《皇朝文典》《骈体文钞》《养一斋诗文集》	主讲江阴暨阳书院二十年 故居：武进三河口

（三）通州组团：通州，今属江苏省南通市。江苏通州范当世、朱铭盘、张謇三人合称"通州三生"。三人都师事张裕钊，有才学，以古文名家，高拜石《通州三生记范大》谓范当世"和张謇可说是总角之交，同治七年戊辰，张謇应州试，榜发，范铸（按：即范当世）列第二，张謇取列百

名以外,张謇日记中自注'通、范铸,少余一岁,列第二'。次年己巳,张范二人,便结为良友。朱铭盘(曼君)和张謇相识,则在光绪三年丁丑,张謇入吴长庆幕时,始相识为友。铭盘为泰兴籍,南通在清代为直隶州,泰兴是通州的属邑,故三人称'通州三生'。"①又有"通州三范",是范当世与弟范钟、范铠三人合称,范当世初名铸。这个组团的主要成员及其撰述与文化遗存情况如下:

通州组团主要成员与撰述、文化遗存表

姓名	师承渊源	主要撰述	文化遗存
朱铭盘 (1852—1893)	师事张裕钊、方浚颐	《桂之华轩文集》《两晋宋齐梁陈会要》	庆云禅寺
张謇 (1853—1926)	师事张裕钊	《张季子九录》《张謇日记》《啬翁自订年谱》	故居:南通市海门区常乐镇河西扶海垞 墓:江苏省南通市啬园内 张謇纪念馆:南通市海门区常乐镇状元街东首
范当世 (1854—1905)	师事张裕钊。由吴汝纶为之介,续聘桐城姚莹孙女姚倚云为妻	《范伯子诗集》《范伯子文集》	讲学于保定莲池书院 南通范氏诗文世家陈列馆
范钟 (1856—1909)	范当世弟。师事张裕钊、吴汝纶及其兄范当世	《蜂腰馆诗集》《范中子外集》《范钟诗文稿》	
范铠 (1869—1924)	范当世弟。师事张裕钊、吴汝纶及其兄范当世	《范季子诗集》《范季子文集》	
范罕 (1875—1938)	范当世长子,范曾祖父	《蜗牛舍诗》《蜗牛舍说诗新语》	

(四)锡山秦氏家族组团:无锡人文荟萃,文化积累深厚,孕育出众

---

① 高拜石:《古春风楼琐记》第10集,台湾新生报社出版部1981年版,第360—361页。

多文学世家,锡山秦氏是其中颇具实力者之一。锡山秦氏家族自宋代末年由武进迁无锡,清代乾隆中期达到鼎盛阶段,人称望族。秦瀛官终兵部右侍郎加一级,名列清史大臣传。祖居地是寄畅园,原主人秦金,是宋代著名词人秦观的后裔,所以又名秦园。锡山秦氏家族文学受桐城派影响,自十八世秦瀛始,其后代有传承,文运绵长,主要成员及其撰述如下:

锡山秦氏家族组团主要成员与撰述表

姓名	师承渊源	主要撰述
秦瀛(1743—1821)	师事姚鼐	《赐泉堂集》《小岘山人诗文集》
秦濂(1752—1784)	秦瀛弟,师事秦瀛	
秦缃武(1771—1835)	秦瀛长子	《城西草堂诗集》
秦缃业(1813—1883)	秦瀛子;师从曾国藩、梅曾亮	《虹桥老屋遗稿》《虹桥老屋遗稿补遗》
秦赓彤(1807—1884)	秦瀛孙,秦缃武子	《铁华仙馆集》《礼经学述》
秦臻(1821—1898)	秦缃武子,秦国楠嗣子,秦赓彤弟	《冷红馆剩稿》《冷红馆诗补钞》
秦宝玑(1843—1882)	秦臻第三子。师事从祖秦缃业	《埃实斋文稿》《霜杰斋诗》

(五)无锡薛氏家族组团:薛氏家族祖籍江阴,在宋代有人做过翰林承旨之类的小官,至元代移居惠山之麓,在前西溪卜居传家。此组团的代表人物薛福成,是我国著名思想家、外交家、民族工商业者,在晚清史上具有重要影响。薛福成出生在无锡宾雁里一个书香门第。祖居地是薛家花园。薛福成墓及坟堂屋在现龙寺生态园内。薛福成与吴汝纶、张裕钊、黎庶昌曾同居曾国藩幕,以师礼事国藩,后又入李鸿章幕,掌笺奏之事,学为古文辞,为"曾门四大弟子"之一。其主要成员及撰述如下:

无锡薛氏家族组团主要成员与撰述表

姓名	师承渊源	主要撰述
薛玉堂(1757—1835)	薛景珏孙、薛福成伯祖。与钱伯坰、董士锡师友兼资	《画水诗文稿》《七家文钞》
薛福辰(1832—1889)	薛福成之长兄,私淑桐城	《青萍阁文集》《医学发微》
薛福成(1838—1894)	师事曾国藩	《庸庵全集》《庸庵笔记》《出使奏疏》
薛福保(1840—1881)	薛湘四子,薛福成弟。从李联琇受古学,曾与兄薛福成同入曾国藩幕	《青萍轩文录》《青萍轩诗录》

(六)苏州吴江柳氏家族组团:分湖柳氏中的柳树芳与桐城派姚鼐的弟子吴江郭麐、娄县姚椿等人关系密切,获益良多,柳以蕃在晚清咸同间以文学驰名乡里,与莘塔凌氏、雪巷沈氏并称为分湖三大世家。柳以蕃晚年主讲切问书院,故居在今南通崇川区寺街 123 号。柳亚子纪念馆地处苏州市吴江区汾湖镇黎里古镇中心街,全国重点文物保护单位。其主要成员及撰述如下:

苏州吴江柳氏家族组团主要成员与撰述表

姓名	师承渊源	主要撰述
柳树芳(1787—1850)	私淑方苞、刘大櫆;师事姚椿、沈日富	《分湖小识》《养馀斋诗初刻》《分湖诗苑》
柳兆薰(1819—1891)	柳树芳子、柳亚子曾祖	《东坡词编年笺注》《柳兆薰日记》《柳氏重修家谱》
柳以蕃(1835—1892)	师事沈日富、陈寿熊	《食古斋诗录》《食古斋文录》
柳应墀(1842—1877)	柳兆薰子。师事从兄柳以蕃	《笠云文稿》《赋稿》《杂识》
柳念曾(1865—1912)	柳亚子之父。师事诸福坤	《钝斋诗文存》

姓名	师承渊源	主要撰述
柳慕曾(1869—1918)	柳念曾弟。师事诸福坤	《了庵诗文词存》
俞焕章	柳亚子师。师事沈成章	《钝庵遗稿》
柳亚子(1887—1958)	柳树芳元孙。师事俞焕章	《磨剑室诗词集》《磨剑室文录》《南社纪略》

另外,在江苏活动的桐城派名家众多,他们徜徉于江苏秀丽山水之间,美好风物流溢于笔端,这些优美的文字也是极为重要的文化资源。如方苞笔下的南京风土景观:为好友高淳张自超写《苍溪镇重修三元观记》;为位于金陵西华门外的阳明书院写《重修阳明祠堂记》;为好友清凉寺老僧写《重修清凉寺记》,并刻成石碑;为清凉山乌龙潭写《乌龙潭放生举本记》并刻于石碑(碑存今南京乌龙潭公园颜鲁公祠)。又如朱铭盘笔下的扬州诗歌有《隋堤》《平山堂》《史阁部墓》《露筋庙》《戏为维扬地名诗》等,皆可备一地文化景观资源。

二 江苏桐城派文化资源的文化品格

文化资源蕴含着丰富的德育功能,在对文化资源进行挖掘、整合的过程中,需要深入发掘文化资源所隐含的气质品格。在此基础上,对这些历史文化资源的价值进行重新阐释与判断,由文化资源的价值再造,赋予它们以现代意义,从而转化为德育资源,使传统文化资源在现代社会中发挥出更大的作用,成为当代社会核心价值体系建设的重要组成部分。

江苏的桐城派文化资源有着丰富的文化内涵:

(一)重义轻利的君子观。桐城派以"义法"开派,"义法"是桐城派文脉传衍的灵魂。方苞作为桐城派的开派者,首倡古文"义法",其中包含着儒家的"义利观",尤其是程朱理学的道德观,是"君子之义"。儒家历来注意义利之辨,力倡公利,反对私利,主张爱人修己,博施济众,兼善天下,方苞一生致力于三礼研究,主张做君子之事,行君子之礼,重义轻利。姚鼐作为"桐城三祖"之一,尊奉孔孟,推崇程朱,强调义理和文章的统一,主张"文以载道",要求自己及门生坚定维护儒家道统,做到生平行止,"无愧于圣门",可为道德楷模。方苞与姚鼐在南京言传身教,影响颇大。

(二)孝悌传承的宗族观。方苞以"孝悌"闻名:他参加礼部试,成绩卓然,殿试前景一片大好,"朝论翕然,推为第一人"。正在此时,母亲病重危急,方苞孝心至切,闻母病,放弃殿试,急回金陵孝养母亲,并在南京筑"将园"以孝养父母。方苞与哥哥方舟、弟弟方林三兄弟感情笃深,生前相互扶持,死后合葬南京江宁。常州人杨传第奉母赴开封,未入城而母死,自己也仰药自尽,黄赞汤以母烈子孝入奏,得旨旌恤,母祀节烈,杨传第祀孝悌。苏州翁广平著有《两孝子寻亲记》,"万里寻亲记者,为我族叔楫山、蓼野兄弟寻父作也。……有以见二子之孝实可感天地而泣鬼神,故濒死于悍仆猛兽、惊涛骇浪之间,卒得保其躯而其葬所也",此书是翁广平记其族叔祖翁运槐、翁运标兄弟寻父翁瀛的孝行故事,告诉后人"以此为不独我同族所当奉为模范也,并以告天下后世之凡为人子者"①。桐城派师徒间的孝悌思想在江苏传承不绝。

(三)尊师重教的师德观。桐城派得以传衍的一个重要阵地是书院,尤其是在江苏的传播,有一个鲜明的特征:文士们基本上都有书院任教与学习的经历。以地域划分,南京:姚鼐从事书院讲习四十余年;梅曾亮从姚鼐学于钟山书院,又归主扬州书院;秦际唐肄业钟山、尊经、惜阴三书院,主讲凤池、奎光诸书院。泰州:金钺任泰兴学堂总教习、如皋安定书院山长、江苏全省高等学堂担任监督。盐城:陈玉澍主讲尚志书院、主讲县学堂、三江师范教务长。淮安:吴昆田主讲淮安府奎文、崇实书院。南通:张謇主持赣榆选青书院、崇明瀛州书院、江宁文正书院、安庆经古书院等;范当世讲学于保定莲池书院;范钟

---

① 翁广平:《两孝子寻亲记》卷一,民国十年(1921)上海古书流通处据清鲍氏刻本影印《知不足斋丛书》本。

任两湖书院教习、大学堂教习、山西省学务处坐办、山西大学堂教习、山西农林学堂教习。苏州：凌泗主讲切问书院；柳以蕃主讲切问书院；蔡复午历主宜山、平江、当涂、毓秀、西溪诸书院讲席；曹允源主讲淮南书院；江之升主讲梅里书院；潘眉主讲潮州黄冈书院；顾曾主讲博罗书院；王芑孙主讲仪征乐仪书院；王振声主讲游文书院；冯桂芬主讲南京惜阴书院、上海敬业书院、苏州紫阳书院、正谊书院。常州：李兆洛主讲暨阳书院；董士锡历主通州紫琅书院，扬州广陵、泰州两书院讲席；杨金监主讲山西解梁书院；汤成烈掌延陵书院。无锡：郑经主讲泰兴延令书院、旌德毓文书院等；秦濂主讲敬胜书院；秦赓彤主东林书院；缪荃孙历主南菁、泺源、龙城、钟山等书院讲席；孙廷镐主蛟川书院。江苏的桐城派作家都投身于书院教学，崇尚师德培养，尊师重教，留下宝贵的文化遗产。

（四）编纂乡邦文献总集，修地方志，传承家乡文化。乡邦文献传文脉，江苏的桐城派文人学者深知这一点，他们热衷于搜集、整理乡邦文学文献，弘扬优秀的地方传统文化。仅苏州吴江一地的桐城派文士，乾隆时期诗人袁景辂曾编纂了一部诗歌总集《国朝松陵诗征》，选录清代前期吴江 441 位诗人之作；陆日爰续其志业，辑纂《松陵诗征续编》十四卷，选诗精当，以诗存人，以人存诗。吴江凌淦与哥哥凌泗又搜集松陵一地的古文，合纂《国朝松陵文录》二十四卷。陈去病辑录北宋谢绛以下，迄于近代之词作若干首，为二十卷，成《笠泽词征》；仿明遗民潘柽章之例，辑录自汉以迄吴江置县前的吴江作者散文，即庄忌、庄助、张温、张俨、张放、张翰、陆云、顾昌伍、陆琼、陆瑜、陆龟蒙诸人文章，辑为《松陵文集》初编四卷，又辑成《松陵文集》二编，汇集自宋迄元的吴江作者散文六卷，又辑成《松陵文集》三编，汇集自明至清的吴江作者散文五十五卷；整理辑录《吴江诗录》，收录诗作肇自三国，以迄南明，成书六十卷。又如吴江柳氏，柳树芳绩学不仕，专事著述，尤留意故乡文献。撰有《分湖小识》，专载邑志及他镇志所不录者，文献价值极高，又辑录《分湖诗苑》，收录当地作者 25 人，诗前各有小传。至柳亚子，沿其祖志，扩大《分湖诗苑》规模，成《分湖诗钞》凡二十三册，共辑录作者 387 人，诗作 2546 首，是一部起自唐代以元、明、清三朝为主的分湖流域的作者（包括寓贤）的诗作总集，呈现出分湖地区的历史文化内涵，兼及苏南、浙西的艺文景观和望族文化，一时有"松陵文献，尽在柳氏""南社文献，有赖以存"之誉。

（五）实业救国的经世思想。经世思想是中国传统文化的核心价值之一，是我国知识分子所具有的最为宝贵的精神品格。桐城派的学术具有鲜明的经世特征，桐城派文人皆胸怀强烈的经世思想。方苞生性耿直，尊崇程朱理学，立身处事最重礼法，以"学行继程朱之后"自许。他仕宦康、雍、乾三朝几三十年，积极关注社会现实问题，有着强烈的入世情怀和经世思想，比如他对边防、屯田、人才培养、吏治整顿以及事关民生的现实问题，都提出许多切实可行的建议，如《请备荒政兼修地治劄子》《请禁烧酒事宜劄子》《台湾建城议》《请矫除积习兴起人才劄子》等，上达最高统治者或执政大臣，许多条陈得到采纳实施。姚鼐一生从事书院讲学四十余年，培养一大批人才，对传统教育事业贡献尤大。姚鼐"高第弟子"，南京人管同、梅曾亮、邓廷桢等人都生活在鸦片战争发生前后，颇具经世之才。管同怀有"经世之志"，所撰《拟言风俗书》《拟筹积贮书》等，胸怀所蓄，抒发为文，指陈弊端，可视为他的经世思想的代表。梅曾亮早在鸦片战争以前，就已经敏锐地感受到了社会存在的巨大危机，所撰《民论》《刑论》《臣事论》等文章，探讨国计民生之大事，谋划治国之道。薛福成广览博学，致力经世实学，向曾国藩呈递万言书，提出养人才、广垦田、兴屯政、治捻军、澄吏治、厚民生、筹海防、挽时变八项施政方略。1889年受命为出使英、法、意、比四国大臣。曾与英国谈判订滇缅界务、商务，争回部分主权。出使期间，更进一步主张效法西方国家，发展机器工业，实行商办，促进民族工商业的发展，并在政治上赞赏英国和德国的君主立宪制度。张謇更是中国近代著名的实业家、教育家，主张"实业救国"，一生创办了20多个企业，370多所学校，为我国近代民族工业的兴起，为教育事业的发展作出了宝贵贡献，被称为"状元实业家"。这些桐城派文人的经世思想，体现了传统人文精神的内涵，是中国思想文化中宝贵的精神财富。

三 "南京学"与"南派"

桐城派能够衍播全国,南京是一个极为重要的枢纽。桐城派文化资源是"南京学"的重要资源之一①。桐城派先驱戴名世与"三祖"方苞、刘大櫆、姚鼐,以及"宗师"级人物梅曾亮,都长期在南京生活、教学,学术薪火在南京传承,并播撒向全国。

书院是一种重要的文化教育组织,是传播文化的学术重地。在清代,南京的书院众多,有文昌书院、虹桥书院、钟山书院、尊经书院、惜阴书院、文正书院、奎光书院和凤池书院等。其中钟山书院历史最悠久,影响也最大。据《江宁府志》载:"钟山书院在府城内旧钱厂地②,雍正(元年)二月总督查弼纳创建,世宗宪皇帝书'敦崇实学'匾额赐之。"③太平天国攻占江宁,钟山书院被毁。清军克复江宁后,曾国藩着手恢复钟山书院,选择门东旧漕坊苑街东花园④作为钟山书院的新址。但因存在难以克服的弊端,在当时颇受诟病。刘坤一担任两江总督后,将钟山书院迁回城内原址,其间江楚编译官书局设立于钟山书院,钟山书院的译书、刻书事业达到鼎盛。后来张之洞署理两江总督,光绪二十九年(1903)四月,钟山书院改为高等学堂,是为江南高等学堂。

钟山书院是清代江苏教育演变的见证者,而桐城派学人则积极参与,甚至主导了钟山书院的教育活动。据《同治上江两县志》和有关资料记载,钟山书院山长著名者有:夏之容(高邮人)、叶酉(桐城人)、卢文弨(余姚人)、钱大昕(嘉定人)、姚鼐(桐城人)、孙星衍(阳湖人)、朱珔(泾县人)、程恩泽(歙县人)、胡培翚(绩溪人)、陶澍(安化人)、唐鉴(善化人)、李联琇(临川人)、梁鼎芬(番禺人)、缪荃孙(江阴人)。其中叶酉、卢文弨、钱大昕、姚鼐、朱珔、程恩泽、陶澍、唐鉴、李联琇、缪荃孙等

---

① 按:2016年,在参加江苏省委宣传部举办的"省思想文化人才培训会"的小组座谈中,笔者曾提出过建立"南京学"的构想,试图建立历史文化层面的"南京学":主要是指以现在南京区域为中心,通过人文的、政治的、社会的、环境的各个侧面的观照,对南京城市发展史、思想文化史、文明形成史进行整体综合研究的一门学问,重点涵盖春秋战国、六朝、南唐、明清、民国等重要历史时段,是一种地域性文化研究,更是一种对中华文化整体性的研究。

② 按:在今南京市户部街与太平南路交会处,太平南路西侧,与郑和公园隔路相望。

③ 吕燕昭修,姚鼐纂:《(嘉庆)重刊江宁府志》卷十六学校,光绪六年(1880)刻本。

④ 按:在今南京白鹭洲公园一带。

人,皆有桐城派学脉。又据光绪《续纂江宁府志》载:光绪五年(1879),在钟山书院听事之南,建有享堂,祭祀:查弼纳、德沛、尹继善、方昂,杨绳武、卢文弨、钱大昕、夏之蓉、姚鼐、胡培翚、秦承业、朱琦、程恩泽、任泰,增祀曾国藩,唐鉴、李联琇。除上述山长外,尹继善、曾国藩两位桐城派的名家也入祀享堂,足见桐城派在钟山书院中的地位之重要。

钟山书院培育出大批桐城派弟子,这些人对桐城派文人群体的形成以及扩大桐城派之声势皆有重要贡献。尤其是姚门弟子,《姚惜抱先生年谱》谓:"门弟子知名甚众,尤著者上元管同、梅曾亮,同邑方东树、刘开,而歙县鲍桂星、新城陈用光、江宁邓廷桢为显达。"①姚鼐逝世后,弟子们继续弘扬桐城派家法,分别以梅曾亮、陈用光、邓廷桢、姚莹等人形成了重要的传播中心,"自淮以南,上溯长江,西至洞庭、沅、澧之交,东尽会稽,南逾服岭头,言古文者,必宗桐城"②。

江苏是桐城派学术流播的重要高地,宗师级人物众多,成为学派得以传衍全国的重要枢纽,因此也拥有最为丰富的桐城派文化资源。这些文化资源具有独特的文化品格和可贵的文化精神,可待阐发的文化价值极大,是"南京学"的一项重要学术宝库。诚如近代学者王葆心《古文辞通义》所云:"论文居今日,南方居其极盛。自程鱼门、周书昌发为天下文章在桐城之言,世人类以桐城派称南方之文。然隘以桐城之称,不如竟称以'南派'为得其实。"③桐城派之文足以代表南方之文,桐城派是以南京为枢纽的"南学"一派。

---

① 安徽省社会科学院文学研究所、安庆师范学院中文系、淮北煤炭师范学院中文系编:《桐城派研究论文选》,黄山书社1986年版,第306页。
② 薛福成:《庸庵文外编》卷三《寄龛文存序》,光绪十九年(1893)刻本。
③ 王葆心:《古文辞通义》卷十五,见王水照:《历代文话》,复旦大学出版社2007年版,第八册,第7811页。

主要参考文献

一 古代文献

《清实录》,中华书局 1985、1986 年版。

《清国史》,中华书局 1993 年影印嘉业堂抄本。

《清史列传》,王钟翰校注,中华书局 1987 年版。

赵尔巽等:《清史稿》,中华书局 1987 年版。

高宗敕撰:《清朝通典》,上海商务印书馆,民国二十四年(1935)影印本。

昆冈等修:《钦定大清会典事例》(光绪),清光绪二十五年(1899)刻本。

江苏省地方志编纂委员会办公室编:《江苏历代方志全书》,凤凰出版社 2016 年版。

赵所生、薛正兴主编:《中国历代书院志》,江苏教育出版社 1995 年版。

姚永朴编:《桐城姚氏碑传录》,清光绪刻本。

钱仪吉编:《碑传集》,上海古籍出版社 1987 年版。

缪荃孙编:《续碑传集》,上海古籍出版社 1987 年版。

闵尔昌纂录:《碑传集补》,上海古籍出版社 1987 年版。

钱仲联编:《广清碑传集》,苏州大学出版社 1999 年版。

卞孝萱、唐文权编:《民国人物碑传集》,团结出版社 1995 年版。

蔡冠洛编:《清代七百名人传》,中国书店 1984 年版。

徐世昌纂:《大清畿辅先哲传》,北京古籍出版社1993年版。

周骏富辑:《清代传记丛刊》,台北明文书局1985年版。

马其昶著,毛伯舟点注:《桐城耆旧传》,黄山书社1990年版。

方传理修:《桐城桂林方氏家谱》,安徽省图书馆藏清光绪六年(1880)刻本。

费师洪:《南通费氏家传》,民国十五年(1926)铅印本。

周凯:《芸皋先生自纂年谱》,清道光二十年(1840)爱吾庐刻本。

顾廷龙编纂:《清代砵卷集成》,台北成文出版有限公司1992年印行。

黄宗羲:《明儒学案》,中华书局1985年版。

徐世昌等编纂,沈芝盈、梁运华点校:《清儒学案》,中华书局2008年版。

张英、张廷玉著,江小角、陈玉莲点注:《聪训斋语 澄怀园语——父子宰相家训》,安徽大学出版社2013年版。

徐珂编著:《清稗类钞》,中华书局1986年版。

张祖翼:《清代野记》,中华书局2007年版。

刘声木:《苌楚斋随笔·续笔·三笔·四笔·五笔》,中华书局1998年版。

刘声木撰,徐天祥点校:《桐城文学渊源撰述考》,黄山书社1989年版。

永瑢等撰:《四库全书总目》,中华书局1965年版。

中国科学院图书院整理:《续修四库全书总目提要》,中华书局1993年版。

吴格、眭骏整理:《续修四库全书总目提要·丛书部》,国家图书馆出版社2010年版。

秦国经编纂:《清代官员履历档案全编》,华东师范大学出版社1997年版。

来新夏:《清代科举人物家传资料汇编》,学苑出版社2006年版。

戴名世撰,王树民编:《戴名世集》,中华书局1980年版。

张英撰,江小角、杨怀志点校:《张英全书》,安徽大学出版社2013

江苏籍桐城派作家及其撰述丛考

年版。

张廷玉撰,江小角、杨怀志点校:《张廷玉全集》,安徽大学出版社2015年版。

方舟:《方百川遗文》不分卷,清康熙年间刻本。

方苞:《抗希堂全集》十六种,清康熙年间桐城方氏抗希堂刻本。

方苞编:《四书文》,影印文渊阁四库全书本。

方苞著,刘季高校点:《方苞集》,上海古籍出版社1983年版

方苞撰,徐天祥、陈蕾点校:《方望溪遗集》,黄山书社1990年版。

刘大櫆著,吴孟复标点:《刘大櫆集》,上海古籍出版社1990年版。

姚鼐著,刘季高标校:《惜抱轩诗文集》,上海古籍出版社1992年版。

姚鼐著,卢坡点校:《惜抱轩尺牍》,安徽大学出版社2014年版。

吴敏树著,张在兴校点:《吴敏树集》,岳麓书社2012年版。

陈用光:《太乙舟文集》,道光二十三年(1843)孝友堂刻本。

方宗诚:《柏堂集》,清光绪桐城方氏刻本。

梅曾亮著,彭国忠、胡晓明校点:《柏枧山房诗文集》,上海古籍出版社2012年版。

姚椿:《晚学斋文集》,清道光刻本。

曾国藩:《曾国藩全集》,岳麓书社1994年版。

戴钧衡:《味经山馆文钞》,清咸丰刻本。

姚永朴:《蜕私轩集》,民国六年(1917)北京共和印刷局铅印本。

姚永朴:《蜕私轩续集》,民国三十一年(1942)周氏师古堂刻本。

姚永概:《慎宜轩文集》,民国十五年(1926)刻本。

马其昶:《抱润轩遗集》,民国二十五年(1936)吴常焘刻本。

马其昶:《抱润轩文集》,民国十二年(1923)刻本。

吕璜:《月沧文集》,清道光二十一年(1841)桂林刻本。

范当世著,马亚中、陈国安校:《范伯子诗文集》,上海古籍出版社2003年版。

吴汝纶著,施培毅、徐寿凯校点:《吴汝纶全集》,黄山书社2002年版。

吴闿生辑：《吴门弟子集》，民国十八年(1929)莲池书社刻本。

钱大昕：《嘉定钱大昕全集》，江苏古籍出版社 1997 年版。

张际亮：《张亨甫全集》，清同治六年(1867)孔庆衢刻本。

光聪谐：《稼墨轩文集》，清光绪二年(1876)补刻本。

徐璈辑：《桐旧集》，清咸丰元年(1851)马树华刻本。

姚椿辑：《国朝文录》，清咸丰元年(1851)华亭张祥河终南山馆刻本。

梅曾亮辑：《古文词略读本》，清光绪三十一年(1905)京师宏道学舍铅印本。

吴汝纶评选：《桐城吴氏古文读本》，清光绪三十三年(1907)上海文明书局铅印本。

王先谦辑：《续古文辞类纂》，清光绪八年(1882)王先谦自刻本。

吴闿生辑：《晚清四十家诗钞》，民国十三年(1924)文学社刻本。

徐世昌编：《晚晴簃诗汇》，中华书局 1990 年版。

北京图书馆编：《北京图书馆珍本年谱丛刊》，北京图书馆出版社 1998 年版。

美国哈佛大学哈佛燕京图书馆编：《美国哈佛大学哈佛燕京图书馆藏中文善本汇刊》，商务印书馆、广西师范大学出版社 2003 年版。

北京图书馆出版社古籍影印室编：《丛书人物传记资料汇编·学林卷》，北京图书馆出版社 2006 年版。

北京师范大学图书馆编：《北京师范大学图书馆藏稀见清人别集丛刊》，广西师范大学出版社 2007 年版。

《清代诗文集汇编》编纂委员会编：《国家清史编纂委员会·文献丛刊·清代诗文集汇编》，上海古籍出版社 2010 年版。

二 现当代研究著作

姜书阁：《桐城文派评述》，上海商务印书馆 1933 年版。

梁堃：《桐城文派论》，上海商务印书馆 1940 年版。

张舜徽：《清人文集别录》，中华书局 1963 年版。

王气中编：《桐城派研究论文集》，安徽人民出版社 1963 年版。

尤信雄:《桐城文派学述》,台北文津出版社 1975 年版。

唐传基:《桐城文派新论》,台北现代书局股份有限公司 1976 年版。

叶龙:《桐城派文学史》,台北文津出版社 1976 年版。

朱保炯、谢沛霖编:《明清进士题名碑录》,上海古籍出版社 1980 年版。

张慧剑:《明清江苏文人年表》,上海古籍出版社 1981 年版。

谭正璧编:《中国文学家大辞典》,上海书店 1981 年版。

余英时:《士与中国文化》,上海人民出版社 1987 年版。

王镇远:《桐城派》,上海古籍出版社 1990 年版。

王献永:《桐城文派》,中华书局 1992 年版。

吴孟复:《桐城文派述论》,安徽教育出版社 1992 年版。

徐复、季文通主编:《江苏旧方志提要》,江苏古籍出版社 1993 年版。

赵国璋:《江苏艺文志》,江苏人民出版社 1994—1996 年版。

曹虹:《阳湖文派研究》,中华书局 1996 年版。

钱仲联主编:《中国文学家大辞典·清代卷》,中华书局 1996 年版。

梁淑安主编:《中国文学家大辞典·近代卷》,中华书局 1997 年版。

王凯符:《后期桐城派文选译》,巴蜀书社 1997 年版。

魏际昌:《桐城古文学派小史》,河北教育出版社 1998 年版。

关爱和:《古典主义的终结:桐城派与"五四"新文学》,上海文艺出版社 1998 年版。

周中明:《桐城派研究》,辽宁大学出版社 1998 年版。

丁凤麟:《薛福成评传》,南京大学出版社 1998 年版。

沈津:《美国哈佛大学哈佛燕京图书馆中文善本书志》,上海辞书出版社 1999 年版。

江庆柏:《明清江南望族文化研究》,南京师范大学出版社 1999 年版。

章学诚著,叶瑛校注:《文史通义校注》,中华书局 2000 年版。

李灵年、杨忠等主编:《清人别集总目》,安徽教育出版社 2000 年版。

王绍曾主编：《清史稿艺文志拾遗》，中华书局 2000 年版。

柯愈春：《清代诗文集总目提要》，北京古籍出版社 2001 年版。

胡阿祥：《魏晋本土文学地理研究》，南京大学出版社 2001 年版。

吴孟复：《桐城文派述论》，安徽教育出版社 2001 年版。

许福吉：《义法与经世：方苞及其文学研究》，学林出版社 2001 年版。

孟醒仁：《桐城派三祖年谱》，安徽大学出版社 2002 年版。

赵建章：《桐城派文学思想研究》，北京图书馆出版社 2003 年版。

江庆柏：《清代人物生卒年表》，人民文学出版社 2005 年版。

胡睿主编：《桐城派研究论文集》，中国文联出版社 2006 年版。

王达敏：《姚鼐与乾嘉学派》，学苑出版社 2007 年版。

徐雁平：《清代东南书院与学术及文学》，安徽教育出版社 2007 年版。

王水照主编：《历代文话》，复旦大学出版社 2007 年版。

杨怀志、潘忠荣主编：《清代文坛盟主桐城派》，安徽人民出版社 2008 年版。

徐成志、江小角编：《桐城派与明清学术文化》，安徽大学出版社 2008 年版。

蒋寅：《清代文学论稿》，凤凰出版社 2009 年版。

许结、潘务正编选：《方苞姚鼐集》，凤凰出版社 2009 年版。

罗时进：《地域·家族·文学——清代江南诗文研究》，上海古籍出版社 2010 年版。

徐雁平：《清代文学世家姻亲谱系》，凤凰出版社 2010 年版。

曾光光：《桐城派与晚清文化》，黄山书社 2011 年版。

梅向东、李波：《桐城派学术文化》，合肥工业大学出版社 2011 年版。

吴微：《桐城文章与教育》，安徽大学出版社 2012 年版。

朱洪：《方苞传》，安徽文艺出版社 2012 年版。

许结：《桐城文选》，凤凰出版社 2012 年版。

徐侠：《清代松江府文学世家述考》，生活·读书·新知三联书店

2013 年版。

潘务正:《清代翰林院与文学研究》,人民出版社 2014 年版。

吴功华:《桐城地域文化研究》,安徽师范大学出版社 2014 年版。

张器友:《桐城派与五四新文学》,安徽大学出版社 2015 年版。

俞樟华、胡吉省主编:《桐城派编年》,人民文学出版社 2015 年版。

任雪山:《桐城文论的现代回响》,安徽大学出版社 2015 年版。

朱修春主编:《桐城派学术档案》,武汉大学出版社 2016 年版。

王思豪:《江苏历代名人传记丛书·方苞》,江苏人民出版社 2016 年版。

徐成志、王思豪主编:《桐城派文集叙录》,安徽大学出版社 2016 年版。

曾光光:《桐城派与清代学术流变》,中国社会科学出版社 2016 年版。

萧晓阳:《近代桐城文派研究》,中国社会科学出版社 2016 年版。

张秀玉:《清代桐城派文人治生研究》,中国社会科学出版社 2017 年版。

汪孔丰:《麻溪姚氏与桐城派的演进》,安徽大学出版社 2017 年版。

蒋晓光编:《许永璋先生说诗》,凤凰出版社 2018 年版。

邱诗雯:《清代桐城派〈史记〉学研究》,台北新文丰出版股份有限公司 2018 年版。

三　学术论文

李详:《论桐城派》,《国粹学报》1908 年第 4 卷第 12 期。

林琴南:《桐城派古文说》,《民权素》1915 年 12 月第 13 期。

傅增湘:《望溪手稿题记》,《学风》1932 年第 2 卷第 10 期。

颜昌峣:《桐城派古文之建立及其流别》,《船山学报》1933 第 2 期。

罗杰:《桐城古文宗派论》,《船山学报》1935 第 2 期。

马茂元:《从桐城派的古文谈到姚鼐的〈登泰山记〉》,《语文学习》1957 年第 10 期。

钱仲联:《桐城派古文与时文的关系问题——梦苕盦读书札记》,

《文学评论》1962 年第 2 期。

顾易生:《方苞姚鼐的文论及其历史地位》,《江淮论坛》1982 年第 2 期。

黄霖:《姚莹与桐城派》,《江淮论坛》1982 年第 5 期。

任访秋:《恽敬的古文文论及其与桐城派的关系》,《文学遗产》1984 年第 3 期。

王镇远:《论姚鼐的诗歌艺术》,《苏州大学学报》1985 年第 2 期。

贾文昭:《评姚鼐〈述庵文钞序〉》,《江淮论坛》1985 年第 6 期。

王列生:《桐城地域文化爬疏》,《东南文化》1991 年第 2 期。

〔日〕佐藤一郎著,蒯大申译:《江户、明治时代的桐城派》,《江淮论坛》1995 年第 1 期。

赵杏根:《桐城派与江苏》,《文教资料》1998 年第 5 期。

何天杰:《经世之学的蜕变与桐城派的崛起》,《华南师范大学学报》2001 年第 1 期。

曾光光:《变法维新思潮中的吴汝纶与桐城派》,《江淮论坛》2001 年第 3 期。

汪龙麟:《桐城派研究的世纪回顾》,《北京社会科学》2002 年第 1 期。

高黛英:《20 世纪桐城派研究述评》,《郑州大学学报》2003 年第 2 期。

陈宇俊、马亚中:《论戴名世对桐城诗派的影响》,《苏州大学学报》2003 年第 4 期。

陈平原:《文派、文学与讲学——姚鼐的为人与为文》,《学术界》2003 年第 5 期。

潘务正:《回归还是漂流——质疑吴汝纶对桐城文派的"复归"》,《江淮论坛》2004 年第 3 期。

关爱和:《二十世纪初文学变革中的新旧之争——以后期桐城派与"五四"新文学的冲突与交锋为例》,《文学评论》2004 年第 4 期。

柳春蕊:《神、理、声、色——姚鼐的诗歌体性论》,《北京大学学报》2004 年第 4 期。

江小角、方宁胜:《桐城派研究百年回顾》,《安徽史学》2004 年第 6 期。

鲍红：《归有光与桐城派的渊源关系》，《安庆师范学院学报》2005年第2期。

吴永甫：《桐城派在上海》，《上海农村经济》2005年第4期。

严迪昌：《姚鼐立派与"桐城家法"》，《文学遗产》2006年第1期。

张晨怡、曾光光：《桐城派研究学术史回顾》，《船山学刊》2006年第1期。

〔美〕段义孚：《人文主义地理学之我见》，《地理科学进展》2006年第2期。

王达敏：《论姚鼐与四库馆内汉宋之争》，《北京大学学报》2006年第5期。

王达敏：《从辞章到考据——论姚鼐学术生涯第一次重大转折与戴震的关系》，《清华大学学报》2007年第1期。

卞孝萱、武黎嵩：《重新认识姚鼐——〈桐城麻溪姚氏宗谱〉资料的发掘和利用》，《中国文化》2007年第2期。

曾光光：《传统学派的发展与区域文化因素——以桐城派为研究个案》，《贵州社会科学》2007年第2期。

柳春蕊：《莲池书院与以吴汝纶为中心的古文圈子的形成》，《东方论坛》2008年第1期。

柳春蕊：《梅曾亮京师古文领袖地位成因考》，《云梦学刊》2008年第1期。

王思豪：《沪籍桐城派作家及其诗文集考述》，《社会科学》2009年第9期。

张维：《回归"文人"：道光时期桐城派的选择——梅曾亮推动崇尚归氏古文风气的原意和意义》，《安徽大学学报》2009年第6期。

石钟扬：《桐城派与江苏之一例》，见徐成志、江小角主编：《桐城派研究》，新华出版社2010年版。

许结：《区域与辐射：桐城古文小议》，《古典文学知识》2011年第3期。

徐雁平：《评点本的内部流通与桐城派的发展》，《文学遗产》2012年第1期。

汪祚民:《〈桐城文学渊源考〉作家缺名考补》,《古籍研究》2013 年第 1 辑。

张体云:《刘大櫆生平事迹考辨》,《中州学刊》2013 年第 5 期。

江小角、王佳佳:《刘大櫆对清代徽州教育的贡献及影响》,《安徽史学》2014 年第 3 期。

王达敏:《曾国藩总督直隶与莲池新风的开启》,《安徽大学学报》2014 年第 6 期。

师雅惠:《以古文为时文:桐城派早期作家的时文改良》,《安徽大学学报》2014 年第 6 期。

程维:《桐城派与汉学派的制义之争》,《安徽大学学报》2014 年第 6 期。

〔韩〕金镐:《19 世纪朝、清古文家的交流初探——以金迈淳与梅曾亮的交流为讨论的范围》,《国际汉学研究通讯》2014 年第 9 期。

任雪山:《钱基博与桐城派关系考辨》,《社会科学论坛》2015 年第 1 期。

汪长林、严泽燕:《吴德旋与江浙地区桐城派的传衍》,《安庆师范学院学报》2015 年第 2 期

徐成志:《必与其"派"之规模相称——关于〈桐城派大辞典〉编撰的思考》,《辞书研究》2016 年第 3 期

汪祚民:《〈桐城文学渊源考〉作家缺名再考》,《安庆师范大学学报》2017 年第 4 期。

王达敏:《桐城派与北京大学》,《安徽大学学报》2017 年第 6 期。

卢坡:《姚鼐辞京南下游记散文创作及文学史意义》,《中国文学研究》2018 年第 1 期。

汪孔丰:《清代文化家族与桐城派的演进》,《安徽师范大学学报》2018 年第 4 期。

方盛良:《"文本于经":姚永朴坚守桐城派文脉的核心与路径》,《中山大学学报》2018 年第 4 期。

张知强:《桐城派的"义法"实践与古文删改》,《文学遗产》2019 年第 5 期。

吴怀东:《〈登泰山记〉与义理、考据、辞章"相济"论》,《安徽大学学

报》2019 年第 6 期。

史哲文:《论清代迁浙徽州宗族总集中的本源认同与世家创构——以朱氏〈新安先集〉为中心》,《浙江师范大学学报》2019 年第 6 期。

潘务正:《桐城派"诗文一理"论》,《文艺理论研究》2021 年第 5 期。

后 记

生而为桐城人，是我一生的荣幸！

桐城是一个有故事、有内涵、有修养的小城。穿梭在小城的南街北巷，踩踏轱辘辙印的青石板小路；抑或流连于龙眠山侧、紫来桥畔；漫步在青草依依的狭窄田埂间，这里的一花一树，一草一木仿佛都能向您倾诉起"桐城派"的悠悠往事。街道两旁的呦呵声，田间地头的耕牛哞哞声，似乎都带上了诗赋的声调与古文的气韵。桐城人都是有文化的，包括街道小贩和田间地头的农民，包括我的父母。我的父母在桐城的嬉子湖畔已经躬耕了六十余载，精心播种着数亩土地，做着属于他们的学问。在他们的心中，自己田里的水稻比别人家的长得壮实，收成是全村最好的，这便是他们的学术成果。儿时，每当看到父亲望着打谷场上一堆堆成山似的稻谷，脸上洋溢着满足的微笑，我就知道，他今年的学问做得很好。

也有收成不好的时候，但那不是人为造成的，是天灾。长江边上的小城，经常会遭受洪水的侵袭，所以小城的人民祈望风调雨顺。这些淳朴的人会用一些凄美的故事，编造出一些美好而浪漫的神话，然后天真地去信仰，去建寺立庵，祈求神明保佑。这些寺庵多位于河湖之滨。小时候上学，会路过一个叫广渡庵的庵子，位于一条我也不知道名字的河的北岸一座土坡上。传说这座庵子建于明代，香火很盛。神奇之处在于每逢发洪水时，只要洪水快淹到这座庵子的时候就会主动退去。在我的印象当中，这个庵子还真没有被淹过。但我对这座庵子印象最深的还是，有一天放学的路上，我们在庵子边上玩，出来一个和尚（我也不知道为什么是和尚），手里拿着经书，是繁体的，出来考我们一个字，问我们谁认识。因为我小时候经常看我大伯父写书法，认得几个繁体字，就读出来了。和尚就夸我是读书的料，以后有出息。这样，我就一路读到了博士。去年，我陪我的导师许结先生和师母、潘务正师兄数人回家乡，路过这个庵子，就下车去拜访一下，但早已物是人非，当年的和尚也不知何处云游去了。师母心慈，在庵里给我们每人求取了一串佛珠，我带到了澳门，端放于办公桌上。

这部书稿的完成，我要特别感谢徐成志先生！

2005年，我考入安徽大学攻读硕士学位，选修了一门"中国山水散文鉴赏"，上课的老师是徐成志先生。徐先生是桐城人，是著名的"桐城派"研究专家、辞书编纂学大家，他凭借一己之力，伏案八年，编纂完成一百二十万字的《中华山水掌故辞典》（广东人民出版社1997年版）；后又耗时八年，对该书进行全面修订、完善体例、更新并增补内容，2014年由商务印书馆再版推出。这部《辞典》已然成为山水掌故词典的经典之作。或许同是桐城人的缘故，我上先生的课格外认真，先生似乎对我也是青睐有加。2007年，先生申请到一个教育部的项目"桐城派文集叙录"，邀请我加入，这对我来说是一次巨大的挑战，先生鼓励我接受挑战。2008年我考入南京大学攻读博士学位，先生就把课题中"江浙沪"片作家诗文集叙录的撰写任务分配给了我。这一做就是七年，我秉持见书方写叙录的原则，跑遍了江浙沪地区大半的图书馆，更是上海图书馆、南京图书馆、浙江省图书馆的常客，直到2016年项目顺利结项，书也由安徽大学出版社出版。

"桐城派文集叙录"项目，徐老师邀请了南京大学卞孝萱先生来做顾问。2008年的暑假，安徽大学要举办第三次桐城派研究全国会议，卞孝萱先生来了，85岁高龄，满头白发。会务组安排我去车站接先生，我把先生迎进宾馆，紧张地说不出话，先生非常和蔼，问了我一些会议情况，问了我导师是谁，有没有考博士？我说了一些对先生的崇仰之情，说得结结巴巴，也不知道意思表达得完不完整，说我准备报考南京大学许结老师的博士生。这是我第一次见卞先生，整个谈话也就七八分钟，觉得自己表现很糟糕。后来到南京大学读书，我才听许老师说，卞先生之前打过电话给他,说:"安徽大学有个叫王思豪的要考你的博士生,以后他是你的学生,也就是我的学生。"许老师向我转述这番话时,我愣住了,真的很感动。来到南大后不久,我便和武黎嵩兄(同一届博士同学,现为南京大学历史系教授)相约一起到卞先生家,转达徐成志老师的问候,并代徐老师陈述一些项目整理的规划。在"冬青书屋"里,先生听得很认真,提了很多意见,说我们现在做的工作很有意义,对桐城派的研究有奠基之功。后来先生还提了两点想法:一是让我们在整理桐城派作家诗文集的时候,多多关注一下他们对韩愈的评价。因为先生是中国唐代文学学会韩愈分会会长,打算编写一套桐城派作家论韩愈的资料汇编。二是先生让我去桐城查查《张氏宗谱》《刘氏宗谱》的情况。2009 年 9 月 5 日下午大概 5 点钟,武黎嵩兄发来一条短信,说卞先生已驾鹤仙去。我木讷了好长时间没有说出一句话。清晰地记得是 8 月 21 日上午,我和赵永刚兄(博士同学,现为贵州大学中文系教授)去见先生时,先生虽住在医院,但依然神采奕奕,说话底气十足,抓住我的手,不住地说:"谢谢你们来看我,我现在好得很。下周二有个小手术,很快就会出院的。"看到先生精神状态很好,我们都很高兴。先生还说 10 月份要跟我们一起去桐城参加桐城派的会议,到时会去桐城博物馆查阅《张氏宗谱》,要和我们一起写文章来宣扬桐城文化,宣扬桐城张氏家族。还说要让我等他出院后到他家去,他要亲手送我一本他的新著《家谱中的名人身影——家谱丛考》……那天先生说了很多很多,对出院后的打算,规划了很多很多。可惜,可惜!一切都是那么无情,那么无奈!

2011 年,安徽省桐城派研究会立项编纂《桐城派大辞典》,徐成志老师既是桐城派研究大家,又有丰富的辞典编纂经验,便成为编纂《桐城派大辞典》的最佳人选。徐老师打来电话,再一次鼓励我参加,我不揣浅陋,再一次接受了老师赋予我的挑战,并承蒙安徽省桐城派研究会的胡睿先生、唐红炬先生、方宁胜先生的提携,负责江苏片桐城派"作家编"和"著作编"词条的撰写任务。2016 年,"江苏文脉整理与研究工程"在南京正式启动,我当时的工作单位——江苏省社会科学院成立了"文脉研究院",文学所老所长姜建先生出任研究院副院长。近水楼台当然先得月,姜先生推荐我承担一个项目。我便尝试着在《学海》主编胡传胜先生主持的"江苏文化史专题研究"项目组申报了"江苏籍桐城派作家及其撰述丛考"这样一个选题,承蒙胡先生不弃,选题很快获批立项;在项目开题会上,南京大学的胡阿祥先生给我提供了很多撰写的要求和意见,这些对我都是巨大的鼓舞和激励。我回来着手将往年编写《桐城派文集叙录》和《桐城派大辞典》所搜查到的三大纸箱的手稿资料搬出,重新爬梳、整理,又花了三年多的时间,走访了全国二十多个图书馆,力求做到见书录书,务必准确。当然,这其中也参考了前辈学者的众多成果,如在注释或参考文献中列出之书与论文作者,在此一并致谢!

从 2005 年到 2019 年,从安徽大学到南京大学,再到江苏省社会科学院,一路走来,似乎一直没有脱离"桐城派"的域囿,似乎都是在为这部书稿做着准备工作、撰写工作;一路走来,感谢我的父母和家人,感谢广渡庵的和尚,感谢徐成志先生,感谢安徽省桐城派研究会的胡睿先生、唐红炬先生、方宁胜先生,感谢南京大学卞孝萱先生、恩师许结先生、胡阿祥先生、武黎嵩先生,感谢江苏省社会科学院的姜建先生、胡传胜先生、王婷先生,感谢江苏省社会科学院暨文学所一起战斗的同事们……要感谢的人太多太多,感铭于心!

拙稿的部分章节,曾在《文学遗产》《社会科学》《安徽大学学报》等刊物上刊载,感谢这些相识或不相识的编辑先生和审稿专家对我学术研究的信任与肯定。书稿提交给王婷老师后,送交给二位匿名审稿专家评审,二位专家提出了很多中肯的修改意见,受益匪浅,非常感谢。感谢江苏人民出版社石路先生不辞劳苦,对拙作的精心编校。

2019 年 5 月 5 日,由我的师兄潘务正先生筹办的"首届桐城派研究读书会"在安徽师范大学召开,我提交了本书的绪论部分《地理与学理:"小桐城"和"大桐城"之辨》一文拟参会交流,但后来因为一些原因,遗憾未能与会,只好拜托师弟程维在会上代为宣读。这次会议佳作层出,精彩纷呈,最后许结老师在闭幕会致辞时为此次会议的论文逐一作诗题咏,题咏拙文曰:"学理原生地理缘,桐城大小亦成篇。与君坐论千秋业,几代乡情几度传。"我的血缘、地缘、学缘、情缘,都是"桐城"这个文都"广渡"于我的。感谢您,我的家乡桐城,是您赐予我终身勤于"学问"的父母,是您赋予我读书治学的种子,更是您让我因"桐城派"而结缘如此多的恩师益友。

我的一生,纵然身在天涯,心安之处仍然在桐城的那一隅角落。

2021 年 11 月记于澳门大学濠上斋